Bleche Botz und Klingelpütz

Udo Bürger

Bleche Botz und Klingelpütz

Kölner Kriminalfälle von 1815–1918

emons:

© Hermann-Josef Emons Verlag
Alle Rechte vorbehalten
Gestaltung: Eva Kraskes, Köln
Druck und Bindung: rewi druckhaus
Printed in Germany 2009
ISBN 978-3-89705-696-1
Originalausgabe

Unser Newsletter informiert Sie
regelmäßig über Neues von emons:
Kostenlos bestellen unter
www.emons-verlag.de

Inhalt

Vorwort

Über das Thema Kriminalfälle in Köln in der Preußenzeit (von 1815 bis 1918) ist bislang noch wenig geschrieben worden, sodass ich mich freue, denjenigen, die sich für die Geschichte der Domstadt interessieren, etwas Neues anbieten zu können. Wenn sich bislang noch keiner nennenswert an das Thema herangewagt hat, mag das mit der etwas schwierigen Quellenlage zusammenhängen. Die gerichtlichen Originalakten sind heute zum größten Teil – zum Beispiel durch Kriegsschäden – nicht mehr vorhanden. Wenn man berücksichtigt, wie umfassend die Prozesse bereits in der Preußenzeit oft ausfielen, kann man sich vorstellen, welche Berge an Akten verschwunden sein müssen.

Da dieser Zugang zum Thema also größtenteils nicht mehr vorhanden ist, war ich auf andere Quellen angewiesen. Dies gestaltete sich bei einigen größeren Kriminalfällen nicht so schwierig, weil zu solch spektakulären Fällen und Prozessen schon damals oft Bücher herausgegeben wurden, auf die man heute noch zurückgreifen kann. Schwieriger war die Zeitungsrecherche. Es dauerte seine Zeit, bis Jahrzehnte von Zeitungsausgaben durchforstet waren, um Informationen über den Verlauf der kriminalistischen Zwischenfälle zu erhalten. Sehr erleichternd war andererseits wiederum, wenn dann plötzlich (ab etwa 1880) ein Blatt wie die »Kölner Gerichts-Zeitung« zur Verfügung steht, das fast ausschließlich die begehrten Informationen enthält.

Wenn auch die Prozessakten von damals meist nicht mehr vorhanden sind, so gibt es doch noch vielerlei juristisches Material, das in den einschlägigen Archiven zu finden ist. Den Mitarbeiterinnen und Mitarbeitern in den Archiven in Köln, Berlin und Düsseldorf gilt mein besonderer Dank, ebenso denen in den Universitätsbibliotheken in Köln und Bonn. Ganz besonders danken möchte ich auch Herrn Christian Schrepper aus Essen und Herrn Dieter Paprotka aus Berlin, die mir ihr in langen Jahren zum Thema Hinrichtungen gesammeltes Material zur Verfügung gestellt haben.

Das Spektrum der Kriminalität umfasste schon in der Preußenzeit alle möglichen Bereiche. Ein Unterschied zu heute jedoch war, dass ganz Köln »Kopf stand«, wenn die Neuigkeit eines Verbrechens die Runde machte. Tausende von Menschen versammelten sich, wenn ein Gefangener durch die Stadt geführt wurde, wenn ein Angeklagter vor Gericht stand oder wenn ein zum Tode Verurteilter hingerichtet wurde, was in der ersten Hälfte des 19. Jahrhunderts noch öffentlich auf Kölner Plätzen geschah. Doch die unglaublichsten Szenen spielten sich an Karneval ab ...

Bei der Darlegung der Gerichtsurteile werden in den meisten Fällen die Nebenstrafen, wie zum Beispiel der Verlust der Ehrenrechte, weggelassen, da dies zu unnötigen Wiederholungen geführt hätte. Der Wortlaut in den Prozessverhandlungen wird hier, wie in der Regel auch in den Quellen, in unserem heutigen Hochdeutsch wiedergegeben, man muss sich aber vergegenwärtigen, dass damals vor Gericht auch viel Kölner Dialekt gesprochen wurde.

Udo Bürger

Der Fall Fonk, 1816–1823

Es gab im Köln des 19. Jahrhunderts einige sehr viel Aufsehen erregende Kriminalfälle, aber zu keinem ist so viel geschrieben worden wie zum Fall Fonk. Die Diskussion über seine Schuld oder Unschuld durchdrang damals alle Schichten der Bevölkerung, und die zahlreichen Stellungnahmen, die für oder gegen ihn erschienen, spalteten ganz Deutschland und das Ausland in »zwei feindliche Heerlager«. Auch Heinrich Heine fand den Prozess in seinen »Berliner Briefen« einer Erwähnung wert. Fonk selbst verfasste ein 1822 in Koblenz erschienenes zweibändiges Werk, um seine Unschuld darzulegen.[1]

Seit damals gab es immer wieder Veröffentlichungen, die sich mit dem Fall Fonk beschäftigen. Auch im berühmten »Pitaval« von 1842, einer »Sammlung der interessantesten Criminalgeschichten aller Länder aus älterer und neuerer Zeit«, ist er verewigt.[2] Eine gründliche Aufarbeitung des Falles verdanken wir einem 2002 herausgebrachten Buch von Ingrid Sibylle Reuber,[3] das eine zu detaillierte Darstellung an dieser Stelle überflüssig macht.

Schröder lieferte von Krefeld aus den veredelten Branntwein an Fonk in Köln, der den Verkauf besorgte.

Nachdem der 1780 in Goch bei Kleve als Sohn einer alteingesessenen Kaufmannsfamilie geborene Peter Anton Fonk zunächst in Rotterdam und Lille als Kaufmann tätig war, heiratete er 1809 Catharina Foveaux, die Tochter eines angesehenen Kölner Tabakfabrikanten, und zog nach Köln um. Nach ersten wenig erfolgreichen Versuchen, sich im Rheinland als Kaufmann zu etablieren, tat er sich im März 1815 mit dem Krefelder Kaufmann Franz Schröder in der Branntweinbranche zusammen. Schröder lieferte von Krefeld aus den veredelten Branntwein an Fonk in Köln, der den Verkauf besorgte.

Obwohl die Geschäfte passabel anliefen, kam es bald zu Streitigkeiten zwischen den beiden. Fonk ärgerte es, dass Schröder, der nicht gerade als sehr zuverlässig galt, mitunter das Geschäft vernachlässigte und mehr Geld aus der Geschäftskasse nahm als vereinbart, während sich Schröder seinerseits von Fonk hintergangen und betrogen fühlte. Um sich Klarheit zu verschaffen, schickte Schröder einen Mann seines Vertrauens, den 28-jährigen Krefelder Kaufmann Wilhelm Cönen, nach Köln, der sich dort beim Gastwirt Dohmen in der Mühlengasse einquartierte und Anfang November 1816 mehrere Tage lang die Geschäftsbücher Fonks überprüfte. Dabei gerieten die beiden immer mehr aneinander. Cönen klagte in Briefen, dass ihm »die Verhandlung mit dem abgefeimten Manne das Leben verbittere«, und Fonk, »daß Cönen ihm wie ein Gensdarme auf dem Leib sitze«.[4]

Einige Vermittlungsversuche scheiterten, und so reiste Schröder am 8. November 1816 selbst nach Köln. Am folgenden Tag traf man sich zu einer gemeinsamen Konferenz im Hause Fonks in der Follerstraße. Seit dem darauffolgenden Tag, dem 10. November, wurde Cönen vermisst. Fonks Buchhalter, Johann Joseph Hahnenbein, war der Letzte, der Cönen am Vorabend lebend gesehen hatte, nachdem Cönen ihn noch ein Stück des Weges durch die Stadt begleitet hatte.

Das rätselhafte Verschwinden Cönens führte vor allem in Köln und Krefeld zu mancherlei Spekulationen, die sich vornehmlich auf Fonk und Hahnenbein bezogen und Gassenhauer wie den folgenden hervorbrachten: »Wer da will gemordet seyn, geh' zu Fonk und Hahnenbein.« Schröder setzte eine Belohnung von 3.000 Franken für sachdienliche Hinweise aus. Am 19. November 1816 wurde bei Friemersheim – nicht sehr weit von Krefeld entfernt – die Leiche Cönens im Rhein aufgefunden, die mehrere Wunden aufwies. Nach der Obduktion wurde der Kopf des Leichnams abgetrennt und in »mit Arseniksäure versetztem Alkohol« aufbewahrt.

> **Deutschland.**
>
> **Köln, 10. Jan.** Der am 19. Dez. v. J. bei Friemersdorf, unfern Uerdingen, vom Rhein angeschwemmte Leichnam ist durch eine Menge Zeugen nicht nur an der Kleidung, sondern auch an den Gesichtszügen und sonstigen zuverläßigen Merkmalen für die Person des Wilh. Cœnen von Creveld, eines hoffnungsvollen und allgemein als rechtschaffen geachteten jungen Mannes, anerkannt worden, und aus den an seinem Körper wahrgenommenen äußern und innern Verletzungen haben die untersuchenden Aerzte gefolgert, daß er eines gewaltsamen Todes gestorben sey.
>
> Da die Leiche des Unglücklichen, nachdem man sie vierzig Tage lang vergebens gesucht hatte, mitten in dem Geburtslande und unter den Freunden und Verwandten desselben, zu einer Zeit, wo die Justiz eben mit der Untersuchung über die Identität eines andern gefundenen Leichnams beschäftigt, und die Aufmerksamkeit des Publikums auf das Resultat dieser Untersuchung so lebhaft gespannt war, auf eine wirklich wunderbare Art an das Tageslicht gekommen ist, so darf man mit Zuversicht hoffen, daß auch die Mörder nicht unentdeckt bleiben werden. Vielleicht ist es einer ähnlichen Fügung der Vorsehung vorbehalten, durch einen Zufall diese Entdeckung, welche sich durch den regesten Eifer der Behörden nicht immer herbeizwingen läßt, zu befördern. Möge dies sich bald ereignen, damit der Schuldige zur gesetzlichen Ahndung gezogen, die Unschuld aber gegen voreilige Urtheile geschützt werde.

Nachricht in der Presse über die Identifikation der Leiche Cönens.

Fragwürdiges Geständnis

Neben Fonk und Hahnenbein geriet auch ein bei Fonk arbeitender Kölner Küfer, Christian Hamacher, in Verdacht, der Ende Januar 1817 verhaftet wurde. Einige Wochen später legte er ein Geständnis ab, nachdem er im Gefängnis durch einen Spitzel ausspioniert und durch strenge Haftbedingungen und eine dubiose polizeiliche Zermürbungstaktik unter Druck gesetzt worden war. Dem Geständnis zufolge war das Packhaus des fonkschen Betriebes der Ort des Verbrechens. Hier habe Fonk, so Hamacher,

an jenem Abend des 9. November 1816 Cönen mit einem Bandmesser niedergeschlagen, worauf er selbst, Hamacher, Cönen gewürgt habe. Die Leiche Cönens habe man in einem Fass verstaut und aus der Stadt an den Rhein gefahren, wo Cönen wieder aus dem Fass geholt und von ihm, Hamacher, mit einem Stein beschwert und in den Fluss versenkt worden sei. Sein Bruder Adam Hamacher habe ihm teilweise dabei geholfen.

Nachdem Hausdurchsuchungen bei Fonk erfolglos geblieben waren, widerrief Christian Hamacher mehrere Male sein Geständnis, zu dem er, wie er angab, gezwungen beziehungsweise verleitet worden sei. Sein verhafteter Bruder Adam hatte unter verschärften Haftbedingungen vor allem psychisch so sehr zu leiden, dass man ihn Ende September 1817 in einem hierüber befindenden ärztlichen Zeugnis als »verrückt« bezeichnete.

Wenig später wurden die Ermittlungen von Köln abberufen und an die Trierer Gerichte verwiesen. Zwar entschied der Trierer Appellhof im Juni 1818, dass eine Anklage gegen Hahnenbein nicht genügend begründet sei, doch das nützte diesem nur noch wenig – er konnte sich von den ausgestandenen Strapazen nicht mehr erholen und starb an Auszehrung.[5]

Auch Fonk kam dieses Mal ohne Anklage davon, der 51-jährige Christian Hamacher aber musste sich aufgrund seines Geständnisses vor dem Trierer Assisenhof (später Schwurgericht genannt) verantworten. Nach einer rund dreiwöchigen Sitzung und der Anhörung von 158 Zeugen wurde er am 31. Oktober 1820 zu lebenslanger Zwangsarbeit und zu einer Brandmarkung auf einem öffentlichen Platz der Stadt Trier »mittelst Aufdrückung eines glühenden Stempels mit den Buchstaben T. P. auf die rechte Schulter« verurteilt. Den Vollzug des Urteils verhinderte der preußische König durch eine im Februar 1821 ergangene Kabinettsordre. Mit dieser ordnete er an, dass zuvor die nun auch wieder gegen Fonk angestrebte gerichtliche Entscheidung abzuwarten sei.[6]

Sechs Jahre nach Cönens Tod (auch Schröder war zwischenzeitlich verstorben) wurde der insgesamt dreimal verhaftete Fonk in einem wahren Mammutprozess, der fast sieben Wochen (vom 24. April bis 9. Juni 1822) dauerte und in dem rund 250 Zeugen aussagten, vom Trierer Schwurgericht zum Tode verurteilt. Das von Fonk dagegen erhobene Kassationsgesuch um Aufhebung des Urteils verwarf der Revisions- und Kassationshof in Berlin im August 1822. Die endgültige Entscheidungsinstanz aber war der preußische König Friedrich Wilhelm III., der durch eine Kabinettsordre vom 28. Juli 1823 wegen einiger entlastender Momente das Urteil gegen Fonk nicht bestätigte. Drei Tage später wurde der Generalprokurator in Köln angewiesen, die unverzügliche Freilassung Fonks und Christian Hamachers zu veranlassen. Auch die außerordentlich hohen Verfahrenskosten brauchte Fonk nicht zu tragen. An dieser Stelle wird die starke Machtposition des preußischen Monarchen deutlich, der durch sein Bestätigungsrecht Urteile der Schwurgerichte aufheben konnte.[7]

Bei J. P. Bachem, Hochstraße Nro. 136, ist so eben erschienen und in allen Buchhandlungen (in Crefeld bei J. H. Funde) zu haben:

Peter Anton Fonk's
eigene
Vertheidigungs-Reden
vor dem
königl. Assisenhofe in Trier in den Sitzungen v. 6., 7. u. 8. Juni 1822.

Herausgegeben mit einem Vorwort von dessen Vertheidiger
J. A. Aldenhoven,
Advokat bei dem königl. Rheinischen Appellationsgerichtshofe.

L'innocence à des accens inimitables,
et malheur au juge, qui ne sait pas les
entendre.

SERVAN.

IV. u. 57 Seiten. gr. 8. br. Preis 18 St.

Werbung für eines der vielen Bücher, die zum Fall Fonk erschienen sind.

13

Die Frage nach dem Schwurgericht

In Anbetracht dessen, dass die ganze Anklage gegen Fonk im Wesentlichen auf dem unsicheren Geständnis Hamachers ruhte, dass die Todesursache Cönens nicht eindeutig geklärt werden konnte, dass es an einem nachvollziehbaren Tatmotiv Fonks und einer Gelegenheit zur Ausführung der Tat mangelte und dass eventuell auch andere Täter und Tatorte nicht völlig auszuschließen waren, spricht einiges dafür, dass das Trierer Urteil in Sachen Fonk (und auch Hamacher) ein Fehlurteil war.[8]

Hatten also die Geschworenen des Trierer Schwurgerichts versagt? War nicht das Schwurgericht als solches ungeeignet? Diese Gerichtsform war von den Franzosen im Lauf ihrer 20-jährigen Herrschaft im Rheinland (1794 bis 1814) eingeführt worden. Nachdem 1814 die französische Zeit beendet und das Gebiet 1815 im Wiener Kongress Preußen zugesprochen worden war, stellte sich die Frage, ob das französische Recht mit seinen Schwurgerichten beibehalten oder durch das konservativere preußische Recht ersetzt werden sollte. Genau in diese Zeit fiel der Fall Fonk, und an ihm schieden sich die Geister. Die Untersuchung gegen Fonk war somit mehr als ein gewöhnlicher Kriminalprozess: Sie wurde zum Prozess darüber, ob das Geschworenengericht in der Rheinprovinz fortdauern sollte.

Der Streit darüber dauerte bekanntlich noch sehr lange. Nach einigen Etappensiegen des bei der rheinischen Bevölkerung meist sehr beliebten französischen Rechtsprechungsmodells dauerte es bis in die zweite Hälfte des 19. Jahrhunderts, bis die napoleonischen Gesetzbücher durch eine einheitliche preußische Gesetzgebung abgelöst wurden, in die allerdings sehr viele französische Momente einflossen. Diese Zugeständnisse musste Preußen den Rheinlanden machen.[9]

Das Verschwinden von Diamanten auf der Kölner Post, 1818

In einer einwöchigen Sitzung Mitte November 1820 hatte sich der 32-jährige »Königliche Ober-Post-Secretair« Arnold Götze, gebürtig aus Schwelm, vor dem Kölner Assisenhof zu verantworten. Götze war seit September 1816 im Oberpostamt in Köln angestellt, wo er »die fahrende und reitende Oberländische Post«, genauer gesagt den Postverkehr von Köln über Frankfurt und Nürnberg nach Wien, zu besorgen hatte. In Schwelm begann Götze 1804 mit sechzehn Jahren seine Tätigkeit bei der Post. Von dort aus wechselte er nach Dillenburg, wo er schon nach einem Jahr wegen angeblicher Veruntreuung wieder entlassen wurde. Sein weiterer Weg führte ihn nach Düsseldorf, Aachen, Wesel, wiederholt nach Schwelm, Kreuznach, Jülich und zuletzt nach Köln. Was seine dortige Tätigkeit anging, gaben ihm seine Vorgesetzten »das Zeugniß der Tüchtigkeit und des Fleisses, und sämmtliche Mitarbeiter stimm[t]en diesem Urtheile bei«.[1]

Sein Prozess vor dem Assisengericht fand im altehrwürdigen Hansasaal des Kölner Rathauses statt. Trotz seiner Geräumigkeit war er doch zu klein, wie es in einem Bericht von 1821 über Götzes Verhandlung heißt, »die Menge der Zuschauer zu fassen, welche bei wichtigen Criminal-Prozessen zu Tausenden dahin strömen. Daher wurde es auch, wiewohl hoffentlich ausnahmsweise, der Noblesse und den reicheren Einwohnern Kölns gestattet, hinter dem Rücken der Richter, mithin Angesichts des Angeklagten, der Geschwornen, der Zeugen und des Vertheidigers, einen dichten Halbkreis zu bilden; selbst die Zeugenbänke und die der Geschwornen blieben nicht verschont; so überaus lebhaft sprach sich das Interesse an diesem merkwürdigen Criminal-Prozesse von allen Seiten aus.«

Tausende von Menschen strömten zu den Prozessen.

Der Hansasaal war aber nur eine Übergangslösung. Nach Fertigstellung des neuen Appellationsgerichtshofes am Appellhofplatz 1826 fanden die Assisenverhandlungen dort, aber auch im »Fränkischen Hof« statt.[2]

Am ersten Verhandlungstag, dem 13. November 1820, eröffnete Gerichtspräsident Lenzen als Leiter des Prozesses die Sitzung mit einer

15

Rede an die zwölf Geschworenen, die aufgefordert waren, nach aufmerksamer Verfolgung der Verhandlung »nach inniger Ueberzeugung von Wahrheit und Recht das ›schuldig oder unschuldig‹ auszusprechen«. Die Geschworenen seien an dieser Stelle namentlich erwähnt: Wilhelm Olbertz, Gutsbesitzer in Liblar, Everhard Faust, Tabakspinner in Mülheim am Rhein, Joseph Berief, Gutsbesitzer in Niederaußem, Friedrich Koch, Fabrikant in Köln, Leopold Manstetten, »Eigenthümer und Halbwinner« in Müllendorf, Joseph Heinrich Hahn, Weinhändler in Köln, Jakob Rosauer, Ackerwirt in Schneffelrath, Winand Gussanti, Warenmakler in Köln, Clemens Hommelsheim, Eigentümer in Berzdorf, Johann Leonhard Jungbluth, Rentner in Köln, Franz Schramm, Müller und Ackerwirt, sowie Georg Harf, Ackersmann in Lülsdorf.

16

Die Staatsanwaltschaft (früher auch: das Öffentliche Ministerium) wurde in den damaligen Prozessen vom Staats- oder Oberprokurator vertreten, dem aufseiten des oder der Angeklagten der Verteidiger gegenüberstand.

Schwarzer Kohlenstaub statt Diamanten

Was unseren Fall betrifft, ging aus der Anklage und dem Vortrag des Staatsprokurators hervor, dass es in den Jahren 1817 bis 1819 zu mehreren Unregelmäßigkeiten im Briefverkehr zwischen Antwerpen und Wien gekommen war. Einige Zwischenfälle, die seitens des Klägers als hinreichend nachgewiesen angesehen wurden, fielen in den Juni und Juli 1818, als verschiedene Antwerpener Kaufleute Briefe beziehungsweise Briefpakete nach Wien losschickten, deren Inhalt aber unterwegs geraubt wurde oder die ganz verschwanden. Eine Sendung vom 12. Juni 1818 mit Diamanten des Antwerpener Handlungshauses Legrelle enthielt bei seiner Ankunft im Handlungshaus Patricussi in Wien lediglich schwarzen Kohlenstaub. Eine weitere Sendung Legrelles gleichen Inhalts vom 26. Juni 1818 kam in Wien gar nicht erst an. Eine Diamantensendung am 18. Juni 1818 des Händlers de Cocquiel in Antwerpen an Fries und Comp. in Wien erlitt ein ähnliches Schicksal – die Edelsteine wurden heimlich entnommen und durch etwas Baumwolle sowie Stücke roten Siegellacks ersetzt, ehe der auf den ersten Blick unversehrte Brief Wien erreichte. Ebenfalls entwendet wurden Diamanten, die das Antwerpener Handlungshaus Smets im Juli 1818 unter anderem an den türkischen Händler Demetrio Galatti in Wien abgesendet hatte. Es kam auch vor, dass Briefe aus Antwerpen von Wien aus direkt nach Konstantinopel weitergeschickt wurden und dass erst dort das Fehlen des wertvollen Inhalts bemerkt wurde.

Ein Jahr später ereignete sich ein etwas anders gearteter Vorfall. Diesmal waren es Tresorscheine, abgesendet im Juli 1819 vom Handlungshaus Luyken in Wesel an den Kaufmann Jakob Schugt in Königswinter, die während der Beförderung durch die Post abhandenkamen: Sie waren durch »schmutzige Spielkarten« ersetzt worden.[3]

Die Postanstalten aller Länder, durch welche die 1818 beraubten Postsendungen ihren Weg zu nehmen hatten, nämlich Belgien, Hol-

Ankündigung der Assisen in der Kölnischen Zeitung, Januar 1821.

17

land, Preußen, Nassau, Bayern und Österreich, beteiligten sich an den Untersuchungen, wobei man lange Zeit im Dunkeln tappte und es eher unwahrscheinlich erschien, dass die Diebstähle im Preußischen verübt worden sein könnten. Dennoch betrieb der für die preußische Rheinprovinz zuständige Postinspektor Friedrich Ferdinand Chasté aus Köln seine Nachforschungen »mit großem Eifer«. Er wies die Polizeibehörden besonders in Aachen, Jülich, Köln und Koblenz an, die Postbeamten unter genaue Aufsicht zu nehmen, »ob einer oder der andere dieser Beamten Juwelen verkaufe«. Auf diese Weise fand man heraus, dass Götze in Köln verschiedentlich Diamanten zum Verkauf oder Tausch angeboten hatte, was nach näheren Recherchen zu seiner Verhaftung am 19. August 1819 führte.[4] Seine Festnahme und Suspendierung vom Dienst hatten auf Götzes »Gemüthsstimmung den traurigsten Einfluß: er wurde wahnsinnig bis zur Raserei, späterhin aber, durch die sorgfältigste Behandlung geschickter Aerzte, vollkommen wieder hergestellt.«

Über ein Jahr hatten die Prozessvorbereitungen gedauert.

Da verschiedene Zeugen nicht zu der Verhandlung im November 1820 erschienen waren, wurden ihre Aussagen mit dem Einverständnis von Götzes Verteidiger verlesen. Über ein Jahr hatten die Prozessvorbereitungen gedauert. Man hatte einen Briefwechsel mit Antwerpen, Wien und Frankfurt/Main geführt, Zeugen verhört und die »Post-Manuale, Charten und Copirbücher« geprüft. Aus einem verlesenen Zeugenverhör in Frankfurt ging hervor, dass Götze dort im April 1819 mit seiner Frau acht Tage lang im Gasthaus »Zum Schwan« logiert hatte. Der Staatsprokurator vermutete, dass dieser Aufenthalt in Frankfurt mit dem Verkauf gestohlener Diamanten zusammenhing, Götze hingegen sprach von einer »Lust- und Erholungsreise«. Dem Besitzer des Gasthauses war aufgefallen, dass Frau Götze »viele Ringe mit Steinen an den Fingern getragen« hatte, ohne dass er aber angeben konnte, »ob diese Steine ächt gewesen« seien. Auch der Zimmerkellner konnte sich erinnern, dass Frau Götze »durch ihre Schönheit und durch den Schmuck, den sie getragen, an der Tafel stets viel Aufsehen« erregt hatte.[5]

Auffallend war, dass Götze nach seinem Aufenthalt in Frankfurt offensichtlich über nicht unbeträchtliche Geldmittel verfügte. Im Frühjahr 1819 legte er beim Kölner Geldwechsler Salomon Wolf Geld und beim Kölner Bankier Salomon Oppenheimer Gold im Wert von 20.000 Francs an. Überhaupt zeigte sich das Gericht sehr erstaunt über die finanziellen Verhältnisse Götzes, der früher schon Geld angelegt sowie 1818 ein Haus und teure Möbel erworben hatte und der zum Zeitpunkt des Prozesses

noch über ein Vermögen von 13.000 Talern verfügte. Außerdem besaß er, wenn auch nur für kurze Zeit, ein Reitpferd.

Diesbezüglich gab Götze an, eine Erbschaft gemacht und bereits 7.000 Taler in Gold mit nach Köln gebracht zu haben. Woher aber, so fragte sich das Gericht, stammte das übrige Geld? Obwohl es nach Ansicht des Gerichts kaum möglich war, mit seinen 600 Talern Monatsgehalt in Köln einen Haushalt zu führen und noch zu sparen, wollte Götze eben durch Sparsamkeit zu dem Geld gekommen sein. Außerdem habe er, so Götze, »sehr oft in der Lotterie und sonst beim Spiele« gewonnen. Was insgesamt die Nachforschungen des Postinspektors Chasté anging, meinte Götze in der Verhandlung, dieser habe mit »Bosheit und Leidenschaft« gegen ihn verfahren.

Einige Zeit nach der Festnahme Götzes hatte man auch den 20-jährigen Kölner Postboten Johann Ditscheidt verhaftet, der in den Verdacht geraten war, an den Unterschlagungen beteiligt gewesen zu sein. Ditscheidt stand zu Götze in einem engen Verhältnis und hatte als dessen Bediensteter auch eine Zeit lang die Versorgung des erwähnten Reitpferdes Götzes übernommen.

Der neue Appellationsgerichtshof, 1823–26 errichtet, Sitz des Assisengerichts/ Schwurgerichts.

19

Fränkischer Hof in der Komödienstraße. Auch hier fanden Schwurgerichtssitzungen statt.

Sehr belastend für Götze und Ditscheidt war die Aussage der Zeugin Elisabeth Desmet, geborene Bambergs. Sie war eine frühere »geheime Freundin« Ditscheidts und lebte zu jener Zeit von ihrem Mann in Düsseldorf getrennt. Im August 1819, als Götze schon verhaftet, Ditscheidt aber noch in Freiheit war, habe ihr Ditscheidt, so die Zeugin, anvertraut, dass er Götze einmal eine Kiste mit Brillanten von der Post nach Hause getragen habe, die dieser in seinem Beisein geöffnet habe. Auch habe Götze einmal Tresorscheine im Wert von 300 Talern aus einem Brief genommen und stattdessen Papierstückchen hineingesteckt. Wenn »die ganze Sache verrathen ist«, so habe Ditscheidt hinzugefügt, »so jage ich mit Götzens Pferd bis nach Amerika«. Ditscheidt bestritt alles, was seine frühere Freundin, die ihm offensichtlich nicht mehr sehr wohlgesinnt war, ausgesagt hatte. Als sie ihre Aussage in einer Gegenüberstellung von Angesicht zu Angesicht wiederholte, meinte er: »Alles, was die Madame sagt, ist unwahr.«

Eine Magd, die bei Götze in Diensten war, hatte angeblich einmal verlauten lassen, Götze habe zuweilen Pakete mit nach Hause gebracht und sie anschließend verbrannt, »so daß das ganze Haus einmal voll Dampf gewesen« sei.

Eine weitere Belastungszeugin war die Kölner Gold- und Silberhänd-
lerin Antoinette Rohr, geborene Breuer. Sie gab an, Götze sei wiederholt
bei ihr gewesen, habe sich nach dem Preis von Diamanten und den Merk-
malen ihrer Echtheit erkundigt und auch einmal ihre Karatwaage ausge-
liehen. Vor seiner Reise nach Frankfurt habe er ihr Diamanten im Wert
von hundertvierzig Talern verkauft. Einen Tag vor seiner Verhaftung sei
Götze »ganz bestürzt« zu ihr gekommen und habe sie gefragt, »ob noch
keine Nachfrage wegen der Steine geschehen« sei, die er ihr verkauft hatte. Auf ihre verneinende Antwort habe er geäußert, »daß er es auch nicht
gerne habe, daß so etwas kund werde, indem es sich für einen Beamten
nicht schicke, dergleichen Handel zu treiben«.

Weitere belastende Zeugenaussagen

Kurz nach dem Besuch Götzes tauchte nach Aussage der Zeugin Johann
Anton Obermeyer aus Köln, »Diätarius bei der Königlichen Regierungs-
Haupt-Kasse« und offensichtlich ein Freund Götzes, bei ihr auf und ersuchte sie, im Falle einer Nachfrage bezüglich der Diamanten Götze nicht
zu nennen, denn dieser »habe ein Unglück an einem Brief gehabt, weß-
halb er die Steine hätte herausnehmen müssen, um keinen Verdruß zu
haben. Wenn die Sache nun herauskäme, sey Götze verloren.« Auf ihre
Antwort, dass sie doch deshalb keinen Meineid schwören könne, habe
Obermeyer gesagt, »das sey kein falscher Eid, wodurch man eine Familie retten könne«. Dann sei, so Frau Rohr, Obermeyer noch konkreter geworden und habe ihr gesagt: »Fordern Sie nur so viel Geld,
als Sie wollen [...]. Sie können über sein [Götzes] Vermögen disponiren.« Zwar habe sie Obermeyer versprochen,
Götze aufzusuchen, stattdessen aber habe sie ihren Gehilfen mit der Nachricht zu Götze geschickt, dass sie ihm in dieser Angelegenheit nicht dienlich sein könne.

Fordern Sie nur so viel Geld, als Sie wollen!

Vor Gericht gab Obermeyer an, dass die Diamanten, die Götze Frau
Rohr verkauft hatte, von ihm, Obermeyer, stammten. Vor einigen Jahren
habe er sie Götze als Unterpfand für geliehenes Geld gegeben, und er habe ihm auch die Erlaubnis erteilt, sie zu veräußern. Die Beschuldigun-
gen Frau Rohrs bezüglich seines Bestechungsversuches wies Obermeyer
als »infame Lüge« zurück und fügte hinzu: »So sehr es mich nun schmerzt,
daß ich von der Frau Rohr so verläumdet werde, ebenso freuet es mich
auch, daß ich sowohl, als Frau Rohr, beim ganzen Publikum bekannt bin,
kein Mensch in der Welt aber mir etwas Nachtheiliges nachsagen kann.«
Einige der Bestohlenen glaubten indes unter den Steinen, die Götze Frau

21

Rohr verkauft hatte, diejenigen wiederzuerkennen, die ihnen abhandengekommen waren.

Auch zu jenem Zeitabschnitt Ende des Jahres 1819, als Götzes Gemütszustand Anlass zur Besorgnis gegeben hatte, wurden etliche Zeugen befragt. Der Kölner Arzt Philipp Degrek, der Götze im Arresthaus behandelt hatte, meinte, der Angeklagte sei sehr unruhig und »von Melancholie angegriffen« gewesen. Stephan Buchholtz, ein ehemaliger Polizeidiener, sagte aus, Götze habe im Arresthaus »allerhand dumme Streiche und Spectakel« gemacht, weshalb er habe eingeschlossen werden müssen. In der Zelle sei Götze dann »wüthend und tobend« auf und ab gelaufen und habe laut »Verräther Chasté!« gerufen. Einmal habe Götze geglaubt, seine Frau oder sein Kind seien gestorben, ein anderes Mal habe er »den Geist seines Vaters« gesehen. Vier Wochen lang war Götze im Kölner Spital beziehungsweise Irrenhaus untergebracht, wo er anfangs auch sehr unruhig gewesen sein soll. Was aber war der Grund hierfür? Seine Verzweiflung wegen der Entdeckung der Tat oder das Bewusstsein seiner Unschuld?

Werbung der »Spitz'schen Buchhandlung« für ein Buch über den Fall Götze, 1820.

Nach der Vernehmung von zweiundsechzig Zeugen ergriff der Staatsprokurator das Wort. Durch die Verhandlung hatte sich seiner Ansicht nach eindeutig ergeben, dass Götze mehrere für Frankfurt bestimmte Pakete aus Aachen länger als nötig in Köln zurückgehalten und statt über Koblenz über Deutz weitergeschickt hatte, wobei Götze Überbelastung als Grund für diese Verspätungen angegeben habe. Diese bewusst herbeigeführten Verzögerungen habe Götze genutzt, so der Staatsprokurator, um die Postsendungen unbemerkt manipulieren beziehungsweise deren Inhalt entwenden zu können. Mit dem Verweis auf die Eindeutigkeit der Zeugenaussagen von Frau Desmet und Frau Rohr und der damit entstandenen Beweislast auf der einen Seite sowie auf die Zweifelhaftigkeit der Aussagen von Götze und Obermeyer auf der anderen Seite überließ es der Staatsprokurator der Verantwortung der Geschworenen, über den Angeklagten zu urteilen.[6] Er wurde an jenem Tag – am 20. November 1820 – für schuldig erklärt, Postgut, welches ihm kraft seines Amtes anvertraut worden war, in betrügerischer Weise unterschlagen zu haben, und zu einer siebenjährigen Zwangsarbeit sowie einer Geldstrafe verurteilt.[7] Damit war der Fall aber noch lange nicht abgeschlossen. Es begann ein Gang durch die Instanzen, der annähernd zwanzig Jahre dauern sollte.

Nachdem das Urteil des Kölner Assisenhofes nach einem entsprechenden Gesuch des Verurteilten durch die Geschworenen des Revisionshofes in Berlin verworfen und wegen einer Gesetzesänderung von einer geplanten Neuverhandlung vor dem Assisenhof Aachen abgesehen worden war, wurde der Fall nun vor das Kölner Landgericht gebracht, das Götze am 21. Mai 1822 ebenfalls für schuldig erklärte und zu einer mehrjährigen Freiheitsstrafe und zum Schadensersatz verurteilte. Dadurch erlitt Götze erhebliche finanzielle Einbußen. Nach neun Jahren hinter Gittern (Vorarrest, Zuchthaus und Detentionsgefängnis) schloss er mit den damaligen Absendern der Diamanten in Antwerpen einen Vergleich über 26.800 Francs, worauf er im Oktober 1828 unter »Aufopferung seines Vermögens« das Gefängnis verlassen konnte. In Paderborn, wo er fortan in einem landrätlichen Büro tätig war, wurde er gepfändet.

Waren Götzes wiederholte Versuche, seine Unschuld unter Beweis zu stellen, immer wieder gescheitert, so wendete sich um 1830 das Blatt. Nach umfangreichen Untersuchungen neuer Beweisumstände besonders seitens seines unermüdlichen Verteidigers Krönig aus Paderborn wurde Götze am 17. März 1836 vom Kriminalsenat des Oberlandesgerichts Paderborn von allen Anschuldigungen freigesprochen und durfte dann – nach Abweisung eines Einspruchs seitens der Post im Oktober 1838 – auf Entschädigung hoffen.[8]

Guillotinen und Scharfrichter

Köln war von 1799 bis 1803 eine regelrechte Hochburg für Hinrichtungen. Das lag daran, dass in jenen Jahren das höchste Kriminalgericht des Rur-Departements, zu dem Köln und Aachen gehörten, seinen Sitz in Köln hatte, wo demnach die Todesurteile, die das Gericht verhängt hatte, vollstreckt wurden.

Die Franzosen ließen die Hinrichtungen allgemein öffentlich in den Zentren der großen Städte vollziehen. In Köln war es der Domhof, wo die von den Franzosen 1798 in die Stadt importierte Guillotine zum Einsatz kam. Hier, direkt neben dem Dom, wurden von 1799 bis 1803 in Anwesenheit eines meist zahlreichen Publikums mindestens neunundzwanzig zum Tode Verurteilte guillotiniert.[1] 1803 endete diese Serie, weil das Kriminal-

Diese Darstellung aus der Franzosenzeit zeigt das Prangergerüst auf dem Domhof. Vielleicht wurde an eben dieser Stelle auf dem Domhof auch die Guillotine aufgebaut, wenn eine Hinrichtung anstand.

gericht – und damit auch die Hinrichtungen – nach Aachen als Hauptstadt des Rur-Departements verlegt wurde. Von 1803 bis 1811 wurden in Aachen mindestens fünfundsechzig Delinquenten guillotiniert. Die Guillotine war nicht fest installiert, sondern wurde zu einer jeweils anstehenden Hinrichtung aufgebaut und danach wieder abgeschlagen, es sei denn, dass eine Hinrichtung unmittelbar auf die nächste folgte.[2]

Dass es in Köln und später in Aachen so viele Todesurteile gab, lag unter anderem daran, dass die französische Justiz dem stark aufgekommenen Bandenwesen den Kampf angesagt hatte und die Kriminalgerichte beziehungsweise die ihnen angeschlossenen, noch schärfer urteilenden Spezialgerichte der einzelnen Departements nicht gerade zimperlich mit der Verhängung der Todesstrafe umgingen. Mehrere Mitglieder der berüchtigten großen niederländischen Bande wurden auf dem Kölner Domhof guillotiniert, darunter auch die zwei Bandenchefs, Carl Heckmann und Mathias Weber (genannt Fetzer), dessen spektakuläre Hinrichtung 1803 die Serie der Kölner Exekutionen beendete. Um 1810/11 wurden in ganz Frankreich die Kriminalgerichte aufgehoben und durch die Assisenhöfe ersetzt.

Einer Person kam bei den zahlreichen Hinrichtungen in Köln und Aachen eine besondere Bedeutung zu, nämlich dem Scharfrichter oder auch Nachrichter genannt, dem gewöhnlich zwei Gehilfen zur Seite standen. Es handelte sich um Nicolaus Hamel, geboren 1753 in Maastricht. Er war mehrere Jahre Scharfrichter der Stadt Aachen gewesen (1779–1797), ehe er nach der Ernennung durch die Zentralverwaltung am 27. März 1798 zum neuen Kriminalgericht nach Köln wechselte und diesem 1803 nach Aachen folgte. Wahrscheinlich nahm er die Kölner Guillotine dorthin mit.[3]

Weniger Hinrichtungen in der Preußenzeit

Nach dem Abzug der Franzosen 1814 stellte sich den neuen Machthabern, den Preußen, nicht nur die Frage, ob in den übernommenen Gebieten das französische oder das preußische Recht gelten sollte. Auch die Frage nach den Hinrichtungsmodalitäten war zu klären, die dahingehend beantwortet wurde, dass die von den Franzosen eingeführte Guillotine in großen Teilen der Rheinprovinz als Hinrichtungsinstrument beibehalten werden sollte. Allerdings kam sie weitaus seltener zum Einsatz: In rund hundert Jahren (1815–1917) unter den Preußen wurden in Köln ungefähr genauso viele Delinquenten guillotiniert wie in den fünf Jahren von 1799 bis 1803 unter den Franzosen. Die Todesstrafe unterlag

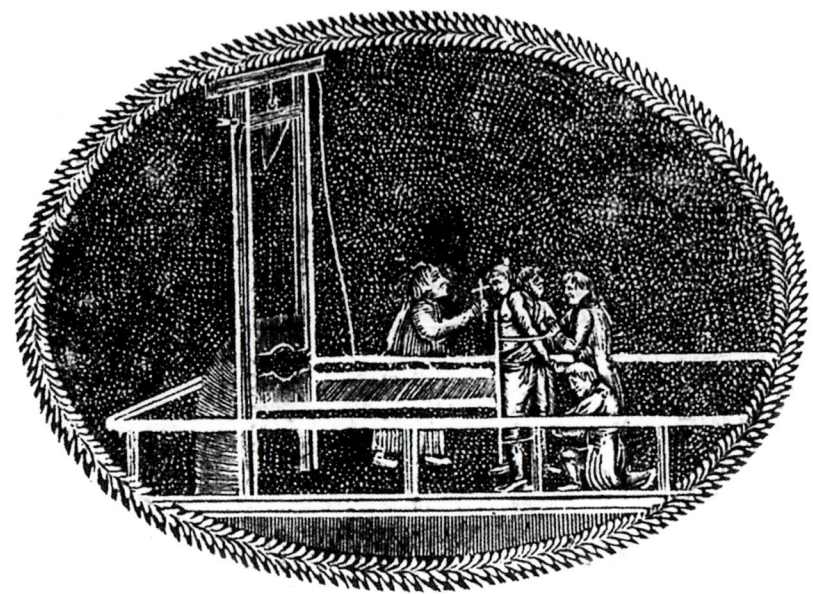

einer immer eindringlicher werdenden Diskussion, und wenn die Gerichte dennoch die Todesstrafe verhängten, wurden die Verurteilten oft
vom preußischen Monarchen begnadigt.

Insofern war es nicht ganz so tragisch, dass es nur noch wenige Guillotinen im Rheinland gab. Unter der französischen Regierung war für jeden Assisenhof ein Scharfrichter eingestellt worden, der jeweils die Obhut über eine Guillotine hatte (Teile der Guillotine, insbesondere das
Messer, waren oft im Haus des Scharfrichters aufbewahrt). Es befanden
sich also Guillotinen in Aachen, Koblenz, Trier und Düsseldorf. Beim Abzug der Franzosen aus dem Rheinland wurden die Guillotinen in Koblenz
und Düsseldorf von den einmarschierenden, gegen Napoleon verbündeten Truppen zerstört oder schwer beschädigt, sodass nachher nur noch die
in Aachen und Trier funktionstüchtig waren. Das störte die preußische
Regierung in Berlin nicht sonderlich, die davon ausging, mit den beiden
verbliebenen Guillotinen dem Zweck gerecht werden zu können.

Die verhältnismäßig geringe Anzahl von Hinrichtungen führte auch
dazu, dass einige Scharfrichter aus ihren Diensten entlassen wurden. Am
26. August 1822 ordnete die Berliner Regierung an, dass künftig nur noch
ein einziger Scharfrichter mit Kölner Wohnsitz für die Rheinprovinz zu-
ständig sein sollte, dem wie bisher zwei Gehilfen zur Seite gestellt wurden. Diese beiden Gehilfen seien bei einer Hinrichtung unentbehrlich,
so meinte ein Aachener Beamter 1819, »weil in den meisten Fällen der Patient durch die Todesangst in einen solchen Zustand der Gewalt versetzt

ist, daß er auf das Schaffot fast gehoben werden muß«. 1822 wurde diese Stelle des für die gesamte Rheinprovinz zuständigen Scharfrichters dem erwähnten altgedienten Nicolaus Hamel zugesprochen, nachdem er sich im September 1822 dazu bereit erklärt hatte.[4]

In einer Beschreibung Hamels, der am 16. April 1833 in Köln starb, heißt es: »Wer ihn sah und nicht kannte, den blassen Mann mit dem sanften einnehmenden Gesichte, hätte ihn unmöglich für den halten können, der während weniger Jahre so manchen Verbrecher in die Ewigkeit geschickt hatte […]. Stets sehr anständig und sauber gekleidet, erschien er am Tage einer Hinrichtung immer in einer Art, wahrscheinlich vorgeschriebener Uniform: Schwarzer ausgeschnittener Rock (habit francais), kurze seidene Beinkleider von nämlicher Farbe, weißseidene Strümpfe, Schuhe mit silbernen Schnallen, dreieckiger Hut mit goldener Schnur und goldenen Quasten und ein Degen mit silbernem Griff und weißer Scheide […]. In Köln, seinem langjährigen Wohnorte, stand er wegen seines sanften trefflichen Charakters in besonderer Achtung und ward besonders von Blumenliebhabern häufig besucht, denn seine Tulpen- und Nelkenzucht war ausgezeichnet; fast immer sah man ihn in seinem Garten beschäftigt. – In Köln ging damals die Sage: bei Zurückkunft von einer Execution verschlösse er sich sogleich in einem besondern Zimmer und wäre den Rest des Tages über für Jeden unzugänglich. – Uebrigens bestand bei Hinrichtungen durch die Guillotine seine Mitwirkung einzig darin, daß er, nachdem seine Knechte den Verurtheilten an das Bret geschnallt und ihn mit diesem unter die Maschine geschoben hatten, durch eine Krampe oder Feder das Beil zum Fallen brachte.«[5]

> *In Köln stand Hamel wegen seines trefflichen Charakters in besonderer Achtung.*

In einem Schreiben vom März 1824 an Generalprokurator Boelling in Köln äußerte der Berliner Justizminister den Wunsch, über die Beschaffenheit und die Funktionsweise der in der Rheinprovinz vorhandenen Guillotinen informiert zu werden. Ein in Aachen angefertigtes Faksimile der dortigen Guillotine, die im »Grashaus« aufbewahrt wurde und unter der Aufsicht des Oberbürgermeistereiamts stand, fand die Zustimmung des als Fachmann hinzugezogenen Nicolaus Hamel. Er fügte einige Erläuterungen zum Gebrauch der Guillotine hinzu, ehe dieses Informationsmaterial dem Justizminister zugeschickt wurde. Ursprünglich hatte Hamel selbst das gewünschte Material zusammenstellen sollen, doch er wandte sich Ende März 1824 entschuldigend an den Kölner Generalprokurator: »Ich bedaure recht sehr, Hochderselben Auftrag, die Guillotine abzuzeichnen, und dazu eine Beschreibung zu machen, nicht voll-

führen zu können, indem ich nie die Zeichenkunst, noch Beschreibungen zu machen im Stande bin.«

Das hölzerne Gestell der Trierer Guillotine war den Angaben eines Schreibens vom 28. März 1824 zufolge im dortigen Landgerichtsgebäude aufbewahrt, das Messer und das Gewicht befanden sich noch beim ehemaligen Scharfrichter Nicolaus Raach. Bei einer etwaigen Anwesenheit in Trier hätte Hamel von Raach diese Gegenstände in Empfang nehmen und dann in seiner Obhut behalten sollen. Die Wiederherstellung der beschädigten Koblenzer Guillotine hätte eines größeren Geldaufwands bedurft.

Die Tatsache, dass es nur zwei Guillotinen in der Rheinprovinz gab, hatte zur Folge, dass die Aachener Guillotine im Bedarfsfall hin und her transportiert werden musste. Das konnte auf dem Rhein zu Wasser oder mit einem Karren zu Lande erfolgen. Der Koblenzer Oberprokurator schrieb im April 1824, dass eine Guillotine drei Wagen füllte. Manchmal kam es zu Termindruck, wenn die mitunter lange gelagerte Guillotine vor einer Hinrichtung renoviert werden musste oder wenn sie im Fall von kurz aufeinander folgenden Hinrichtungen in zwei verschiedenen Städten von einer Stadt zur anderen transportiert werden musste.

Entscheidung in Berlin

Vor allem die hohen Transportkosten ließen die Frage aufkommen, ob es nicht ratsam sei, außer den vorhandenen zwei Guillotinen noch eine oder mehrere weitere herstellen zu lassen. Um Kosten zu sparen, meinte Generalprokurator Boelling im Juni 1824, hätte ein einziges Guillotinenmesser (das der Aachener Guillotine) für neu zu bauende Guillotinenvorrichtungen in Köln, Düsseldorf, Kleve und Koblenz eingesetzt werden können.

Von solchen Vorschlägen wollte man in Berlin nichts wissen. Am 7. Juli 1824 ordnete der Justizminister an, dass die beiden vorhandenen Guillotinen im Bedarfsfall wie bisher transportiert werden sollten. Um einen Verurteilten nicht unnötig lange im Bewusstsein des drohenden Todes zu belassen, sollte ihm erst dann mitgeteilt werden, dass sein Todesurteil vom König bestätigt worden sei, wenn die Guillotine schon am Bestimmungsort eingetroffen war, es also keine Verzögerungen durch den Transport mehr geben konnte. Außerdem sollten die Guillotinen in derjenigen Stadt verbleiben und eingelagert werden, wo sie zuletzt gebraucht worden waren. Damit wurde der Rücktransport zum Ursprungsort gespart und vermieden, dass die Guillotine als Nächstes wieder in dieselbe Stadt zurückgebracht werden müsste.

Die ursprünglich Aachener Guillotine wurde so im Lauf des weiteren 19. Jahrhunderts zur Guillotine eines großen Teils der Rheinprovinz, indem sie nicht nur in Aachen zum Einsatz kam, sondern auch in Koblenz, Elberfeld, Kleve, Düsseldorf, Köln und Bonn.[6] Genauer gesagt kam innerhalb Preußens die Guillotine im Bereich des Oberlandesgerichts Köln und in der Provinz Hannover zum Einsatz, während ansonsten in Preußen das Handbeil als Hinrichtungsinstrument üblich war.[7]

Die ersten Hinrichtungen in Köln nach 1815

Einige der ersten Hinrichtungen in der neuen preußischen Rheinprovinz fanden in Aachen statt. Der Guillotinierung am 20. September 1819 von Christina Moelders aus Kleve wegen Muttermordes folgten am 23. Februar 1824 die Hinrichtungen von Friedrich Pickartz aus Rödingen wegen Ermordung seiner Frau und am 26. April 1824 von Johann Kleingans aus Saeffelen wegen Kindsmordes. Diese Hinrichtungen wurden nicht mehr – wie unter den Franzosen – im Zentrum Aachens (besonders auf dem Marktplatz vor dem Rathaus) vollzogen, sondern etwas außerhalb beim Vaalser Tor.[1]

Wenig später kam es zur ersten in die preußische Zeit fallenden Hinrichtung in Köln. Bei dem Verurteilten handelte es sich um den dreifachen Mörder Adolph Moll, »Schuhmacher und Eigenthümer zu Beuel, einem Bonn gegenüber liegenden Dorfe«.[2] Eines seiner Opfer, der Schneidermeister Heinrich Ochs, war Kölner Einwohner. Am 29. April 1824 wurde die Guillotine von Aachen aus nach Köln gesandt, wo sie einen Tag später eintraf. Der Kölner Oberprokurator beabsichtigte, die Guillotine noch am gleichen Abend aufschlagen zu lassen, »damit auf jeden Fall […] die Vollziehung der gegen Adolph Moll erkannten Todesstrafe stattfinden« könne.[3]

Grausige Funde im Hause Moll

Nachdem Moll 1821 seinen Vater verloren hatte, lebte er mit seiner Stiefmutter Margaretha Moll (geborene Bley) und deren dreijährigem Sohn Johann weiterhin im väterlichen Haus zusammen. Im Sommer 1822 ging in Beuel das Gerücht umher, die Stiefmutter sei von ihm, dem damals sechsundzwanzig Jahre alten Moll, schwanger. Seit dem 3. Juli 1822 wurde sie mit ihrem kleinen Sohn vermisst. Auf die Vermutung hin, ihrem Verschwinden könnte ein Verbrechen zugrunde liegen, fanden Durchsuchungen im Hause Moll statt, die aber zunächst erfolglos blieben. Seine Stiefmutter sei mit ihrem Sohn fortgegangen, so gab Moll an, weil sie ihm nicht länger habe zur Last fallen wollen und weil sie denjenigen aufzusuchen beabsichtigt habe, »der die Ursach ihrer Schwangerschaft sey«.[4]

Porträt Adolph Molls.

Knapp ein Jahr danach wurde der erwähnte Kölner Schneider Ochs, Vater von fünf Kindern, vermisst. Er war am 10. September 1823 von Köln aus auf den Jahrmarkt nach Pützchen bei Beuel aufgebrochen. Dort wollte er Tuch einkaufen und führte eine entsprechende Barschaft mit sich. Als er nach einigen Tagen noch nicht nach Hause zurückgekehrt war, schickte seine Frau einen ihrer Gesellen zur Erkundigung aus, der sich an den Beueler Bürgermeister wandte. Die Vermutung lag nahe, dass der Vermisste bei Moll eingekehrt sein könnte, da beide sich aus Militärzeiten kannten.

31

Auffallend war, dass Moll einige Tage nach dem Verschwinden des Kölner Schneiders bei Tanzveranstaltungen und sonstigen öffentlichen Anlässen bessere Kleidung als früher trug und eine Tabakspfeife bei sich führte, deren Beschreibung mit jener des Vermissten vollkommen übereinstimmte. Als bei einer Durchsuchung des Hauses Moll am 18. September 1823 verschiedene Sachen des Kölners gefunden wurden, räumte Moll zwar ein, den Vermissten am 10. September zu Besuch gehabt zu haben, dann aber sei derselbe noch am gleichen Abend nach Bonn aufgebrochen.

Am Tag nach der Durchsuchung machte Moll auf dem Weg zu einem Verhör durch den Beueler Bürgermeister einen Fluchtversuch. Obwohl er »von Polizeidienern unter dem Gewehre bewacht wurde«, rannte er »wie im Fluge über das offene Feld davon. Er wurde auf der Stelle von einer überall zuströmenden Menschen Menge verfolgt, würde aber nicht wieder eingeholt worden sein, wenn nicht ein eben auf dem Felde ackernder Knecht mit dem Pferde im Gallop ihm nachgesetzt hätte, von dem er sich dann eingeholt ohne Widerstand ergreifen und zurückbringen ließ. So wieder vor den Bürgermeister gestellt antwortete er auf die Frage, warum er entwichen sei: er sei seines Lebens müde, und wollte sich erschießen, um nicht wieder vor Gericht zu kommen« (er war wegen Diebstahls vorbestraft).[5]

Bei weiteren Nachforschungen in seinem Haus am 20. September 1823 entdeckte man unter dem Fußboden seines Wohnzimmers die Leiche des Kölners, die in einem Kartoffelbehälter vergraben war und Kopf- und Halsverletzungen aufwies. Als der mittlerweile im Bonner Gefängnis inhaftierte Moll an jenem Tag noch einmal nach Beuel geführt wurde, hatten sich Tausende von Menschen versammelt, »um das Ungeheuer zu sehen«. Mit dem Fund der Leiche konfrontiert, gestand Moll, dass er an jenem Abend mit Ochs wegen einer Geldschuld in Streit geraten sei und ihn »mit einem Leisten auf den Kopf geschlagen, und nachher noch mit einem Beile demselben einige Schläge auf Kopf und Hals gegeben und dann den Erschlagenen in einem Kartoffelloche unter dem Fußboden der Stube begraben habe«. Mit der geraubten Barschaft des Kölners habe er sich neue Kleidung und Wäsche gekauft.

Bei weiteren Grabungen wurden im Garten fünf Fuß unter der Erde auch die leiblichen Überreste der vermissten Stiefmutter und deren Sohnes entdeckt – wie auch die des ungeborenen Kindes: »In der Bauchgegend des größern Gerippes fand man kleinere Knochen, die für eines Fötus von ungefähr fünf Monaten erkannt wurden.«

> *Viele hatten sich versammelt, um Moll zu sehen.*

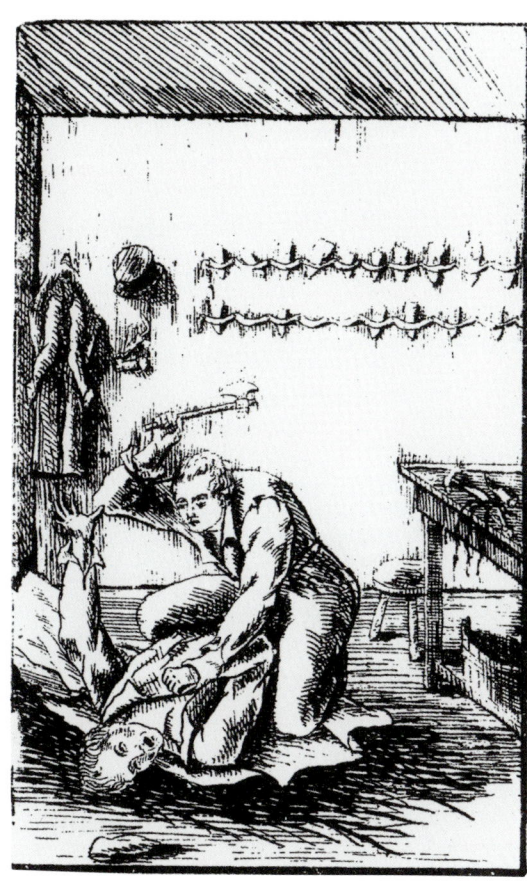

Zu diesem im Juli 1822 begangenen Doppelmord gab Moll an, er sei mit seiner Stiefmutter »wegen ihrer im Orte nachgeredeten Schwangerschaft in Streit geraten, habe das Beil aus der Küche geholt, und als seine Stiefmutter in derselben Stube, worin er nachher den Heinrich Ochs erschlagen, sich eben mit Herausnehmen von Erde aus dem Kartoffelloche beschäftigt, und gebückt habe, habe er derselben von hinten einen Schlag mit dem Beile auf den Kopf und dann noch mehrere auf den Kopf und Hals gegeben; eben so gleich darnach seinem kleinen Halbbruder, der darüber geschrieen und von dem er verrathen zu werden hätte fürchten müssen. Erst habe er beide Leichen in dem Kartoffelloche verborgen, Abends aber solche mit ihren Kleidern im Garten vergraben.« Zudem gestand Moll, bald nach dem Tod seines Vaters mit der Ermordeten in einem »solchen Umgange« gelebt zu haben, dass daraus durchaus eine Schwangerschaft habe resultieren können.

In einer zeitgenössischen Schrift über die Geschehnisse in Beuel wird auch über die Reaktion der Nachbarschaft Molls auf seine »unerhörte

Darstellung des dreifachen Mordes.

33

Welch ein Verbrechen ist geschehn!
Wie konnte Gott aus seinen Höh'n
Auf solch grause Thaten schaun!
Und den Verbrecher nicht mit Grau'n
Vernichten aus der Menschenzahl!
Durch seines Blitzes Rachestrahl!
O, Gottes Langmuth ist zwar groß,
Doch den Verbrecher trifft sein Loos.

O, wenn ich es erzählen soll,
So höret Leute: Adolph Moll,
zu Beuel, ist das Würgethier,
Des Thaten ich erzähle hier.
Nach seines Vaters schnellem Tod
Verachtend Gott und sein Gebot,
War es die Stiefmutter, mit der
Er lebt' in Schande und Unehr'.

Und als die Schwangerschaft erschien,
Da wollte er der Schand entfliehn,
Der Bösewicht, mit Teufelslust,
Durchstieß er einer Mutter Brust.
Vom Brüderchen, noch zart und klein,
Wollt er jetzt nicht verrathen seyn,
Weil er gesehn der Mutter Noth,
So schlug er ihn im Grimme todt.

Im Garten, da begrub er sie,
Und dachte wohl, es werde nie
Die Schandthat kommen an das Licht,
Doch kam er wirklich vors Gericht.
Doch endlich kam der Mörder frei,
Weil es nicht ganz bewiesen sei,
Daß er die Mordthat hab gethan,
Drum fuhr es fort auf seiner Bahn!

Noch einen Mord sollt' er begehn
Und sich dann überführet sehn.
Es kam ein Freund, ein Kamarad,
Der Heinrich Ochs, der, als Soldat,

Mit ihm gedienet, in sein Haus,
Und bat sich eine Herberg aus.
Moll hatte oft bei ihm logirt
Und ward von ihm als Freund traktirt.

»Hier«, sprach der Gast, »hier nimm sie auf,
Die sechzig Thaler, die zum Kauf
Für Leinewand ich mitgebracht,
Ich weiß, sie sind bei Dir bewacht.«
Der Bösewicht schloß schnell sie ein,
Sprach unter einem falschen Schein:
»Komm mit zur nahen Kirmeß hin,
Denn Morgen hast Du mehr Gewinn.«

Sie giengen hin in Lust und Freud',
Doch Moll sprach endlich, es ist Zeit,
Mein Freund, dass wir nach Hause gehn,
Ach, um den Freund war es gescheh'n!
Kaum legt er sich zur Ruhe hin,
Als Moll mit einem Tigersinn,
Den Gastfreund pakt, und ihn erwürgt,
Und in des Hauses Grube birgt.

Den Gastfreund hatte man gesehn
Beim Mörder, er muß nun gesteh'n
Daß er in seinem Hause war.
Der Bösewicht bekennt nun gar,
Nachdem man Ochsens Leichnam fand,
Daß er den Freund mit eigner Hand
Erschlagen, und so kam der Wicht,
Zur Rach' und Strafe vor's Gericht.

Nun sitzet er in Kerkers Nacht,
Wo er nicht schläft, wo er nicht wacht,
Wo des Gewissens große Pein
Ihn läßt vor aller Welt allein;
Bis daß des Richters strenge Hand,
Den Urtheilspruch ihm zuerkannt:
»Der welcher Menschenblut vergießt,
Deß Blut durch die Gesetze fließt.«

Gedicht aus einer zeitgenössischen Schrift zum Fall Moll.

Mordthat« berichtet: »In der Nacht vom 21. zum 22. Sept. wurde das Haus des Verbrechers und die Bäume im Garten, trotz Siegel und Wache, umgerissen, und im Freien verbrannt. Obgleich diese Handlung strafbar und gesetzwidrig ist, daher nicht gebilligt werden kann, so ist sie doch auf der andern Seite ein Zeichen, daß man sich lieber der Gefahr aussetzte, gestraft zu werden, als länger den Anblick der Mördergrube zu haben.«[6]

Öffentliche Hinrichtungen auf dem Margarethenplatz und dem Marsilstein

Nach Beendigung der Voruntersuchung musste sich Moll vor dem Kölner Assisenhof verantworten. Am Ende einer dreitägigen öffentlichen Sitzung wurde am 26. November 1823 die Todesstrafe wegen dreifachen Mordes und Raubes über ihn verhängt. Nachdem der Revisionshof in Berlin das eingelegte Rechtsmittel der Kassation verworfen hatte und »Allerhöchsten Orts« (durch den preußischen König) die richterlich ausgesprochene Todesstrafe bestätigt worden war, fand die öffentliche Hinrichtung Molls am 3. Mai 1824 frühmorgens in Köln statt. Die von Aachen gekommene Guillotine wurde zu diesem Zweck auf dem damaligen Margarethenplatz aufgebaut, wobei es sich um einen Platz in der Nähe des Margarethenklosters gehandelt haben dürfte. Es war die erste Hinrichtung in Köln seit »vielen Jahren«, möglicherweise seit 1803.[7]

Nachdem an jenem 3. Mai gegen vier Uhr morgens der Beichtvater bei Moll gewesen war, wurden diesem eine graue Jacke und Hose angezogen, wobei er »immer ganz gefaßt blieb; als aber der Scharfrichter den ersten Schnitt in seine Haare that, so war ihm auf einmal aller Muth und Kraft entsunken, und von dem Augenblicke an, war er schon mehr todt, wie lebendig; er mußte sogar mit Hülfe Anderer auf den Wagen gebracht werden, der ihn nach dem weit entfernten Richtplatz führte, wohin er die wogenden Volksmassen, neben seinem Geistlichen sitzend, nicht mehr zu bemerken schien. Gegen halb sieben Uhr kam er auf dem Margarethenplatze an, wo ihm von dem Wagen geholfen, und wo er von zwei Männern unterstützt, nach der Guillotine geführt wurde.«[8]

Der Bonner Medizinprofessor Joseph Ennemoser, der Moll in den Arresthäusern in Bonn und Köln häufig besucht hatte, verfasste 1825 eine Schrift »Ueber die nähere Wechselwirkung des Leibes und der Seele, mit anthropologischen Untersuchungen über den Mörder Adolph Moll«, in der er zu dem Schluss kommt, dass Moll zu Recht für schuldig und zurechnungsfähig erklärt worden war. Die Art der Bestrafung, die Todesstrafe, stellte Ennemoser aber in Frage.[9]

Sofort nach der Hinrichtung Molls wurde die Guillotine wieder auf Reisen geschickt – diesmal nach Koblenz, wo am 8. Mai 1824 morgens um sechs Uhr der 42-jährige Christoph Dieter aus Wallhausen im Kreis Kreuznach unter ihrem Messer starb. Trotz der frühen Morgenstunde waren auch hier viele Zuschauer zu der Hinrichtung auf dem Koblenzer Clemensplatz erschienen. Dieter war Ende 1823 vom Koblenzer Assisenhof wegen eines in Rüdesheim verübten Raubmordes zum Tode verurteilt worden. Der Transport der Guillotine von Aachen nach Köln hatte fünfzehn Taler, der von Köln nach Koblenz neunundzwanzig Taler gekostet.[10]

Im Jahr 1831 fand eine weitere Hinrichtung in Köln statt. Bei dem Verurteilten handelte es sich um Johann Fasbender, geboren in Fritzdorf in der Grafschaft. Nach dem vorzeitigen Tod seines Vaters arbeitete Fasbender erst als Viehhüter, dann als Schneider. Nach seiner Zeit als Soldat ging er 1818/19 zum Schneider Michael Klassen nach Alfter, wo er kurz darauf dessen Schwester Maria Gertrud Klassen heiratete, die aber schon im Jahr 1823 unversehens starb.

Im März 1824 wurde auf dem Speicher von Fasbenders Haus dessen Geselle, der 24-jährige Peter Zündorf aus Roisdorf, erhenkt aufgefunden. Fasbender, seine neue Ehefrau und andere Zeugen gaben an, der Geselle habe wahrscheinlich aus Schwermut Selbstmord begangen.

Einige Jahre später, am 2. Juli 1827, wurde ein weiterer Geselle Fasbenders, Peter Wilhelm Halft aus Rott in der Bürgermeisterei Eitorf, leblos auf einem Kartoffelfeld bei Alfter gefunden. Er war in der Nacht zuvor ermordet worden. Der Verdacht fiel auf Fasbender, der verschiedene Drohungen gegen seinen Gesellen hatte verlauten lassen. So äußerte er kurz vor der Tat in einem Bonner Wirtshaus, Halft sei ein »nichtsnutziger, schlechter Kerl; der ist schuld, daß ich in der letzten Woche meine Frau aus Rock und Camisol geschlagen habe […]. Ich werde demselben aber aufpassen.« Offensichtlich fürchtete Fasbender auch, Halft könnte sich in Alfter selbstständig und ihm Konkurrenz machen wollen.

Der ist schuld, daß ich meine Frau aus Rock und Camisol geschlagen habe.

Nach entsprechenden Untersuchungen wurde der Fall dem Kölner Assisenhof übergeben, der Fasbender nach einer mehrtägigen Sitzung am 9. September 1827 des vorsätzlichen Mordes an Halft für schuldig erklärte und zum Tode verurteilte. Nachdem ein Kassationsgesuch des Verurteilten verworfen worden war, wandelte der preußische König durch Kabinets-Ordre vom 1. Februar 1828 die Todesstrafe in eine lebenslange Zwangsarbeitsstrafe um, worauf Fasbender ins Werdener Zuchthaus eingeliefert wurde.

JOH. FASSBENDER,
mehrer Mordthaten angeklagt,
am 9. Sept. 1827 und 15. Dec. 1820. zum Tode verurtheilt,
hingerichtet zu Cöln a R. am 10. Febr. 1831.

Der am 19. Februar 1831 hingerichtete Johann Fas(s)bender.

Kaum hatte er dort ein Jahr seiner Strafe verbüßt, kam der Verdacht auf, dass auch der Schneidergeselle Silvester Siedle, 1804 in Gütenbach im Amt Triberg geboren, der ebenfalls bei Fasbender gearbeitet hatte und seit dem April 1827 als vermisst galt, von Fasbender ermordet worden sein könnte. Tatsächlich fand man bei Grabungen in einem Stall Fasbenders »ein fast ganz vollständiges Gerippe unter dem feuchten Boden verscharrt«, das sich als Siedles Skelett erwies.

So musste sich Fasbender am 14. und 15. Dezember 1829 zum zweiten Mal vor dem Kölner Assisenhof verantworten, und wieder endete die Verhandlung mit einem Todesurteil gegen ihn, verhängt wegen vorsätzlicher Ermordung Siedles im April 1827. Diesmal durfte der nun sechs-

37

unddreißig Jahre alte Fasbender nicht mehr auf eine Begnadigung seitens des Königs hoffen, der am 24. Januar 1831 das Todesurteil bestätigte. Die Hinrichtung Fasbenders erfolgte am 19. Februar 1831 morgens um acht Uhr auf dem »Esels-Markte« (heute Marsilstein) in Köln.

Wie allgemein üblich, erfuhr auch Fasbender erst kurz vor seiner Hinrichtung – nämlich am 18. Februar –, dass das Todesurteil vom König bestätigt worden war. Die wenige Zeit bis zu seiner Hinrichtung nutzte er, um dem Direktor des »Arrest- und Korrektionshauses« in Köln, Burghardt, einige Geständnisse und Mitteilungen zu machen, die, so Burghardt, Fasbenders Neigung »zum Bösen und seine gänzlich entartete Natur« zeigten.

Unter anderem äußerte Fasbender in diesem Gespräch: »Gelebt habe ich immer wie ein Wilder; wäre ich nach Alfter zurückgekommen und zehn Pfund Pulver zum Erschießen meiner Feinde wären nicht genug gewesen; ich hätte mir zwanzig zu verschaffen gewußt. Während andere Leute in die Kirche gingen, war ich im Wirthshause und voll getrunken. Seitdem ich verhaftet bin, ist es mir, besonders in Werden, schlecht gegangen; aber Nichts war mir so schmerzlich, als daß man meinen

> *Gelebt habe ich immer wie ein Wilder.*

schönen Hund todt geschlagen hat. Dieses Thier war abgerichtet, daß man seine Freude daran hatte. Es wußte, wenn es zur Schlägerei ging, war immer einige Schritte vor mir und stets mein Beschützer. Was es packte, hielt es fest [...]. Mein größter Spaß ist es immer gewesen, wenn ich zu einer tüchtigen Schlägerei kommen konnte. So habe ich einmal vier Jungens in G- von des Abends bis des Morgens 3 Uhr aufgepaßt. Da gab es entsetzliche Prügel und ich verfolgte sie mit Steinwürfen, daß keiner den Kopf heil behielt [...]. Dem Kartenspiele habe ich mich immer gern hingegeben; am liebsten habe ich aber gezwickt, weil ich dabei am besten betrügen konnte. Niemand verstand es so gut als ich, die Karten falsch zu geben und die Gewinnenden für sich zu behalten. Oft habe ich zwar bei solchen Gelegenheiten Prügel erhalten, Niemals aber, ohne sie reichlich wieder gegeben zu haben.«[11]

Vatermord durch Wilhelm Schlösser aus Köln?

Am Donnerstag, dem 2. September 1830, waren die Holzarbeiter Wilhelm Hoffmann aus Stotzheim und Hubert Kommer aus Niederkastenholz mit dem Schneiden von Eichenbohlen beschäftigt. Zu diesem Zweck hatten sie in der damaligen Rheinbacher Allee im Schornwald bei Flamersheim zwei Sägebänke aufgebaut. Als sie gegen sieben Uhr ihren Arbeitstag beendeten, waren fünfzehn Bohlen auf den Bänken aufgestapelt.[1]

Am nächsten Tag fand man den Flamersheimer Tagelöhner Mathias Schlösser, der am Vortag ganz in der Nähe der Holzarbeiter in der Umgebung der Lappenmühle einen Waldgraben aufgeworfen hatte, zwischen jenen zwei Sägebänken unter einigen Bohlen tot liegen. Offensichtlich sollte es so aussehen, als habe Schlösser das Holz stehlen wollen und sei dabei von herabrutschenden Bohlen erschlagen worden. Die Obduktion ergab hingegen, dass Schlösser einem gewaltsamen, mittels eines »scharfen schneidenden« Gegenstandes verübten Verbrechen zum Opfer gefallen war.

Der Verdacht des Mordes fiel auf Schlössers eigenen Sohn, den siebenundzwanzig Jahre alten Schlossergesellen Wilhelm Schlösser, der seit einigen Jahren in Köln wohnte und arbeitete. Wie später einige Zeugen aussagten, hatte sich Wilhelm an seinem Vater und besonders an seiner Stiefmutter Gertrud Schlösser, geborene Flohe, »schon thätlich vergriffen und sie öfters bestohlen«. Zu einem möglichen Motiv für den Mord hieß es in einem Schreiben des Berliner Revisions- und Kassationshofes: »Er [Wilhelm Schlösser] hatte in Cöln ein Mädchen, das sich von ihm schwanger erklärte, und durch den Tod des Vaters fiel ihm ein Vermögen zu, das nach Stand und Verhältnissen nicht unbedeutend war.«[2]

> *Der Mordverdacht fiel auf Schlössers eigenen Sohn.*

Es gab mehrere Zeugen, die am Tattag jemanden im Schornwald gesehen hatten, der von der Kleidung her Wilhelm Schlösser gewesen sein könnte. Der Förster Johann Krisinger aus Merzbach hatte gegen elf Uhr morgens an dem aufgeworfenen Waldgraben einen Mann bei Mathias Schlösser stehen sehen, der sich beim Näherkommen Krisingers schnell entfernt hatte. Auf die Frage des Försters, wer dies gewesen sei, antwor-

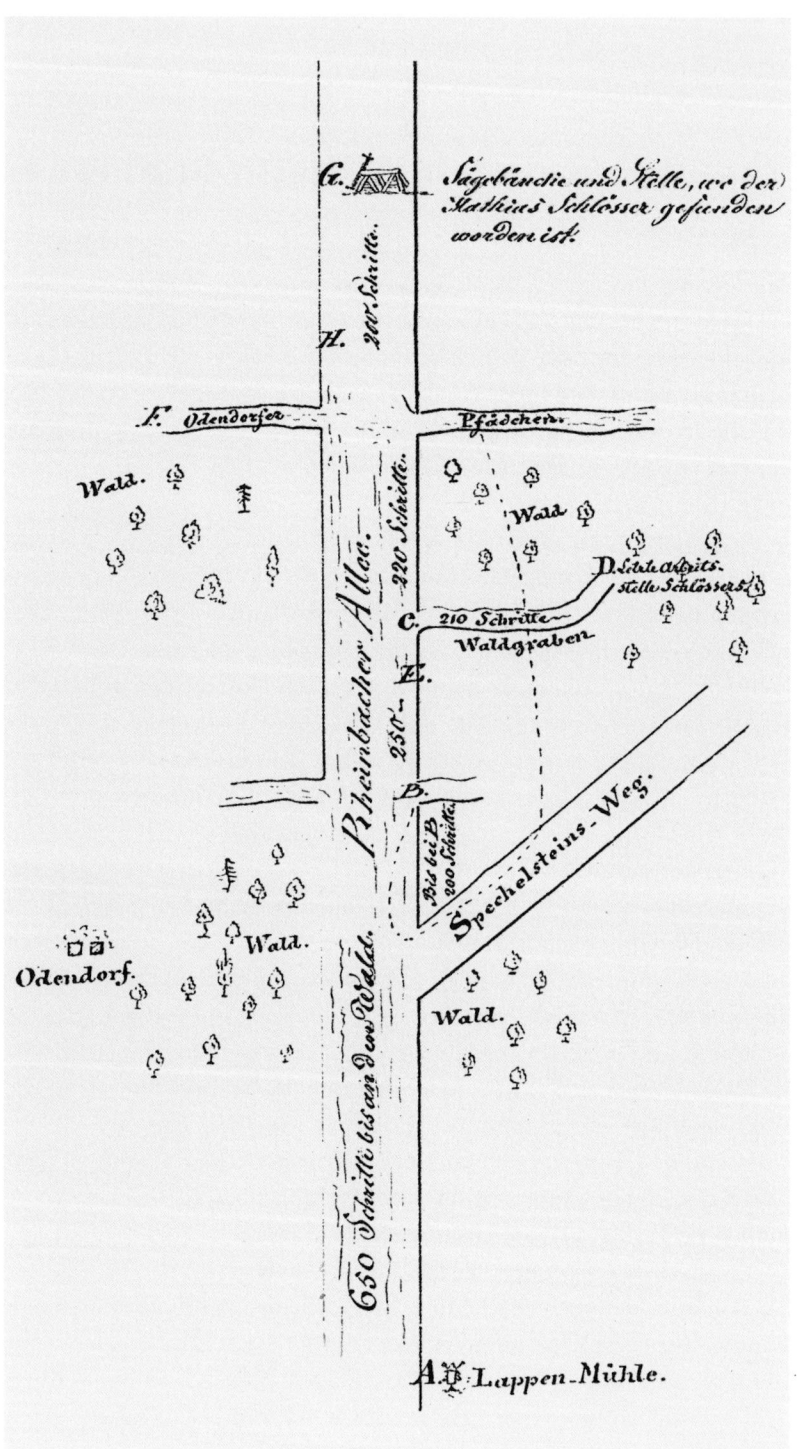

tete Mathias Schlösser, es sei sein Sohn Wilhelm gewesen, der hingegen leugnete, seinen Vater in dem Waldstück aufgesucht zu haben.

Nach beendeter Voruntersuchung sah die Anklagekammer des Rheinischen Appellationshofes den am 16. Oktober 1830 in Köln festgenommenen Wilhelm Schlösser als »hinlänglich beschwert« an, »seinen leiblichen Vater Mathias Schlösser am 2. Sept. 1830 freiwillig getödtet zu haben«, und verwies ihn zur Anklage an den Assisenhof Köln. Bei dem dortigen Prozess am 20. März 1831 erklärten die Geschworenen Schlösser im Sinne der Anklage für schuldig, jedoch nur mit einer Stimmenmehrheit von sieben zu fünf. Die den Assisenhof bildenden Richter stimmten mit drei zu zwei Stimmen für die Nichtschuld des Angeklagten, was zusammengezählt neun Stimmen für schuldig und acht für nicht schuldig ergab. Daraufhin wurde die Todesstrafe gegen Schlösser verhängt. Außerdem sah das Urteil vor, dass er »in einem Hemde mit bloßen Füßen und das Haupt mit einem schwarzen Schleier bedeckt zum Richtplatz geführt, daselbst während der Verlesung des Urtheils zur Schau ausgestellt, ihm die rechte Hand abgehauen und unmittelbar darauf die Hinrichtung an demselben vollzogen werden« sollte.

Ein Kassationsgesuch des Verurteilten wurde am 21. Juli 1832 vom Revisions- und Kassationshof in Berlin verworfen. Dann aber erfuhr der Fall Schlösser eine völlige Kehrtwendung: Nachdem sich der preußische König juristischen Rat eingeholt hatte, entschied er am 19. Mai 1833, dass das vom Assisenhof Köln »nach der Mehrheit der Stimmen von 9 zu 8 ausgesprochene Todes-Urtheil« zu annullieren und Schlösser freizulassen sei, jedoch behielt man sich »die Erneuerung der Untersuchung bei sich ergebenden neuen Anzeigen« vor.

Diese Rettung Schlössers in letzter Minute hing mit dem Artikel 351 der in der Rheinprovinz gültigen französischen Kriminalprozessordnung zusammen, der sich mit den Stimmenverhältnissen der Geschworenen und Richter beschäftigte und eben jene bloße Addition der Geschworenen- und Richterstimmen vorsah. Auf Anregung des preußischen Königs wurde dieser Artikel am 31. Dezember 1833 dahingehend abgeändert, »daß bei einer einfachen Stimmenmehrheit der Geschwornen die Richter des Assisenhofes für sich in Berathung zu treten und nach Mehrheit i h r e r Stimmen zu entscheiden haben«. Hätte diese Regelung schon vorher bestanden, wäre es also schon seitens des Kölner Assisenhofes gar nicht zu einem Todesurteil gegen Schlösser gekommen.[3]

Mord in der Glockengasse, 1840

Ehe der in Köln geborene Martin Jakob Brochhausen mit siebzehn Jahren in ein Infanterieregiment eintrat, hatte er eine Lehre bei einem Kölner Goldarbeiter abgebrochen und anschließend für kurze Zeit als Lohnbedienter und Unterkellner im »Mainzer Hof« gearbeitet. Nach seiner Entlassung aus dem Militärdienst kehrte er ins elterliche Haus in Köln zurück. Von dieser Zeit an, so schrieb der »Landgerichts-Sekretair« Arntz 1841 in einer Biographie über Brochhausen (dort: »Broichhausen«), trieb dieser sich »ohne alle Beschäftigung herum; seine Eltern mußten ihm täglich 5 Sgr. [Silbergroschen] zur Bestreitung seiner Bedürfnisse geben, und wenn er diese, oder was er sonst forderte, nicht erhielt, geriet er in Zorn und betrug sich ungebührlich tobend gegen seine Eltern.«

Nachts verschwelgte er den saueren Verdienst seines Vaters.

Der Biograph wusste auch über den damaligen »schlechten Einfluss« gewisser literarischer Werke auf Brochhausen zu berichten: »In dieser Zeit nun las Broichhausen am Tage Romane und Theaterstücke, z.B. Müllner's Schuld, Goethe's Faust, Kotzebue's Menschenhaß und Reue, Schiller's Cabale und Liebe, die Räuber und andere ähnlichen Inhalts, welche seiner ohnehin überspannten Phantasie eine noch überspanntere Richtung gaben; Nachts verschwelgte er den saueren Verdienst seines Vaters.«[1]

Im April 1840 zog der 23-jährige Brochhausen mit seinen Eltern in das Haus Glockengasse 54 um. Hier wohnte auch die zwei Jahre jüngere Näherin Ursula Kleinartz mit ihrer betagten verwitweten Mutter. Durch den täglichen häuslichen Kontakt entstand eine nähere Bekanntschaft zwischen den beiden jungen Leuten, die manche Nachbarn sogar für eine Liebesbeziehung hielten. Wenn es tatsächlich eine gewesen war, hatte sie nicht lange angedauert, denn zur Zeit der »Columba-Kirmeß« im Juni 1840 kam es zu einem völligen Bruch, »indem die Ursula Kleinartz dem Brochhausen, welcher bis dahin seine Besuche bei derselben, wiewohl ungern gesehen, mit Zudringlichkeit fortgesetzt hätte, jetzt ins Gesicht vorwarf, er habe sie verleiten wollen, sich ihm unzüchtig preis zu geben.«

Seit dieser Zeit verhärteten sich die Fronten. Brochhausen wurde der Zutritt zur Wohnung der Näherin verboten, die sich wiederholt verächtlich gegen ihn äußerte, wogegen sie wiederum »mancherlei Verfolgungen« von seiner Seite zu erdulden hatte: »In hohem Grade erboßt, machte er Spottreime und Carricaturen auf sie, drohte, sie in den Zeitungen zu verunglimpfen und beschimpfte sie sogar öffentlich als ein Frauenzimmer, welches sich Männern preis zu geben pflege und von Jedem zu haben sey.« Die Verbitterung des Kölners trat so unverhohlen hervor, dass seine eigene Mutter die Tante der Näherin vor dem »Grollen ihres Sohnes« warnte.

Unvermittelte Tat

Die Warnungen erwiesen sich angesichts der Ereignisse, die sich am 30. September 1840 zutrugen, als berechtigt. Hierzu heißt es im Amtsblatt der Königlichen Regierung von 1841 in einem Bericht des Kölner Oberprokurators Grundschöttel: »An dem gedachten 30. September Nachmittags war nun Ursula Kleinartz auf ihrem Zimmer, in welchem auch die Ehefrau Brochhausen [die Mutter Brochhausens] und ein junges Mädchen aus der Nachbarschaft anwesend waren, grade mit ihren Arbeiten beschäftigt, als plötzlich Martin Jakob Brochhausen, der schon eine Weile auf dem Gange vor der Thüre gestanden hatte, mit einem blanken Jagdmesser in der Hand hinein und auf sie zustürmte. Sie wendete sich um und schrie laut auf, sank aber bald, unvermögend sich zu retten, von neun Stichen in Herz und Lungen tödtlich getroffen, zu Boden und gab, ohne weiter ein Wort vorzubringen, nach wenigen Minuten in den Armen der Mutter des Mörders, der Ehefrau Brochhausen, ihren Geist auf.«[2]

An anderer Stelle heißt es noch deutlicher, dass Frau Brochhausen Ursula Kleinartz schützend umarmte, als Brochhausen ins Zimmer stürmte, und dass Brochhausen so sein Opfer in den Armen seiner Mutter erstach. Danach eilte er mit dem blutigen Messer in sein Schlafzimmer unter dem Dach des Hauses und stürzte sich durch das Fenster kopfüber »25 Fuß tief in den Hof hinab«. Obwohl er auf hartes Steinpflaster fiel, blieb er fast unverletzt.

Bei der hierauf eingeleiteten Untersuchung gestand Brochhausen gleich den Mord, gab aber verschiedene Motive an. Zuerst sagte er, er habe Ursula Kleinartz vorsätzlich getötet, weil sie die ihm versprochene Treue gebrochen habe. Später gab er an, er habe sich vor ihren Augen selbst erstechen wollen, als sie ihn aber in dieser Absicht noch verhöhnt und ausgelacht habe, habe er »in besinnungsloser Wuth« statt sich selbst sie erstochen.

Unter der Anklage, sein Opfer »freiwillig und mit Vorbedacht durch Messerstiche getödtet zu haben«, verwies der Rheinische Appellationsgerichtshof Brochhausen am 31. Oktober 1840 an den Kölner Assisenhof, wo sein Fall in Sitzungen am 19. und 20. Januar 1841 verhandelt wurde. Am Schluss erklärten die Geschworenen den Angeklagten betreffs des ihm zur Last gelegten Verbrechens für schuldig, worauf ihn der Assisenhof zum Tode verurteilte.[3]

Arntz schildert in seiner Biographie die kaltblütige Haltung, die Brochhausen in der Gerichtsverhandlung an den Tag gelegt habe, und schreibt weiter: »Aus dem ganzen Benehmen des Broichhausen leuchtete ein Streben, die Aufmerksamkeit anderer auf sich zu ziehen, es erweist sich auch noch dadurch, daß man auf seinem Schlafzimmer sieben verschiedene Fläschchen vorfand, mit Bezeichnungen von Giften. Die chemische Untersuchung ergab indeß, daß sich keine Gifte und besonders kein Arsenik in dem Inhalte der Fläschchen vorfanden; und es stellte sich sogar nach seiner eigenen Angabe heraus: daß er die Fläschchen nur mit selbst gewählten abentheuerlichen Bezeichnungen versehen, um den übrigen Hausgenossen damit zu imponiren.«[4]

Hinrichtung auf dem Frankenplatz

Als die Guillotine, die sich seit 1835 in Kleve befunden hatte, in Köln an-
langte, befand sie sich in einem ziemlich desolaten und morschen Zustand. Die notwendige Reparatur nahm der Kölner Zimmermeister
Ferdinand Luthmer vor, dem auch der Aufbau der Guillotine auf dem
Richtplatz aufgegeben wurde. Als Richtstätte hatte man diesmal den hinter dem Dom gelegenen Frankenplatz auserkoren. Wie schon 1831 bei der
Hinrichtung Fasbenders war es auch diesmal schwierig, Handwerker
zum Auf- und Abbau der Guillotine zu finden, weil diese Arbeiten »in
der gemeinen Meinung anstößige Verrichtungen« waren. So forderte
dann auch Zimmermeister Luthmer ein »anständiges Honorar«. Er
machte als erschwerende Umstände geltend, dass das Aufschlagen der
Guillotine auf dem Frankenplatz mitten in der Nacht (vom 19. zum
20. Juli 1841) habe bewerkstelligt werden müssen und dass er und seine
Arbeiter trotz der Nachtzeit durch »gemeine Witzreden« eines »brutalen
Pöbels« belästigt worden seien. Auch sei es ihm schwergefallen, seine
Dienstleute überhaupt zur Arbeit an dem »mit Menschenblut besudel-
ten Gerüst« zu überreden.[5]

Wenig später, am 20. Juli 1841 um sechs Uhr morgens, fand die Hinrichtung Brochhausens statt. Wieder strömten viele Schaulustige herbei:
»Eine unzählige Menschenmasse, unter welcher das weibliche Geschlecht
die Hälfte bei Weitem überstieg, bedeckte den Weg von dem Arrest- und
Corrections-Hause an bis zur Richtstätte.«[6]

In der Kölnischen Zeitung war über die Hinrichtung Folgendes zu lesen: »Das Benehmen des unglücklichen Brochhausen in den letzten
Stunden seines Lebens war, im Gegensatz zu dem seit seinem Processe
beobachteten, für jeden Menschenfreund versöhnend und beruhigend.
Eine am vorigen Sonntage von dem Seelsorger des Arresthauses an dessen Bewohner gerichtete Anrede, die Alle aufs tiefste erschütterte, scheint auch auf die Seele des Verurtheilten einen heilsamen
Eindruck gemacht zu haben. Er öffnete jetzt dem Zuspruche des
Priesters, der kaum mehr von seiner Seite wich, willig das Ohr,
bezeugte aufrichtige Reue über sein Verbrechen und gab sich
den Tröstungen der Religion mit gläubiger Hoffnung hin. Durch den
Empfang des Buß-Sacraments am gestrigen Abend und der heil. Wegzeh-
rung in einem für ihn am heutigen frühesten Morgen abgehaltenen Meß-
amte auf den bittern Gang zur Ewigkeit vorbereitet, trat er diesen mit
großer Standhaftigkeit an, die ihn bis zum letzten Augenblicke nicht verließ. Aber es war keineswegs der frühere rohe und dünkelhafte Trotz, es

*Begleitung durch
den Seelsorger.*

45

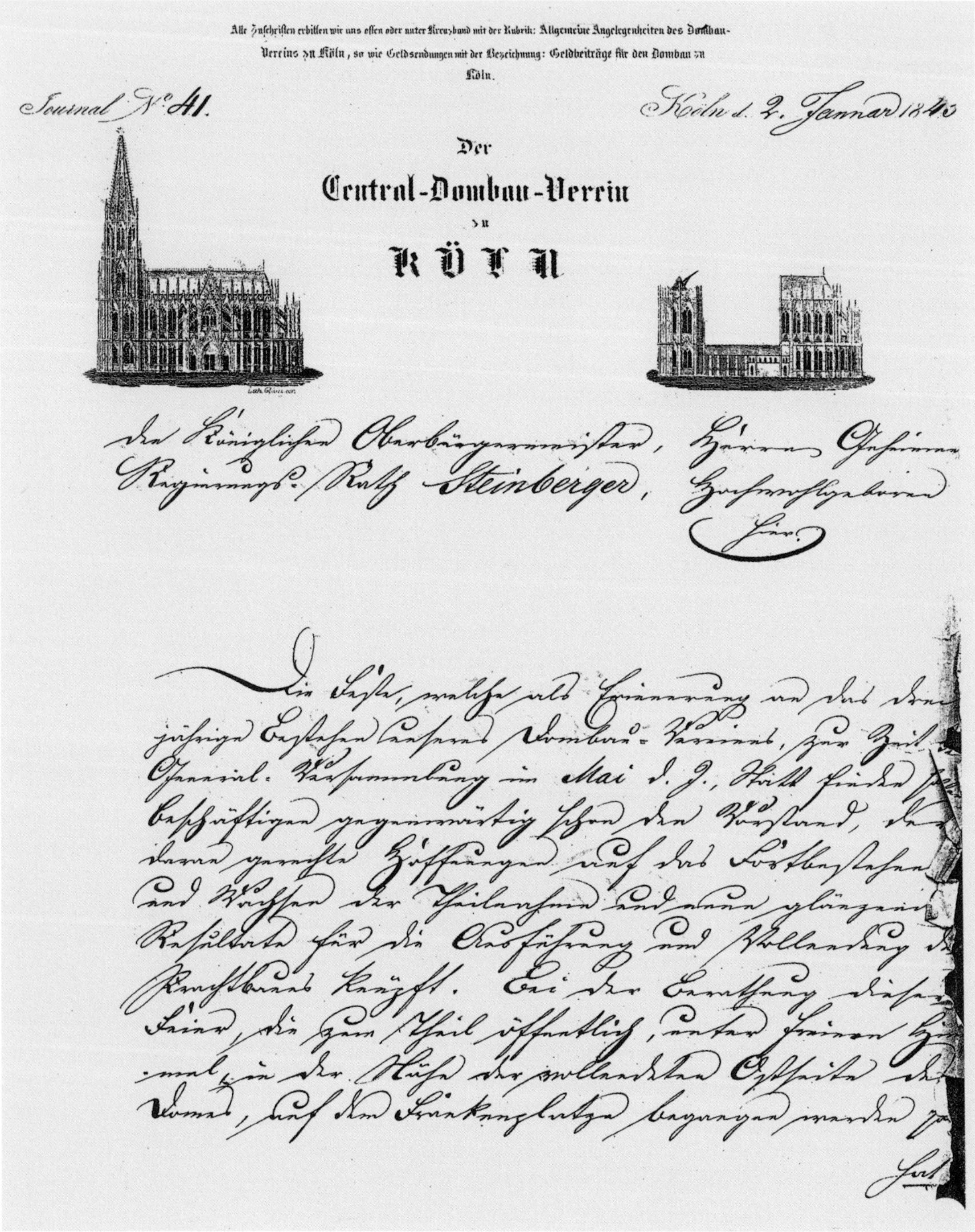

Alle Zuschriften erbitten wir uns offen oder unter Kreuzband mit der Rubrik: Allgemeine Angelegenheiten des Dombau-Vereins zu Köln, so wie Geldsendungen mit der Bezeichnung: Geldbeiträge für den Dombau zu Köln.

Journal No 41.

Köln d. 2. Januar 1845

Der

Central-Dombau-Verein

zu

KÖLN

den Königlichen Oberbürgermeister, Herrn Geheimen Regierungs-Rath Steinberger, Hochwohlgeboren

Hier.

Die Feste, welche als Erinnerung an das drei-jährige Bestehen unseres Dombau-Vereins, zur Zeit der General-Versammlung im Mai d. J. statt finden, beschäftigen gegenwärtig schon den Vorstand, der deren gerechte Hoffnungen auf das Fortbestehen und Wachsen der Theilnahme und neue glänzende Resultate für die Ausführung und Vollendung des Kunstbaues knüpft. Bei der Berathung dieser Feier, die zum Theil öffentlich, unter freiem Him-mel in der Nähe der vollendeten Ostseite des Domes, auf dem Frankenplatze begangen werden ...

hat

Erste Seite des Schreibens des »Central-Dombau-Vereins«, in dem nachgesucht wird, den Frankenplatz nicht weiterhin als Richtstätte zu nutzen.

war christliche Ergebung, die ihn bewog, die wohlverdiente Strafe, im Vertrauen auf Gottes Barmherzigkeit, starkmüthig zu erdulden. – Auf dem Richtplatze erwartete ihn der Seelsorger, da gemäß einer hohen Verfügung das geistliche Geleit der Delinquenten nicht mehr gestattet ist. Er empfing die General-Absolution, küßte zu wiederholten Malen mit Inbrunst das heilige Evangelium und bestieg, nachdem er auch dem Priester einen warmen Abschiedskuß gegeben, festen Schrittes das Blutgerüst, blickte vertrauensvoll zum Himmel auf und empfing gelassen den Todesstreich. – Eine ungeheure Volksmenge wohnte fast lautlos der Hinrichtung bei und zerstreute sich nach deren Beendigung in größter Ordnung.«[7]

Die »fatalen Gesichter« des Scharfrichters und seiner Gehilfen

Wie so oft neigte auch hier die Presse zu einem sehr versöhnlichen und feierlichen Ton, während Arntz in seiner Biographie auch über unversöhnlichere Aspekte der Exekution berichtete. So soll sich Brochhausen kurz vor der Hinrichtung über die »fatalen Gesichter« des Scharfrichters und seiner Gehilfen ausgelassen und den Scharfrichter beim Haareschneiden gefragt haben, ob das Messer der Guillotine nicht scharf genug wäre, um durch die Haare zu kommen. Auf dem Weg zum Richtplatz habe der Verurteilte vom Leiterwagen aus Bekannte gegrüßt, und auf dem Richtplatz angekommen, »wollte er von dem Wagen steigen, als er aber wegen der Zwangsjacke nicht gleich damit fertig werden konnte, sprang er mit dem Ausruf: ›Donnerwetter‹ herunter.«[8]

Mit dem Hinweis auf die Nähe zum Dom, »der ersten Zierde der Stadt«, sprach sich der »Central-Dombau-Verein« im Januar 1845 dafür aus, dass der Frankenplatz künftig nicht mehr als Richtplatz genutzt werden sollte. Dem schloss sich der Kölner Oberbürgermeister Steinberger an, der in einem Schreiben vom 11. April 1845 auch darauf verwies, »daß künftig die Rheinische Eisenbahn in der Nähe dieses Platzes münden, und daher ein sehr vermehrter Verkehr in dieser Gegend statt finden wird«.[9]

Begnadigung von Kapitalverbrechern

Zu Beginn der 1860er-Jahre beabsichtigte der preußische König eine Begnadigung von Langzeitinhaftierten. Die Frage war nur, wer in den Genuss dieser »allerhöchsten« königlichen Gnade gelangen sollte. Die Gefängnisverwaltungen berichteten in Akten, die heute im Geheimen Staatsarchiv Berlin aufbewahrt sind, über die Führung der infrage kommenden Häftlinge und über sonstige Umstände, die für oder gegen den Gnadenakt sprachen. Diese Berichte wiederum dienten den Oberprokuratoren und dem Berliner Justizminister als Grundlage für ihre Stellungnahme, ob im jeweiligen Fall eine Begnadigung vorgenommen werden sollte. In ihren Gutachten gingen die Oberprokuratoren oft auch auf die Umstände ein, die zur Verurteilung der betreffenden Delinquenten geführt hatten, wodurch nähere Informationen zu den zugrunde liegenden Verbrechen erhalten geblieben sind.[1]

Dies gilt auch für den Fall des etwa 1811 in Deutz geborenen und in Köln wohnhaften Maurers Franz Hansen. Er wurde im August 1845 wegen »gewaltsamen Angriffs auf die Schamhaftigkeit eines sechsjährigen ihm zur Erziehung anvertrauten Mädchens« zu einer mehrjährigen Freiheitsstrafe verurteilt. Bei dem jungen Opfer handelte es sich um eine Verwandte Hansens, Margaretha Adams. Anfang des Jahres 1845 hatte er Margaretha mehrfach in der Weise missbraucht, »daß er sie auf eine Erhöhung hinstellte, ihr die Kleider aufhob und dann mit seinem Geschlechtstheil so lange zwischen den Beinen rieb, bis es tropfte.«

Nach 15-jähriger Haftzeit, die Hansen im April 1846 angetreten hatte, berichtete die Kölner Gefängnisdirektion über seine Führung, dass er sich zwar größtenteils infolge seines »äußerst reizbaren, leidenschaftlichen und überspannten Characters« mehrere Disziplinarbestrafungen zugezogen hätte, aber »bei stets befriedigender, religiöser und kirchlicher Führung« sowie aufrichtiger Reue über sein Verbrechen immer bemüht gewesen sei, »seine Leidenschaften zu beherrschen und seine Fehler abzulegen«.

Bei dem großen Arbeitsfleiß, so der Gefängnisdirektor, den der mittlerweile fünfzig Jahre alte Hansen in der Strafanstalt an den Tag gelegt hätte, würde es ihm im Falle einer Begnadigung und Entlassung aus dem

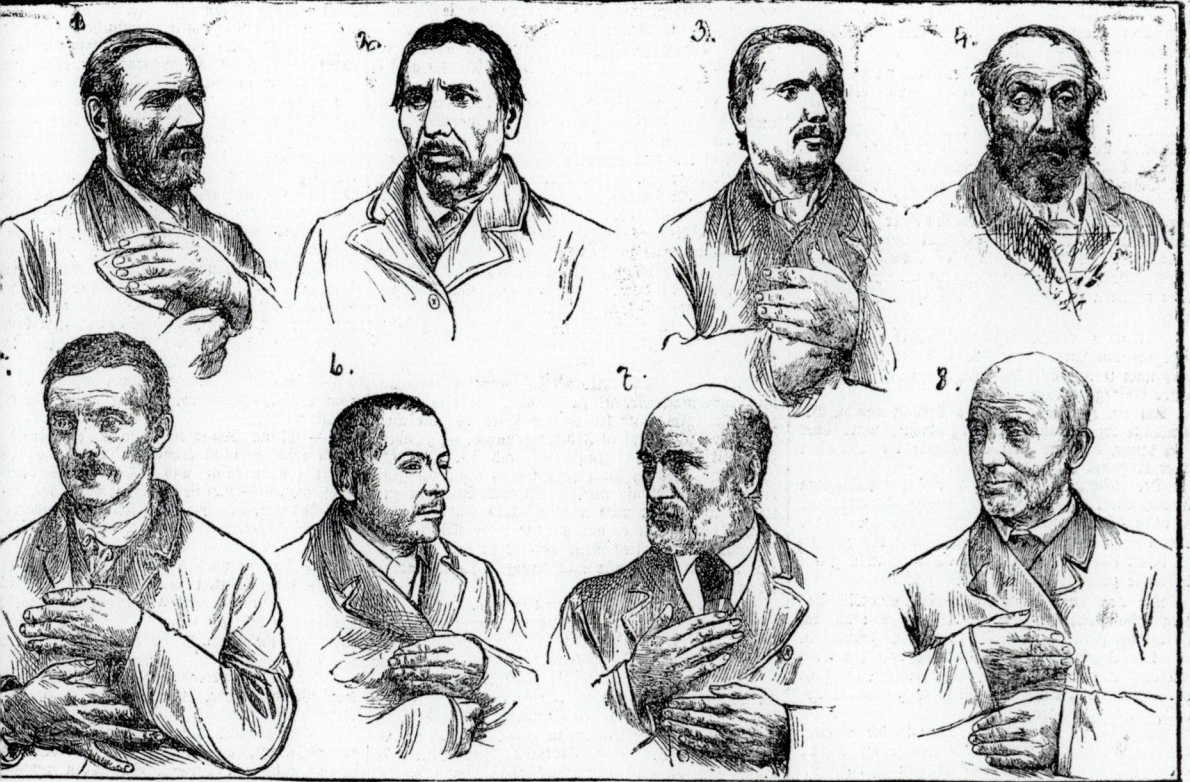

Aus dem Verbrecheralbum.

1. ...eineidiger. 2. Ratenbriefschwindler. 3. Widernatürlicher Verbrecher. 4. Einbrecher. 5. Räuberischer Todtschläger. 6. Betrügerischer Bankerotteur. 7. Defraudant. 8. Banknotenfälscher. (Mit Text auf Seite 6.)

Gefängnis nicht schwerfallen, seinen Unterhalt aus eigener Kraft zu bestreiten. Auch der Oberprokurator und der Justizminister befürworteten eine Begnadigung des nach dem alten Strafgesetzbuch verurteilten Hansen, zumal er nach der neueren Strafgesetzgebung wahrscheinlich mit einer fünf- bis maximal zehnjährigen Freiheitsstrafe davongekommen wäre. Wie die endgültige Entscheidung des Königs ausfiel, ist leider nicht überliefert.

Ein anderer Kölner, über dessen Begnadigung entschieden werden sollte, war der Langzeithäftling Johann Georg Berghausen, von Beruf Tagelöhner. Am 27. Februar 1848 hatte er, wie so oft, Streit mit seiner Ehefrau, wodurch im Hause Berghausen ein hoher Lärmpegel entstand und beide »öffentlichen Scandal« erregten. Ein Mieter des damals etwa vierunddreißig Jahre alten Berghausen, der Tagelöhner Wilhelm Tuchscherer, ging zur Schlichtung der Auseinandersetzung in Begleitung mehrerer Frauen zum Wohnzimmer der streitbaren Eheleute. Die Tür war verschlossen, und auf das Begehren um Einlass erwiderte Berghausen, »er werde dem zuerst Stehenden das Messer in den Leib stoßen«. Als nun gleichwohl geöffnet werden sollte, trat Berghausen aus der Stube und stieß Tuchscherer ein Messer in den Unterleib. Obwohl der Schwerverletzte gleich ins Hospital gebracht wurde, erlag er am 2. März 1848 der Stichwunde.

In seinem Gutachten schrieb der Kölner Gefängnisdirektor um 1861, der seit August 1848 inhaftierte Berghausen sei »kein bösartiger Mensch, so lange nicht der Brandweingenuß die thierische Rohheit und Leidenschaftlichkeit in ihm hervorruft und ihn dann zu den wildesten Excessen hinreißt«. Bei der »niedrigen Geistesstufe«, auf der Berghausen stehe, sei zu befürchten, dass er im Fall einer Freilassung bald wieder in die frühere Trunksucht verfallen könnte.

Der Oberprokurator hob hervor, dass Berghausen schon vor der Tat einen sehr schlechten Ruf gehabt habe, vorbestraft gewesen sei, »dem Trunke ergeben, zanksüchtig und mit Drohungen freigiebig«. Wahrscheinlich war mit dem letzten Satz des Oberprokurators das weitere Schicksal des Kölners vorbestimmt: »Der Berghausen ist der Allerhöchsten Gnade nicht werth zu erachten.«

Als es noch keine Fotografien gab, versuchte man, wie hier in der Kölnischen Zeitung von 1818, die Delinquenten mit schriftlichen »Signalements« aufzuspüren.

Bedingung der Auswanderung nach Amerika

Bessere Chancen auf eine Begnadigung hatte der gelernte Kölner Drechsler Johann Hubert Joseph Franzen, der seit Ende 1849 wegen zweifachen »qualifizierten Diebstahls« hinter Gittern saß. Den ersten Diebstahl hatte er am 25. Februar 1849 zusammen mit seinem damals siebzehn Jahre alten Neffen Joseph Schneider verübt, der zu jener Zeit bei dem Kölner Fischhändler Joseph Lülsdorf in der Lehre war. Während Franzen als vermeintlicher Kunde die Frau des Fischhändlers im Laden beschäftigte, nutzte sein Neffe die Gelegenheit, in einem anderen Teil des Hauses einige Geldbehältnisse aufzubrechen und auf diese Weise seinen Meister und dessen Sohn, den Buchbinder Ludwig Lülsdorf, um etwa 150 Taler zu erleichtern. Nur wenige Tage später, am 1. März 1849, kehrte Franzen unter falschem Namen im »Cölnischen Hofe« in Düsseldorf ein. In Abwesenheit seines Hotelnachbarn, des Handlungsreisenden Moritz Ostwalt, schlich sich Franzen in dessen Zimmer, brach einen Koffer auf und entwendete daraus Geld und andere Gegenstände. Beide Taten gestand der Kölner später.

Obwohl Franzen 1850 einen gewaltsamen Ausbruchsversuch unternommen und sich deshalb eine weitere Verurteilung zu »zweijähriger einsamer Gefängnisstrafe« zugezogen hatte, äußerte sich der Gefängnisdirektor wohlwollend über Franzen. Dieser hätte sich im Gefängnis mit einer »ihm eigenen seltenen Energie« Fremdsprachenkenntnisse in Französisch, Englisch und Italienisch angeeignet. In dem Gutachten der Gefängnisdirektion wie auch in der Stellungnahme des Oberprokurators wird Franzens Begnadigung von einer anschließenden Auswanderung nach Amerika abhängig gemacht: »So gefährlich ihn [Franzen] seine bedeutende geistige Begabung früher für die bürgerliche Gesellschaft machte, da er sich durch schlechte Neigungen leiten ließ, eben so berechtigt seine seit Jahren in erfreulicher Weise eingeschlagene gute Richtung zu den besten Hoffnungen für sein zukünftiges Verhalten in der Freiheit, insofern ihm bei einer Allerhöchsten Begnadigung gleichzeitig die Bedingung der Auswanderung nach Amerika gestellt würde.«[2]

»Personbeschreibung« des aus dem Gefängnis geflohenen früheren Kölner Gendarmen Johann Schlagbaum, 1817. Bei dem Gefängnis handelte es sich um die »Bleche Botz« am Neumarkt, denn der Klingelpütz war zu jener Zeit noch nicht erbaut.

Der berüchtigte Kölner
»Cassetten-Diebstahl« von 1846

Am Nachmittag des 20. August 1846 stieg die in Paris wohnhafte Baronin von Meyendorf im »Mainzer Hof« in Köln ab, nachdem ihre Reise sie vorher nach Aachen geführt hatte. Noch am gleichen Abend trugen sich – unter falschem Namen – auch zwei Herren ins Gästebuch des Hotels ein, die sich für alles zu interessieren schienen, was die Baronin betraf. Einer von ihnen wurde sogar dabei beobachtet, wie er durchs Schlüsselloch der Baronin lugte.

Anderntags wurde die Abreise der beiden Herren sehr rasch betrieben und die Zeche erst gezahlt, als sie schon in der Droschke saßen. Gleichzeitig war die Aufregung im Gasthof groß, denn die Baronin, die ebenfalls weiterreisen wollte, vermisste eines ihrer Reisebehältnisse: eine Kassette, die bei den Abreisevorbereitungen zusammen mit anderen Sachen für kurze Zeit unbeaufsichtigt auf dem Flur gestanden hatte und in der im Wesentlichen Geld, Schmuck sowie Briefdokumente unterge-

Der Mainzer Hof in der Glockengasse um 1900.

bracht waren. Der Verdacht fiel auf die beiden eiligen Herren, deren Verfolgung man nun aufnahm.

Der Gastwirt des Mainzer Hofes und die Baronin begaben sich erfolglos zum Rhein zu einer Dampferanlegestelle. Der Kammerjungfer der Baronin und einem Lohnbedienten des Gasthofes gelang es jedoch, beim Köln-Bonner Bahnhof den Droschkenkutscher ausfindig zu machen, der die Flüchtigen chauffiert hatte. Dieser berichtete, einer der Herren sei unterwegs ohne Gepäck ausgestiegen, während der andere den noch immer bereitstehenden Zug nach Bonn bestiegen habe. Die beiden Verfolger taten es ihm gleich. Tatsächlich fanden sie den Verdächtigen im Zug sitzend und fragten ihn, ob er nicht aus Versehen fremde Sachen aus dem Mainzer Hof mitgenommen habe. Sichtbar erblassend, verneinte der Gefragte, worauf sich die Kammerjungfer und ihr Begleiter entschlossen, im Zug mitzufahren. In Brühl stieg der Fremde plötzlich aus, einen Koffer, zwei Reisesäcke, einen Rock – und seine beiden Verfolger – im Zug zurücklassend. Der Lohnbediente sah den hinter dem Brühler Stationsgebäude stehenden Entwichenen nur noch dem abfahrenden Zug nachschauen.

Anderntags wurde die Abreise der beiden Herren sehr rasch betrieben.

Die zurückgelassenen Gegenstände wurden von der Bonner Polizei untersucht. Der Koffer enthielt die der Baronin entwendete, unversehrt gebliebene Kassette. Außerdem fanden sich so interessante Dinge wie eine Perücke, ein Dolch, drei Pistolen nebst Munition, vor allem aber auch wichtige Hinweise darauf, wem das Gepäck gehörte.

Eine Mappe mit Briefen wies niemand Geringeres als den Berliner Kammergerichtsassessor Felix Alexander Oppenheim, Sohn eines wohlhabenden Bankiers, als Besitzer aus. In dem Koffer befanden sich Rechnungen, die auf den Berliner Arnold Mendelssohn, Doktor der Medizin und Sohn eines geachteten Beamten, ausgestellt waren. Es stellte sich heraus, dass diese beiden im Mainzer Hof für so viel Aufregung gesorgt hatten. Mendelssohn war derjenige, der in Brühl aus dem Zug geflohen und in dessen Koffer die gestohlene Kassette gefunden worden war. Oppenheim war derjenige, der vorzeitig die Kutsche verlassen und sein Gepäck Mendelssohn überlassen hatte.

Während Letzterer sein Heil vorerst in der Flucht nach England und Frankreich (Paris) suchte, fand Ende August 1846 in Köln eine erste Vernehmung des 27-jährigen Oppenheim statt. Als er einigen Zeugen aus dem Mainzer Hof gegenübergestellt werden sollte und der Instruktionsrichter für kurze Zeit das Zimmer verlassen hatte, stürzte sich Oppenheim plötzlich auf die Schriftstücke, die auf dem Verhörtisch ausgebrei-

tet waren, und zerriss sie. Er gab später an, es habe sich dabei um »Privat-Correspondenz« gehandelt, die mit der Untersuchung gegen ihn nichts zu tun gehabt und die er den Augen anderer zu entreißen versucht habe. Während es anfangs gelungen war, die einzelnen Papierfetzen wieder zusammenzufügen, war das später seltsamerweise nicht mehr möglich, was darauf schließen ließ, dass die Schriftstücke noch einmal manipuliert worden waren.

Oppenheim wurde vor den Assisenhof Köln verwiesen, wo er sich am 24. November 1846 wegen des Kassettendiebstahls und der Zerstörung von Schriften, die in gerichtlichem Gewahrsam befindlich gewesen waren, zu verantworten hatte. Eine Augenzeugin, ein Zimmermädchen aus dem Mainzer Hof, berichtete, wie Oppenheim die Kassette vom Flur weggenommen und in Mendelssohns Zimmer gebracht hatte. Hier wurde sie dann in dessen Koffer verstaut. Der Angeklagte gab dies – im Gegensatz zur Voruntersuchung – zu, glaubte aber trotzdem nicht, sich damit eines Diebstahls schuldig gemacht zu haben. Ihm und Mendelssohn sei es keineswegs um die in der Kassette befindlichen Wertgegenstände gegangen, so erklärte Oppenheim, sondern lediglich um die Einsichtnahme in die Schriftstücke, die in der Kassette aufbewahrt gewesen seien.[1]

Weitere »Prominente« steckten hinter dieser rätselhaften Aussage und dem immer abenteuerlicher werdenden Vorfall. Es stellte sich heraus, dass Oppenheim und Mendelssohn mit dem noch jungen Ferdinand Lassalle in enger Verbindung standen, jenem Lassalle, der sich später in der Arbeiterbewegung anhaltenden Ruhm verschaffte und als einer der Gründerväter der deutschen Sozialdemokratie gilt. Die drei hatten sich unter der Leitung Lassalles zusammengetan, um die Interessen der von Geburt tief in der engsten Oberschicht Altpreußens verwurzelten Gräfin Sophie von Hatzfeldt gegenüber ihrem Ehemann, dem Grafen Edmund von Hatzfeldt-Wildenburg, zu unterstützen.

1822 hatte man die noch sehr junge Sophie (1805–1881) zur Heirat mit ihrem reichen Vetter aus der Linie Wildenburg gezwungen, der seinen Sitz auf Schloss Kalkum bei Düsseldorf hatte. Die Vermählung hinderte den untreuen Grafen nicht, sein ausschweifendes Leben fortzusetzen, was

1843 sogar zu einer Intervention des Königs führte. Schon zuvor hatte sie nach mehreren Jahren ehelichen Unglücks und tiefer Erniedrigung Scheidungspläne gehegt, die aber durch ihre eigene Familie unterdrückt worden waren. Nachdem die Gräfin im aufstrebenden Lassalle einen unermüdlichen Helfer gefunden hatte, hatte sie durch ihn neue Hoffnung geschöpft, ihr Recht auf gerichtlichem Weg durchsetzen zu können. Beide Eheleute Hatzfeldt umgaben sich mit solchen Helfern, die teils aus Freundschaft, teils aus Eigennutz dem einen oder anderen Teil zuarbeiteten.[2]

Oppenheim, der die Gräfin schon früher in einer Rechtssache vertreten hatte, führte in seiner Verhandlung aus, dass es Hinweise auf einen höchst fragwürdigen Leibrentenvertrag zwischen dem Grafen Hatzfeldt und seiner Geliebten, der Baronin Meyendorf, gegeben habe. Als Rechtsberater der Gräfin, die zusammen mit ihrem 1831 geborenen

> *Übles Scheingeschäft und ehrenhafte Gesinnungen.*

Sohn Paul (dem späteren bekannten deutschen Diplomaten des Kaiserreichs) durch diesen Vertrag sehr benachteiligt worden wäre, habe er sich die Kassette der Baronin quasi ausleihen und Einsicht in die Briefdokumente nehmen wollen, um dieses »üble Scheingeschäft« des Grafen und der Baronin entlarven zu können.

Die Verteidigung Oppenheims, die zwar konzedierte, dass die Handlungsweise ihres Mandanten »unklug, voreilig, leichtsinnig« gewesen sei, betonte auf der anderen Seite die »Reinheit seines Charakters, die Ehrenhaftigkeit seiner Gesinnungen«. Oppenheim habe sich zum Anwalt der ungerecht behandelten und unglücklich verheirateten Gräfin gemacht, und »in dem Augenblicke, wo er die Cassette ergriff, stand vor dem Auge seines Innern eine trostlose Gattin, eine unglückliche Mutter, die schon unsäglich Hartes erduldet und das Aeußerste von sich abzuwenden bemüht war«.

Freispruch für Oppenheim

Der Staatsprokurator wandte dagegen ein, dass die Wegnahme der Kassette ein Diebstahl bleibe, aus welchen »edlen« Gründen auch immer sie entwendet worden sei, und dass sich Oppenheim mit seiner Handlungsweise auf ein Gebiet ungesetzlicher Eigenmächtigkeit begeben habe.

In seiner abschließenden Stellungnahme verwies der Gerichtspräsident die Geschworenen auf den betreffenden Artikel im Gesetzeswerk, dass sich des Diebstahls schuldig mache, »wer eine ihm nicht gehörige Sache in betrüglicher Absicht entwende«, und führte weiter aus, dass

55

eine betrügerische Absicht schon darin bestehe, »dem Eigenthümer die Sache wegzunehmen, ihn derselben verlustig zu machen; keineswegs aber sei nöthig, daß der Entwender bezwecke, sich selbst die Sache anzueignen, sich selbst oder einem Dritten einen Vortheil anzueignen«. Trotzdem waren die Geschworenen nach einer halbstündigen Beratschlagung der Meinung, der Angeklagte sei nicht schuldig, woraufhin er freigesprochen wurde.[3]

Gräfin Sophie von Hatzfeldt, um 1860.

Hinter dem Prozesserfolg für Oppenheim steckte vor allem einer: Sein »Chef« Lassalle. Der 1825 in Breslau geborene und 1864 tragisch in einem Duell bei Genf verstorbene Lassalle hatte die fast zwanzig Jahre ältere, aber immer noch sehr attraktive Gräfin von Hatzfeldt im Januar 1846 durch Vermittlung des Grafen Keyserlingk in Berlin kennengelernt und stand seitdem in einem innigen Verhältnis zu ihr. Über mehrere Jahre hinweg (1846–1854) leitete er die Gräfin im Gang durch die Gerichtsinstanzen vor nicht weniger als sechsunddreißig Gerichten, wobei er zum ausgezeichneten und selbstbewussten Juristen erwuchs, ohne je eine fachliche juristische Ausbildung genossen zu haben – in Breslau und Berlin hatte er Philologie, Geschichte und Philosophie studiert. Der persönliche Einsatz Lassalles im Kampf gegen den Grafen war beachtlich. Von Anfang an setzte er viel aufs Spiel, seine Studien und seine Laufbahn, die Liebe und Hoffnungen seiner Eltern, seinen Ruf und seine Freiheit.[4]

Einer der ersten Schritte Lassalles als Rechtsbeistand und späterer Generalbevollmächtigter der Gräfin war die gerichtliche Eintragung eines Protestes im März 1846 gegen einen vom Grafen geplanten Verkauf der Herrschaft Muskau. Durch den Protest sollten die Rechte des Sohnes Paul gewahrt bleiben, der noch bei der Mutter lebte und ihr als einziges ihrer drei Kinder geblieben war. Lassalle provozierte so einen offenen Bruch der Gräfin mit ihrem Gatten, um dadurch jegliche Beeinflussung des Sohnes durch den Grafen möglichst einzudämmen. Die Familienangehörigen der sich kämpferisch zeigenden Gräfin mussten jetzt einsehen, dass die alten Beschwichtigungsformeln nicht mehr wirkten.[5]

Ein anderer Plan Lassalles war eine Unterlassungsklage gegen den Grafen wegen dessen Verschwendungssucht. Diese hatte zwar ziemlich breite Spuren hinterlassen, dennoch brauchte Lassalle handfeste Beweise. Um solche zusammenzutragen, begab er sich im Sommer 1846 mit

den eingeschworenen Freunden Oppenheim und Mendelssohn in die

Rheinprovinz, wo sie an mehreren Orten ihre Recherchen betrieben. In Aachen schließlich spürte Lassalle den Grafen mit der Baronin von Meyendorf auf, einer Frau »von Talent und Reiz«, die ihren Vorteil zu erkennen wusste: »Graf Edmund jedenfalls, der sonst eher für Bocksprünge bekannt ist, macht ihr bleibende Angebote.«[6]

Als Lassalle von dem ominösen Leibrentenvertrag zwischen dem Grafen und der Baronin erfuhr, alarmierte er sofort die Gräfin, die nun ebenfalls nach Aachen kam und ihren überrumpelten Gatten zur Rede stellte. Der konnte die verkappte Schenkung an die Baronin nicht rechtfertigen und benahm sich zunächst bußfertig. Er gab zu, seiner Frau Unrecht getan zu haben, und versprach in Gegenwart von Zeugen die Aufhebung des Leibrentenvertrages und einen fairen Vergleich mit der Gräfin, der sie zukünftig vor der Willkür ihres Mannes schützen sollte. Als sie aber am nächsten Tag mit einem aus Düsseldorf berufenen Advokaten diesen Vergleich aktenkundig machen wollte, hatte der Graf seine Gesinnung gänzlich geändert und ließ seine Frau an der Tür abweisen. So blieb im Dunkeln, ob der Leibrentenvertrag mit der Baronin nun zurückgenommen werden würde oder nicht und wie es weitergehen sollte. Der Vertrag war ursprünglich gegen die Gräfin und Paul gerichtet, jetzt hingegen konnte er Lassalle möglicherweise bei der Begründung seiner Verschwendungsklage von Nutzen sein. So standen sich in Aachen die beiden Lager gegenüber. Man wartete und belauerte sich.

In dieser Situation erhielten Lassalle und seine Freunde plötzlich die Nachricht, dass die Baronin nach Köln abreiste. Was hatte dies zu bedeuten? Den Verbündeten schien angeraten, die Wege der Baronin zu verfolgen, Mendelssohn und Oppenheim fuhren hinterher, und es kam zur Wegnahme der Kassette. Dass diese Aktion aufflog, war für Lassalle alles andere als günstig. Das öffentliche Interesse, das der trostlosen Lage der Gräfin und dem unmenschlichen Verhalten ihres Mannes zugewendet werden sollte, konzentrierte sich jetzt auf den Diebstahl und dessen Urheber.[7]

Hilfegesuche bei Humboldt und Heine

Nach der Verhaftung Oppenheims entfaltete Lassalle eine fieberhafte Tätigkeit, nachdem er mit der Gräfin ins Deutzer Hotel »Bellevue« eingezogen war. Er fand Wege, Oppenheim im Gefängnis zu besuchen, und trieb die Verschwendungsklage voran, in der er den unsittlichen und ausladenden Lebenswandel des Grafen und seiner Kreise, der Hompesch, Nesselrode und anderer erster Familien, ausführlich dokumentierte.

57

Alexander von Humboldt (links) weigerte sich, sich beim König im Sinne Lassalles einzusetzen.

Über die Absage Heinrich Heines ärgerte sich Lassalle besonders, was schließlich zum Bruch zwischen beiden führte.

Gleichzeitig besorgte er Geld – besonders bei seinem Vater Heyman –, das für Bestechungen, zur Unterstützung des in Paris weilenden Freundes Mendelssohn und zur Finanzierung einer Pressekampagne benötigt wurde.

Mit der Bitte, sich beim König für die Niederschlagung des Verfahrens gegen Oppenheim einzusetzen, wandte sich Lassalle an Alexander von Humboldt, der aber entschieden ablehnte. Auch von Heinrich Heine, der sich für eine Verunglimpfung des Grafen in der internationalen Presse einsetzen und die Anrüchigkeit der Kassettenaffäre in eine »rühmenswerte Tat« zu verkehren helfen sollte, erhielt Lassalle eine Absage, worüber er sehr erbittert war, hatte er doch auch Heine in dessen Erbstreit unterstützt. Ein Grund, warum Heine nicht bereit war, sein Renommee für Lassalles »Partei der Unterdrückten« einzusetzen, mag gewesen sein, dass Heine dadurch möglicherweise seine gute Position in den Pariser Salons oder gar seine Staatsrente der französischen Regierung gefährdet hätte. Der verweigerte Freundschaftsdienst Heines und die heftige Reaktion Lassalles führten letztlich zu einem Abbruch der Beziehungen zwischen den beiden.[8]

Der beste Agitator in der hatzfeldtschen Auseinandersetzung war indes der unermüdliche Lassalle selbst. 500 Taler erhielt Karl Grün, der sich mit Beiträgen in rheinischen Blättern in den Schmähfeldzug gegen den Grafen einschaltete. Die Unterlagen und Anweisungen lieferte Lassalle, der selbst teils anonyme Artikel verfasste und Redaktionen und Journalisten bearbeitete. Es gelang ihm, die gesamte demokratische Presse rebellisch zu machen. Den Einfluss mit eingerechnet, den die reiche Familie Oppenheims mit minderem Aufsehen geltend machte, standen die Chancen nicht schlecht, Oppenheim aus seiner misslichen Lage zu befreien, was auch gelang. Dem Bund für die Gräfin ging Oppenheim allerdings verloren. Auf Drängen der Familie und auch aus eigener Einsicht in die Verwegenheit des Unternehmens zog er sich zurück. Er ist in hohem Alter Anfang des Jahres 1898 in Köln gestorben.[9]

Im Zusammenhang mit dem flüchtigen Mendelssohn und einem gegen ihn erlassenen Steckbrief ergab sich, wie die Kölnische Zeitung meldete, eine »drollige Verwechslung«. Ende September 1846 wurde an der preußischen Grenzstation Herbesthal der Eisenbahnlinie Aachen–Verviers der aus Belgien kommende Komponist und »General-Musikdirector« Felix Mendelssohn-Bartholdy festgehalten. Vergeblich erklärte er, dass er nicht der steckbrieflich gesuchte Dr. Mendelssohn sei, »auch nie eine Cassette und selbst nicht einmal musikalische Gedanken gestohlen habe«. Es half nichts, er musste eine Nacht in Herbesthal bleiben, bis es ihm erst am nächsten Morgen zu beweisen gelang, »daß er durch ganz andere Dinge berühmt sei, als durch den bewußten Cassettendiebstahl. Der Componist soll übrigens über diese unangenehme Verwechselung sehr erbittert gewesen sein.«[10]

Der Komponist soll über die Verwechslung sehr erbittert gewesen sein.

Vielleicht machte sich der echte Dr. Arnold Mendelssohn aufgrund Oppenheims Freispruch Hoffnungen, dass auch sein Fall so beurteilt werden würde; jedenfalls stellte er sich im Juli 1847 der Kölner Justiz. Bei seiner Verhandlung vor dem dortigen Assisenhof am 10. und 11. Februar 1848 gab er an, Oppenheim sei an jenem Morgen in dem Kölner Gasthof »ganz unerwartet mit einer Cassette, ohne ihm zu sagen, wem solche zugehöre, in sein Zimmer gekommen und habe ihn ersucht, dieselbe eiligst in seinen Koffer zu packen; er habe dies auch gethan«. Später sei er in Brühl ausgestiegen, »weil er sich verfolgt gesehen und gedacht habe, daß dies wegen der ihm von Oppenheim zugebrachten Cassette geschehe«.

Der Oberprokurator als Vertreter des Öffentlichen Ministeriums sah es keineswegs so, dass Mendelssohn »wie zufällig« in jenen Vorgang verwickelt worden sei. Er legte vielmehr unter Auswertung teilweise neuen Beweismaterials dar, dass dem »Cassetten-Diebstahl« sehr lange und aufwendige Bemühungen der drei Verbündeten zugrunde lagen, Material gegen den Grafen Hatzfeldt zu sammeln und auf der anderen Seite die Interessen der Gräfin zu befördern, mit welchen Mitteln auch immer.

Der Verdacht gegen Mendelssohn ging so weit, dass er bei jenem Aufenthalt im Mainzer Hof am 20. und 21. August 1846 eine Gelegenheit gesucht habe, »mit dem Dolche in der Hand« und mit der Perücke verkleidet, die Baronin von Meyendorf zur Unterzeichnung eines Entwurfs zu zwingen, durch den der Leibrentenvertrag mit dem Grafen hinfällig geworden wäre. Auch solle der Angeklagte wenige Wochen vorher versucht haben, sich im »Kaiserlichen Hofe« in Köln einen Koffer des Grafen durch Verwechslung mit einem anderen Koffer anzueignen. Mendelssohn wollte davon nichts wissen, ebenso wenig von Plänen betreffs eines Mordanschlags auf den Grafen in Aachen »mit vergifteten Cigarren und vergiftetem Weine«. Immerhin musste er zugeben, in Aachen mit Lassalle am Abend um das Haus des Grafen geschlichen zu sein – allerdings unbewaffnet, wie er angab.

Während Mendelssohns Verteidigung die Unlogik hervorhob, wenn im Falle ihres Mandanten anders geurteilt würde als im Prozess gegen Oppenheim, betonte der Oberprokurator die Verschiedenartigkeit beider Fälle, weil die neue Beweislage die Gesinnung und die schon in Berlin minutiös vorbereitete Vorgehensweise der drei Verbündeten in einem ganz anderen Licht erscheinen lasse. Sie seien von einem Geiste beseelt gewesen, der, wenn es um die Erreichung ihrer eigennützigen Zwecke gegangen sei, »keine Gränzen gekannt« hätte.

Was die eigentliche Wegnahme der Kassette anging, hatte der Oberprokurator keinen Zweifel daran, dass es sich dabei um einen gemeinschaftlich und mit betrügerischer Absicht begangenen Diebstahl handelte, »und die Cassette so wenig als deren Inhalt würde schwerlich jemals an die Eigenthümerin zurückgekommen sein. Nach allem diesem könne die Schuld des Angeklagten, der wie ein Dieb an den Rhein gekommen sei, sich vor und während der That wie ein Dieb benommen habe und nach der That wie ein Dieb fortgegangen sei, keinem Bedenken unterworfen sein.«

Mordanschlag mit vergifteten Zigarren und vergiftetem Wein?

Die Geschworenen schlossen sich seiner Meinung mit absoluter Stimmenmehrheit an. Auf den Antrag des Öffentlichen Ministeriums hin verurteilte hierauf der Assisenhof den angeklagten Mendelssohn zu einer fünfjährigen Zuchthausstrafe, zum Verlust der »National-Cocarde« und des Rechts der Ausübung der medizinischen Praxis und stellte ihn nach ausgestandener Strafe unter lebenslängliche Polizeiaufsicht.[11] Auf Fürsprache Alexander von Humboldts milderte der König das Urteil auf eine einjährige Gefängnisstrafe ab, jedoch mit dem Zusatz, dass Mendelssohn nach Verbüßung der Strafe Europa verlassen müsse. Als er aus dem Gefängnis kam, war Mendelssohn ein innerlich gebrochener Mann. Er ging zuerst nach Konstantinopel und dann nach Syrien. 1854 starb er im Krimkrieg gegen Russland als in türkischen Diensten stehender Regimentsarzt.[12]

Lasalle vor Gericht

Aber auch mit dem Prozess gegen Mendelssohn war das Drama des Kassettendiebstahls noch nicht beendet. Der unmittelbar folgende und letzte Akt erfolgte in der Kölner Schwurgerichtsverhandlung gegen den Dritten im Bunde, gegen Lassalle, der immer mehr in den Verdacht geraten war, der »intellectuelle Urheber« und eigentliche Initiator des Kassettendiebstahls gewesen zu sein. In zahlreichen Artikeln berichtete die Presse über die Verhandlung, die vom 5. bis zum 11. August 1848 dauerte. Besonders die Neue Rheinische Zeitung von Karl Marx beschäftigte sich eingehend mit dem Fall, wobei sie eindeutig für den bis dahin in der politischen Szene unbekannten Lassalle Partei nahm. Die Verhandlung stand unter dem Vorsitz des Appellationsgerichtsrates von Ammon, der auch als Mitschöpfer der preußischen Verfassung und Mitglied des Abgeordnetenhauses hervortrat. Die Anklage gegen Lassalle lautete, Mendelssohn zu dem Kassettendiebstahl »durch Geschenke verleitet und demselben Anweisungen, so wie auch Mittel zum Zwecke der Ausführung dieses Diebstahls gegeben zu haben«.[13]

Lassalle war bereits am 20. Februar 1848 in Potsdam verhaftet worden und befand sich seitdem bis zu seinem Prozess im August im Kölner Klingelpütz in Haft. Die für ihn erfreulichen Nachrichten über die Februarrevolution in Frankreich erreichten ihn also hinter Gittern, und auch die Blütezeit der deutschen Revolution konnte er nicht hautnah miterleben. Bereits vom 26. März bis Anfang Mai 1847 war Lassalle in Köln inhaftiert gewesen, weil er verdächtigt worden war, diejenigen gerichtlichen Papiere endgültig unleserlich gemacht zu haben, die schon Oppenheim zu vernichten versucht hatte. Das Verfahren war aus juristischen Gründen vom Appellationsgerichtshof niedergeschlagen worden, Lassalle selbst machte aber keinen Hehl daraus, dass der Tatverdacht berechtigt war.[14]

Das Podium des Schwurgerichts nahm Lassalle wahr, um seine Sicht der Dinge darzulegen; er war sogar begierig darauf, dies endlich tun zu können. Die in der Tat seltsame Vorgeschichte, dass der Haupttäter einer

Tat – Oppenheim – freigesprochen wurde, der ganz passive Mithelfer aber fünf Jahre Gefängnis zuerkannt bekam, war für Lassalle eine willkommene Grundlage, das ganze Justizsystem infrage zu stellen. Die fadenscheinige Verurteilung Mendelssohns war nur veranstaltet worden, so vermutete Lassalle, um ihn vor den Kadi zu bringen und seinen Ruf zu zerstören. War der Generalbevollmächtigte der Gräfin erst einmal als Dieb gebrandmarkt, dann drohte die Front der Gräfin moralisch zu zerbröckeln: »Dafür hat Graf Edmund auch den stillen Beistand von Polizei und ›Öffentlichem Ministerium‹, der Anklagebehörde, gewonnen, die seinen bestochenen Zeugen trotz aller offenkundigen Widersprüche willig Gehör schenken und ein zweifelhaftes Verfahren eröffnen.«

Lassalle machte sich schon während der Haft daran, die juristische Unhaltbarkeit der Anklage zu enthüllen und das ganze Verfahren als Tendenzprozess und Akt einer politischen Verfolgung anzuprangern: »Die Anklage einer ›moralischen Mitschuld‹, einer ›intelligibeln Urheberschaft‹ ist bisher unerhört gewesen in Deutschland. Gesinnungen, Tendenzen, Gedanken strafrechtlich zu verfolgen, widerstrebt den ersten Grundsätzen des Strafrechts, der Gesittung, der Freiheit.«

Eine solche Anklage der »moralischen Mitschuld« war für Lassalle ein »politisches Mordinstrument«, das benutzt würde, wenn keine rechtliche Grundlage gegeben sei. Derartiges, so argumentierte er, habe es bisher nur in Frankreich zur Zeit der Schreckensherrschaft und Héberts gegeben – und jetzt in Deutschland, ausgerechnet in einer Zeit der heftigsten politischen Umbrüche. Sein Prozess sei ein politischer, so Lassalle, bei dem man nur einen Privatfall eingeschmuggelt habe, um den politisch-reaktionären Charakter der Verhandlung zu verdecken.[15]

Der Hauptbelastungszeuge gegen ihn war sein früherer Diener Franz Wilhelm Hoppe. Er hatte Lassalle bereits in der Verhandlung gegen Mendelssohn in ein schlechtes Licht gerückt und nicht zuletzt dadurch die gerichtliche Untersuchung gegen seinen früheren Herrn veranlasst. Hoppe, der allerdings stark in den Verdacht geriet, vonseiten des Grafen bestochen worden zu sein, gab zu Protokoll, gehört zu haben, wie Lassalle in Aachen Mendelssohn den Auftrag erteilt habe, »der Meyendorf

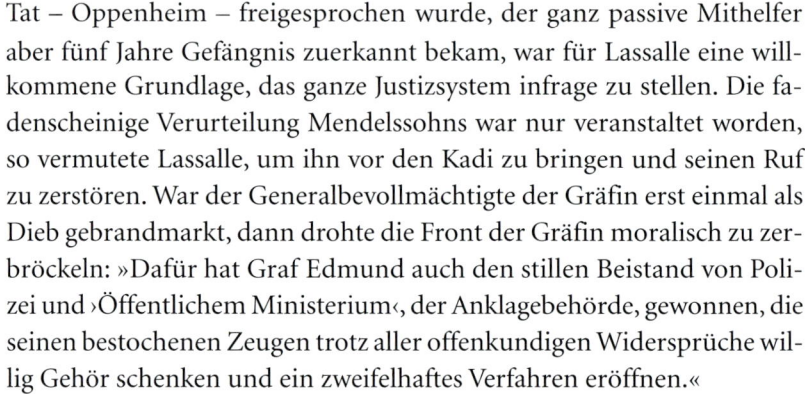

Karikatur zum Hatzfeldt-Prozess: Die Zigarren rauchende Gräfin mit ihrem Sohn Paul und dem zwergenhaften Lassalle. Die Karikatur ist eine Illustration zu einem Pamphlet von Isidor Momma, den Graf Edmund von Hatzfeldt engagiert hatte, um eine Schmähschrift gegen Lassalle und die Gräfin zu verfassen.

selbst bis ins Ausland nachzureisen und sich der Kassette, worin sie ihre Papiere hat, auf jede Art zu bemächtigen«, wofür Mendelssohn auch Geld von Lassalle erhalten habe.

Lassalle legte dar, er habe zwar gebilligt, dass Mendelssohn und Oppenheim der Baronin von Meyendorf nach Köln in den Mainzer Hof folgten, habe ihnen aber keineswegs aufgetragen, die Kassette der Baronin zu entwenden. Er habe keinerlei ungesetzliche Schritte gewollt, Oppenheim sogar gerügt, als er von der Wegnahme der Kassette erfahren habe.[16]

Anklage der intellektuellen Urheberschaft und moralischen Mitschuld.

In der Verhandlung kamen andere Zeugen zu Wort, die unglaubhaft erschienen, weil sie offensichtlich im Sold der einen oder anderen Partei standen. Der Gerichtspräsident äußerte an einer Stelle des Zeugenverhörs, es sei »eine Schande, die Geduld der Herren Geschwornen durch solche Zeugen zu ermüden«. Lassalle hatte sich während seiner Haft sehr gründlich auf den Prozess vorbereitet und kannte die Aktenlage besser als jeder andere. So versuchte er wiederholt, Widersprüche in den Angaben der Gegenpartei aufzudecken. Ein Schriftsachverständiger musste während der Verhandlung zurate gezogen werden, um Licht in das Dunkel fragwürdiger Aussagen zu bringen.[17]

Der Ankläger und auch von Ammon sparten nicht mit Äußerungen, »welch mieser Charakter und abgründige Schlechtigkeit« dem Angeklagten zu eigen sei. Im Gerichtssaal waren die Gemüter erhitzt: »Die Agenten des Grafen und die Berichterstattung der Kölnischen Zeitung schüren gegen Lassalle. Die Neue Rheinische Zeitung und der Angeklagte Lassalle selbst mit seiner brillanten und aggressiven Rhetorik und stupenden Sachkenntnis, die Zeugen, Ankläger und Richter in Verlegenheit bringen, heizen die Atmosphäre an, finden lauten Beifall des Publikums.«[18]

Gegen Ende der Verhandlung am 11. August 1848 hielt Lassalle ein mehrstündiges Plädoyer, die achtzig Druckseiten umfassende »Kassettenrede«. Dieses Meisterwerk akribischer Gerichtsrhetorik, das sogar von Ammon loben musste, war die erste große Gerichtsrede Lassalles, der noch weitere folgen sollten. Scharfsinnig, eloquent und temperamentvoll beleuchtete er die Vorgeschichte, die Anklage, die Zeugenaussagen und seine eigenen Motive. Er nahm in seiner Rede alle möglichen Aspekte auf, auch die falschen Hypothesen, und zerpflückte sie akribisch selbst für den angenommenen Fall, dass sie richtig sein könnten.[19]

Weite Teile seiner Ausführungen bezogen sich auf die Aussagen und die Person des Hauptbelastungszeugen Hoppe. Dieser habe, so Lassalle, schon im Prozess gegen Mendelssohn – nunmehr nachweislich – mein-

63

eidig ausgesagt, was zu einem völlig unzutreffenden Bild bezüglich der in Wirklichkeit uneigennützigen Motive Mendelssohns geführt habe und eine Revision des Prozesses notwendig mache. Den »Chefagenten« des Grafen, ein verkrachter Möbelhändler namens Franz August von Stockum, bezeichnete Lassalle als »Hauptmann einer organisierten Zeugenbestecherbande«. Er legte dar, wie Hoppe auch in seinem Fall bestochen worden sei: Plötzlich war Hoppe so reich, dass er sich eine Bierwirtschaft in Berlin einrichten konnte.

Selbst wenn es wahr wäre, so führte Lassalle aus, dass er den Auftrag gegeben hätte, sich die Papiere oder Kassette »auf jede Art« zu verschaffen, so sei doch die Wahl der Mittel, legale oder illegale, Mendelssohns oder Oppenheims ureigenste Entscheidung gewesen. Hätten sie sich entschlossen, den Mainzer Hof in Brand zu stecken, um an die Kassette zu kommen, wäre dann er, Lassalle, wegen Brandstiftung angeklagt worden?

Wenn Lassalle den Überfall auf die Kassette als Augenblickseingebung Oppenheims darstellt, so hat das viel für sich, musste doch Mendelssohn, als Oppenheim mit der entwendeten Kassette ins Zimmer kam, erst einmal Platz in seinem Koffer schaffen und einige Kleidungsstücke zurücklassen, die sie dann im Hotel verdächtig machten. Das hat wenig mit einem perfekt geplanten Auftragsdiebstahl zu tun. Die Chancen standen zudem sehr schlecht, dass sich der Leibrentenvertrag ausgerechnet in der Schatulle der Baronin befinden würde – wie es dann tatsächlich nicht der Fall gewesen war.

Der Kampf mit den alten Gewalten

Das Forum des Gerichts bot Lassalle endlich die Möglichkeit, seine Ehre und seinen Ruf zu verteidigen, die, so Lassalle, zwei Jahre lang durch die »schwärzesten Verbrechen« und das »Gift der Verleumdung« in den Schmutz gezogen worden seien. Vehement wehrte sich Lassalle gegen den Vorwurf, er habe die Sache der Gräfin vertreten, weil er ein Verhältnis mit ihr und nur seinen eigenen materiellen Vorteil im Sinne gehabt hätte.[20]

Lassalle ging in seinen Stellungnahmen weit über den eigentlichen Anklagepunkt hinaus und machte seine Verhandlung seinerseits zu einem politischen Prozess. Er zielte darauf ab, den hatzfeldtschen Sachverhalt in seiner ganzen Weitläufigkeit auszubreiten, um vom Speziellen dieser Sache als Pars pro Toto auf grundsätzliche politisch-gesellschaftliche Zustände überzuleiten. Mit dem Kampf für die Rechte der Gräfin nahm er zugleich den Kampf mit den alten Gewalten auf.

Im Schicksal der Gräfin sah Lassalle insofern »allgemeine Standpunkte und Prinzipien« verkörpert, als sie ein Opfer ihres Standes geworden sei, ein Stand, in dem »mit wenigen Ausnahmen das Herz eingefroren ist unter dem Eise des Ranges, das Gefühl ausgestorben unter der Gewohnheit der Willkür, und der Appell an die unantastbaren Rechte des Menschen kein Echo findet!« Im individuellen Leiden und Leben der Gräfin waren für Lassalle »alle Ungerechtigkeiten der alten Welt, alle Mißbräuche der Macht, der Gewalt und des Reichtums gegen den Schwachen, alle Unterdrückungen unserer Gesellschaftsordnung personifiziert«.

Die Person des Grafen und sein Gebaren, eingebettet in der stillschweigenden Übereinstimmung seiner Kreise, hatten für Lassalle »exemplarisches Gewicht. Wer gegen den Grafen zu Felde zog, hatte die herrschenden Mächte zum Gegner. Wer für Sophie, eine bedauernswerte Randfigur der Verhältnisse, Stellung nahm, setzte sich gesellschaftlicher Mißachtung und einem Kampf auf Gedeih und Verderb aus. Er kämpfte nicht gegen den Grafen und für die guten Sitten; sondern für die Aufhebung von Privilegien und für soziale Gerechtigkeit.«[21]

Vielleicht war es gerade die Herausforderung dieses »unmöglichen Kampfes« gegen die Feudalmacht und aristokratische Reaktion, die Größe der Aufgabe, die Lassalle dazu bewog, sich in dem Maße für die Gräfin einzusetzen. Beide, auch die Gräfin, gefielen sich bei Ausbruch der Revolution in der Rolle der Kämpfenden gegen die alte Gesellschaft und ihre Vorurteile, gegen Willkür und Rechtsmissbrauch, für die Freiheit und Selbstbestimmung des Individuums. »Und ich erhob mich«, so Lassalle, »ein ohnmächtiger junger Jude, gegen alles, was es an furchtbarsten Mächten gab, ich allein gegen alle – gegen die Gewalten des Ranges und des ganzen Adels, gegen die Macht eines grenzenlosen Reichtums, gegen die Regierung und die Beamten jeder Ordnung, welche stets die natürlichen Verbündeten von Rang und Reichtum sind, und gegen die Vorurteile aller Art.«[22]

Der jugendliche Graf Paul von Hatzfeldt im Jahr 1852.

65

Lassalle verband die Begeisterungs- und Aufopferungsfähigkeit seiner Jugend mit seiner revolutionären Kampfeslust. Sein ehrgeiziges Temperament und uneingeschränktes Selbstbewusstsein bekamen des Öfteren sein Vater, die Gräfin und andere ihm Nahestehende zu spüren. Der »Generalbevollmächtigte« überwucherte oft den Sohn, den Freund, den Kameraden und Mitstreiter: »Es mag bei erster Begegnung großen Eindruck machen, dieses Herausstellen von Selbstsicherheit und Zielbewußheit, dieser Kommandierton und die Radikalität des Ausdrucks, dieses ständige Reden in Superlativen: Für eine dauernde Zusammenarbeit ist das ein Hindernis, besonders wenn der kritische Blick Fehler und Schwächen der Ausführung entdeckt.«[23]

Auch in der Wahl seiner Mittel war Lassalle nicht gerade zurückhaltend. Im Kassettenprozess, aber auch später ist immer wieder von Intrigen die Rede, von Bestechungen und Bestechungsversuchen, von postalischen Manipulationen, von Spionage und Gegenspionage, von List und Verschlagenheit, von Grobheiten und Einschüchterungsversuchen, vom »Wühlen im Dreck« oder auch von Täuschungsmanövern – manches zumindest am Rande der Legalität. Immerhin mag man Lassalle zugutehalten, dass ihm diese Mittel zum Teil auch durch die Gegenseite aufgezwungen worden sein mögen, die ihrerseits »vor den infamsten Ränken und miesesten Tricks nie zurückschreckte«.[24]

Wühlen im Dreck, infamste Ränke und mieseste Tricks.

In diesem Sinne äußerte Gerichtspräsident von Ammon in seiner Rede zum Abschluss des Prozesses: »Meine Herren Geschwornen! Sieben lange mühevolle Tage weilen wir nun, ich darf es sagen, in diesem Sündenpfuhle, worin auf jedem Schritte sich Intriguen, Untreue, Verrath, Bestechung, Unterschlagung, Diebstahl, falsches Zeugniß und Sünden aller Art an unsere Fersen setzen. – Schon einmal im Laufe der Verhandlungen entfuhr mir der Ausdruck: Gott sei Dank, daß solche Sachen nicht oft vorkommen! und ich wiederhole ihn. – Denn wenn solche Dinge oft zur Verhandlung kämen, wenn oft so in beide Schalen der Gerechtigkeit Centner falschen Gewichtes fielen, dann könnte die Justiz ihren Tempel schließen, dann würde ihr heiliger, öffentlicher Dienst nur der schauderhaften Entsittlichung dienen.«[25]

Der Prozess endete mit einem Freispruch, aber er war nicht so glatt, wie die Schwäche der Anklage und die Großartigkeit der Verteidigung hätten erwarten lassen dürfen. Die Geschworenen erklärten ihn mit sieben Stimmen gegen fünf für schuldig, während »wir Richter«, so schrieb von Ammon in seiner Autobiographie, »ihn einstimmig frei sprachen, weil wenn er auch die Seele der Intriguen war und die Mendelssohn und

Oppenheim instruirt haben mochte, der Frau von Meyendorf nachzu-reisen und etwas von ihr zu erhaschen, er doch unmöglich voraussehen konnte, dass sie im Gasthof eine Cassette stehlen würden. Als ich nach Hause kam und meiner Frau das Resultat mittheilte, sagte sie: ›Ihr soll-tet Euch schämen, so ein Mensch müßte verurtheilt werden, auch wenn er nichts gethan hätte‹.«[26]

Lassalle starb am 31. August 1864 nach einem Pistolenduell bei Genf.

Nachwirkungen des Kassettenprozesses

Auch wenn Lassalle einige Menschen nicht zu überzeugen vermocht hat-te, so überging er alle Zwischentöne und zeigte sich seines publikums-wirksamen Auftritts bewusst: »Nicht nur wurde ich freigesprochen, son-dern ich hatte auch einen furchtbaren Schlag ausgeteilt. Jener Tag gab mir in der ganzen Provinz den Ruf eines Redners ohnegleichen und eines Mannes von beispielloser Energie, und die Zeitungen machten sich dar-an, diesen Ruhm in der ganzen Monarchie zu verbreiten. Sie gaben mir

67

den Namen eines Mannes, der für sich allein eine ganze Welt angreift. Seit jenem Tag erkannte die demokratische Partei in der Rheinprovinz mich durch einen ihrer ersten Führer laut an« (gemeint war Marx).[27]

Während die Hatzfeldt-Prozesse für Lassalle vor und während der Revolution offensichtlich ein wichtiger politischer Ausdruck einer Zeitperiode waren, wurde sein Engagement nach der Revolution deutlich geringer. Schon Anfang Juni 1849 verteidigte er dem Sohn der Gräfin gegenüber eine neue Taktik, die auf Verhandlungen mit dem Grafen und einen Vergleich hinausliefen. Die Prozesse beschäftigten Lassalle seit 1849 nur noch technisch; sie kosteten ihn Zeit, erfüllten aber nicht seine Gedanken. Seit dem Einsetzen der politischen Ära der Reaktion hatte er keine Hoffnung mehr, Recht zu erlangen. Tatsächlich errang Graf von Hatzfeldt einen Sieg nach dem anderen, und es war nach dem Dafürhalten Lassalles »ganz so gut, als wenn Hatzfeldt und Stockum selbst zu Gericht säßen und die Urteile sprächen«.

Nachdem die Scheidung der Eheleute Hatzfeldt Ende Juli 1851 rechtsgültig geworden war, befand sich die unter finanziellem Druck stehende Gräfin in einer schlechteren Position. Es war zu erwarten, dass der Graf den Prozess der Güterteilung ins Unendliche hinausschieben würde. Da warf Lassalle noch einmal alles in die Waagschale, und mithilfe zweier großer Bestechungssummen – eine für den Todfeind von Stockum – gelang es, den Grafen mürbe zu machen und 1854 noch einen annehmbaren Vergleich für die Gräfin zustande zu bringen. Damit sicherte sich auch Lassalle eine jährliche Leibrente und eine finanziell sorgenfreie Existenz.

Dennoch hat er bezüglich der öffentlichen Meinung die Folgen dieser Jahre nie ganz überwunden: »Er mochte den ›Heraklit‹ schreiben, ein rechtsphilosophisches Buch, ein Drama, eine Bewegung organisieren, immer blieb er vor allem der Mann, der eine Kassette gestohlen hatte.« Wenn es im Sinne der Anklage im Kassettenprozess war, Lassalle dauerhaft zu belasten, so hatte sie noch mehr erreicht, als sie erhoffen durfte.[28]

Die Unruhen vom 25. und 26. September 1848

Am Morgen des 25. September 1848 wurden in Köln einige Anhänger der demokratischen Partei verhaftet, teilweise jedoch von der zusammengeströmten Volksmenge wieder befreit. In der unruhigen Situation riefen Plakate zu einer Volksversammlung auf, die mittags auf dem Alter Markt stattfinden sollte. Diese Veranstaltung wurde aber sofort polizeilich untersagt. Kaum war das Verbot bekannt geworden, zog eine Menschenmenge vor das Polizeidirektorium in der Poststraße und zertrümmerte durch Steinwürfe die Fensterscheiben. Nachmittags wurde die Volksversammlung trotz des Verbots auf dem Alter Markt abgehalten. Die aufgeregte Volksmenge errichtete nun Barrikaden in der Stadt, und einige plünderten Geschäfte, um sich Waffen zu besorgen. Am folgenden Tag kam es zur Ausrufung des Belagerungszustandes.

Infolge dieser Geschehnisse standen Ende Januar 1849 der Händler Friedrich Wilhelm Kürten aus Mülheim und der Klempnergeselle Stephan

Alter Markt um 1840. Hier fand am 25. September 1848 eine Volksversammlung statt.

Hoos aus Mayen vor dem Kölner Assisenhof, angeklagt, an jenem 25. September in Köln »in Gemeinschaft mit Anderen, in einer Bande und mit offener Gewalt Waaren (Waffen und Eisenstangen) in verschiedenen Läden geplündert zu haben«. Die Gruppe, mit der Kürten in die Geschäfte der Kaufleute Jörgens und Mosler sowie der Witwe Schneider eingedrungen war, wurde später von der Bürgerwehr zersprengt, woraufhin die Verhaftung Kürtens erfolgte.

Wie die Kölnische Zeitung berichtete, gab er vor Gericht an, an jenem Tag, nachdem eine Volksversammlung im »Eiser'schen Saale« beendet gewesen sei, auf den Alter Markt gegangen zu sein, wo eine weitere Versammlung stattfinden sollte. Da sich jedoch niemand dort eingefunden habe, sei er in das dortige Bierhaus »Zum Kranz« einge-

> *Jeder konnte ohne Zahlung so viel trinken, wie ihm nur irgend beliebte.*

kehrt: »Eine große Volksmenge war daselbst versammelt«, so Kürten, »Fässer mit Bier und Branntwein standen auf den Tischen. Jeder konnte ohne Zahlung so viel trinken, wie ihm nur irgend beliebte. Sogar Geld wurde Thalerweise unter die Anwesenden vertheilt. Nachdem er hier eine große Portion Bier und Branntwein getrunken, habe er das Wirtshaus verlassen, um sich auf der Straße umzusehen.« Dann sei er in jene Gruppe geraten, die ihn als »Aristokrat« beschimpft und genötigt habe, »an den Excessen jenes Abends Theil zu nehmen«. Unter Berücksichtigung der Tatsache, dass Kürten bei diesen Vorfällen stets zur Mäßigung und zur Vermeidung von Gewalttätigkeiten ermahnt, auch in den betroffenen Geschäften seinen Namen genannt hatte, wurde er ebenso freigesprochen wie sein Mitangeklagter Hoos.[1]

Auch in der Schildergasse im Waffenladen von Matthias Offermann kam es an jenem 25. September gegen neunzehn Uhr zu einer Plünderung. Beim Anrücken einer Militäreinheit flüchteten die Eindringlinge, Offermann und einem zufällig anwesenden Arbeiter gelang es aber, zwei Personen festzuhalten, den erst vierzehn Jahre alten Franz Matthias Osten und den 17-jährigen Bäckergesellen Anton Siebenbach, beide aus Köln. Zusammen mit dem Kölner Friedrich Stock standen sie am 14. Februar 1849 vor dem Assisengericht, Stock bestritt aber, am Ort der Plünderung gewesen zu sein. Osten und Siebenbach gaben an, von Leuten, die sich vor dem Geschäft Offermanns befunden hätten, gegen ihren Willen in den Laden befördert worden zu sein.

Der Verteidiger der Angeklagten machte auf die besondere Situation aufmerksam, die in jenen Septembertagen geherrscht habe: »Die alte rohe Gewalt schien wieder Muth gefaßt zu haben; sie schien sich für die Schmach, die sie durch die siegreiche Erhebung des Volkes im Februar

Eine Kölner Barrikade am 25. September 1848.

und März 1848 erlitten, auf eine schreckliche Weise an dem Volke rächen zu wollen. Jeden Augenblick besorgte man, der alte Despotismus würde dem Volke den Fehdehandschuh zum blutigen entscheidungsvollen Kampfe hinwerfen. Diese Besorgnis herrschte in dem ganzen Lande, jedoch am 25. Sept. v. J. vielleicht nirgendwo in so hohem Grade, als in Köln: hier schien der Fehdehandschuh schon hingeworfen, hier schien eine förmliche Herausforderung gemacht worden zu sein. Diese Herausforderung erblickte man in der Verhaftung mehrerer bei dem Volke sehr beliebten Personen, in der dadurch nothwendig bewirkten höchsten Reizung des Volkes.«

Die Angeklagten, so führte ihr Verteidiger weiter aus, seien von jenem allgemeinen Gefühl der Notwendigkeit mitgerissen worden, sich zur

71

Gegenwehr vorzubereiten, wodurch ehrlose oder verbrecherische Motive auszuschließen seien. Der junge Osten wurde für schuldig, aber nicht für zurechnungsfähig erklärt, Stock erlangte Freisprechung. Siebenbach, den die Geschworen für schuldig erachteten, eine Plünderung versucht zu haben, wurde zu einer fünfjährigen Zwangsarbeitsstrafe verurteilt.[2]

Gleich am nächsten Tag, am 15. Februar 1849, stand ein weiterer Fall im Zusammenhang mit den Septemberunruhen zur Verhandlung an. Vier Kölnern wurde angelastet, am 26. September 1848 in einem bewaffneten Trupp »unter Vortragung einer rothen Fahne« die Stadt durchzogen und einen Gewehrladen in der Poststraße geplündert zu haben. Die Verteidigung argumentierte ähnlich wie einen Tag zuvor, indem sie darauf hinwies, »daß es sich hier nicht um ein gemeines, sondern um ein politisches Verbrechen handle«. Den Angeklagten sei vorgespiegelt worden, »daß es Jedermanns Pflicht sei, sich zum Schutze der bedrohten Freiheit des Vaterlandes zu bewaffnen«, und so sei es gekommen, dass sich »sonst ruhige Bürger« zu Unüberlegtheiten hätten hinreißen lassen. Ganz im Sinne der Verteidigung lautete das Urteil auf Freispruch für alle Angeklagten.[3]

Siegestrophäe auf der Pumpe des Altenmarktes

Die Serie der Prozesse setzte sich im Februar 1849 fort, als sich weitere fünf Kölner vor dem Assisenhof verantworten mussten. Sie waren angeklagt, an jenem 25. September 1848 auf dem Alter Markt den Polizeikommissar von Grävenitz geschlagen zu haben. Der Kommissar, der den Auftrag erhalten hatte, am Mittag jenes Tages mithilfe der Bürgerwehr die Versammlung aufzulösen, wurde auf dem Platz mit wütendem Geschrei empfangen, aus dem Schutz der Bürgerwehr herausgerissen und verprügelt. Zudem zog man ihm seine Uniform aus und hängte sie »als Siegestrophäe auf die Pumpe des Altenmarktes«.

Bei der Vernehmung vor Gericht gab der Kommissar an, aufgrund der erhaltenen Schläge eine Zeit lang besinnungslos gewesen zu sein, sodass er keinen der Angeklagten als an dem Verbrechen beteiligt bezeichnen könne. Übrigens schienen einige Angehörige der Bürgerwehr, von deren 13. Kompanie etwa dreißig Mann anwesend waren, durchaus auf der Seite des Volkes gestanden zu haben. Aufgrund günstiger Zeugenaussagen wurden alle Angeklagten freigesprochen.[4]

Obwohl diese relativ milden Urteile darauf hindeuten, dass sich die Kölner Justiz wenig geneigt zeigte, mit aller Entschiedenheit im Sinne der Regierung gegen die »Revoluzzer« vorzugehen,[5] sprach der Assisenhof am Ende jener Assisenperiode, am 24. Februar 1849, noch einmal ein hartes Urteil aus. Je fünf Jahre Zwangsarbeit verhängte er über die Kölner Gerhard Schulz und Anton Müller wegen »wissentlicher Hehlerei«. In ihrem Besitz waren zwei Brecheisen ermittelt worden, die am Abend des 25. Septembers 1848 zusammen mit anderen Sachen aus der Dombauhütte entwendet worden waren und die sie offensichtlich verkaufen wollten. Der Staatsprokurator war der Ansicht, dass es sich hierbei um einen ganz gewöhnlichen Diebstahl handelte, der keinen politischen Zweck, sondern den einer persönlichen Bereicherung hatte, und dass die vorbestraften Täter die damals in der Stadt herrschende Angst ausgenutzt hätten, um ungestraft Verbrechen ausüben zu können.[6]

Die letzten öffentlichen Hinrichtungen in Köln

Am 29. Mai 1846 wurde in einem waldnah gelegenen Kornfeld bei Dansweiler die Leiche des Forstbeamten Ferdinand Sonnenschein aus Glessen entdeckt. Die notdürftig verscharrte Leiche, von der die Füße aus der Erde hervorragten, wies mehrere Schussverletzungen auf. Das Jagdgewehr und andere Habseligkeiten des Getöteten waren verschwunden. Der Förster war am 27. Mai gegen drei Uhr morgens zur Verrichtung seines Dienstes in den Wald gegangen und nicht mehr zurückgekehrt.

In Tatverdacht gerieten zwei Einwohner aus Groß-Königsdorf: Der frühere Bäcker und inzwischen arbeitslose Christian Becker sowie der Maurer und Tagelöhner Johann Scheuer. Die beiden gut befreundeten Nachbarn, von denen besonders Becker als Müßiggänger galt, waren bei ihren Streifzügen durch den Wald des Öfteren mit dem Forstbeamten aneinandergeraten. Sonnenschein war jedoch dafür bekannt, sein Amt mit großer Härte zu versehen. So soll er einmal einer armen Bäuerin, die er im Wald beim Holzaufsammeln ertappt hatte, seine Hunde auf den Leib gehetzt haben, die sie »jämmerlich zurichteten«. Außerdem war Becker aufgrund Sonnenscheins Anzeige wegen Wilddieberei belangt worden, und bei einem Zusammentreffen am 7. Mai 1846 hatte Becker ihm gedroht: »Warte nur, du Saukerl, wenn ich dich einmal unter vier Augen treffe!«[1]

Der verletzte Förster bot die Hand dar und bat um sein Leben.

Während Becker in der Voruntersuchung jegliche Schuld am Tod des Försters von sich wies, gestand der »sichtbar bewegte und erschütterte« Scheuer, am frühen Morgen jenes 27. Mai mit Becker bei Dansweiler »auf den Rehanstand« gegangen zu sein. Sie hätten in einiger Entfernung voneinander gestanden, als er, Scheuer, den aus Richtung Glessen kommenden Förster gesehen habe. Während er geflohen sei, habe er einige Schüsse und Rufe gehört. Später sei Becker in Groß-Königsdorf zu ihm gekommen und habe ihm erzählt, was geschehen sei.

Demnach habe Becker sich im Wald plötzlich dem im Anschlag befindlichen Sonnenschein gegenüber gesehen, und da habe er »den Förster zusammengeschossen. Er habe nun ihn, den Scheuer, aufsuchen wollen, ihn nicht gefunden, unterwegs nochmals geladen und auf Sonnenschein, der am Boden gesessen habe, abgefeuert. Der Schuß habe ihm nicht viel gethan. Sonnenschein habe ihm die Hand darreichen wollen, um sein Leben gebeten und an Frau und Kinder erinnert. Er habe geantwortet: er könne seiner nicht schonen, denn er sei zu schwer beleidigt, und wenn er es auch wolle, so könne er es nicht, denn alsdann sei er selbst verloren. Er habe darauf aus seiner Flinte dem Förster einen dritten Schuß gegeben und endlich aus des Försters eigener Doppelbüchse auch einen vierten. Der andere Schuß aus dieser Büchse, den er auch noch abfeuern wollen, sei nicht losgegangen.«

Auf die Bitte Beckers habe er, so fuhr Scheuer in seiner Erklärung fort, diesem am Abend des 27. Mai geholfen, die Leiche des Försters vom Tatort weg zu jenem Kornfeld zu tragen, wo sie zwei Tage später gefunden wurde. Das Vergraben der Leiche habe Becker besorgt, während er allein nach Hause gegangen sei. Später wurden nach und nach auch die vermissten Jagdutensilien des Getöteten gefunden.

An einem der Pfingsttage des Jahres 1846 erwähnte der Pfarrer in seiner Predigt das verübte Verbrechen und sprach seine Hoffnung aus, dass der Schuldige sich nicht unter seinen Pfarrkindern finden möge. Hierauf fand sich Scheuer bei ihm ein, »beängstigt und bekümmert«, und wünschte zu beichten: »Was hier gesagt wurde, blieb natürlich ein durch das Beichtsiegel verschlossenes Geheimnis.«

Die Guillotine auf dem Gereonsdriesch

Obwohl Becker in seiner dreitägigen Verhandlung vor dem Kölner Assisenhof weiterhin leugnete und seine Verteidigung darlegte, dass die Tat »nicht freiwillig« und ohne Vorbedacht erfolgt sei, hielten ihn die Geschworenen des ihm zur Last gelegten Mordes für schuldig. Am 11. November 1846 wurde er zum Tode verurteilt, Scheuer zu einer Gefängnisstrafe von einem Jahr und einer Geldbuße. Zur Reaktion des erst vierundzwanzig Jahre alten Becker auf das Urteil heißt es: »Furchtbar war der Eindruck, den der Ausspruch der Geschworenen auf den unglücklichen Becker hervorbrachte. Sichtlich tief erschüttert, als er beim Eintritt in den Saal Kunde von der Schuldig-Erklärung erhielt, brach er in lautes Jammern und Wehklagen aus, als in Folge dieses Spruches die Todesstrafe über ihn verhängt wurde.«[2]

Beckers Hinrichtung fand am 3. September 1847 um sechs Uhr morgens statt, was für viele Schaulustige kein Hindernis bedeutete, dem traurigen Akt beizuwohnen. Die Guillotine war auf dem Gereonsdriesch auf-

gebaut worden. Kurz vor der Hinrichtung hatte Becker noch ein »vollständiges und reumüthiges Bekenntniß seiner ganzen Schuld vor der Behörde abgelegt und hat so in etwa mit der Menschheit versöhnt den schweren Todesgang angetreten.«[3] Die Befürworter des Geschworenengerichts sahen Beckers Geständnis als einen weiteren Hinweis auf das gute Einschätzungsvermögen der Geschworenen.[4]

In einem etwas weiter südlich gelegenen Waldgebiet kam es, wenn auch viele Jahre später, zu einem weiteren an einem Förster begangenen Tötungsdelikt. Bei dem Opfer handelte es sich um den nur siebenundzwanzig Jahre alt gewordenen Förster Friedrich Wilhelm Curtius aus Hürth. Nachdem er am Nachmittag des 31. August 1884 noch um die Hand seiner Braut angehalten hatte, geriet Curtius am Abend des gleichen Tages auf der Chaussee von Liblar nach Köln mit den Kölner Brüdern Hermann und Johann Lenz aneinander, die mit einigen anderen Mitgliedern ihrer Familie auf der Kirmes in Erp gewesen waren. Der erst 19-jährige Hermann Lenz, der dem Förster eine tödliche Stichwunde beibrachte, wurde zu fünf Jahren Zuchthaus verurteilt, sein Bruder zu einem Jahr Gefängnis.

Zur Unterscheidung dieser beiden Freiheitsstrafen legte das deutsche Reichsstrafgesetzbuch fest, dass die Zuchthausstrafe (mindestens ein Jahr, höchstens fünfzehn oder lebenslänglich) notwendig den Arbeitszwang nach sich zog. Die Verurteilten wurden also zu den in der Strafanstalt eingeführten Arbeiten angehalten, während es zur Gefängnisstrafe (in der Regel von einem Tag bis zu fünf Jahren) heißt: »Die Verurtheilten können nach dem Ermessen der vollstreckenden Behörde und müssen auf ihr Verlangen auf eine ihren Fähigkeiten entsprechende Weise beschäftigt werden.«[5]

Wenige Jahre nach Beckers Guillotinierung wurde eine wesentliche Änderung im Hinblick auf die Hinrichtungsmodalitäten beschlossen. Den am Rhein gültigen Code pénal ablösend, trat am 1. Juli 1851 das preußische Strafgesetzbuch in Kraft, nach dem die Hinrichtungen künftig nicht mehr öffentlich stattfinden sollten. Man sah die Abschreckungsintention, die öffentlichen Hinrichtungen oblag, wohl nicht mehr gewährleistet.[6] Vielmehr hatten diese immer stärker den Charakter von bloßen Volksbelustigungen angenommen, worauf zum Beispiel die Hinrichtung von Carl Friedrich Wettschreck am 25. Juli 1850 in Elberfeld hindeutete. In der Kölnischen Zeitung heißt es über diese: »Das in Elberfeld noch nie gesehene Schauspiel einer Hinrichtung vermittels der Guillotine war wohl die Hauptveranlassung, daß am 25. Juli schon um 3 Uhr Morgens eine unermeßliche Menschenmenge sich auf und in der Nähe des Brausenwerths einfand.«[7]

Über eine Hinrichtung am 14. Februar 1851 in Ansbach berichtete die Presse, dass dort mehr als 20.000 Zuschauer versammelt waren und ein junger Bauer im Gedränge erdrückt wurde;[8] und zu einer Doppelhinrichtung mittels des Scharfrichterschwerts am 23. Juni 1851 in Straubing heißt es: »Ein großer Theil der aus der Umgegend zusammengeströmten Bauernburschen zeigte bei dem blutigen Schauspiele eine gefühllose Rohheit; ja, es wurde sogar dem Scharfrichter, welcher an den Delinquenten sein sogenanntes ›Meisterstück‹ (die erste Hinrichtung) lieferte, ein lautes Bravo zugerufen.«[9]

Volksbelustigung und Bravorufe bei der Hinrichtung.

Die letzte öffentliche Hinrichtung in Köln und gleichzeitig in der ganzen preußischen Rheinprovinz fand am 26. August 1850 – wieder um sechs Uhr morgens – auf dem Neumarkt statt. Bei dem Guillotinierten handelte es sich um Peter Schenkel vom »Nüssenberger Hof« bei Longerich. Er war am 4. Mai 1850 vom Kölner Assisenhof für schuldig befunden worden, »seine Frau in dem Erftflusse freiwillig und mit Vorbedacht ertränkt zu haben«.[10]

Die erste nicht öffentliche Hinrichtung in der Rheinprovinz war die von Peter Cajetan aus Bonn, der am 12. Dezember 1851 auf dem Hof des Bonner Gefängnisses guillotiniert wurde. Cajetan hatte 1832 bereits sei-

77

Eine Hinrichtung im Bonner Gefängnis Anfang April 1908. Die Straßen um das Gefängnis herum wurden abgesperrt, um Schaulustige abzuhalten. Die in der Obhut des Oberlandesgerichts Köln befindliche und im Klingelpütz aufbewahrte Guillotine war zuvor von einem Spediteur nach Bonn gebracht worden.

ne erste Frau erstochen, war zu lebenslanger Zwangsarbeit verurteilt, 1848 aber begnadigt und freigelassen worden. Im Streit hatte er im Februar 1851 in Bonn auch seine zweite Frau erstochen.[11]

In Köln fand die erste nicht öffentliche Hinrichtung am Morgen des 7. Juli 1853 statt. In einem Hof des Klingelpütz wurde der wegen Ermordung eines Knechtes zum Tode verurteilte Wilhelm Stein aus Peppinghausen, einem Ortsteil von Wipperfürth, guillotiniert. Der ermordete Knecht und Kollege Steins, Wilhelm Haarhaus, hatte am Tag nach der Tat heiraten wollen.[12]

Fälschung, Schwindel und Skurriles

Einer der zahlreichen Falschmünzer, die in Köln ihr Unwesen trieben, war der 1864 in Stettin geborene Tagelöhner Adolph Renkwitz, der 1887 in die Domstadt gezogen war. Bei einer Durchsuchung seiner Wohnung im Haus des Schuhmachermeisters Peter Damm in der Thieboldsgasse 15 wurde ein ganzes Arsenal von Fälschungswerkzeugen entdeckt: Holzformen, Schmelztiegel, Gips, Zement, Schwefel, Metallstücke sowie Formen zur Herstellung von Geldstücken. Diese Gegenstände hatte er benutzt, um im Ofen seiner Wohnung Falschgeld herzustellen, wobei er ertappt worden war. Als dem zunächst geständigen Renkwitz im Gefängnis die Anklageschrift zugestellt wurde, änderte er seine Taktik. Er begann nun, »unsinniges Zeug« zu reden, und spielte den Verrückten, was seine Mitgefangenen des Öfteren »höchlich amüsirte«.

Auch im Saal des Kölner Schwurgerichts wusste er im Juni 1891 sein Publikum zu unterhalten. Er stellte sich dem Vorsitzenden als »Baron Peters« vor, geboren »1670 am 10. Juni 1809« und verheiratet mit »drei Frauen, die sind alle gestorben und morgen ist wieder Heirath«. Auf die Frage nach seinen Militärverhältnissen erklärte er: »Da habe ich jetzt keine Zeit für, ich bin ›Münzdirektor‹.« Nachdem die Sachverständigen den »Münzdirektor«, der für seinen Eigengebrauch drei Millionen Goldtaler hergestellt haben wollte, zum »plumpen Simulanten« abqualifiziert hatten, wurde er zu drei Jahren Zuchthaus verurteilt. »Besuchen Sie mich morgen einmal im Kaisergarten«, rief er dem Gerichtsschreiber beim Verlassen des Sitzungssaals zu, und »unter dem Hallohgeschrei des zahlreichen Publikums fuhr der Herr ›Münzdirektor‹ nach seiner Besitzung auf dem Klingelpütz«.[1]

Da habe ich jetzt keine Zeit für, ich bin Münzdirektor!

Neben der bloßen Falschmünzerei kamen auch andere Arten von Fälschungsdelikten vor. Anfang 1855 standen in einer zweiwöchigen Verhandlung dreizehn Angeklagte wegen Fälschung öffentlicher Urkunden zur Befreiung junger Menschen vom Militärdienst vor Gericht. Von den drei schuldig Gesprochenen erhielt der Kölner Kreisschreiber Johann Hermann Mushoff mit zehn Jahren Zuchthaus und einer Geldstrafe von 1.000 Talern die höchste Strafe.[2]

79

Der Kölner Steindrucker Johann Hermann, der erst 1850 wegen Anfertigung falscher »Cassen-Billets« zu einer vierjährigen Festungsarbeitsstrafe verurteilt worden war, stand 1857 unter einer ähnlichen Anklage wieder vor Gericht, das diesmal sechs Jahre Zuchthaus über ihn verhängte. Da Hermann selbst nicht auf Stein zu zeichnen vermochte, hatte er den 17-jährigen Steindruckerlehrling Franz Frank aus Köln dazu verleitet, ihm eine Zeichnung von einer »preußischen Cassen-Anweisung von Einem Thaler« zu fertigen, die Hermann dann als Grundlage für eine größere Produktion falscher Kassenanweisungen diente.[3]

Um ganz andere Beträge ging es in einem Prozess, bei dem im Juli 1889 Julius Drechsler im Mittelpunkt stand. Er war seit Juli 1884 Direktor der sechs Jahre zuvor gegründeten Kölner »Lagerhaus-Gesellschaft«. Ihm wurden Aktienmanipulationen im Wert von 200.000 Mark angelastet, die er, so der Angeklagte, getätigt habe, um eigenen und familiären Geldnöten beizukommen. Der 1853 in Lübeck geborene Drechsler erhielt fünf Jahre Zuchthaus zudiktiert.[4]

Im April 1890 erschien die Kölnerin Franziska Dreschmann unter der Anklage vor der Strafkammer, Arztrezepte gefälscht zu haben, um damit in Apotheken an Morphium zu kommen. Sie war früher Wärterin in verschiedenen Irrenanstalten gewesen, wo sie mit Morphium in Kontakt gekommen und davon abhängig geworden war. Ein Sachverständiger äußerte, die Kölnerin habe mitunter das Fünfzehnfache einer Normaldosis an Morphium zu sich genommen und sei »dem Morphinismus gänzlich verfallen«. Sie wurde freigesprochen und an eine Heilanstalt verwiesen.[5]

Im Lauf der Jahrzehnte gab es in der Domstadt eine ganze Reihe von Glücksrittern, Halsabschneidern und falschen Aposteln. Einer davon war der Kölner Ferdinand Reifferscheid, Sprachlehrer und »Doctor der Philosophie«, der Ende des Jahres 1847 des Gewohnheitswuchers und der Prellerei überführt wurde. Durch die Aussage von fünfundsechzig Zeugen ergaben sich mehr als fünfzig Fälle von »schamlosester Blutsaugerei«, in denen Reifferscheid unter unhaltbaren Auflagen wuchermäßige Kredite vergab. Bei dem Versuch, sich der gerichtlichen Strafe zu entzie-

Steckbrief.

Die unten näher bezeichneten Kaufleute von daher, welche unter der Firma Müller und Kapp einen gemeinschaftlichen Handel geführt, sind eines betrügerischen Banqueroutes beschuldigt, und befinden sich auf flüchtigem Fuße.

Alle gerichtliche Polizei-Beamten sind ersucht, im Falle der gegenwärtige Aufenthaltsort der Flüchtigen ihnen bekannt werden sollte, ihre Verhaftung und Auslieferung an unterzogene Stelle verfügen zu wollen.

Köln, den 29. Dezember 1824.

Der Ober-Prokurator, Berghaus.

Person - Beschreibung

1) des Kaufmanns *Heinrich Müller.*

Geburtsort: Hamburg; Wohnort: Köln; Alter: 22 Jahre; Größe: 5 Fuß 3 Zoll; Haare: blond; Stirn: hoch; Augenbraunen: blond; Augen: blau; Nase: wohl gebaut; Mund: mittel; Bart: entstehend; Kinn: rund; Gesichtsfarbe: frisch und gesund.

Besaß einen Paß de dato 23. Oktober 1824 nach Würzburg, welcher am 8 Dezember nach Göttingen visirt worden ist.

2) des Kaufmanns *Michel Kapp.*

Geburtsort: Schwarzenau; Wohnort: Köln; Alter: 23 Jahre; Größe: 5 Schuh 3 Zoll; Haare: braun; Stirne: rund; Augenbraunen: braun; Augen: braun; Nase: mittel; Mund: mittel; Bart: braun; Kinn: rund; Gesicht: oval; Gesichtsfarbe: gesund.

Hat am 11. Mai 1824 einen Paß nach Würzburg erhalten, und bis jetzt kein Visa nachgesucht.

3) des Kaufmanns *Friederich Joseph Heferle.*

Geburtsort: Wien; Wohnort: Köln; Alter: 20 Jahre; Größe: mittel; Augen: braun; Stirne: rund; Augenbraunen: braun; Nase: klein; Mund: proportionirt; Bart: entstehend; Kinn: rund; Gesicht: oval; Gesichtsfarbe: gesund.

Steckbrief Firma Müller und Kapp wegen betrügerischen Bankrotts.

hen und nach Amerika auszuwandern, wurde er in Verviers mit einem abgelaufenen Pass erwischt und festgenommen.[6]

Der Schäfer Peter Euler aus Berzdorf bei Brühl, der sich Frauen gegenüber gern als wohlhabender Gutsbesitzer namens Schmitz vorstellte, brauchte in der Regel nicht lange, um aus »plötzlich entstandener Zuneigung« um die Hand und das Herz der Angebeteten anzuhalten, und obwohl er mit seinen rund fünfzig Jahren nicht mehr der Jüngste war, gelang es ihm innerhalb kürzester Zeit, einige Frauen mit seinen Heiratsanträgen zu betören. Diese zögerten nicht, ihrem betuchten Bräutigam mit kleinen oder größeren Darlehen zur Beseitigung »augenblicklicher Verlegenheiten« auszuhelfen, womit »Gutsbesitzer Schmitz« dann schneller zu verschwinden pflegte, als er gekommen war. Vier oder fünf der betrogenen »gewesenen Bräute« zauderten nicht, als es im April 1855 vor Gericht darum ging, gegen ihn auszusagen. Ihre Aussagen führten dazu, dass der »gewerbsmäßige Freier und Bräutigam« für einige Jahre hinter Gitter musste.[7]

Graf de Croy

Als Gutsbesitzer bezeichnete sich ein Jahr später vor dem Kölner Zuchtpolizeigericht auch Franz Claudius Joseph Gerothwohl, alias Graf de Croy, der sich aber nach genauerem Nachforschen mit der Einstufung eines »bloßen Hausbesitzers« zufriedengeben musste. Den Grafentitel führte er, so gaben er und seine Verteidigung an, weil er ein »Adoptivsohn des Fürsten de Croy-Chanel« sei und weil es ihm als erfolgreicher Bankier in London und der damit verbundenen gesellschaftlichen Stellung möglich geworden sei, eine Verbindung mit der »Fürstin de Croy aus altem Königlichen Geblüte« einzugehen. Im Übrigen sei er auch unter seinem Grafentitel in fast allen europäischen Staaten »unangefochten aufgetreten« und von »hohen und höchsten Personen« empfangen worden.

Der Vertreter des Öffentlichen Ministeriums war umgekehrt der Meinung, dass es das Gericht hier mit einem »großen Betrüger« zu tun habe, der in Frankreich und Belgien hinlänglich als solcher bekannt und nach Deutschland nur in dem Glauben gekommen sei, dass seine »unangenehme Berühmtheit hier noch nicht so sehr in die Publicität« gedrungen sei. Er trug darauf an, den Angeklagten aufgrund auch in Köln begangenen Wechselbetrugs für einige Zeit aus dem Verkehr zu ziehen.[8]

International ging es 1855 vor dem Kölner Zuchtpolizeigericht auch zu, als sich dort der in der Domstadt tätige englische Konsul Johann Robert

Curtis und sein Sekretär zu verantworten hatten. Ihnen sowie auch ihren Kölner Gehilfen Anton Engels und Friedrich Egener wurde angelastet, einige Kölner für die englische Fremdenlegion angeworben zu haben, von denen es allerdings offensichtlich kaum einer bis in die Legion geschafft hatte: Die einen wurden schon am Mülheimer Dampfschiff verhaftet, andere kamen bis Venlo oder sogar bis nach England, wurden dann aber wegen fehlender Legitimationspapiere zurückgeschickt oder kehrten freiwillig zurück, weil Versprechungen nicht eingelöst wurden. Nicht nur die Werber, sondern auch diese soldatischen Auswanderer drohten sich strafbar zu machen, wenn sie sich als preußische Militärpflichtige in ausländische Kriegsdienste begaben und sich damit der Ableistung ihrer heimatlichen Dienstpflicht entzogen. Auch die Verteidigung des Konsuls, die vergeblich die Inkompetenz des Kölner Gerichts nachzuweisen versuchte, konnte nicht verhindern, dass Curtis mit einigen Monaten Gefängnis bedacht wurde.[9]

Zu hebende Schätze und geheime Verbindungen zu Rom. An das »Mittelalter mit seinem Wunderglauben« sah man sich 1850 in der Presse in Anbetracht der Machenschaften des Kölner Leinenwebers Jakob Küpper, wohnhaft »auf dem Kronenbüchel an der Rochuspumpe«, erinnert. Nicht nur, dass er für klingende Münze Seelen aus dem Fegefeuer »erlöste«, er stellte auch zu hebende Schätze in Aussicht und sprach von seinen »geheimen Verbindungen zu Rom«, bis ein Kölner Pfarrer durch eine Anzeige dem Treiben ein Ende bereitete.[10]

Wiederholt stand der »berühmte Diätetiker und Homöopath« Thomas Beckmann aus der Poststraße wegen »Curpfuscherei und ähnlichen Schwindels« vor Gericht. In der Presse warb er mit seinen Künsten und »wundervollen Heilungen«, die aber einen sonderlichen Charakter annahmen. So forderte er beispielsweise einen Patienten auf, eine eigens zubereitete, in einer Flasche befindliche Mixtur vor der Einnahme zunächst »für dreimal 24 Stunden in der Erde zu vergraben«. In einem Fall hatte Beckmann Pech: Die Frau eines seiner Opfer ließ im März 1887 von einem Apotheker eine Mixtur des »Wunderheilers« prüfen, die sich sowohl in medizinischer als auch in kostenmäßiger Hinsicht als Schwindel entpuppte.[11]

Ebenfalls mit einem Eigengebräu, einer »widerlich schmeckenden Flüssigkeit«, versuchte die Kölner »Kartenschlägerin« (Kartenlegerin) Frau Tschirner ein Geschäft zu machen. Ein Dienstmädchen hatte sich Ende des Jahres 1884 an sie gewendet, nachdem es unehelich schwanger geworden war. Natürlich half die Mixtur, obwohl Frau Tschirner der jun-

gen Frau mehrere Flaschen davon andrehte, nicht gegen die Schwangerschaft. Nun sollte eine »weise Frau« aus Mülheim, die Hebamme Louise
Walpert, weiterhelfen. Während eine Flasche von dem »Wundertrunk«
noch drei Mark gekostet hatte, forderte die Hebamme gleich 200 Mark
für ihre Dienste. Zwei Jahre waren nach der heimlichen Abtreibung verflossen, da kam die Sache doch noch durch eine anonyme Anzeige ans
Licht, und die »Kartenschlägerin« und die Hebamme mussten ihre Tat
mit mehreren Jahren Zuchthaus büßen.[12]

Es war ein öffentliches Geheimnis, dass beim Wirt
Westhofen in Lindenthal »Siebzehn und Viere« gespielt
wurde, »ein überaus geistreiches Kartenspiel, welches jeder Schulbube, sobald er addieren gelernt hat, mit den
Großen mitzuspielen imstande ist«. In den Blickpunkt der Verwaltung
geriet der runde Stammtisch aber erst, als ausgerechnet der Polizeidiener Georg Endolat einmal daran Platz nahm und kräftig mitzockte, wodurch er den Unwillen des Landrates auf sich zog. Dieser schickte nun
den Fußgendarmen Düwerk nach Lindenthal, der zusammen mit einem
Oberwachtmeister die »höchst gefährliche Spielgesellschaft« aufhob.

Polizeidiener Endolat als Zocker in Lindenthal.

Als Resultat davon stand Westhofen im Dezember 1885 unter der Beschuldigung vor dem Schöffengericht, »Glücksspiele in seinem öffentlichen Lokale geduldet zu haben«. Er sagte aus, das Spiel »Siebzehn und
Vier« gar nicht zu kennen »und ebensowenig Goldstücke auf dem Spieltisch liegen gesehen zu haben«. Auch die Mitglieder der Spielgesellschaft,
die als Zeugen geladen waren, sagten nur verhalten aus. Der Anstreichermeister Johann Joseph Antweiler meinte lapidar, dass in ganz Lindenthal
»Siebzehn und Vier« gespielt worden sei und dass die Gerichte viel zu tun
hätten, wenn sie jeden einzelnen Wirt anklagen wollten. Da man schließlich zu der Einsicht kam, dass bei Westhofen nur zum Vergnügen und
nicht des Gewinns halber gespielt worden sei, wurde er freigesprochen.[13]

Der in Amerika geborene »internationale Taschendieb« Johann Karl
Scholz war schon des Öfteren in Deutschland verurteilt und über die
Landesgrenzen verwiesen worden, doch schien er das hiesige Land für ein
sehr geeignetes Feld seiner verbrecherischen Tätigkeit zu halten. Er kehrte deshalb unter den verschiedensten Namen immer wieder gern zurück,
unter anderem auch nach Köln. Als dort am 28. Februar 1888 der Dachdecker Paulus ein Auktionslokal in der Schildergasse betrat, wurde ihm
unversehens die Geldbörse gestohlen. Paulus war untröstlich, denn darin war sein ganzer Wochenlohn, »den daheim die Gattin nöthig gebrauchen mußte«. Aber er erinnerte sich an einen Verdächtigen, nämlich
Scholz, der neben ihm gestanden hatte. Da er diesen schon vorher in

83

einer Wirtschaft gesehen hatte und nun hoffte, ihn dort wiederzutreffen, begab sich Paulus mit einem Bekannten dorthin, und tatsächlich fanden sie den Verdächtigen an einem Tisch sitzend vor. Scholz konnte des Taschendiebstahls überführt und für einige Jahre aus dem Verkehr gezogen werden.[14]

Ende des Jahres 1887 war man auf dem Rathausplatz neben der Kapelle mit den Ausschachtarbeiten für einen städtischen Neubau beschäftigt, als einer der Erdarbeiter, Otto Sürth, plötzlich einen Freudenruf ausstieß. Er hatte einen ganzen Topf mit alten Gold- und Silbermünzen gefunden. Statt ihn ordnungsgemäß abzugeben, behielten er und zwei seiner Kollegen den Schatz für sich, teilten und verkauften ihn.

Die Stadt Köln hatte mit dem Abbruchunternehmer einen Vertrag abgeschlossen, wonach derartige Funde den bauleitenden Beamten abgeliefert werden sollten. Von dieser Vereinbarung wollten die drei glücklichen Schatzgräber erst erfahren haben, nachdem sie die Münzen schon veräußert und den Erlös zum Teil für alkoholische Getränke angelegt hatten, was sie aber nicht davor verschonte, mit mehrwöchigen Gefängnisstrafen »belohnt« zu werden.[15]

Der Rathausplatz um 1880.

Links: Schildergasse, Ecke Antonsgasse, um 1870.

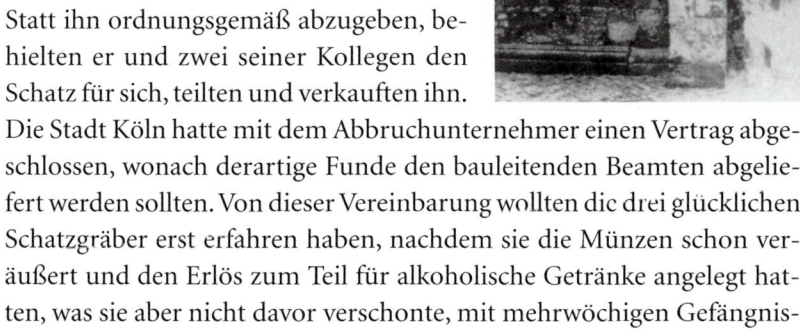

Baden im Rhein im »adamistischen Kostüm«

Mit einer offensichtlich unverhältnismäßigen Dienstbeflissenheit ging der Gendarm Heuschreiber an Pfingsten 1890 gegen den 19-jährigen Handlanger Peter Baltes aus Rodenkirchen vor, weil dieser an einer verbotenen Stelle und im »adamistischen Kostüm« im Rhein gebadet hatte. Die Affäre erreichte ihren Höhepunkt, als Heuschreiber deshalb den jungen Mann in der Rodenkirchener Restauration von Carl Schäfer verhaften wollte. Dieser und auch andere Anwesende stellten sich auf die Seite von Baltes, der sich offensichtlich aus Furcht vor tätlichen Angriffen der Verhaftung widersetzte. Nach einem Gerangel, bei dem der Gendarm auch von seinem Säbel Gebrauch machte, versuchte Baltes Fersengeld zu geben, doch Heuschreiber zog seine Pistole und schoss dem Fliehenden ins Bein.

85

Der Staatsanwalt versuchte im Oktober 1890 vor dem Kölner Schöffengericht, wo Baltes der Widerstandsleistung angeklagt war, das rigorose Vorgehen Heuschreibers zu rechtfertigen, indem er auf den Unterschied zwischen einem Polizisten und einem Gendarm hinwies. Während ein Polizist ein Staatsbeamter sei, unterstehe ein Gendarm als Soldat der Gendarmeriebrigade und habe der Soldateninstruktion gemäß das Recht, bei einem Fluchtversuch eines Arrestanten von der Waffe Gebrauch zu machen. Das Gericht schloss sich hingegen der Meinung der Verteidigung des Angeklagten an, die in dessen Handlungsweise keine Widerstandsleistung erkennen konnte, woraufhin Baltes freigesprochen wurde.[16]

Weit über die Grenzen der Kölner Provinz hinaus erregte im Juli 1897 die Nachricht die Gemüter der Bevölkerung, dass in Kalk eine ganze Anzahl von Personen an Fleischvergiftung erkrankt und schon Todesfälle vorgekommen seien. Die Aufregung erreichte in Kalk ihren Höhepunkt nach dem Begräbnis eines der Verstorbenen. Vor dem Haus des Metzgermeisters Adolf Esser in der Mülheimer Straße sammelten sich Tausende von Menschen an. Die Fenster des Hauses wurden zertrümmert, und Esser wäre vielleicht der Volksjustiz zum Opfer gefallen, wenn er nicht in polizeiliche Sicherheitshaft genommen worden wäre.

Sein Metzgereigeschäft in Kalk betrieb der 48-jährige Esser, geboren in Rodenkirchen und Sohn eines dortigen Metzgers, bereits seit 1879. Seine Kundschaft zeigte sich größtenteils sehr zufrieden mit ihm, bis es zu jenem Zwischenfall kam, als er Mitte Juli 1897 Fleisch verkaufte, das sich als verdorben erwies. Kurz nach dem Verzehr desselben stellten sich bei rund fünfzig Erkrankten »Uebelkeit, Kopfschmerzen, Magenpein, Erbrechen und heftige Diarrhoe« ein. Zwei Kalker Familienväter, die zusammen mit mehreren anderen Einwohnern ins Hospital eingeliefert werden mussten, starben noch im Juli 1897 an den Folgen der Fleischvergiftung: Der 38-jährige Dreher Otto Jean Kiel und der zwei Jahre ältere Wirt Heinrich Leh.

Fleischvergiftung beim Metzger Esser in Kalk.

Nachdem viele Zeugen und rund zwanzig Experten bei der Verhandlung des Falls vor der Kölner Strafkammer angehört worden waren, wurde Esser wegen unzureichender Kontroll- und Überprüfungsmaßnahmen zu drei Monaten Gefängnis verurteilt.[17]

Mit einem »außergewöhnlichen Toten« hatte es die Polizei mehrere Jahre zuvor zu tun. Ein Schustergeselle, der in der Weyerstraße arbeitete, wurde am 27. September 1856 an der Promenade Am Weyertor an einem Baum hängend vorgefunden. Der Körper des Unglücklichen wurde eiligst abgenommen und auf die Erde gelegt, auch wurde der Polizei-

Das an die Stelle der »Bleche Botz« gebaute ehemalige Polizeipräsidium.

behörde sofort Anzeige gemacht. Als man sich anschickte, den Schuster-gesellen auf eine Bahre zu heben, öffnete er plötzlich die Augen, sprang auf und lief weg. Später wurde er mit einer Droschke ins Hospital trans-portiert. Der von den Toten Auferstandene hatte den Selbstmordversuch aus Eifersuchtsgründen begangen.[18]

Messerduell Am Bollwerk, 1849

Der Steuermann Christian Esser wohnte in Köln Auf dem Brand, nicht weit entfernt von seinem Bruder, dem Schiffszieher Andreas Esser, der ebenso wie sein Bruder schon etliche Male wegen Körperverletzung vorbestraft war. Die beiderseitigen Familien lebten seit längerer Zeit in Streit, der sich am 9. Mai 1849 zuspitzte. Schon am Morgen dieses Tages sahen Zeugen, wie Christian Esser von seinem Bruder und dessen beiden Söhnen am Rheinufer verfolgt und bedroht wurde.[1]

Mittags gerieten Am Bollwerk ein Stiefsohn Christian Essers und ein Sohn Andreas Essers wie auch einige andere Familienangehörige aneinander. Nun kam von der Neugasse (heute Große Neugasse) her Christian Esser seinem Stiefsohn zu Hilfe, wobei er im Gerangel seiner Nichte eine Schnittwunde am Oberarm zufügte. Die Gruppe der Angreifer gegen Christian Esser und seinen Stiefsohn wurde noch erweitert durch den hinzueilenden zweiten Sohn Andreas Essers, Jacob Esser, der sich nun mit seinem Onkel ein verbissenes Messerduell lieferte. Beide gingen, wie ein Zeuge später aussagte, »um sich zu stechen, mehrmals im Kreise herum, bis endlich – während der alte Esser auf der Anhöhe vor dem Hause Bollwerk Nummer 17 stand, und sein Neffe ihm gegenüber, mit einem Fuße auf der Anhöhe und dem anderen in der Gosse – letzterer einen Schrammhieb auf den Bauch des Oheims führte, wonach dieser, mit der linken Hand sich den Bauch haltend, noch einige Schritte mit erhobenem Messer auf seinen Gegner zuging, dann aber umkehrte, in das Jansen'sche Haus ging und hier zusammenstürzte.«

> *Beide gingen, um sich zu stechen, mehrmals im Kreise herum.*

Der schwer verwundete Christian Esser wurde in seine Wohnung gebracht, wo er einem hinzugeeilten Polizeibeamten nur mit Mühe antworten konnte und seinen Neffen Jacob als Täter angab, der bei dem Duell ebenfalls verletzt worden war. Christian Esser, dem »die Gedärme aus der Bauchwunde hervorhingen«, wurde sofort ins »Cäcilien-Hospital« gebracht, wo er drei Tage später verschied, ohne dass er noch einmal hatte verhört werden können. In dasselbe Krankenhaus war auch seine Nichte gebracht worden. Ein »Hülfs-Chirurg« äußerte sich hinsichtlich ihrer Verwundung am Oberarm, »daß ihm in seiner früheren Stellung als

Militär-Chirurg in den Schlachten von Leipzig und Belle-Alliance keine ähnliche Schnittwunde von einer solchen Bedeutung vorgekommen sei«.

Alles Leugnen half Jacob Esser bei seiner Verhandlung vor dem Assisenhof nichts. Immerhin standen ihm die Geschworenen zu, er sei »zu der That gereizt worden«, sodass es der Gerichtshof bei einer vierjährigen Gefängnisstrafe beließ.

Der Mordfall Rausch/Waldenburg und weitere Hinrichtungen

Als der in Köln geborene und wohnhafte Buchbinder und Musiker Valentin Rausch im Juni 1850 die Dienstmagd Margaretha (geborene Flink) heiratete, erkannte er ein damals sieben Jahre altes Kind, das sie mit in die Ehe brachte, als das Seinige an. Wegen dieses Kindes und weil seine Frau ein »Bauern-Mädchen« sei, war seine Familie anfangs gegen diese Heirat. Seine Mutter soll sogar geäußert haben: »Wenn doch Einer käme und dem Bauern-Mensch den Hals herum drehte!« Nachdem sich die Buchbinderarbeit und auch seine Tätigkeit als Musiker verringert hätten, so Rausch, sei die eheliche Haushaltung in Mitleidenschaft gezogen worden, »keineswegs aber wegen seiner Trunksucht und Arbeitsscheu«. Gezankt habe er sich wohl mit seiner Frau, sie aber nie geschlagen.

Um die Familie über Wasser zu halten, trat Frau Rausch im Winter 1853 eine Stelle bei der Familie Graeff an der Ecke der Komödienstraße und des Appellhofplatzes an. Als verlautete, dass im Hause Graeff »60–70.000 Thlr. im Secretär lägen«, wurde Valentin Rausch hellhörig. Zusammen mit seinem Bruder Friedrich Rausch und einem Bekannten, dem Kölner Lucas Waldenburg, schmiedete er Pläne, wie an das Geld zu kommen sei. Nachdem einige »Termine« für den Diebstahl verschoben worden waren, fand dieser in der Nacht vom 6. auf den 7. Juli 1854 statt, als beide Eheleute Graeff auf Reisen waren und nur noch Frau Rausch auf das Haus aufpasste, in dem sie auch öfter übernachtete.

Am Morgen durcheilte die Nachricht vom Mord die Stadt.

Am Morgen des 7. Juli 1854 durcheilte die Nachricht die Stadt, dass Frau Rausch ermordet im Haus der Graeffs aufgefunden worden war.[1] Dazu hieß es in der Kölnischen Zeitung: »Eine schreckliche Mordthat setzte heute die Gegend um das Justizgebäude in Bewegung. In dem Hause Nummer 113 der Komödienstraße wohnte eine einzelne Herrschaft, welche, selbst abwesend, die Obhut ihres Hauses einer verheiratheten Frau anvertraut hatte. Da diesen Morgen das Thor offen und Niemand aus dem Hause kam, schöpfte die Nachbarschaft Verdacht; der Policei wurde Anzeige gemacht und sie fand Blutspuren und Alles erbrochen und ausgeraubt. Die Leiche der Frau wurde mit abgeschnittenem Halse im Regensarge [Auffangtrog für Regenwasser] gefunden.«²

Noch am gleichen Tag wurden die Brüder Rausch und Waldenburg als Tatverdächtige verhaftet, bei denen teilweise blutbefleckte Kleidungsstücke und Spuren eines Kampfes festzustellen waren. Zuerst stritten sie alles ab, doch nach einigen Tagen in der »Einsamkeit der Gefängniß-Zelle« räumte zuerst Waldenburg die Teilnahme an dem Diebstahl ein, während er den Mord den beiden Brüdern zur Last legte. Auf seine Angaben hin wurde ein Teil der »am Glacis zwischen dem Hahnen- und dem Weiherthor« vergrabenen Diebesbeute wieder aufgefunden.

V. RAUSCH.   FR. RAUSCH.   L. WALDENBURG.

Die Gerichtsverhandlung gegen die drei begann am 6. November 1854. Sie waren angeklagt, einen »mit Vorsatz und Ueberlegung begangenen Mord« und einen »mit erschwerenden Umständen begleiteten Diebstahl« begangen zu haben. Erschwerend waren die Umstände deshalb, weil der Diebstahl in einem bewohnten Haus, während der Nacht und mithilfe von Waffen verübt worden war. Bezeichnete Friedrich Rausch in der vorgerichtlichen Beweisaufnahme zuerst seinen Bruder als den Mörder, wich seine Aussage bei der Gerichtsverhandlung in wesentlichen Punkten davon ab, indem er nun Waldenburg als Haupttäter angab. Der ursprüngliche Plan, so der erst zweiundzwanzig Jahre alte Friedrich, seiner Schwägerin von hinten ein Tuch über den Kopf zu werfen und

Porträts der Angeklagten.

91

sie zu fesseln, um dann in Ruhe und unerkannt den Diebstahl begehen zu können, sei nicht aufgegangen. Vielmehr habe sie vorher Waldenburg entdeckt, der zusammen mit ihm heimlich in das Haus eingedrungen sei. Aus Angst, von Frau Rausch verraten zu werden, habe nun Waldenburg mit einem Beil auf sie eingeschlagen. Sie habe geröchelt und stark geblutet, und »um ihren Leiden ein Ende zu bereiten«, habe er, Friedrich, den Waldenburg aufgefordert, ihr noch einige Schläge zu versetzen, was dieser auch getan habe. Um den Tod noch schneller und sicherer durch Verbluten herbeizuführen, will Friedrich Rausch »die Wunden des Opfers am Kopfe auseinander gehalten haben!« Sein Bruder Valentin sei zu diesem Zeitpunkt im oberen Stockwerk gewesen, und als Valentin dann kurz darauf von der Mordtat erfahren habe, sei er in eine Ohnmacht verfallen. Währenddessen hätten sie beide, Friedrich Rausch und Waldenburg, das Haus ausgeraubt. Zusammen mit Valentin, der nach seinem Wiedererwachen sehr verwirrt gewesen sei, hätten sie dann das Haus der Graeffs verlassen, nachdem sie die Leiche des Opfers im Regensarg hätten verschwinden lassen.

Vorsätzliche und überlegte Tötung

Der 29-jährige Valentin Rausch, ein Mann »mittlerer Größe, blasser Gesichtsfarbe und düsteren, man könnte fast sagen unheimlichen Zügen«, stritt in der Gerichtsverhandlung ab, zur Tatzeit überhaupt im Hause Graeff gewesen und in den Raubmord verwickelt zu sein. Am Morgen nach der Tat sei sein Bruder zu ihm nach Hause gekommen und habe ihm den Mord gebeichtet. Er habe ihn um Verzeihung gebeten und angefleht, ihn nicht zu verraten, was er auch versprochen habe. Von Waldenburg sei er bedroht worden: »Wenn du plauderst, schneide ich dir den Hals ab.«

Letzterer, der vorbestrafte und »dem Müßiggang ergebene« Waldenburg, stellte bei seiner Befragung vor Gericht Friedrich Rausch als Haupttäter dar. Er selbst sei erst am Morgen nach der Tat mit Friedrich ins Haus der Graeffs gegangen. Von ihm sei er unfreiwillig in den Raub mit hineingezogen und überredet worden, die Spuren der von Friedrich begangenen Mordtat zu beseitigen. Wieder oblag es dem Gerichtspräsidenten, auf die Widersprüche mit den vorgerichtlichen Aussagen hinzuweisen.

Einer der über vierzig Zeugen war der Kölner Steinhauer und Musikant Nikolas Millowitsch. Seiner Aussage zufolge hatte Valentin auf dem Rückweg von einer Musikveranstaltung einmal von einer Auswanderung nach Amerika gesprochen. Zu Geld dafür käme er schon, so hätte Valentin gesagt, »und wenn er auch Jemandem den Hals abschneiden müsse«. Valentin bestritt die Wahrheit dieser Aussage und bezeichnete seinen Musikerkollegen als einen »ränkesüchtigen Händelmacher, der ihm gram sei«, die Angaben Millowitschs wurden aber auch von anderer Seite bestätigt.

Valentin Rauschs Behauptung, in der Tatnacht die ganze Zeit zu Hause gewesen zu sein, sah die Vertretung des Öffentlichen Ministeriums nach dem Zeugenverhör als eindeutig widerlegt an. Nach dem Dafürhalten des Beamten war Valentin indirekt an dem Mord beteiligt, indem er ihn geplant und vorbereitet habe. Valentin habe seine Frau im Haus der Graeffs die Treppe hinunter in die »Klauen ihrer Mörder« geschickt, so mutmaßte der Oberprokurator, und habe oben schon zu stehlen begonnen, während am Fuß der Treppe das blutige Werk vollbracht worden sei.

Nach Meinung des Öffentlichen Ministeriums war Valentin indirekt an dem Mord beteiligt.

Während es für den Oberprokurator auf der Hand lag, dass der Tod von Frau Rausch von allen drei Angeklagten von vornherein einkalkuliert war, verwehrte sich Valentin Rauschs Verteidiger dagegen, in diesem Fall die »unzweifelhafte Tödtung zu einem Morde zu erheben«, und erläuterte, wie sich die Begriffsbestimmungen des früheren Strafgesetzbuches zu jenen des neuen Strafgesetzes verhielten: »Während das ältere Strafgesetz von einer freiwilligen und vorbedachten Tödtung rede, brauche das neuere die Bezeichnung vorsätzliche und überlegte Tödtung.« Der Verteidiger stellte in Abrede, dass sein Mandant den Vorsatz gehabt habe, »über die Leiche seiner Frau zu dem Gelde des Rentners Graeff zu gelangen«.

Nachdem die Geschworenen sehr wohl zu der Überzeugung gelangt waren, dass die Ausführung des gemeinschaftlichen Verbrechens vorsätzlich und mit Überlegung erfolgt sei, wurden die drei Angeklagten nach mehrtägiger Sitzung am 9. November 1854 zum Tode verurteilt.[3] Aus einem wenige Tage nach der Verhandlung abgelegten Geständnis von Waldenburg und Friedrich Rausch geht hervor, dass der Mordplan von den Brüdern Rausch ausgegangen sei, während Waldenburg eher zögerlich gewesen sein soll. Friedrich Rausch war es offensichtlich auch, der seiner Schwägerin die tödlichen Verletzungen mit dem Beil beibrachte, während Waldenburg sie festhielt.[4]

Nachdem ihnen am 22. Juni 1855 mitgeteilt worden war, dass der preußische Monarch das Todesurteil bestätigt und damit keine Begnadigung gewährt hatte, fand die Hinrichtung des Trios am 23. Juni 1855 morgens um sechs Uhr im Klingelpütz statt. Zuerst wurde Friedrich Rausch zur

93

Guillotine geführt, dann der viel Reue zeigende Waldenburg und zuletzt Valentin Rausch: »In ungefähr zehn Minuten war die ganze Execution vorüber.«[5]

Es dauerte nicht allzu lange, da kam der Scharfrichter erneut in Köln zum Einsatz. Am 29. April 1857 wurde die Tagelöhnerin Amalie Kämmerich, geborene Feldmann, aus Scheel bei Wipperfürth wegen vorsätzlicher Vergiftung ihres Ehemannes Wilhelm Kämmerich vom Kölner Assisenhof zum Tode verurteilt. Die am 14. Oktober 1857 um sieben Uhr morgens vollzogene Hinrichtung fand laut Kölnischer Zeitung »im Hofraum des alten Arresthauses« statt, also nicht im Klingelpütz, sondern in

94   der »Bleche Botz« am Neumarkt.[6]

Urteil: Lebenslänglich

Am Nachmittag des 11. März 1849 kam der erst neunzehn Jahre alte Kölner Zigarrenmacher Eberhard Heinen, »ein hübscher Bursche, der in seinem Aeußeren nichts Boshaftes« verriet, mit mehreren Begleitern in die Kölner Gaststätte des Wirtes Baden, wo sich auch der Zigarrenmacher Lambert Schäfer aufhielt. Zwischen diesem und Heinen entstand plötzlich Streit. Schäfer zog seinen Rock aus und sagte: »Heinen, ich schlage mich mit dir.« Als er Anstalten machte, Heinen anzugreifen, griff dieser in seine Tasche und führte mit geballter Faust einen Stoß auf die Brust seines Gegners, der ausrief: »Hülfe! Ich bin gestochen!« Der schwer verwundete Schäfer lief noch zur Stube hinaus auf die Straße, wo er hinstürzte und nach wenigen Augenblicken verschied.

Bezüglich der Hintergründe, die offensichtlich zu der Auseinandersetzung geführt hatten, war für die Kölnische Zeitung der Fall ein »trauriges Beispiel, wohin Coalitionen einzelner Arbeiter-Vereine führen können, deren Absicht dahin gerichtet ist, Rechte und vermeintliche Ansprüche ertrotzen zu wollen«. Heinen war einem Arbeiterverein der Zigarrenarbeiter beigetreten, dann aber wieder ausgetreten, was ihm offensichtlich einige seiner Kollegen übel genommen hatten, die nunmehr immer wieder Streit mit ihm suchten und ihn anfeindeten.

Eine Verurteilung zu lebenslänglicher Zwangsarbeit war mit einer Brandmarkung verbunden.

Heinen bestritt in seiner Verhandlung Anfang Mai 1849, Schäfer einen Messerstich versetzt zu haben, doch sprach die Beweislage gegen ihn. Er wurde zu einer Zwangsarbeitsstrafe auf Lebenszeit und Brandmarkung verurteilt. Die Geschworenen und der Gerichtshof empfahlen ihn aber »der Gnade Sr. Majestät des Königs«.[1]

Ein Artikel über den Klingelpütz in der Illustrierten Zeitung von 1845 gibt Aufschluss darüber, was einen Zwangsarbeitersträfling dort erwartete: »Vor fünf Jahren stand diese Classe Verurtheilter noch unter der Militairverwaltung, und war in den Festungen vertheilt, wo man sie zum Reparaturbau, gleich den Militairsträflingen verwendete, überhaupt ihnen Arbeiten im Interesse der Fortification auferlegte; damals schleppten sie, bei halb gelb, halb grauer Kleidung, schwere Ketten, und dennoch erin-

nern sie sich mit Wohlgefallen jener Zeiten und Verhältnisse, mit denen ihr jetziger Zustand nicht die entfernteste Aehnlichkeit hat.«

Zwar seien den Zwangsarbeitern die Ketten und die auffallende Kleidung abgenommen worden, so heißt es in dem Artikel weiter, sie hätten aber nun im Klingelpütz unter härterer Arbeit zu leiden, die ihre Gesundheit untergrabe. Das Arbeiten mit schwerem Holz, das Weben von Leinwand »in bedeutender Ellenzahl«, die Reinigung von Wolle, das Schmieden von Drahtstiften und die Herstellung von Kleidungsstücken für das Militär geschehe alles »unter der strengsten Aufsicht und ohne eigentliche Erholung bei ungefleischter Kost: dies kann nicht wohl dem Gefangenen Freude am Leben oder nur Geduld mit seinem Leben verschaffen.«[2]

Ein anderer Fall endete mit einer Zuchthausstrafe. Nach einem sonntäglichen Besuch der »Cuniberts-Kirmeß« am 25. August 1861 kehrten die beiden Kölner Tagelöhner Gottfried Palm und sein Schwager Arnold Stammel »in sehr berauschtem Zustande« in die Wohnung des Letzteren in der Kostgasse zurück. Als Palm wohl aufgrund seiner Trunkenheit in der Stube seines Schwagers einen Ofen umwarf, kam der Schuhmacher Franz Engels an die Wohnungstür. Engels war ein Hausmitbewohner, der vom Vermieter mit besonderen Befugnissen ausgestattet worden war, und er sagte, er »wolle solchen Spectakel nicht haben, Stammel möge die Miethe bezahlen und ausziehen«.

Nach einer abfälligen Bemerkung Palms drohte ihm Engels, ihn die Treppe hinabzuwerfen, doch stattdessen wurde nun Engels gepackt und über einen Tisch geworfen. Der hierüber erboste Schuhmacher bewaffnete sich mit einem Infanteriesäbel, der ihm aber von seiner herbeigeeilten Ehefrau wieder entrissen wurde. Darauf ergriff er sein Schustermesser und brachte Stammel fünf Schnittwunden bei. Palm verfolgte den flüchtenden Engels bis zu einer Tür, die dieser hinter sich verschloss. Plötzlich öffnete er sie wieder und versetzte Palm mehrere Stiche, den letzten mit den Worten: »Da hast du genug!« Darauf lief Engels ans Fenster und rief um Hilfe, deren er allerdings nicht bedurfte. Er hatte seine Gegner so schwer verwundet, dass Palm sofort, Stammel fünf Tage später verschied.

Der bereits wegen einer mit einem Messer begangenen Körperverletzung vorbestrafte Engels wurde Ende Oktober 1861 vom Kölner Schwurgericht, zu dessen Verhandlung sich »das Publicum massenhaft zudrängte«, wegen vorsätzlicher Tötung zu lebenslanger Zuchthausstrafe verurteilt. Die Frage, »ob er aus Furcht und Schrecken über die Gränzen der Nothwehr hinausgegangen sei«, war gänzlich verneint worden.[3]

Späte Sühne nach dreizehn Jahren

In der Nacht vom 14. auf den 15. November 1875 wurde im Haus Maximinenstraße 24 ein blutiges Verbrechen begangen, das die Kölner Bürgerschaft in große Aufregung versetzte. Das Opfer war ein junger, aus einer angesehenen Kölner Familie stammender Architekt namens Heinrich Firmenich, der einen Aufbau auf das Haus geleitet und sich in selbigem eine Wohnung eingerichtet hatte. Nachdem er am Morgen des 15. November auf der Baustelle vermisst und gesucht wurde, fand man

Architekt Firmenich.

ihn leblos und grausam zugerichtet in seiner Wohnung liegend. Der Täter hatte ihn anscheinend nach heftigem Kampf mit einer eisernen Klammer niedergeschlagen und ihm dann mit dieser den Schädel völlig zerschmettert – offensichtlich in »Mordwuth«, wie ein Sanitätsrat meinte. Aus dem Besitz des Architekten fehlten einige Kleidungsstücke, eine Uhr, eine Kette, ein Ring und Geld.

In dringenden Tatverdacht geriet ein Arbeiter Firmenichs, der 1850 in Hemmerich bei Bornheim geborene Schreinergeselle Jakob Hick. Er war gleich nach der Tat spurlos verschwunden, und daran änderte sich auch lange nichts. Endlich, nach dreizehn Jahren, verbreitete sich in Köln das Gerücht, der steckbrieflich gesuchte Hick sei am 26. Mai 1888, und zwar in einer Kneipe in Hamburg, ergriffen und dingfest gemacht worden. Der Verhaftete wurde bald unter sicherer Bewachung nach Köln in den Klingelpütz gebracht.

Bei seiner Verhandlung Anfang November 1888 waren zur Aufrechterhaltung der Ordnung neben zahlreichen Schutzleuten auch Soldaten anwesend. Obwohl die Tat schon so lange zurücklag, war die Aufgebrachtheit der Kölner Bevölkerung gegen Hick immer noch groß. Zur Vorgeschichte des Angeklagten heißt es, dass er im Alter von dreizehn Jahren einen Opferstock in einem Heiligenhäuschen beraubt hatte, weshalb er in die Erziehungsanstalt Steinfeld eingewiesen worden war. Auf die Frage des Vorsitzenden, ob er sich schuldig bekenne, antwortete Hick mit fester Stimme: »Ja« – ein Ja, »aus dem mancher harter Kampf der Seele« zu reden schien.

Nachdem er angegeben hatte, in welchen Städten er gearbeitet hatte, ehe er nach Köln zog, berichtete er, wie es zu der grausigen Tat gekommen war. In Köln, so führte er aus, »erhielt ich Arbeit bei dem Schreinermeister Müller. Nachdem ich kurze Zeit in dessen Werkstätte thätig war, wurde ich in dem Neubau an der Maximinenstraße beschäftigt, welchen der Baumeister Firmenich ausführte. Samstags abends (13. Nov. 1875) gab Herr Firmenich mir noch 20 M. Sonntags begab ich mich zur Tanzmusik. In Osterode hatte ich mit der Tochter meines Meisters ein Verhältnis

Der Raubmord des Schreiners Jakob Hick an dem Architekten Heinr. Firmenich.

Der Mörder überwältigt sein Opfer.

angeknüpft, mein Meister wollte von demselben aber nichts wissen, weil ich kein Geld hatte. Des Sonntags abends begab ich mich in die Wohnung des Baumeisters Firmenich, um zu stehlen, ich wollte das Geld, das ich dort finden würde, brauchen, um heiraten zu können. Als ich in dem Bau angekommen war, machte ich ein Streichholz an und leuchtete die Treppe hinauf bis vor das Zimmer des Baumeisters. Ich leuchtete durch das Schlüsselloch, um zu sehen, ob der Schlüssel im Schlosse steckte, dies war nicht der Fall, und so öffnete ich mit einem Dietrich die Thür. Als ich im Zimmer war, überkam mich die Reue, und schon wollte ich die Stube verlassen, da stand plötzlich Firmenich vor mir, er schloß die Thür ab und sagte: So, nun hab ich dich hier! Ich bat ihn, er möge mich gehen lassen, er kenne mich ja; da schlug er mich mit einer Klammer auf den linken Arm, ich wollte einen Stuhl ergreifen, da schlug er mich mit der Klammer auf die Finger, daß das Blut herunterlief, auch erhielt ich mit der Wandklammer noch einen Schlag wider das Bein; da hab ich dem Baumeister die Klammer entrissen, und wie ich ihn da verarbeitet habe, das weiß ich selber nicht. Ich eilte auf die Straße, wo ich beim Schein der Gaslaterne sah, daß meine Kleider mit Blut bedeckt waren, auch hatte ich kein Geld, um fliehen zu können. Ich ging deshalb auf die Stube zurück und raffte alles zusammen, was ich fand.«

Ich wollte das Geld, das ich dort finden würde, brauchen, um heiraten zu können.

Wie aus Hicks weiterer Vernehmung hervorgeht, nahm er am Morgen nach der Tat den Zug nach Bremen. In Geestemünde versetzte er die gestohlenen Sachen und kam dann bei seinem Halbbruder in Hamburg unter. Nachdem er diesem die Ersparnisse entwendet hatte, führte ihn sein Weg nach Dänemark. Als Obdachloser aufgegriffen, wurde er von der dortigen Polizei wieder nach Deutschland verfrachtet. Vor seiner Verhaftung arbeitete er bei einem Hamburger Schreinermeister.

Hicks Verteidiger stellte den Antrag, das Gericht möge die Nebenfrage nach Milderungsgründen zulassen, der Vorsitzende erklärte aber, dass bei dem Paragraphen des Strafgesetzbuches, welcher der Anklage zugrunde läge, diese Nebenfrage ausgeschlossen sei. Das Gericht verhängte gegen Hick wegen des Diebstahls eine Strafe von einem Jahr Gefängnis, wegen vorsätzlicher Tötung eine lebenslängliche Zuchthausstrafe und zehn Jahre Ehrverlust.[4]

Vorfälle im Gerichtssaal

Einen besonders dreisten Taschendiebstahl versuchte ein Kölner namens Nolden am 21. August 1847 im kölnischen Assisensaal. Eine Verhandlung war in vollem Gange, als der als Zuschauer anwesende Nolden quasi unter den Augen des Gerichts nach der Börse eines anderen Besuchers, eines Kanoniers, griff, in der sich fünf Taler und zwanzig Silbergroschen befanden. Zum Leidwesen Noldens bemerkte der Kanonier die böse Absicht und hielt die Hand des Spitzbuben fest, als der gerade die Börse aus der Jackentasche ziehen wollte.

Die Staatsbehörde fackelte nicht lange und beantragte, den Beschuldigten an Ort und Stelle abzuurteilen. Der Assisenhof ging darauf ein und konstituierte sich kurzerhand als Zuchtpolizeigericht, das den vorbestraften Nolden zu fünf Jahren Gefängnis verurteilte.[1]

Von einem gelungenen Diebstahl im Kölner Justizgebäude musste die Kölnische Zeitung Anfang Mai 1857 berichten, nachdem es einem Delinquenten gelungen war, drei kupferne Gaslampenarme zu entwenden, und zwar je einen neben dem Assisensaal, am Handelsgerichtssaal und am Zuchtpolizeigerichtssaal. Als Kommentar hieß es in der Zeitung dazu: »Der Dieb scheint wohl nicht ohne Ursache gewünscht zu haben, daß die Justiz nicht allzu klar sehen möge.«[2]

Zu einer erheiternden Szene kam es am 20. April 1855, als drei Tagelöhner aus Hürth wegen mehrerer »unter erschwerenden Umständen« in Hürth begangenen Diebstähle vor dem Kölner Assisenhof standen. Während einer von ihnen, der 34-jährige Johann Moers, für nicht schuldig erklärt wurde, verhängte das Gericht über die beiden anderen mehrjährige Freiheitsstrafen. Als der freigesprochene Moers die Anklagebank verließ, wollten ihm seine verurteilten Genossen die Hand zum Abschied reichen, er aber wies sie »mit affectierter sittlicher Entrüstung« zurück und wollte mit ihnen, untermalt von der Äußerung: »Ihr seid ja Spitzbuben!«, nichts mehr zu tun haben. Zu den Geschworenen gewandt sagte er: »Ich danke Euch, Ihr Herren« und eilte hinaus, »begleitet vom Lachen derer, welche die Scene gesehen und angehört hatten«.[3]

Für einen ganz anderen Abgang aus dem Gerichtssaal sorgte ein 25-jähriger Schreiner aus Nippes am 15. März 1880, als er zusätzlich zu zehn

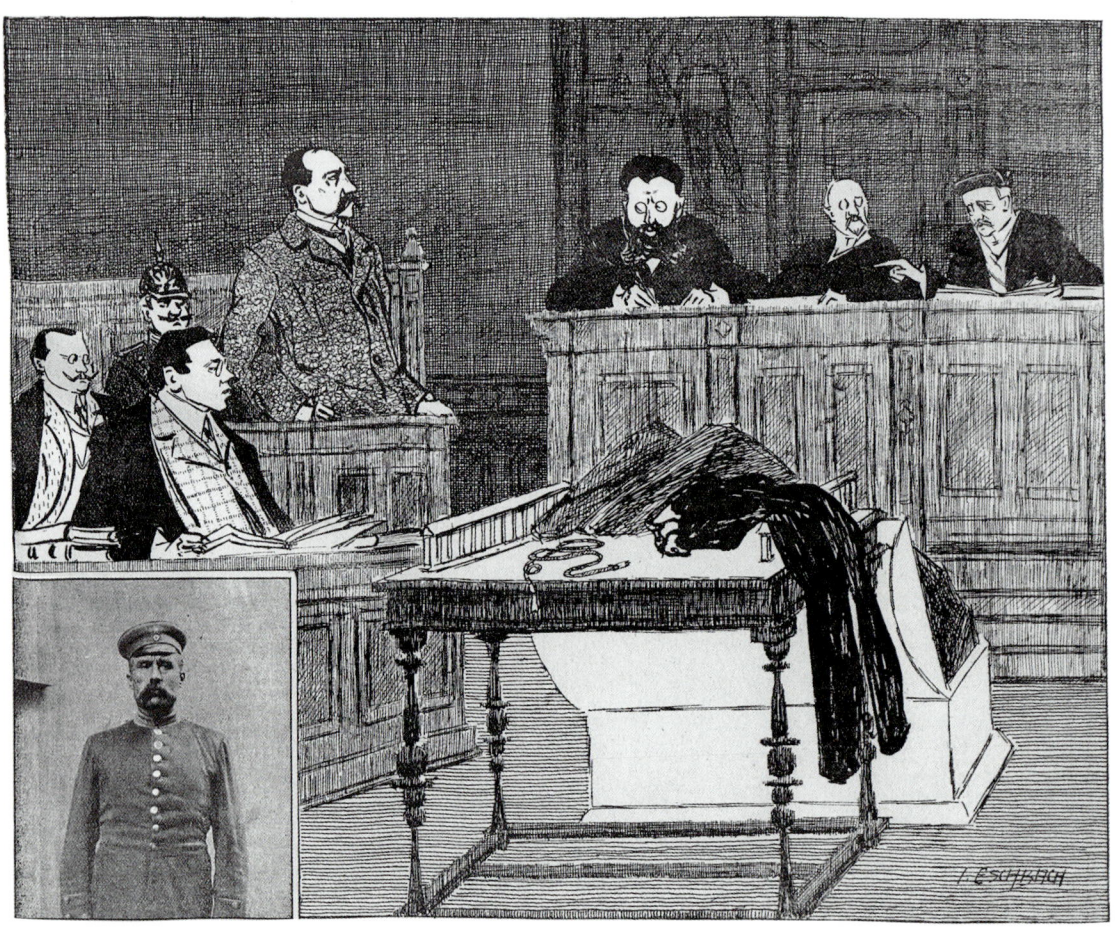

Gerichtsszene im Kölner Schwurgericht, 1906. Unten links auf dem Foto der Angeklagte. Die Kölner Gerichts-Zeitung begann ab etwa 1903, vermehrt mit Fotos zu arbeiten.

Jahren Zuchthaus noch einmal drei Jahre Gefängnis wegen Diebstahls erhielt. Nach der Urteilsverkündung saß der Verurteilte zunächst ruhig auf der Anklagebank, plötzlich aber schnellte er auf, machte einen Riesensprung über die Köpfe der neben ihm sitzenden Schutzleute hinweg, mitten in das Publikum hinein. Dieses fuhr erschreckt auseinander, und der Schreiner stürzte zur Tür des Gerichtssaals hinaus ins Freie. Nachdem man sich im Saal von der augenblicklichen Überraschung erholt hatte, eilten Polizei und Publikum dem Flüchtigen nach. Der hatte bereits die Komödienstraße erreicht und flüchtete hier in ein Haus. Wenige Minuten später erschien er auf dem Dach und kletterte von Haus zu Haus, bis er durch ein Dachfenster wieder verschwand. Der Polizei gelang es schließlich, ihn auf einem Speicher wieder festzunehmen. Von einem zahllosen Publikum begleitet, wurde er zunächst ins Gericht, dann ins Gefängnis geführt.[4]

Viele Zuschauer wohnten Ende Oktober 1881 der Verhandlung eines absonderlichen Falls vor dem Kölner Schwurgericht bei, der seinen Ursprung in einem früheren Liebesverhältnis zwischen einer des Meineides angeklagten jungen Frau aus Köln und dem Reisenden Albert Linke von einer süddeutschen Verlagsbuchhandlung hatte. Dieser hatte sich 1877 bei der damals in Bremen wohnhaften Frau, obschon er verheiratet und Vater mehrerer Kinder war, als Junggeselle eingeführt. Das Verhältnis zwischen beiden endete nach ungefähr zwei Jahren, nachdem die junge Frau erfahren hatte, dass Linke ihr in Bremen falsche Tatsachen vorgespielt hatte.

Dieser fing nun an, seine frühere Geliebte »in einer ganz ausgesucht niedrigen Weise zu verfolgen«. In zwei Briefen an einen Polizeibeamten und in einem gedruckten Plakat, das an öffentlichen Stellen des Heimatortes der Frau angeschlagen wurde, suchte er ihre Ehre bloßzustellen. So »von dem Menschen gehetzt« und in die Enge getrieben, sah sie sich schließlich gezwungen, ihn wegen Beleidigung anzuzeigen.

Nach der Verhandlung dieser Sache im Juni 1881 vor dem Kölner Schöffengericht nutzte der lediglich zu einer geringen Geldstrafe verurteilte Linke einen juristischen Fehler der Kölnerin, um sie nun seinerseits wegen Meineides zu verklagen, was zu der besagten Schwurgerichtsverhandlung vom Oktober 1881 führte. Hier kam nicht einmal die Staatsanwaltschaft umhin, die Handlungsweise Linkes »als ganz unerhört gemein zu bezeichnen«. Er gewann auch nicht gerade die Sympathie des Publikums, als er »mit der kältesten Ruhe und der größten Unverfrorenheit sich selber des Ehebruchs bezichtigte«.

Gegen Ende der Verhandlung, die zu einer Verurteilung der jungen Kölnerin zu der geringst möglichen Strafe führte (viereinhalb Monate Gefängnis), zeigte das Publikum nicht übel Lust, an Linke »Lynchjustiz zu üben«, und nur seiner Entfernung durch die Hintertür mochte er es zu verdanken haben, dass er mit heiler Haut davonkam.[5]

Fehlende Zeugen wegen Kirmes in Brück

Aber nicht nur Zuschauer, Kläger und Verklagte sorgten mitunter für Aufsehen, sondern auch die Zeugen waren für die eine oder andere Überraschung gut. So ereignete sich am 11. November 1856 vor dem Kölner Schwurgericht das »Curiosum«, dass von acht geladenen Zeugen nur zwei erschienen. Die fehlenden sechs gesellten sich erst nach und nach hinzu, weshalb die Verhandlungen wiederholt ausgesetzt werden mussten. Die Zeugen kamen alle aus dem benachbarten Brück, wo am Tag zuvor Kirmes gewesen war und danach folglich länger geschlafen wurde als sonst üblich. Die Nachzügler schoben die Schuld aber nicht auf die Kirmes, sondern wohlweislich auf die Köln–Deutzer Schiffbrücke – auch wenn diese für ihre Zuverlässigkeit bekannt war.[6]

Ein Stück »idyllischen Landlebens vom Rhein« spielte sich im September 1884 vor dem Schöffengericht ab. Zwei Nachbarinnen aus Merheim, Frau Kremer und Frau Klein, belebten die Szene durch das Wiedererzählen einer Schimpferei, die sich am 22. April 1884 zwischen den beiden zugetragen hatte. Sowohl Frau Kremer als Klägerin als auch ihre Gegnerin hatten Rechtsanwälte und eine ganze Schar von Zeuginnen dabei. Alles Zureden des Vorsitzenden und der Anwälte, den Streit durch eine gütliche Einigung beizulegen, half nicht – so musste die Sache ihren Lauf nehmen.

Heh derfe nor ihrliche Lück Wasser holle.

Aus der bunten Schilderung der Beteiligten geht hervor, dass an jenem Apriltag Herr Klein zum Nachbarn Kremer gegangen war, um Wasser zu holen. Dass Herr Klein bei dieser Gelegenheit mit Frau Kremer Streit bekam, hörte seine Frau und meldete sich lautstark zu Wort, worauf Frau Kremer erklärte: »Heh derfe nor ihrliche Lück Wasser holle.«

»Wat ihrlich?«, entgegnete Herr Klein. »Dir soll datt Wasser in der Muhl kochen.« Frau Klein, die sich besonders über das »ihrliche Lück« (ehrliche Leute) ärgerte, da dies eine Anspielung von Frau Kremer darauf war, dass Frau Klein wegen verleumderischer Beleidigung schon einmal für acht Tage der sonnigen Freiheit beraubt worden war, schrie ihrem Mann zu: »Hau doch datt gemeine Minsche in de Schnüß, watt hätt die sich dröm zo kömmere.«

Der Gerichtshof hielt die Sache für genügend aufgeklärt und verzichtete auf weitere Zeugen. Die beiden Frauen hätten sich vielleicht doch für einen Vergleich entschlossen, wenn sie das Urteil geahnt hätten, das auf Geldstrafen für beide Parteien und gemeinschaftliches Tragen der Gerichtskosten lautete.[7]

Finstere Mysterien einer Ehe

In einem Haus auf dem Kartäuserwall lebten die Eheleute Piloer mit ihren zwei jüngsten Kindern in einem Zimmer des ersten Stocks in größter Armut. Der Mann, der Tagelöhner Wilhelm Piloer, groß und kräftig,
»jedoch roh, arbeitsscheu und dem Trunke äußerst ergeben«, kümmerte sich wenig um das Wohl seiner Familie und erlaubte sich fast täglich
eine grobe Behandlung seiner Frau und Kinder. Seine Frau Susanna, geborene Wintjens dagegen wurde als »eine fleißige, gutmüthige Frau, als
eine sorgsame Mutter und treue Gattin« geschildert. Jedoch soll auch sie
zuweilen »aus Verdruß« ein Gläschen Wacholder getrunken haben.

Am 14. April 1849, einem Sonnabend, lieh sich Frau Piloer von einer
Nachbarin, der sie bereits sechzehneinhalb Silbergroschen schuldig war,

Industrie am Kartäuserwall,
nach einer Vorlage von 1866.

weitere drei Silbergroschen. Sie versprach, die Schuld bis zum Abend abzutragen, sobald ihr Mann, der nach dreizehn Wochen Beschäftigungslosigkeit nun wieder Arbeit gefunden hatte, seinen ersten Wochenlohn nach Hause brächte. Am Abend jedoch klagte sie, dass sie schwerlich ihre Schuld werde begleichen können, da ihr Mann nicht nach Hause gekommen sei, sondern »betrunken im Wirtshause bei Baumgärtner sitze«. In ähnlicher Weise äußerte sie sich einer anderen Frau gegenüber, der sie weinend sagte, »wenn ihr Mann ihr kein Geld bringe, schlage sie ihn mit einem Stücke Holz auf den Kopf«.

Gegen neun Uhr abends ging sie in das Wirtshaus von Baumgärtner. Sie kaufte im Laden für einen Silbergroschen Branntwein, damit es nicht den Anschein habe, als komme sie in der Absicht, ihren Mann aufzusuchen und abzuholen. Dieser rief sie in die Wirtsstube, ließ ihr ein Glas Branntwein einschenken und versprach, ihr bald nach Hause zu folgen. Kaum war er dort angekommen, entstand ein heftiger Wortwechsel mit seiner Frau. Nur mit Mühe gelang es ihr, etwas Geld zur Rückzahlung der Schulden von ihm zu bekommen. Der Streit setzte sich bei einem kurzen Besuch einer Nachbarsfamilie im unteren Stockwerk fort. Zurück in ihrem Zimmer verlangte der Tagelöhner etwas zu essen. Über einen Teller mit Bohnen, das Einzige, was im Haushalt zu finden war, beschwerte er sich, worauf seine Frau ihm vorhielt, »wie sie ihm dreizehn Wochen lang Essen, Branntwein und Tabak besorgt, ohne daß er ihr Einen Pfennig gegeben habe«.

Nach etwa einer Stunde, gegen zweiundzwanzig Uhr, kam Piloer allein die Treppe hinunter und ging in die Wohnung des Spezereihändlers Brusselbach. Er trank dort einen halben Schnaps und sprach ohne weitere Veranlassung vor sich hin: »Vor einer Faust laufe ich nicht weg, aber vor einem Messer gehe ich auf die Seite.« Wenig später, Piloer war wieder zu Hause, entstand erneut ein heftiger Streit. Seine Frau schien außer sich zu geraten und schrie in einem fort. Dabei wurde alles im Zimmer durcheinandergeworfen. Auch die Nachbarn hörten den Zank, doch waren sie an derartige Szenen gewohnt.

Am Ende hörte man den Tagelöhner rufen: »Jesus, Maria, Joseph!«, und beide Eheleute stürzten die Treppe hinab. Die Frau lief auf die Straße und rief um Hilfe, ihr Mann aber brach im Hausflur zusammen. Blut quoll ihm aus der Brust und unter den Kleidern hervor. Die Hausbewohner und Nachbarn liefen zusammen. Man wusch ihm die Wunde aus, wobei seine Frau selbst mithalf und weinend und händeringend rief: »Ich habe es gethan, aber es war nicht so schlimm gemeint! Ich habe eine unglückliche Stunde gehabt, so sollte es nicht kommen.« Auch weckte sie ihre Kinder, führte sie zum sterbenden Vater und sagte: »Ich habe ihn todt gestochen!« Ein in der Nähe wohnender Arzt eines Ulanenregiments kam hinzu, doch seine Bemühungen blieben vergebens.

Nicht viel später erschien auch der »Policei-Commissar« von Grävenitz an Ort und Stelle. Nachdem er die Tatwaffe, ein gewöhnliches Brotmesser, sichergestellt hatte, schilderte ihm Frau Piloer den Tathergang. Demnach habe sie im Streit mit ihrem gewalttätig gewordenen Mann das Brotmesser – sie wisse nicht, wie – ergriffen und sich damit auf eine Bank gesetzt, »das Messer in der Höhe ihrer Brust zur Abwehr gegen ihren Mann vorhaltend. Dieser sei demnach auf sie zugestürzt und müsse wohl in das vorgehaltene Messer gerannt sein«.

Diesen Angaben blieb Frau Piloer in allen Verhören und auch bei der öffentlichen Schwurgerichtsverhandlung vom 20. Juli 1849 treu, sie gab nur an, über die Art und Weise, wie sie auf der Bank gesessen und in welcher Richtung sie das Messer gehalten habe, keine Auskunft geben zu können, da sie es selbst nicht mehr wisse. Die geladenen Sachverständigen hielten die Darstellung der Angeklagten für nicht glaubwürdig. Sie gingen vielmehr davon aus, dass die tödliche Verwundung nicht durch ein Aufrennen auf das Messer, sondern »durch einen kräftigen Stoß der stehenden Frau entstanden sein müsse«. Frau Piloers Verteidiger wandte dagegen ein, dass die Gutachten der Gerichtsärzte eine sehr schwache Basis für Kriminalurteile bilden könnten. Gerade wenn es um Untersuchungen über Entstehungen von Wunden gehe, bedürften die Lehren der gerichtlichen Medizin in den meisten Fällen »einer größeren Ausbildung und tieferen Begründung«.

Nachdem der Präsident den Geschworenen die zu beantwortenden Fragen überreicht hatte, erklärten diese nach einer halbstündigen Beratung die Angeklagte der nicht in Notwehr erfolgten Tötung ihres Mannes für schuldig, worauf die 43-Jährige unter Vorbehalt einer Begnadigung durch den König vom Gerichtshof zu lebenslänglicher Zwangsarbeit, Brandmarkung und Ausstellung am Pranger verurteilt wurde.[1]

Dann steckte er ein scharfes Messer ein und entfernte sich

Um die Tagelöhnereinkünfte eines gewalttätigen Ehemannes, die statt in die Haushaltskasse meist in alkoholische Getränke investiert wurden, ging es oft auch bei den Kölner Eheleuten Werking, die seit neun Jahren unglücklich verheiratet waren. Am Morgen des 24. April 1876 ließ sich Friedrich Wilhelm Werking erneut zu Brutalitäten hinreißen und schlug seine Frau mit der Faust, dass sie blutete und ihr Gesicht anschwoll. Als ihre Mutter kurz darauf davon erfuhr, eilte sie wutentbrannt mit einem Messer in der Hand zur Wohnung ihrer Tochter, wo sie ihren Schwiegersohn aber nicht mehr antraf. Dieser wiederum drang gegen Mittag in das Haus seiner Schwiegereltern ein, beschimpfte seine Schwiegermutter und schlug sie mit einer Fußbank.

Am Abend kehrte ihr Mann, der vierundfünfzig Jahre alte Tagelöhner Johann Kamp, von der Arbeit nach Hause zurück und sah die Verletzungen seiner Frau. Er sagte: »Ich sehe wohl, was geschehen, man hat es mir auch erzählt.« Dann steckte er ein scharfes, spitzes Messer ein und entfernte sich.

Unterdessen war Werking, der sich den ganzen Tag in Wirtshäusern herumgetrieben hatte, von seinem Vater und einem Bekannten nach Hause gebracht worden. Dort drohte er, indem er auf seine Frau zeigte: »Der habe ich schon eine dicke Schnüß geschlagen, meine Schwiegermutter hat auch schon eine bekommen und mein Schwiegervater kriegt heute Abend auch eine.«

Dieser hatte umgekehrt ähnliche Gedanken bezüglich seines Schwiegersohns, den er aufzusuchen im Begriff war. Unterwegs hatte er die Drohung ausgestoßen, ihn zu töten. Durch die Haustür in den Flur eintretend, sagte er durch eine offene Tür zu seinem Schwiegersohn: »Sag Lotterbube, wie kannst Du meine Frau und mein armes Kind schlagen?«

Wie kannst Du meine Frau und mein armes Kind schlagen?

Die Tochter sprang dem Vater entgegen und rief, er solle gehen, sie vertrügen sich wieder. Werking hingegen drängte seinen Schwiegervater rückwärts gegen die Haustür, nachdem er ein ergriffenes Brotmesser nach Aufforderung seiner Frau wieder weggelegt hatte. Während er seinen Schwiegervater an die Tür presste, sagte dieser, das mitgebrachte Messer in der rechten Hand haltend: »Ha, Bürschchen, du willst stechen, du hast ein Messer, ich steche dich auch«, was er auch tat. Werking taumelte in den Flur, stürzte nieder und verstarb nach kurzer Zeit.

Auf der Straße rief Kamp: »Ich hab' ihn erstochen, ich hab' ihn kalt gemacht, ich gehe jetzt zum Commissar und zeige mich an.« Auch seinem hinzugeeilten Sohn sagte er, er habe seinem Herzen Luft gemacht, und übergab ihm das Messer.

Kamp kam wesentlich glimpflicher davon als Frau Piloer. Die Geschworenen erklärten ihn der vorsätzlichen Tötung für schuldig, nahmen aber mildernde Umstände an. Das Urteil lautete auf zwei Jahre Gefängnis.[2]

Der Kölner Zimmermann Gabriel Horbach, der mit seiner Frau Helene auf dem Kleinen Griechenmarkt wohnte, war in der dortigen Gegend eine bekannte Persönlichkeit. Nach zwanzig Jahren aber begannen seine Ehe und der häusliche Frieden zu bröckeln. Seine Frau hatte Putz- und Wascharbeiten »bei Herrschaften« übernommen und seitdem, so meinte Horbach, den ehelichen Haushalt vernachlässigt. Immer wieder gab es Streit, bis Frau Horbach eines Tages ihre Sachen packte und zu ihrer Mutter zog.

Nun trank Horbach so viel, dass er schließlich nicht mehr arbeiten konnte. In einer Wirtschaft wollte er einen Versöhnungsbrief schreiben, doch seine Hände zitterten, und so musste ein Bekannter das Schreiben übernehmen. Alles war vergebens – seine Frau wollte nicht zu ihm zurück. Um sich eine kleinere Wohnung anmieten zu können, verkaufte der Zimmermann einige Möbelstücke. Auf der Straße traf er einen »Trinkkumpan«, dem er sein Leid klagte, worauf dieser meinte: »Die kütt widder, komm loß mer einen drinke gonn.« Und die beiden tranken so viel, bis die Hälfte des Erlöses aus dem Möbelverkauf weg war. »Jetzt kam mir der Gedanke«, so äußerte Horbach später, »Du kaufst Dir einen Revolver und schießt Dir eine Kugel durch den Kopf, dann bist Du davon.«

Tatsächlich kaufte er sich die Waffe und ließ sich zeigen, wie man sie lud. Nach dem Besuch einiger Wirtschaften ging er nach Hause, konnte aber nicht schlafen. Am Morgen des nächsten Tages, des 20. Juli 1888, begegnete Horbach, nachdem er wieder in verschiedene Gaststätten gegangen war, auf der Straße seiner Frau. Er zog den Revolver, und es fielen Schüsse, seine Frau blieb aber unverletzt. Nun ging der Zimmermann in seine Wohnung und richtete die Waffe gegen sich selbst, er traf aber nur seinen Arm. Mit dieser Verletzung ging er dann wieder in die Wirtschaft.

Während seine Frau gleich nach der Tat angegeben hatte, ihr Mann habe auf sie gezielt, sagte sie Ende Oktober 1888 vor Gericht aus, er habe nur Schreckschüsse in die Luft abgegeben. Ihr Bemühen, ihn zu schützen, war offenkundig. »Ich habe meinen Mann schlecht behandelt«, so äußerte sie, »und ihn zum Schnapstrinken verleitet; nur ich trage die Schuld.« Der Staatsanwalt ließ die Anklage wegen Mordversuchs fallen und beantragte eine Bestrafung wegen Tötungsversuchs. Unter Bewilligung mildernder Umstände verhängte das Gericht eine einjährige Gefängnisstrafe.[3]

Das Bier und der Branntwein scheinen auch im Zusammenleben der Lindenthaler Eheleute Seiwerth ein Problem gewesen zu sei. Die Seiwerths waren nicht gerade zur Kölner Oberschicht zu zählen. Frau Sibilla Seiwerth (geborene Goertz aus Gleuel), Mutter von neun Kindern, wovon noch vier am Leben waren, äußerte sich zu den Trinkgewohnheiten ihres Mannes folgendermaßen: »Wenn mein Mann nüchtern war, war er der beste, wenn er voll war, der schlimmste Mann von der Welt. Das kam pro Woche drei- bis viermal vor, dann wußte er nicht, was er that.«

In seiner Jugend hatte Seiwerth in der Großen Telegraphenstraße gewohnt, wo damals Prostituierte ihre Dienste angeboten hatten, und das, so meinte seine Frau, hätte ihn »ganz und gar verdorben«. Auch sie hatte er dazu überredet, sich auf diese Weise nebenher Geld zu verdienen, und seitdem gingen viele Männer bei ihr ein und aus.

Während der ersten Zeit ihrer achtjährigen Ehe war Adolph Seiwerth als Erdarbeiter in Köln, dann in Brüggen nördlich von Liblar beschäftigt gewesen. In Brüggen zeichnete er sich durch besonders aggressives Verhalten aus – einmal biss er einem Kontrahenten bei einer Schlägerei ein Stück von der Nase ab. Nachdem er sich dort auch aus anderen Gründen ziemlich unbeliebt gemacht hatte, zog die Familie nach Lindenthal. Ihre Anfang Oktober 1898 bezogene Wohnung in der Dürener Straße 111 befand sich in einem Haus, in dem unten die Gaststätte ihres Vermieters Weiß lag. Seiwerth, der nun als Rohrleger beim Lindenthaler Kanalbau arbeitete, hatte es also nicht weit bis zur nächsten Kneipe.

Es wurde ein langer Abend bei Bier und Gitarrenspiel

Obwohl die Wohnung mit drei Zimmern nicht gerade groß war, nahmen die Seiwerths einen Untermieter und Kostgänger auf. Es handelte sich um den 29-jährigen Maschinisten Karl Uhde, der auch erst im Oktober 1898 von Düsseldorf nach Köln umgezogen war. Er hatte bald mit der nur wenige Jahre älteren Frau Seiwerth ein inniges Verhältnis, die gerne jede Unterstützung gegen ihren gewalttätigen Mann annahm. Uhde schlief übrigens im selben Zimmer wie die Eheleute.

Am Samstag, dem 26. November 1898, kam es zu einem Streit zwischen Uhde und Seiwerth, als sie beim Abendessen saßen. Seiwerth sagte, das »Fressen« tauge nicht, aber Uhde nahm die Frau in Schutz. Es kam zu Handgreiflichkeiten, bei denen der körperlich überlegene Seiwerth die Oberhand behielt. Seine Frau trennte die beiden Streithähne, indem sie Bier über sie goss. Später schlief Seiwerth betrunken ein, während seine Frau und Uhde, der Rache geschworen hatte, im Pferdestall übernachteten.

Am nächsten Tag kam ein Kollege Uhdes zu Besuch, der einunddreißig Jahre alte Erdarbeiter Joseph Noll, wohnhaft in Ehrenfeld. Er wun-

Der Lindenthaler Gattenmord vor dem Schwurgericht zu Köln.

Frau Sibilla Seiwerth.

Carl Uhde.

Frau Seiwerth und ihr Untermieter Uhde, mit dem sie ein
sehr inniges Verhältnis hatte.

derte sich über die Spuren des Zweikampfes vom Vortag, die in Uhdes
Gesicht zu sehen waren, und sagte: »Du bist ein Kerl! Du läßt dich schlagen. Ich hätte ihm aber was gegeben.« In der Wirtschaft von Weiß trafen
sie auf Seiwerth, mit dem sich Uhde nun anscheinend versöhnte. Die
drei verbrachten fast den ganzen Sonntag mit Trinken, und es wurde noch
ein langer Abend in der Kneipe bei Bier und Gitarrenspiel, auf das sich
Uhde offensichtlich meisterhaft verstand.

Wiederum einen Tag später, am Morgen des 28. November 1898, wurde Seiwerth an der Classen-Kappelmann-Straße in einem Kohlfeld leblos und grausam zugerichtet aufgefunden. Die Örtlichkeit nahm man
sofort fotografisch auf. Ein später aufgefundener Schraubenschlüssel war
die Tatwaffe. Weiß hatte gesehen, wie die drei nachts gegen ein Uhr nach
dem Wirtshausbesuch in Richtung dieser Gegend losgegangen waren,
um, wie Uhde später aussagte, auf Anregung Seiwerths eine »ordentliche
Portion« Gemüse zu stehlen. Gegen zwei Uhr kehrten Uhde und Noll allein in die Wohnung der Seiwerths zurück. Frau Seiwerth wollte bis morgens durchgeschlafen haben.

Anfangs sah es so aus, als sei ihr Mann beim Kohldiebstahl erwischt
und erschlagen worden, dann aber verdichteten sich rasch die Indizien
gegen Uhde und Noll. Frau Seiwerth geriet in den Verdacht, die Tötung
ihres Mannes initiiert und den beiden nach der Tat geholfen zu haben.
Sowohl in der Voruntersuchung als auch in der Gerichtsverhandlung,
während der übrigens der total zertrümmerte Schädel des in Melaten ob-
duzierten Ermordeten in einem »Cigarrenkistchen« als Beweisstück auf   111

dem Gerichtstisch lag, versuchten Uhde und Noll sich gegenseitig die Schuld in die Schuhe zu schieben. Uhde, der seine Aussagen immer wieder geändert hatte, gab vor Gericht an, dem streitsüchtigen Seiwerth auf dem Feld in Notwehr einen Schlag versetzt zu haben, worauf dann Noll den Schraubenschlüssel übernommen und weiter auf Seiwerth eingeschlagen habe, während Noll gar nichts gegen Seiwerth unternommen haben wollte. Nolls Verteidiger verwies auf ein fehlendes Motiv seines Mandanten, während die Staatsanwaltschaft mutmaßte, dass Frau Seiwerth den Angeklagten durch »weibliche Reize« zu der Tat überredet haben könnte.

Die viertägige, durch eine Ortsbesichtigung unterbrochene Verhandlung endete mit einer Verurteilung Uhdes zu fünfzehn Jahren Zuchthaus, dem Strafmaximum für Totschlag. Noll erhielt viereinhalb Jahre Gefängnis wegen Beihilfe und Frau Seiwerth ein Jahr Gefängnis wegen »Hülfeleistung nach der That«.[4]

Heinrich Wilhelm August Berghoff aus dem norddeutschen Regierungsbezirk Stade kam aus gutem Hause. Von seinem Vater, der Oberlehrer in Stade war, erhielt er etwas Vermögen. 1887 heiratete er in Bremen seine aus Köln stammende Frau Guste, geborene Welter, die in Bremen als Verkäuferin im gleichen Geschäft arbeitete wie er. Nach einigen Jahren kehrte Frau Berghoff mit ihren Kindern ins Rheinland nach Mülheim zurück. Ihr Bruder Franz war gut verdienender Zahntechniker in Deutz, wo sie sich 1899 sechs Monate lang als Zahnärztin ausbilden ließ. Im Oktober 1899 zog auch ihr Mann zu ihr nach Mülheim, um sich mit einem Manufakturwarengeschäft selbstständig zu machen. Zunächst aber war er für eine Firma in Bayenthal mit dem Verkauf von Feueranzündern beschäftigt.

In Mülheim geriet Berghoff zunehmend mit seiner Schwiegermutter und seinem Schwager aneinander, dann auch mit seiner Frau, die laut Berghoff »zu den emanzipierten ihres Geschlechts« gehört habe, was ihn aber nicht daran hinderte, sie häufig zu schlagen. Er blieb mitunter einige Zeit von zu Hause weg, trank auch immer mehr. Eines Tages im Herbst 1900, so sagte Berghoff später vor Gericht aus, »lag ich schon zu Hause im Bett, als der Bruder meiner Frau kam, mich würgte und mißhandelte; man nahm mir mein Geld ab. Nach einiger Zeit kam der Bruder wieder mit einem Herrn, den ich für einen Kriminalbeamten hielt; es war aber Dr. med. Wirtz, der mir Morphium einspritzen wollte, da ich zu Delirium neigen sollte.«

Nachdem Berghoff nun wegen Verdachts auf »acuten Alkoholismus« fünf Tage im Hospital hatte zubringen müssen, spitzte sich die Lage zu.

Gegen seinen Schwager erstattete er Anzeige wegen »Mißhandlung« und Freiheitsberaubung, nahm sie aber auf Bitten seiner Frau, die mittlerweile als Zahnärztin arbeitete, wieder zurück. Eine andere Anzeige betraf Berghoff selbst; die Bayenthaler Firma, für die er arbeitete, bezichtigte ihn der Geldunterschlagung. Um sich einer »etwaigen Verhaftung zu entziehen«, so Berghoff, habe er sich einen Teil seiner Lebensversicherung auszahlen lassen und sei dann von zu Hause geflohen, »ohne Adieu zu sagen«.

Mit dem trinkfesten Mülheimer Tillmann Burbach, von Beruf Drahtzieher, den er im Hospital kennengelernt hatte, reiste Berghoff nun über Düren und Aachen nach Lüttich, wo sie mit Frauen »viel Geld verzehrten«. Von Maastricht aus reisten die beiden nach Aachen. Hier sollen fünfundneunzig Flaschen Bier in drei Stunden getrunken worden sein. Obwohl Berghoffs finanzielle Mittel schon zu Ende gingen, kaufte er sich in Aachen einen Revolver, um sich, falls er »in Deutschland doch arretirt würde, eine Kugel durch den Kopf zu schießen«. Alternativ gab er an, er habe sich im Notfall damit verteidigen wollen.

Am späten Abend des 8. Oktober 1900 kehrte Berghoff angetrunken von der mehrtägigen Reise nach Hause zurück. Zu seinem Leidwesen war außer seiner Frau und seinen Kindern auch die Schwiegermutter anwesend, die er gleich – nach ihren eigenen Angaben – geschlagen haben soll. Berghoff hielt in seiner Gerichtsverhandlung dagegen, er habe sie lediglich »mit zwei Fingerspitzen« an der Jacke gefasst und hinauszuwerfen versucht. Seine Schwiegermutter wollte aufgrund seines aggressiven Verhaltens das Fenster aufmachen, um nach der Polizei zu rufen, seine Frau hielt sie aber zurück. Als seine Frau ihm nun mitteilte, dass der Gerichtsvollzieher da war, dass er von der Polizei gesucht würde und dass sie sich scheiden lassen wollte, sah Berghoff offensichtlich rot, oder es war ihm, wie der Staatsanwalt meinte, wohl »alles egal«. Seine Aussage vor Gericht zu dem nun Geschehenen ist höchst diffus: »Meine Frau kam aus dem Sprechzimmer, ich fühlte in die Tasche, dachte aber nicht an den Revolver und schoß sie tot. Wie es kam, weiß ich nicht, sie sank zusammen.« Danach gab Berghoff auch einen Schuss auf sich selbst ab, der aber ohne große Folgen blieb. Die Geschworenen nahmen fahrlässige Tötung an, worauf eine zweieinhalbjährige Gefängnisstrafe über ihn verhängt wurde.[5]

Der Todtschlag in Mülheim.

Der Angeklagte Heinrich Berghoff

Heinrich Berghoff, wegen fahrlässiger Tötung seiner Frau zu einer Gefängnisstrafe verurteilt.

Messerattentat auf einen Oberjustizrat, 1856

In der Kölnischen Zeitung hieß es am 19. April 1856: »Gestern Abend wurde in unserer Stadt eines der verruchtesten Verbrechen begangen, das um so mehr alle Gemüther bestürzt gemacht, als es gegen einen unserer geachtetsten Mitbürger, den Präsidenten der Armen-Verwaltung Herrn Geheimen Ober-Justizrath Berghaus, gerichtet war.«[1]

Was war geschehen? Nach einer am Nachmittag jenes 18. April stattgefundenen Plenarsitzung der Armenverwaltung kam der fast fünfundsiebzig Jahre alte Johann Gottlieb Urban, ein früherer Polizeisergeant, der 1842 unfreiwillig aus dem Dienst entlassen worden war, in das Büro von Berghaus und bat um Aufnahme ins Hospital, da er zu jener Zeit ohne festen Wohnsitz war.

Die beiden kannten sich von früher. Seit einer gerichtlichen Bestrafung Urbans im Jahr 1824 hatte er, wie es hieß, einen persönlichen Hass auf Berghaus, der als früherer Oberprokurator offensichtlich an der Verurteilung Urbans beteiligt gewesen war. Berghaus erwiderte Urban auf dessen Gesuch, dass er nichts für ihn tun könne. Es sei Sache der Armenverwaltung, über eine Aufnahme zu entscheiden.

Noch ein Wort, Herr Präsident! Als nun Berghaus gegen neunzehn Uhr in Begleitung eines seiner Schwiegersöhne das Verwaltungsgebäude verlassen wollte, kam Urban mit der Äußerung: »Noch ein Wort, Herr Präsident!« an ihn heran, zog plötzlich einen Dolch hervor und versetzte Berghaus einen Stoß in die Brust. Auch den Schwiegersohn griff er an, der aber ausweichen konnte. Hinzueilende Personen wollten Urban ergreifen, mussten aber davon absehen, weil er sich mit seiner Waffe heftig zur Wehr setzte, wobei er zwei Verwaltungsbeamten Stichwunden beibrachte.

Während man sich mit dem verwundeten und niedergesunkenen Präsidenten beschäftigte, flüchtete Urban in dessen Arbeitszimmer, wo er später eingeschlossen wurde und sich nun selbst Dolchstiche in die Brust und in den Unterleib versetzte. Auch die Pulsader des linken Arms schnitt er sich auf.

Der Präsident blieb zur weiteren Pflege im Gebäude der Armenverwaltung, und zu seiner Genesung wurden »allseitig die wärmsten Wün-

sche« geäußert. Sein Gesundheitszustand stabilisierte sich. Nachdem der schwer verwundete Urban eine Nacht im Hospital verbracht hatte, wo er sich seinen Verband abzureißen versuchte, wurde er ins Gefängnis überführt. Wenige Tage später vermeldete die Presse, dass Urban an den Folgen der sich selbst zugefügten Verletzungen gestorben »und somit der irdischen Gerechtigkeit entrückt« war.[2]

Das Kölner Bürgerhospital um 1850.

115

»Criminal-Procedur« gegen die Giftmörderin Josephine Brückmann, 1858

Seit einiger Zeit hatte kein Verbrechen eine solche Aufregung in Köln hervorgerufen »und selbst in weiteren Kreisen Sensation erregt« wie dasjenige, welches vom 30. April bis zum 7. Mai 1858 vor dem Assisenhof in Köln verhandelt wurde. Es ging um einen Doppelmord mittels Gift, den die angeklagte Gertrud Josephine Brückmann, geborene Bliesing, an ihrem Ehemann Michael Joseph Brückmann und ihrem Kind Pauline Brückmann begangen haben sollte. Der verstorbene Brückmann war als Kaufmann beziehungsweise Weinhändler eine weithin bekannte Persönlichkeit, was das Interesse der Öffentlichkeit ebenso geschürt haben mag wie mehrere »übertriebene Gerüchte«, die seit der Einleitung der Untersuchung gegen die Witwe aufgekommen waren.

Die angeklagte Josephine Brückmann in Trauerkleidung.

Am ersten Verhandlungstag fanden sich am Arresthaus in der Schildergasse (Ecke Neumarkt, »Bleche Botz«) zahlreiche Neugierige ein, um den Wagen zu begleiten, in dem die Angeklagte zum Justizgebäude gefahren wurde. Hunderte hatten sich schon gegen acht Uhr morgens auf dem Appelhofplatz und im Hof des Justizgebäudes eingefunden »und gaben Kunde von der Spannung, mit welcher das Publicum dem Anfang und Verlauf der wichtigen Procedur entgegen sah« – so heißt es in der Kölnischen Zeitung, in welcher der Prozess abgedruckt wurde.

Die 37-jährige Angeklagte, der zur Last gelegt wurde, ihren Mann und ihr Kind im Lauf des Jahres 1857 »vorsätzlich und mit Ueberlegung durch Beibringung von Gift getödtet zu haben«, sah »sehr blaß und leidend aus«. Sie war »tief in Trauer gekleidet« und suchte ihr Gesicht durch Vorhaltung eines Taschentuchs zu verhüllen. Im Allgemeinen schien sie ziemlich gefasst zu sein, nur verriet »das häufige Zucken ihrer Lippen ihre tiefe, innerliche Bewegung«.

Aus der Verhandlung ergab sich, dass die seit 1843 mit Brückmann verheiratete Angeklagte ein bewegtes Vorleben und seit Anfang des Jahres 1856 ein Verhältnis mit einem Kölner Goldarbeiter namens Heinrich Dahmen gehabt hatte. Um diesen heiraten zu können, so mutmaßte Oberprokurator Boelling, sollte ihr Ehemann beseitigt werden. Als dieser Mitte Mai 1857 von einer längeren Geschäftsreise zurückkehrte, wurde er plötzlich krank. Ab Anfang Juni 1857 musste er bereits das Bett hüten und am 1. Juli 1857 starb er qualvoll. Aus ihrem Verhältnis zu Dahmen machte die Witwe in der Folgezeit kein Geheimnis mehr.

Aus ihrem Verhältnis machte die Witwe kein Geheimnis mehr.

Die kleine siebenjährige Pauline wurde Mitte August 1857 von einem Verwandten zu Besuch nach Sinzig geholt, von wo sie nach ein paar Wochen gesund in ihr Elternhaus in der Kölner Breite Straße zurückkehrte. Kaum aber war sie wieder zu Hause, erkrankte sie ebenfalls und konnte von Anfang Oktober 1857 an das Bett nicht mehr verlassen. Ähnlich wie vorher ihr Vater litt die Siebenjährige an heftigen Bauchschmerzen und Erbrechen; die Zunge und der Stuhlgang waren schwarz. Sie starb in der Nacht vom 11. auf den 12. Oktober 1857, als ihre Mutter gerade mit Dahmen unterwegs war. Die Nachbarschaft in der Breite Straße wollte kaum glauben, dass die vordem gesunde Pauline eines natürlichen Todes gestorben sei. Auch das plötzliche Hinscheiden des Mannes erschien nun wieder in einem rätselhaften Licht.

Selbstmord Dahmens

Diese und andere Umstände führten dazu, dass eine Untersuchung eingeleitet wurde. Am 23. Oktober 1857 fand eine Hausdurchsuchung bei der Witwe statt, und tags darauf wurde die Leiche des Kindes exhumiert. Die chemischen Untersuchungen ergaben erhebliche Spuren von essigsaurem Bleioxid, woraufhin die Witwe verhaftet wurde. Auch bei der im November 1857 wieder ausgegrabenen Leiche des Ehemannes fand man dieses Gift vor, das unter dem Namen »Bleizucker« leicht und preisgünstig in jeder Materialwarenhandlung zu bekommen war.

Wie die Witwe leugnete zunächst auch der ebenfalls inhaftierte Dahmen, etwas mit den Todesfällen zu tun zu haben, bis er schließlich im Dezember 1857 dem Gefängnisdirektor erklärte, nun die Wahrheit sagen

117

zu wollen. Demnach hatte ihm die Witwe Ende Oktober 1857 gestanden, ihren Mann und ihr Kind vergiftet zu haben. Als die Witwe von dieser Aussage erfuhr, schob sie nun ihrerseits alle Schuld auf Dahmen. Der Arresthausinspektor Schimoneck bezeugte, dass Dahmen am 7. Februar 1858 nachmittags zu ihm ins Büro gekommen sei und gesagt habe: »Die Anklage beunruhigt mich durchaus nicht, aber daß ich deshalb vor die Assisen kommen sollte, das würde ich nicht überleben! Das verfluchte Weib hat mich unglücklich gemacht.« Am Abend dieses Tages wurde dann bekannt, dass Dahmen sich in seiner Zelle erhängt hatte, nachdem er in einem Abschiedsschreiben nochmals seine Unschuld beteuert hatte. So stand die Witwe allein als Angeklagte vor Gericht.

Nachricht in der Presse über den Selbstmord Dahmens, Februar 1858.

Hier kam zum Vorschein, dass sie möglicherweise auch für den Tod eines anderen Kindes verantwortlich war. Ihre Tochter Pauline hatte in der Schule »weiße Zuckerkügelchen« gegen die Butterbrote ihrer Mitschülerin Marie Guilleaume getauscht, die dann unvermittelt verstarb. Man hatte Nervenfieber bei ihr vermutet, bis sich dann herausstellte, dass auch eine Bleivergiftung die Todesursache gewesen sein könnte. Als Pauline in der Schule immer kränklicher aussah, sagte sie: »Meine Mutter gibt mir immer Pülverchen, von denen ich Leibschmerzen bekomme, und wenn ich sie nicht nehme, so erhalte ich Schläge.«

Das Gift tötete vermutlich eine Mitschülerin Paulines.

Die verstockte Angeklagte leugnete eine solche Behandlung ihrer Tochter. Was ihren Mann anging, behauptete sie, von ihren Eltern zu dieser Ehe gedrängt worden zu sein, weshalb sie ihren Mann nie geliebt habe. Dieser, so sagten einige Zeugen aus, habe seine Frau trotz ihres ehebrecherischen Lebenswandels und des ihm daraus entstandenen Leids gut behandelt, während sie eine äußerst schlechte und launische Ehefrau und Mutter gewesen sei, die im Übrigen durch den Tod ihres Mannes und ihrer Tochter finanziell nicht schlecht dastand.

Letzte Tage im Kloster

Entgegen der Ansicht des Verteidigers der Witwe, der in einer dreieinhalbstündigen Rede die Unzulänglichkeiten der Anklagepunkte darzulegen suchte, kamen die Geschworenen zu der Überzeugung, dass Frau Brückmann schuldig im Sinne der Anklage sei. Daraufhin wurde vom

Pauline Brückmann.   Michael Joseph Brückmann.   Witwe Josephine Brückmann.

Assisenhof das Todesurteil über sie verhängt.[1] Nachdem das Urteil auf dem Weg der Begnadigung Anfang Januar 1860 in »lebenslängliche Einsperrung in das Kloster zum guten Hirten« in Aachen umgewandelt worden war, starb die Verurteilte dort nach nur wenigen Wochen aufgrund einer Krankheit am 23. Mai 1860, ohne je ein Geständnis abgelegt zu haben.[2]

Die Kölner Unglücksfamilie Brückmann.

Einbrüche in Köln und das süße Leben in Rotterdam

Als der Kölner Buchhändler Peter Bollig am 24. April 1857 gegen dreiundzwanzig Uhr von seinem gewohnten Abendspaziergang nach Hause kam, stand die Eingangstür seines Hauses in der Schildergasse offen. Er eilte vom Hausflur in seinen Buchladen und musste feststellen, dass eingebrochen worden war. Ein Nachbar, der durch das zu dieser Zeit ungewohnte Licht in der Buchhandlung aufmerksam geworden war, kam hinzu und fand Bollig schockiert vor seinem aufgebrochenen Schreibpult stehen. Nachdem beide ins obere Stockwerk geeilt waren, wurde Bolligs Bestürzung noch größer, als er bemerkte, dass in einem Zimmer eine Kommode aufgebrochen worden war, in der sich in einem Holzkästchen seine gesamte Barschaft und sein mühsam Erspartes befunden hatten – insgesamt um die 5.000 Taler.

Einige Tage später, am 3. Mai 1857, wurde Bollig tot auf dem Speicher seines Hauses aufgefunden. Wenn er auch den Verlust seines in redlicher Arbeit erworbenen Vermögens noch zu verschmerzen vermocht hätte, »so vermochte er jedoch eine Verdächtigung seiner kaufmännischen und bürgerlichen Ehre nicht zu überleben.« Es war nämlich das Gerücht aufgetaucht, dass Bollig den Diebstahl nur fingiert hätte, um eine Geldverlegenheit zu kaschieren. Dieses Gerücht, das sich als unwahr erwies, hatte Bollig in geistige Verwirrung gestürzt.

Erste Ermittlungen blieben erfolglos, bis dann dem Kölner »Policei-Commissar« Piper bekannt wurde, dass die Kölner Matthias Dohm und Anton Becker mit dem folgenschweren Diebstahl zu tun haben könnten. Zu den neuen Erkenntnissen beigetragen hatte auch eine Kölner »Kartenschlägerin« (Kartenlegerin) namens Schmitz, der etwas über den plötzlichen Reichtum in der Familie Dohm zu Ohren gekommen war. Nachdem eine Überwachung Dohms weitere Verdachtsmomente

Werbung für eine »Sicherheits-Schublade«, Kölnische Zeitung 1878.

ergeben hatte, wurde bei einer Durchsuchung seines Hauses am 30. Juli 1857 tatsächlich eine ansehnliche Geldsumme »theils in Lumpen gewickelt, theils in einem Lumpenkorbe und theils in einem Nachtstuhle aufgefunden«.

Wie sich am 29. und 30. Januar 1858 vor dem Kölner Schwurgericht ergab, waren weitere Personen an der Tat beteiligt gewesen. In Bolligs Diensten hatte ein Handlungslehrling namens Wilhelm Bosgard gestanden, der sich im Hause Bollig gut auskannte. Vor allem hatte er mitbekommen, wo Bollig sein Erspartes verborgen hielt. Dies erzählte nun Bosgard dem Bruder seiner Geliebten, dem Kölner Tagelöhner Peter Rümkens, der sich als offensichtlicher Haupttäter erwies. Rümkens stiftete Anton Becker an, so jedenfalls nach Aussage der Eheleute Dohm, dem »Herrn in der Schildergasse« (Bollig) einen Besuch abzustatten.

Verräterische Beute

Am Tag des Diebstahls trafen sich Rümkens, der zwei neue Meißel bei sich hatte, und Becker in der Wohnung von Dohms, von wo sie in Richtung der Schildergasse aufbrachen. Becker schlich sich in Bolligs Haus ein, versteckte sich auf dem Speicher und wartete, bis der Buchhändler seinen abendlichen Spaziergang angetreten hatte. Nun ließ Becker seinen Genossen ins Haus, und beide gingen an ihr räuberisches Werk. Gegen vier Uhr in der Nacht kam Becker mit einem Korb in Dohms Wohnung zurück, in dem sich »eine Menge Geldes aller Art« befand. Das Papiergeld war in einen Lappen gewickelt und mit einer »Gypsmasse« überzogen, damit es, wie Becker sagte, nicht durch Feuchtigkeit leide, wenn es in der Erde vergraben würde. Man sah von diesem Plan ab – Becker zerschlug den Gipsüberzug mit einem Hammer und gab sich nun mit Dohm daran, das Geld zu sortieren und zu zählen. Einen Teil seiner Beute gab Becker den Eheleuten Dohm ab.

Als diese durch den verschwenderischen Umgang mit dem Geld in Verdacht geraten und verhaftet worden waren, versuchte ihre 13-jährige Tochter Sibylla, einen Teil der Beute bei dem Kölner Holzschneider Johann Simon unterzubringen, der das Geld angeblich vor dem Weyertor vergrub. Nun wurde auch Sibylla verhaftet, und Simon wollte die Diebesbeute loswerden. In dem Moment, als er das Geld Sibyllas jüngerer Schwester am Rothgerberbach zurückgeben wollte, wurden beide in Haft genommen.

Während man von einer Anklage gegen die beiden Töchter absah, wurde Simon in der viel besuchten Verhandlung vom 30. Januar 1858 zu sechs Monaten Gefängnis verurteilt. Margaretha Dohm (geborene Diegges) erhielt drei Jahre Gefängnis, ihr Mann Matthias fünf Jahre Zuchthaus. Den erst achtzehn Jahre alten Handlungslehrling Bosgard, der als einziger der Angeklagten nicht vorbestraft war, belegte das Gericht mit fünf Jahren Gefängnis, den ebenfalls noch jungen Anton Becker mit zehn Jahren Zuchthaus. Peter Rümkens und seine Schwester Anna hatten sich durch Flucht einer gerichtlichen Bestrafung entzogen.[1]

Mit großem Interesse schauten sich der 24-jährige Hubert Robert Köcher und sein jugendlicher Kumpan, der siebzehn Jahre alte Andreas Michael, mehrmals den Laden von Heinrich Theissing in der Straße Unter Käster an. Im Schaufenster waren die Hauptgewinne der »Knechtstädener Kirchenlotterie« ausgestellt, und es war zu vermuten, dass beim »Collecteur« Theissing auch einiges an Bargeld zu finden sein würde. Am Abend des 16. April 1887 gelang es den beiden, in den Keller des Hauses zu gelangen. Dort verweilten sie bis Mitternacht und taten sich während dieser Zeit an dem guten Johannisberger des Herrn Theissing gütlich, wobei sie ganze sieben Flaschen dieses schweren Weins austranken. Trotzdem schafften sie es anschließend offensichtlich ohne große Probleme bis in den Hausflur und von dort in den Laden. Die Diebe begnügten sich mit dem von der Straße aus hereinfallenden Licht und brachen im Halbdunkel mehrere Pulte und Schubladen auf. Sie rafften alles zusammen, was sie fanden, Papiergeld, Gold, Silber, Coupons und Dombaulose.

Nun begann ein Leben in Saus und Braus. Nachdem sich die beiden in Mülheim neue Anzüge und Stiefel gekauft hatten, verjubelten sie mit zwei jungen Kölner Frauen einen Großteil der Beute. Sie nahmen sich eine Droschke und fuhren von einer Wirtschaft zur anderen. Nach zwei Tagen bestiegen die Diebe mit ihren Begleiterinnen, die sie als ihre Ehefrauen ausgaben, die Eisenbahn nach Düsseldorf, von wo es nach Rotterdam in ein »feines Gasthaus« weiter ging. Schnell aber war das Geld verbraucht. Köcher und Michael versprachen den beiden jungen Frauen,

Wallrafplatz und Hohe Straße, um 1914.

nach wenigen Tagen mit neuen Finanzmitteln nach Rotterdam zurückzukehren, was sie aber nicht taten. So musste eine der Frauen ihre goldene Uhr und Kette, welche sie von ihrem Galan geschenkt bekommen hatte, wieder verkaufen, bezahlte damit den Wirt »und die schönen Tage von
Rotterdam waren für die beiden Schönen zu Ende. Vierter Klasse kamen
sie in Köln wieder an.«

Köcher und Michael, die sich inzwischen unter falschem Namen im
Deutzer Gasthaus »Zum Tempelhof« eingemietet hatten, schmiedeten
schon wieder neue Pläne. Nachdem ein Einbruch beim Kaufmann Ema-
nuel in der Straße Obenmarspforten 7 zwei Tage zuvor misslungen war,
schlichen sich die beiden am 13. Mai 1887 in das Haus Hohe Straße 75 ein,
in dem sie sich nach bewährtem Muster bis Mitternacht versteckten. Im
dortigen Kleidermagazin von Wilhelm Böhm suchten sie vergeblich nach
Geld, sodass sie sich mit einigen Kleidungsstücken und Tuchmateria-
lien begnügen mussten, die sie gegen sechs Uhr morgens aus dem Haus
schafften.

123

Der in »fieberhafter Thätigkeit« ermittelnden Kölner Kriminalpolizei gelang es schließlich, den verwegenen Dieben auf die Schliche zu kommen. Deren Verhaftung am 19. Mai 1887 gestaltete sich aber alles andere als einfach. Besonders Köcher leistete bei seiner Festnahme heftigen Widerstand. Nur mit Mühe konnte ihm ein Revolver entrissen werden, mit dem er einen Schutzmann bedroht hatte, und an den Fesseln riss er sich die Armgelenke blutig. Aber auch damit konnte er sich der richterlichen Strafe nicht mehr entziehen, die auf acht Jahre Zuchthaus festgesetzt wurde. Weil er noch keine achtzehn Jahre alt war, wurde Michael zu sieben Jahren Gefängnis verurteilt.[2]

Was Diebstahldelikte anging, taten sich zwei weitere Kölner hervor, Jakob Berghahn und Johann Hut. Neben zahlreichen kleineren Freiheitsstrafen war Berghahn 1848 zu fünf Jahren Gefängnis und 1856 zu sechs Jahren Zuchthaus verurteilt worden. Im Frühjahr 1866 stand er schon wieder vor den Schranken des Schwurgerichts. Diesmal wurde ihm zur Last gelegt, am Abend des 1. März 1866 vor dem in der Geyergasse gelegenen Lager des Handlungshauses »Cassinone« eine Kiste mit dreißig Flaschen Champagner zu stehlen versucht zu haben. Da er von einem

Versuchter Diebstahl von dreißig Flaschen Champagner.

früheren Urteil her unter Polizeiaufsicht stand, sich also an jenem Tag nach sechs Uhr abends nicht mehr aus seiner Wohnung hätte entfernen dürfen, war er außerdem angeklagt, den ihm auferlegten Beschränkungen zuwidergehandelt zu haben. Er wurde zu fünf Jahren Zuchthaus verurteilt.

Ein noch beeindruckenderes Vorstrafenregister wies Johann Hut auf, der seit 1861 fast sein ganzes Leben hinter Gittern verbracht hatte. Im Jahre 1877 verurteilte man ihn als rückfälligen Dieb zu acht Jahren Zuchthaus, nach seiner Entlassung aber zeigte er sich wenig gebessert. In der Köln-Aachener Gegend beging er mehrere Diebstähle und Betrügereien, bei denen ihm »jedes Mitgefühl für die Menschlichkeit verloren gegangen« zu sein schien. So gab er sich beispielsweise als Bote von »plötzlich erkrankten« oder »verunfallten« Personen aus, um von deren erschreckten Angehörigen für diese vermeintlichen Botschaftsdienste eine Entlohnung zu erhalten – auch wenn diese nur aus einer Übernachtungsmöglichkeit, einem Essen oder einem Glas Schnaps bestand. Als Hut im Februar 1887 wegen dieser neuerlichen Vergehen vor Gericht stand, beantragte der Staatsanwalt mit fünfzehn Jahren Zuchthaus das höchste Strafmaß, welches das Strafgesetzbuch für Diebstahl vorsah. Das Gericht verkündete als Urteil vierzehn Jahre Zuchthaus und eine Geldstrafe.[3]

Straßenraub

Dass das Strafgesetz den Tatbestand des Straßenraubs besonders hart ahndete, musste 1864 der 19-jährige Karl Billing schmerzlich erfahren. Nachdem er kurz zuvor aus der Arbeitsanstalt Brauweiler ausgebrochen war, überfiel er am frühen Abend des 29. April 1864 auf öffentlicher Straße Clara Berger aus Buschbell, die sich gerade auf dem Heimweg von ihrer Arbeit in Königsdorf befand. Er schlug sie auf der menschenleeren Straße kurz vor Buschbell bewusstlos und raubte ihr den kargen Arbeitslohn. Leute aus dem Ort fanden sie einige Schritte von der Straße entfernt in einem Weizenfeld: »Sie war im Hemde und im Unterrock, das Gesicht durch Blut und Schmutz bis zur Unkenntlichkeit entstellt. Nach längerem Befragen stammelte endlich die Mißhandelte ihren Namen hervor und wurde nun ins Haus ihrer zum Tode erschreckten Eltern gebracht.«

Noch am gleichen Abend konnte Billing festgenommen werden.

Noch am gleichen Abend konnte Billing in Brauweiler festgenommen werden, wo er in einer Metzgerei einige Würste gestohlen hatte. Frau Berger identifizierte ihn als denjenigen, der sie überfallen hatte. Der Assisenhof verhängte daraufhin im August 1864 eine 15-jährige Zuchthausstrafe über ihn.[1]

Auch in anderen Fällen fiel die Ausbeute von Straßenräubern – besonders in Anbetracht ihrer hohen Bestrafung – sehr gering aus. So erbeutete der Kölner Tagelöhner Caspar Künzler in einer Nacht Ende Februar 1878 von einem Maschinenschlosser, den er in der Altstadt überwältigt hatte, nur 2,50 Mark. Dafür musste er fünf Jahre hinter Zuchthausgitter.[2] Das gleiche Strafmaß traf den Schlossergesellen Jakob Belloute aus Kalk, der an einem Aprilabend des Jahres 1882 dem auf dem Weg von Höhenberg nach Schlagbaum befindlichen Franz Fischer die Barschaft von etwa zwei Mark sowie ein Zigarrenetui und ein Gebetbuch gewaltsam raubte.[3] Ganze 8,18 Mark erbeutete der Kölner Mathias Kühl im November 1884, als er nach einer gemeinsam durchzechten Nacht seinen Begleiter, einen Einwohner aus Hitdorf, am Quatermarkt niederschlug und ihm die Geldbörse abnahm.[4]

Ein gemeinsames Besäufnis ging auch einem Straßenraub voraus, der sich 1877 ereignete. Nachdem die Kölner Heinrich Wendeler und Gabriel

Joseph Blatzheim in Bayenthal einiges an Bier und Branntwein konsumiert hatten, begaben sie sich auf den Heimweg. Wendeler schaute sich unterwegs ein »schön gebundenes« Gebetbuch an, das der Händler Blatzheim zum Kauf anbot. Als Letzterer das Gebetbuch zurückforderte, da das Geschäft offensichtlich nicht zustande kam, versetzte Wendeler seinem Begleiter plötzlich mehrere Schläge auf den Kopf und entriss ihm ein zweites Gebetbuch sowie eine Uhr mit Kette. Den bald gefassten Täter, dem auch mehrere Diebstähle zur Last gelegt wurden, belegte das Schwurgericht mit acht Jahren Zuchthaus.[5]

Am späten Abend des 7. August 1883 verließ Franz Beckmann die Restauration »Zum Heidelberger Faß« in Deutz. Auf der Straße traten Agnes Mörs und die Frau von Karl Schmitz, beide aus Köln, an ihn heran und boten ihm ihre Begleitung an. Beckmann fühlte plötzlich, wie die Schmitz nach seiner Tasche griff, in der sich sechzig Mark befanden. Als Beckmann diesen Diebstahlversuch abwehrte und auch zwei Mark nicht

Kreuzung Unter Krahnen-
bäumen/Eigelstein, 1901.

herausrückte, welche die Schmitz von ihm verlangte, gaben die Frauen
ein Rufsignal. Sogleich kamen zwei Männer, Karl Schmitz und Friedrich
Wilhelm Birkhäuser, herbei und fielen über Beckmann her. Während
Birkhäuser ihm einen Schlag auf den Kopf versetzte, entriss Schmitz ihm
eine Uhr nebst Kette. Der Überfallene raffte sich auf und verfolgte nun
Birkhäuser, der festgenommen werden konnte. Durch ein Briefchen, das
der Erwischte beim Besteigen eines Gefangenenwagens verschwinden
lassen wollte, kam man den anderen Tätern auf die Spur. Die beiden
Männer erhielten je sechs, die Frauen je zwei Jahre Zuchthaus.[6]

Nicht das beste Vorbild erhielt in seiner Jugend der im Mai 1870 geborene Tagelöhner Heinrich Mann, wohnhaft Unter Krahnenbäumen 7. Seine Eltern wurden wegen Kuppelei, verübt mit der leiblichen Tochter, ab-
geurteilt, woraufhin seine Mutter hinter Gitter musste und sein Vater floh.

Anfang des Jahres 1889 stand Heinrich Mann selbst vor Gericht. Die
Anklage lautete, am 9. November 1888 in Köln der betagten Christine   127

Roth eine Tasche mit sechzehn Mark gestohlen zu haben, und zwar »mit Gewalt gegen deren Person«, welch letzterer Zusatz den Tatbestand des Straßenraubs involvierte. An jenem Abend, so Mann, habe er, nachdem er schon viel getrunken habe, gesehen, wie Frau Roth und eine jüngere Begleiterin am »Thoreingange Thürmchenswall« von drei Viehtreibern »unsittlich« berührt worden seien. Als sich die Männer entfernt hätten, habe er sich in gleicher Absicht den Frauen genähert; er »habe zuerst das Mädchen angefaßt, doch da das Mädchen geschrien, habe er die Frau festgehalten. Diese sei so betrunken gewesen, daß sie nicht allein stehen konnte. Als er sie in unzüchtiger Absicht angefaßt hatte, sei ihr zufällig die Geldtasche entfallen. Dies merkend, habe er die Frau schleunigst verlassen und sei mit der Tasche entlaufen.«

Die bestohlene Frau Roth, Obsthändlerin und langjährige Verkäuferin von »Caramellen und Zuckerklümpchen«, die getrennt von ihrem Mann lebte und »gerne ein Schnäpschen und noch lieber zwei« trank, schilderte den Vorfall etwas anders. Demnach sei ihr die unter dem Rock festgebundene Tasche nicht entfallen, sondern Heinrich Mann habe sie ihr »ratschdisch« (heftig/plötzlich) vom Leib gerissen, obwohl sie sich leidlich gewehrt habe. Von Unzüchtigkeiten seitens der Viehtreiber wussten Frau Roth und ihre damalige Begleiterin nichts zu berichten. Des Straßenraubs für überführt erklärt, wurde Mann unter Zubilligung mildernder Umstände zu einem Jahr Gefängnis verurteilt.[7]

Schließlich machte er es wie zu Hause und ging auf die Kegelbahn.

Eigentlich sollte es ein schöner Tag werden, der Namenstag des Pferdeknechtes Paul Kirchartz aus Remagen, der eigens für dieses Fest am Peter- und Paulstag des Jahres 1895 nach Köln gereist war, um zusammen mit seinem Vater zu feiern. Zu seinem Pech verfehlte er ihn und bummelte nun allein im großen Köln herum – schließlich machte er es wie zu Hause und ging auf die Kegelbahn. Dort wurde es ganz lustig, und der Remagener trank ziemlich viel Bier.

Am späten Abend jenes Tages wankte er in Richtung des Südbahnhofes, doch der Zug war schon weg. Was nun tun? Kirchartz entschloss sich, sein Nachtquartier in der Nähe des Bahnhofs zwischen einigen Sträuchern zu suchen. Als er dort seinen Brummschädel ausschlief, gesellten sich zwei dunkle Gestalten zu ihm, der Ehrenfelder Johann Kamphausen und ein älterer Kumpan. Ein Blick genügte, und die beiden waren sich einig, den Fremdling zu plündern.

»Gib einen Groschen her!«, rief einer der beiden dem Remagener zu, der gerade aufwachte. »Ich habe nichts zu geben«, meinte dieser, zu Tode erschrocken, aber sofort erhielt er Faustschläge, dass das Blut aus Mund und Nase quoll. Nachdem die beiden Kirchartz ein paar Geldstücke abgepresst und seine Taschen durchsucht hatten, führten sie ihn zum Abgrund des sieben Meter tiefen Wallgrabens. Es sah so aus, als sollte er hinuntergestürzt werden, um ihn als Zeugen loszuwerden. Dies wäre vielleicht auch geschehen, wenn nicht zufällig drei junge Leute, die von einer Hochzeitsfeier kamen, dem blutüberströmten und mit Würgemalen versehenen Remagener zu Hilfe geeilt wären. Sofort machten sie sich an die Verfolgung des Räuberpaares, wobei Kamphausen erwischt und der Polizei übergeben werden konnte.

Vor Gericht gab er, wegen räuberischer Erpressung angeklagt, an, seinen älteren Komplizen nicht näher zu kennen; sie hätten sich erst in jener Nacht kennengelernt und dann durchgemacht. Dem Staatsanwalt widersprechend, der meinte, es gäbe in Köln »eine gott- und gesetzlose Bande«, der jedes Mittel recht sei, um ohne Arbeit an Geld zu kommen, betonte der Verteidiger des Angeklagten, dieser sei ein »sonst arbeitsamer Mensch« und nur durch den älteren Unbekannten zu der Tat verleitet worden. Der Antrag des Staatsanwaltes lautete auf fünf, das Urteil auf dreieinhalb Jahre Haft.[8]

Nackte Frauenleiche ohne Kopf, 1863

Es war am Morgen des 9. November 1863, als der Deutzer Totengräber bemerkte, dass sich auf dem dortigen Friedhof jemand an einem Grab zu schaffen gemacht hatte. Da er Fußspuren und zudem an der Friedhofshecke auch Blutstropfen entdeckte, entschloss er sich, der Sache nachzugehen und das Grab näher zu untersuchen. Beim Ausheben der Erde war plötzlich eine Hand zu sehen, worauf er sofort den Deutzer Bürgermeister herbeiholte. Ein Grauen überkam sie, als beim weiteren Freilegen eine nackte Frauenleiche ohne Kopf ans Tageslicht kam. Bald darauf wurde in der Nähe des Friedhofs auch die Stelle gefunden, wo das Verbrechen erfolgt sein musste. Anschließend war die Leiche auf den Friedhof getragen und in dem erst einige Tage zuvor angelegten Grab verscharrt worden.

Obschon der Täter dafür Sorge getragen hatte, die wichtigsten Erkennungzeichen zu beseitigen, gelang aufgrund verschiedener Indizien, unter anderem durch aufgefundene Kleidungsreste, schon am nächsten Tag die Identifizierung der Leiche. Es handelte sich bei der Toten um die 33-jährige Louise Johanna Harmgardt, geboren in Düsseldorf und wohnhaft in Kalk, welche seit dem Abend des 8. November vermisst worden war.

Schnell fiel der Verdacht auf den Geliebten der Ermordeten, auf den verheirateten Zimmermann Anton Thelmann, geboren im Juni 1834 in Ochtendung im Kreis Mayen, der sich im Juli 1864 wegen dieser Tat vor dem Kölner Assisenhof zu verantworten hatte. Mitangeklagt war sein älterer Bruder Johann Thelmann, ebenfalls Zimmermann, der unter dem Verdacht der Mithilfe stand.

Wie den Ausführungen des Oberprokurators zu entnehmen ist, schien Anton Thelmann, der eigentlich Lehrer werden sollte, ein Opfer der Verhältnisse seines Ochtendunger Elternhauses geworden zu sein, das nicht den besten Ruf hatte. Insbesondere der Einfluss seiner Mutter, die zusammen mit seinen Brüdern mehrere Diebstähle ausübte, ging dahin, dass er »der angefangenen Carrière entsagen mußte und seinen Brüdern an Unmoralität gleich wurde«. Die Familie stand sogar unter dem Verdacht, für die Brände verantwortlich zu sein, die Ochtendung von

1847 bis 1852 heimgesucht hatten – die Thelmanns waren eine Zimmermannsfamilie, die durch neue Dachstühle viel Geld verdienen konnte. Man war nicht traurig, als die Familie den Ort verließ. In Eschweiler, dem neuen Wohnort der Thelmanns, heiratete Anton 1856 Susanne Hennes, die er während seiner Militärzeit in Koblenz kennengelernt hatte. Sein Bruder Matthias, der in Eschweiler weiterhin das Diebeshandwerk ausübte, wurde zu fünf Jahren Zuchthaus verurteilt.

Im Jahr 1858 zog Anton mit seiner Frau und seinem 1857 geborenen Kind nach Köln, wo mittlerweile auch sein Bruder Johann wohnte. Die Ehe geriet ins Wanken, als Anton im Mai 1860 Louise Harmgardt kennenlernte. Während einer Reise seiner Frau verließ Anton die eheliche Wohnung, verkaufte alle Möbel und lebte nun mit Louise zusammen. Da sie mit dieser »wilden Ehe« des Öfteren aneckten, mussten sie mehrere Male umziehen; ihre letzte gemeinsame Wohnung hatten sie in Kalk. Louise bestritt ihren Lebensunterhalt durch Nähen und Waschen, während Anton mit seiner Arbeit als Zimmermann immer mehr in Schulden geriet. Seiner Frau nahm er das Kind ab, um das sich nun Louise kümmern musste, wofür sie aber nie eine Entlohnung von Anton erhielt. Immer öfter hatte sie nun auch unter Gewalttätigkeiten Antons zu leiden, wozu sie einmal gesagt haben soll, das geschehe nur »in der ersten Hitze«, sonst wäre er »der beste Kerl von der Welt«.

Porträt von Anton Thelmann.

Anfang des Jahres 1863 lernte dieser »beste Kerl« erneut eine Frau kennen, die Dienstmagd Wilhelmine Knobbe aus Mülheim, wodurch sich das ohnehin angeschlagene Verhältnis zu Louise weiter verschlechterte. Mit seiner neuen Geliebten verlobte sich Anton im Frühjahr 1863, obwohl er ja immer noch verheiratet war. Er erzählte ihr, dass er Meister sei und mehrere Gesellen beschäftige. Ihrem Wunsch, sie doch einmal in sein (nicht vorhandenes) Haus in Kalk mitzunehmen, entzog er sich stets mit wohlüberlegten Ausflüchten.

131

Anton

Im Juli 1863 begab er sich mit ihr nach Essen und stellte sich dort ihren Eltern als Bräutigam vor, was Veranlassung genug war, den Hochzeitstermin festzulegen. Wilhelmine kündigte Anfang Oktober 1863 ihren Dienst in Mülheim, und es wurde verabredet, dass sie die kurze Zeit bis zur Hochzeit bei ihrem Bruder in Essen zubringen sollte. Mit großem Einfallsreichtum gab Thelmann vor, er kümmere sich um die notwendigen Hochzeitsvorbereitungen. Er bestellte auch Trauringe, allerdings ohne sie zu bezahlen. Erst später bemerkten Mitglieder der Familie Knobbe, dass sie von Anton bei einem Besuch in Essen bestohlen worden waren: »Es fehlten ihnen ein halb Dutzend Dessertmesser, mehrere Leintücher und achtzig Thaler Geld.« Wegen des angeblichen Todes seiner Mutter und anderer »eingetretener Hindernisse« schob der Bräutigam den Hochzeitstermin immer wieder hinaus. Am 28. Oktober 1863 kam eine Schwester Wilhelmines in Köln an, der Anton eine Arbeitsstelle in Aussicht gestellt hatte. Jeden Moment drohte sein Lügenkonstrukt aufzufliegen, und insofern war seine Lage in den letzten Tagen vor dem Verbrechen eine sehr verworrene.

So nahte der 8. November 1863, ein Sonntag, der Tag, an dem die grausame Tat geschah. Wie sich herausstellte, war Johann Thelmann am späten Nachmittag bei Louise. Er wollte sie dazu bewegen, sich mit Anton zu treffen, was sie auch tat. Gegen achtzehn Uhr verließ sie ihre Wohnung und »kehrte von diesem Gange nicht mehr zurück«. Nach Mitternacht wurde Anton am Mülheimer Tor mit einem Paket gesehen, in dem sich ein runder Gegenstand befand. Am Morgen machte er einen sehr verstörten Eindruck, seine Kleidung wies Blutspuren auf und war in desolatem Zustand. Wiederum einen Tag später wurde er verhaftet, als er offensichtlich gerade fliehen wollte.

Anton gab vor Gericht an, er habe häufig Streit mit Louise gehabt, weil sie sein Kind schlecht behandelt und weil er Grund zur Eifersucht gehabt habe. Auch soll sie ihm gedroht haben: »Wenn ich Alles an den Tag brächte, was Du schon in Deinem Leben gethan, so kämest Du auf ewig in Ketten und Banden.« In der vorgerichtlichen Untersuchung hatte Anton gestanden, sich an jenem Sonntagabend gegen neunzehn Uhr mit Louise am Tatort in der Nähe des Friedhofs getroffen zu haben. Dort habe er Streit mit ihr bekommen, »sie gepackt, dann einen Schnitt in den Hals mit dem Messer gegeben, zuletzt den Kopf mit der Stoßaxt abgeschlagen«. Sein Bruder Johann, der ihm den Vorschlag gemacht habe, sie zu töten, sei ebenfalls anwesend gewesen. Vor Gericht hingegen sagte Anton aus, sein Bruder sei erst nach der Tat hinzugekommen, die er im Alkoholrausch und in »furchtbarer Wuth« begangen habe, da er anzunehmen hatte, Louise hätte ihn mit einem anderen Mann betrogen. Der Gerichtspräsident bemerkte hierauf, dass Louise wohl mehr Grund zur Eifersucht gehabt habe. Während Anton vorher ausgesagt hatte, den Kopf seines Opfers in den Rhein geworfen zu haben, wollte er vor Gericht nichts mehr über den Verbleib desselben wissen, da er damals im Affekt und ohne Besinnung gehandelt habe.

Am Morgen machte er einen sehr verstörten Eindruck.

Johann sagte aus, sein Bruder habe ihn zum Tatort geführt, nachdem das grausame Verbrechen bereits geschehen sei. Er sei beim Anblick der kopflosen Leiche bestürzt zusammengesunken. Wieder zu sich gekommen, habe er seinem Bruder aus Angst vor ihm geholfen, die Leiche bis zur Friedhofshecke zu tragen, von wo er »spornstreichs« nach Hause geeilt sei. Im Übrigen habe er seinem Bruder immer geraten, zu seiner Frau zurückzukehren.

Die Geschworenen kamen zu der Überzeugung, dass es sich bei der Tat Anton Thelmanns nicht um Totschlag, sondern um Mord handelte, worauf der Gerichtshof ihn zum Tode verurteilte. Sein nicht schuldig befundener Bruder Johann wurde vom Präsidenten sofort in die Freiheit entlassen, was das Gerichtspublikum mit einem »donnernden Bravoruf«   133 quittierte.[1] Der Freigesprochene wurde beim Verlassen des Saales ohnmächtig und musste weggetragen werden.[2]

Die Hinrichtung Anton Thelmanns fand am Morgen des 23. November 1865 im Klingelpütz statt, nachdem dort in der Nacht zuvor auf dem Hof die Guillotine aufgeschlagen worden war. Der Verurteilte gestand vor der Hinrichtung seine Tat und erkannte seine Strafe als gerecht an; indessen weigerte er sich, auf Einzelheiten des Verbrechens einzugehen.[3] Die Stoßaxt, deren sich Thelmann zur Enthauptung seines Opfers bedient hatte, war ein bei den Zimmerleuten gebräuchliches Werkzeug, das er meisterhaft zu bedienen verstand. Über den Verbleib der Axt gab er an, sein Bruder Johann habe sie an sich genommen, bei welchem sie später offensichtlich auch gefunden wurde.[4]

Im Bann des Namens Thelmann

Obwohl eine Kölner Schwurgerichtssitzung im April 1866 von der Sache her nichts überaus Sensationelles bot, war der Zulauf des Publikums enorm, denn der Name der Angeklagten übte offenkundig eine große Anziehungskraft aus: der Name Thelmann. Tatsächlich stand derselbe Johann Thelmann, der zwei Jahre zuvor nur knapp einer Verurteilung entronnen war, schon wieder vor den Geschworenen. Mitangeklagt war sein ebenfalls schon erwähnter vorbestrafter Bruder Matthias, wohnhaft in Ehrenfeld. Ihnen wurde als Hauptanklagepunkt zur Last gelegt, in der Nacht vom 28. auf den 29. Januar 1866 einen Diebstahl »mittels Einbruchs und Einsteigens« beim Ehrenfelder Maurer Heinrich Auf dem Haus in der Vogelsanger Straße begangen zu haben.

Nachdem Matthias Thelmann auf frischer Tat ertappt worden war, verletzte er bei einer dramatischen Verfolgungsjagd durch Ehrenfeld mit einem Meißel und einem Messer zwei seiner Widersacher, nämlich den bestohlenen Auf dem Haus und einen weiteren Bewohner der Vogelsanger Straße. Durch seinen plötzlich auf dem Kampfplatz erschienenen Bruder Johann erhielt er tatkräftige Unterstützung. Die beiden Brüder konnten trotz der Übermacht ihrer Verfolger entfliehen, später aber gelang ihre Festnahme. Johann Thelmann wurde zu fünf, sein Bruder zu zehn Jahren Zuchthaus verurteilt.[5]

Der Tresen und der Tod

Wie an einigen Stellen bereits deutlich wurde, bildeten gerade Wirtschaften oft den Ausgangspunkt für Auseinandersetzungen. Die beim Trinken erhitzten Gemüter sorgten für alle möglichen Konflikte, die vom bloßen Wortwechsel bis zur tödlichen Gewalttätigkeit reichen konnten. Das Schwurgericht war am 8. März 1876 »mit einem jener traurigen Fälle befaßt«, so hieß es in der Kölnischen Zeitung, »wo in Zank und Streit frevelhafte Hände sofort zum ersten besten Instrumente, sogar zum Messer greifen und zuschlagen und zustoßen, unbekümmert darum, ob der Gegner verstümmelt wird, ob ein Menschenleben zu Grunde geht«.

Die »Straße der Kneipen« lud zu einer »Reintour« ein.

Der Fall entrollte sich am 9. Oktober 1875 in einer Wirtschaft in der Christophstraße. Am Abend jenes Tages war dort der 43-jährige Kölner Holzschneider Werner Plien mit seinen beiden neunzehn und siebzehn Jahre alten Söhnen Johann Joseph und Eberhard zum Kartenspielen eingekehrt. Die beiden Wirtszimmer des Schenklokals waren gut besetzt. Während Vater Plien mit Johann Joseph im vorderen Zimmer Karten spielte, hielten sich der jüngere Eberhard und ein Freund von ihm, der Kölner Hubert Heiden, in der hinteren Stube auf.

Heiden wollte sich an einem Spiel beteiligen, wurde aber von dem Tagelöhner Theodor Orgeich und dem Droschkenbesitzer Friedrich Wendsch abgewiesen. Eberhard antwortete Wendsch mit einer beleidigenden Redensart und versetzte ihm, als Wendsch sich von seinem Sitz erhob, mit einem leeren Bierglas einen Schlag auf den Kopf, dass dieses in Stücke ging. Eines der Glasstücke warf Heiden dem Droschkenbesitzer ins Gesicht, sodass dessen Nase blutete. Bei der nun entstehenden

135

Rauferei erhielten Eberhard und sein Freund Unterstützung von Vater Plien und Johann Joseph, der Orgeich sofort am Hals ergriff und zu Boden warf. Nun aber wurden die drei aggressiven Pliens und Heiden unter Mitwirkung etlicher Gäste aus dem Lokal hinaus auf die Straße gedrängt.

Der Hutmacher Oskar Bernardt, der sich auch an der Hinausbeförderung der vier beteiligt hatte, geriet auf der Straße allein in deren Hände. Sie schleppten ihn am Kragen und an den Haaren in Richtung Gereonstor, wobei einer rief: »Er muß mit nach dem Wall!« Als nun zwei Männer hinzueilten, um Bernardt zu befreien, sahen sie, dass Johann Joseph Plien mit einem langen Messer weit ausholte und Bernardt mit aller Kraft einen Stich in den Rücken versetzte. Darauf rief dieser aus: »Ich bin gestochen, ich verblute!« Erst jetzt ließen die vier ihn los und flohen. Ihr Opfer starb am 14. Oktober an der schweren Verletzung.

Sie schleppten ihn am Kragen in Richtung Gereonstor.

Bei der Schwurgerichtsverhandlung stellte Johann Joseph Plien in Abrede, ein Messer gebraucht zu haben, sein Bruder Eberhard stritt eine Beteiligung an der Schlägerei ab, und Vater Plien wollte ohne sein Verschulden hineingezogen worden sein. Johann Joseph, der von den Geschworenen unter Annahme mildernder Umstände des ihm zur Last gelegten Verbrechens der vorsätzlichen Körperverletzung »mit tödtlichem Erfolg« für schuldig erachtet wurde, erhielt vier Jahre, sein Bruder und Heiden einige Monate Gefängnis. Vater Plien wurde freigesprochen.[1]

Zu einer ähnlichen Situation wie in der Christophstraße kam es einige Jahre später in der Gaststätte des Wirtes Pepinhege in Kalk. Dort sah sich am Abend des 14. Januar 1883 der Anstreicher Matthias Brendt zwei Kontrahenten gegenüber, nämlich dem Tagelöhner Wilhelm Thürmer und dem Metalldreher Franz Woßmann, mit dem er schon längere Zeit in Unfrieden lebte. Als er nun von Thürmer unwirsch aufgefordert wurde, aus dem Wirtshaus zu verschwinden, sprang er auf und schlug Thürmer mit einem Schnapsglas auf die Nase, was dazu führte, dass er aus dem Wirtshaus hinausbefördert wurde. Bald darauf verließen auch seine beiden Kontrahenten das Lokal und gingen in Richtung der Mülheimer Straße.

Unterwegs trafen sie erneut auf den an einer Tür stehenden Brendt, der es nun vorzog, Fersengeld zu geben. Bei der Verfolgung zog Woßmann ein Messer aus der Tasche und versetzte Brendt zwei Stiche in den Rücken. Dieser lief weiter und war plötzlich seinen Verfolgern entschwunden. Am anderen Morgen wurde seine Leiche in einem an der

Das frühere Zunfthaus
der Brauer in der Schildergasse, 1844.

Wipperfürther Straße gelegenen Garten aufgefunden. Sein Tod war infolge von Blutverlust eingetreten. Bei seiner Verhandlung Ende Mai 1883
gab der erst neunzehn Jahre alte Woßmann zu, Brendt die Messerstiche
zugefügt zu haben, bestritt jedoch eine Tötungsabsicht. Das Urteil des
Schwurgerichts lautete auf fünf Jahre Zuchthaus.[2]

Mit einem tödlichen Messerstich endete auch ein Konflikt, der in einer Wirtschaft Ecke Kartäuserwall und Brunostraße begann. Hier befanden sich am Abend des 19. März 1887 die Kölner Tagelöhner Jakob Olbertz und Nikolaus Held, die Fabrikarbeiter Gustav Frechen und Philipp
Steinborn sowie die Schreiner Johann und Theodor Tünnemanns. Bei
Bemühungen um die Gunst eines neben Letzterem sitzenden Mädchens
kam es zu Streitigkeiten, weshalb der Gastwirt Seffen gegen Mitternacht
Feierabend gebot. Als sich die Gäste entfernt hatten, wurde Johann Tünnemanns auf der Straße verfolgt und geschlagen. Von einem Messerstich
getroffen, brach er mit dem Ausruf »Gott helf!« auf dem Bürgersteig zusammen.

Unterdessen war sein Bruder Theodor herbeigeeilt, der nun seinerseits geschlagen und bis zur Ecktür der Wirtschaft von Seffen gedrängt
wurde. Als er dort hineinflüchten wollte, wurde die Tür von innen ver-

schlossen und er gleichzeitig von mehreren Personen an den Haaren zurückgerissen und zu Boden geworfen. Er trug nicht nur Schlag- und Trittverletzungen davon, sondern auch eine Stichwunde am Rücken. Beide Brüder fanden sich im Bürgerhospital wieder, aus dem Theodor Tünnemanns nach 15-tägiger Behandlungszeit wieder entlassen wurde. Sein Bruder Johann hingegen erlag am 27. März 1887 seinen Verletzungen.

Olbertz, Held, Frechen und Steinborn hatten sich wegen dieses Vorfalls Ende September 1887 vor dem Schwurgericht zu verantworten. Während Frechen freigesprochen wurde, verurteilte das Gericht den Haupttäter Olbertz zu neun Jahren Zuchthaus, Held und Steinborn zu zwölf und drei Monaten Gefängnis.[3]

Gastwirtschaft »Em Zucker-puckel«, Am Bollwerk / Ecke Große Neugasse, um 1900.

Die Neujahrsnacht 1895/96 verlief für die Kölner Eheleute Weiser, wohnhaft in der Kleinen Spitzengasse 10–12, und einige Gäste zunächst ganz friedlich. Man hatte noch Durst, und so gingen Frau Gertrud Weiser und ihre Schwester gegen zwei Uhr morgens zur Restauration Engels an der Ecke Perlengraben und Große Spitzengasse, um Bier zu holen. Als sie eine Stunde später noch nicht zurückgekehrt waren, machte sich Gerhard Weiser, der bis dahin noch sein Kind auf den Knien geschaukelt hatte, auf den Weg, um seine Frau zu suchen.

An der Restauration angekommen, sah er, dass zwischen zahlreich anwesenden Frauen ein Streit ausgebrochen war, in den auch seine eigene Frau und ihre Schwester verwickelt waren. Es ging um eine angeblich falsche Zeugenaussage der Schwester im Dezember vor dem Schöffengericht, die dazu geführt hatte, dass die Kölnerin Thelen wegen Verprügelns einer Kollegin für ein paar Tage ins Gefängnis sollte.

Als nun der Gastwirt Engels Feierabend gebot und »die ganze Schar der kreischenden Weibsleute« aus dem Lokal herausströmte, kam es draußen im Gewühl zu gewalttätigen Auseinandersetzungen. Frau Weiser erhielt dabei von dem 32-jährigen großen und kräftigen Schachtmeister Kaspar Dorf, der zur »Partei Thelen« gehörte, einen Schlag »mit einem armlangen Objekt« auf den Kopf. »Wer hät ming Frau geschlage?«, rief ihr Mann, der von einigen Frauen angegriffen wurde und nun auch mit Dorf aneinandergeriet. Von allen umringt und in Angst, von Dorf erschlagen zu werden, so gab Weiser später an, habe er sein Messer gezogen und um sich geschlagen, wobei der Schachtmeister schwer verwundet wurde. Die Verletzungen der Eheleute Weiser hielten sich in Grenzen, wie bei späteren ärztlichen Untersuchungen festgestellt wurde, während Dorf am 3. Januar 1896 nach einer Operation im Hospital verstarb.

Einige Monate später stand Gerhard Weiser vor dem Schwurgericht. Er hatte rund fünf Jahre lang zur Zufriedenheit seines Dienstherrn in einer Möbelschreinerei gearbeitet, »und wenn heute ein Arbeiter fünf Jahre auf einer Stelle bleibt«, so meinte sein Anwalt, »so ist das das beste Attest, welches man überhaupt einem solchen Manne ausstellen kann«. Obwohl die »Partei Thelen« vor Gericht geschlossen gegen die Weisers aussagte, kam Gerhard Weiser unter Annahme mildernder Umstände mit einem Jahr Gefängnis davon. Sein Anwalt hatte wegen Notwehr auf Freispruch plädiert.[4]

Mehrere Hölzer und eine Reifenzange

Eines ziemlich ungewöhnlichen Mordinstruments bediente sich der 32-jährige Dachdecker Heinrich Kirberger aus Ehrenfeld, als er am 5. April 1865 in einer dortigen Gaststätte auf den Maurer Hubert Dautzenberg traf. Differenzen zwischen den beiden wegen einer Bausache hatten zu einem Prozess und dazu geführt, dass Kirberger dem von der Ortsbehörde als durchaus friedliebend geschilderten Maurer gegenüber sehr feindselig gesinnt war. So ging Kirberger in der Gaststätte auch gleich von heftigen Worten zu Tätlichkeiten über. Dabei machte er von dem an seiner Seite an einem Riemen hängenden Dachdeckerhammer einen so verhängnisvollen Gebrauch, dass der Maurer mehrere heftige Schläge empfing, wovon einer die linke Seite des Unterleibes aufriss. Der Verwundete starb zwölf Tage später im Hospital. Unter Annahme mildernder Umstände wurde Kirberger mit vier Jahren Gefängnis belegt.[5]

Sehr brutal ging es am Abend des 27. Januar 1877 auch beim Wirt Bremm in der Follerstraße zu. Dieser befürchtete Ausschreitungen und eine Zerstörung seines Mobiliars, wenn ein bestimmter Gast, der Tagelöhner Johann Joseph Mondinalli, in die Gaststätte käme, mit dem er wohl nicht die besten Erfahrungen gemacht hatte. Auf Bitten des Wirtes holte der Fassbinder Peter Welter mehrere Hölzer und eine Reifenzange aus seiner Werkstatt, die man als Waffen gegen Mondinalli einsetzen könnte. Das längste und dickste der von Welter gebrachten Hölzer nahm   139

Komödienstraße. Blick von
der Trankgasse auf das
Hotel de L'Europe, um 1880.

der 26-jährige Fassbinder Johann Cremer an sich, der Reifenzange be-mächtigte sich der zwei Jahre jüngere Schreiner Peter Rang. Mit im Kom-plott war auch der Sandformer Johann Stephan Walburg.

Etwas später kam Mondinalli tatsächlich herein. In seinem Schlepp-tau befanden sich sein Bruder und ein weiterer Begleiter. Als ihnen Branntwein und Bier verweigert wurden, entbrannte eine handfeste Aus-einandersetzung, bei der Mondinalli von Walberg festgehalten und von Rang und Cremer mit deren Waffen derart geschlagen wurde, dass er am nächsten Tag seinen Schädelverletzungen erlag. Der Gerichtshof verur-teilte Cremer nach einer zweitägigen Verhandlung zu fünf Jahren Zucht-haus, Rang zu zwei Jahren und Walburg zu sechs Monaten Gefängnis.[6]

Viel Schabernack musste der Kölner Dienstmann Esser über sich er-gehen lassen, denn die Natur hatte ihm eine überaus große Nase ver-liehen. Eines Tages befand er sich im »Branntwein-Lokal« des Wirtes Schmitz in der Komödienstraße, als seine Nase wiederum für schlechte Witze herhalten musste. Esser fand das weniger lustig und geriet mit dem Steinhauer Odenthal in Streit, dem er ein Schnapsglas an den Kopf warf. Jetzt bahnte sich eine Rauferei an, die gerade noch verhindert werden konnte. Auf dem Heimweg wurde Esser in der Allerheiligenstraße von zwei Männern niedergerissen und zusammengeschlagen. Am folgenden Tag ins Hospital gebracht, starb er bald darauf. Odenthal konnte Anfang Dezember 1863 vor dem Kölner Zuchtpolizeigericht keine unmittelbare Schuld nachgewiesen werden, und so kam er mit sechs Monaten Gefängnis davon.[7]

Bei einer versuchten Tötung blieb es, als sich 1875 ein Zwischenfall in Ehrenfeld ereignete. Am Abend des 6. Dezember jenes Jahres waren infolge einer Streitigkeit in einer dortigen Wirtschaft zwei Schreinergesellen von mehreren Schreinermeistern vor die Tür gebracht worden. Daraufhin begaben sich die beiden in eine andere Gaststätte, in welcher der zwanzig Jahre alte Schreinergeselle Heinrich Rehmann zu finden war. Nachdem sie ihm den Vorfall erzählt hatten, bewaffnete sich Rehmann mit einem Kugelstock und einem geladenen Revolver und begleitete die beiden in die erste Wirtschaft. Dort ging er mit seinem Kugelstock herausfordernd auf und ab. Einer seiner Begleiter sagte: »Wir fürchten uns jetzt nicht, wenn es jetzt noch einmal losgeht, dann geht es anders wie vorher.«

Großer Unwille machte sich breit, als sich herausstellte, dass Rehmann einen Revolver dabeihatte. Nachdem er sich geweigert hatte, das Lokal zu verlassen, wurde er von mehreren Gästen, unter denen sich auch Peter Kettel befand, vor die Tür gesetzt. Hier entriss er sich den Händen seiner Widersacher, lief einige Schritte vorwärts, zog den Revolver aus der Tasche und schoss aus einer Entfernung von etwa zwanzig Fuß auf Kettel, ohne ihn zu treffen. Schon legte er zum zweiten Mal an, als ihm ein Bruder Kettels in den Arm fiel und einen weiteren Schuss verhinderte. Das Schwurgericht sprach eine zweijährige Gefängnisstrafe aus.[8]

Vom Leben der Nachtwächter

Dem in der Bayenstraße wohnhaften Färbermeister Wilhelm Baptist wurden in der Nacht vom 31. März auf den 1. April 1875 vom Speicher des hinter seiner Wohnung gelegenen Mangel- und Maschinenraums sieben Stück neuen Farbleinens gestohlen. Als die beiden Diebe ihre Beute forttragen wollten, wurden sie in der Bayenstraße von dem Oberwächter Karl Freudenau und dem Nachtwächter Johann Füllbier angehalten. Kaum hatte Freudenau sie angesprochen, legte einer der beiden eine Pistole auf ihn an. Freudenau konnte dem Schuss durch einen Schritt zur Seite ausweichen, doch der hinter ihm stehende Füllbier wurde tödlich am Kopf getroffen. Als nun Freudenau die in Richtung Bayentor Fliehenden verfolgte, die ihr Diebesgut zurückgelassen hatten, und bis auf wenige Schritte an sie herangekommen war, drehte sich der Schütze um und versuchte erneut, sich der Verfolgung des Oberwächters mittels der Waffe zu entziehen.

Zunächst entkamen die beiden Übeltäter, wurden aber später verhaftet. Die Tötung des Nachtwächters hatte für viel Aufsehen gesorgt. Bei den Festgenommenen handelte sich um zwei Kölner, die schon öfter mit dem Gesetz in Konflikt geraten waren und die meiste Zeit ihres Lebens hinter Gittern verbracht hatten: Der fünfundzwanzig Jahre alte Kellner Gottfried Braun, der in Verdacht geriet, derjenige gewesen zu sein, der Füllbier erschossen und Freudenau zu erschießen versucht hatte, sowie Theodor Breuer, zweiunddreißig Jahre, Schuhmacher. Ein dritter namens Paling, ein früherer Arbeiter des bestohlenen Färbermeisters, hatte ihnen durch seine Ortskenntnisse bei dem Diebstahl offensichtlich mit Rat und Tat zur Seite gestanden.

Während Paling spurlos verschwunden war, mussten sich Braun und Breuer Ende des Jahres 1875 vor dem Kölner Schwurgericht verantworten, wo sie jegliche Schuld leugneten. Sie traten ganz ungeniert auf, verteidigten sich »gewandt und in fließender Sprache« und zeigten, »daß sie mit den Strafgerichten nicht unbekannt« waren. Freudenau glaubte Breuer mit Sicherheit, Braun mit weniger Bestimmtheit wiederzuerkennen. Letzterer wurde auch durch seine eigene Mutter und seine Schwester belastet, die nach seiner Verhaftung geäußert hatten, dass er am Tod

Der um 1850 angelegte
Rheinauhafen, hier im
Jahr 1884.

des Nachtwächters Füllbier mit schuld sei. Braun hielt dagegen, dass viele, auch die Zeitungen, seine Täterschaft behauptet hätten, womit diese aber noch nicht erwiesen sei. Die Verteidigung der beiden Angeklagten versuchte, dem flüchtigen Paling die Hauptschuld zuzuweisen, doch auch diese Variante konnte die Geschworenen nicht von einer Schuldigerklärung der Angeklagten abhalten.

Der Vertreter des Öffentlichen Ministeriums beantragte gegen beide wegen des Diebstahls je zehn Jahre Zuchthaus und gegen Braun außerdem wegen Tötung eine lebenslängliche und wegen Tötungsversuchs eine fünfjährige Zuchthausstrafe. Der Assisenhof stimmte dem zu, änderte aber Brauns Einzelstrafen in lebenslängliches Zuchthaus um.[1]

Drei Jahre später kam ein ähnlicher Fall zur Verhandlung. Auf der Anklagebank des Schwurgerichts saß der 29-jährige Kölner Dachdecker Adolf Rörig. Ihm wurde zur Last gelegt, in der Nacht vom 9. auf den 10. Juni 1878 die Nachtwächter Göbel, Schlömer, Leinenkugel und Höffler vorsätzlich zu töten versucht zu haben.

In jener Nacht wurde der Angeklagte von Göbel und Schlömer infolge von Unfug und Ruhestörung, die Rörig zuerst in seinem Haus, dann

143

auf der Straße verübt hatte, festgenommen und dem Depot (Gefängnis) zugeführt. Auf dem Weg dorthin setzte er sich plötzlich zur Wehr, zog einen Revolver aus der Hosentasche und schoss aus geringer Entfernung. Schlömer hatte Glück: Die Kugel traf eine in der Herzgegend getragene Taschenuhr. Dann zielte er auf Göbel, dem er die Kniescheibe des linken Beins derart verletzte, dass eine Amputation des Beines vorgenommen werden musste. Rörig lief davon, begegnete aber den durch Signale aufmerksam gemachten Nachtwächtern Leinenkugel und Höffler. Wieder versuchte Rörig zu schießen, doch die Waffe funktionierte nicht. Er entkam und lief nach Haus, wurde aber bald darauf erneut festgenommen, wobei er bemerkte: »Das ist noch lange nicht der letzte; es kommen noch mehrere daran. Was ihr mir heute gebt, das bekommt ihr morgen wieder, und wenn ich es nicht thue, so thun es andere!«

In seiner Verhandlung gab Rörig an, die beiden erstgenannten Nachtwächter nicht zu treffen, sondern nur zu erschrecken beabsichtigt zu haben. Auch sei er sehr betrunken gewesen und könne sich nicht erinnern, auf Leinenkugel und Höffler gezielt und abgedrückt zu haben. Den Revolver habe er schon vor der Verhaftung mit sich geführt, so Rörig, um sich gegen einen ihm feindlich gesinnten Mitbürger verteidigen zu können. Er wurde von der Klage auf Tötungsversuch und Widerstandsleistung freigesprochen, dagegen wegen Körperverletzung zu fünf Jahren Zuchthaus verurteilt.[2]

Die mitunter schlecht ausgebildeten Nachtwächter waren aber nicht immer nur die armen Opfer. Im Gegenteil, oft waren gerade sie die Täter, die in pflichtwidriger Ausübung ihrer Amtsbefugnisse für Aufsehen sorgten; zum Beispiel durch grundloses Verprügeln nächtlich angetroffener Passanten. Als in einem solchen Fall einmal ein anderer Passant hinzukam und nach dem Grund für die Tätlichkeiten fragte, wurde auch er gleich verhaftet und unter der Anklage eines vermeintlichen tätlichen Widerstands vor Gericht gestellt. Erst in der nächsten Instanz konnte die Falschaussage des Nachtwächters entlarvt werden.

Grundloses Verprügeln nächtlich angetroffener Passanten.

Bei anderer Gelegenheit wurde der Kölner Schlosser Dohmen von zwei Nachtwächtern festgenommen, auf einem Karren zum Munizipalgefängnis gebracht und dort brutal zusammengeschlagen. Gestützt auf den offensichtlichen Meineid eines Gefängnistürschließers, versuchten die beiden Wächter, Kolleppel und Seiffart, die Sache so darzustellen, als sei Dohmen der Aggressor gewesen. Ihr Plan ging nicht auf und endete mit einer mehrmonatigen Gefängnisstrafe.[3]

Das 1860 fertiggestellte
Munizipalgefängnis in der
Spinnmühlengasse in einer
Darstellung von 1864.

Alles andere als vorbildlich führte sich auch der Oberwächter Wilhelm Ladwig, ein ehemaliger Soldat, an einem frühen Novembermorgen des Jahres 1884 auf. Die Kölnerin Anna Künzler, Austrägerin der Kölnischen Zeitung, war gerade unterwegs zu ihrer Arbeit, als sie von dem betrunkenen Ladwig als Herumtreiberin und Hure beschimpft und gewaltsam abgeführt wurde. Danach begab sich Ladwig schwankenden Schrittes in eine Gaststätte am Rothgerberbach, in der er mehrere Gäste beschimpfte und belästigte. Der Wirt Wilhelm Brandenburg rief einen Schutzmann herein, der Ladweg einigermaßen beruhigte. Letzterer war schon auf dem Heimweg, kehrte aber dann doch noch einmal in die Wirtschaft zurück. Bei einem bald aufflammenden Streit packte er nach Aussage des Wirtes einen Gast, warf ihn die Treppe hinunter auf die Straße und verprügelte ihn. Sein Verhalten an jenem Morgen kostete Ladwig ein Jahr Gefängnis. Außerdem durfte er drei Jahre lang kein öffentliches Amt mehr bekleiden.[4]

Reformierung des Nachtwächterwesens

Ein Nachtwächter war es auch, der einen geselligen Abend des Kölner Gesangsvereins »Arion« im Mai 1886 auf unerwartete Art ausklingen ließ. Der Verein hatte anlässlich des Singens bei einer Goldhochzeit als Anerkennung ein Fass Bier erhalten und beim Wirt Blier auf dem Eigelstein geleert, als der Vereinspräsident Oster zum Aufbruch mahnte. Kaum war man dabei, sich auf der Straße zu verabschieden, da war schon der Nacht-

wächter Kessner zur Stelle, der mithilfe seiner Pfeife andere Kollegen alarmierte. Kurzerhand wurde der ganze Gesangsverein wegen angeblicher
Ruhestörung festgenommen und abgeführt. Herr Oster bestand sogar
darauf, ins Präsidium gebracht zu werden, da er sich und seine Sanges-
jünger im Recht sah. Das Schöffengericht in der Rheingasse bestärkte ihn
in dieser Meinung, und der Gesangsverein feierte den Freispruch in einer
Lindlarer Wirtschaft »bei einem Glase Kölsch Wies«.[5]

Die Vorfälle rund um die Zunft der Nachtwächter häuften sich in dem Maße, dass in der Presse immer wieder unter der Rubrik der »Nachtwächtergeschichten« darüber berichtet wurde.[6] Ein Zeitungsschreiber meinte sogar, die Nachtwächterfrage sei zu einer »Stadtplage« geworden.[7] Die Kölner Gerichts-Zeitung bemängelte in einer Ausgabe des Jahres 1886, dass die Richter in vielen Fällen eher den Nachtwächtern Glauben schenkten, wenn deren Wort gegen das des »normalen Bürgers« stand, sodass es häufig zu fragwürdigen Freisprechungen von Nachtwächtern gekommen sei.[8] Mitunter wurden die Nachtwächter aber auch vor Gericht regelrecht vorgeführt und vom Publikum verlacht, wenn ihre Ausreden oder Falschaussagen zu offensichtlich waren.[9]

In Anbetracht der vielen Verfehlungen der Nachtwächter – einmal wurde sogar über eine versuchte Vergewaltigung durch zwei Ehrenfelder Nachtwächter berichtet[10] – hielt die Kölner Gerichts-Zeitung eine Reformierung des Kölner Nachtwächterwesens für dringend notwendig. Oft waren die Nachtwächter arme Handwerker, die neben ihrem Beruf eine weitere Einnahmequelle suchten. Diese Art von unqualifizierten Nachtwächtern, die immerhin mit fast unumschränkter Exekutivgewalt ausgestattet waren, sollte nach dem Dafürhalten der Gerichts-Zeitung durch »richtige Beamte« ersetzt werden, zum Beispiel durch Schutzleute. Deren Zahl sollte in dem Maße erhöht werden, so heißt es in dem Blatt, dass sie auch den Nachtdienst übernehmen könnten.[11]

»Maler Bock« vor Gericht, 1876

Der berühmte »Maler Bock«, eines der bekanntesten Originale der Domstadt des 19. Jahrhunderts, erblickte als Heinrich Peter Bock im Jahr 1822 in der Maximinenstraße das Licht der Welt. Schon als hoffnungsvoller Jüngling erregte sein fantastisches Auftreten die allgemeine Heiterkeit bei Groß und Klein. Beim Militär war man froh, ihn schnell wieder loszuwerden, da er die ganze Schwadron närrisch zu machen drohte. Eines seiner Markenzeichen war seine Schuhmode: Bisweilen trug er am linken Fuß einen Pantoffel und am rechten einen Gummistiefel mit Reitersporn. Der Sporn war eine Erinnerung an seine kurze Militärzeit als »ehemaliger leichter Kavallerist«.

Wenn dieser »Freund der Straßenjugend und aller barmherzigen Menschen« mit verwelkten Blumensträußchen durch die Straßen Kölns stolzierte, hatte er das Publikum auf seiner Seite, obwohl und auch gerade weil er oft donnernd über das »Bürgerpack« loszog. Mitunter hörte man ihn unter freiem Himmel Vorträge über die Malerkunst halten, deren bevorzugter Jünger er war, ohne je einen Pinselstrich getan zu haben. Auch im 1861 eingeweihten Wallraf-Richartz-Museum gab Bock seine Weisheiten über die Kunst preis, was dazu führte, dass er dort Hausverbot bekam.

Hausverbot für den Kunstkenner.

In einer kleinen Schrift, die anlässlich seines Todes 1878 erschien, heißt es: »Bock war weder ein Genie, nicht einmal ein verbummeltes, noch ein Maler – er schmierte höchstens gutherzige Menschen, aber keine Leinwand an –, er war ein arbeitsscheuer Müssiggänger, aber er verstand es, auf geniale Art, ohne Heim, ohne Geld, ein Rentnerleben zu führen, und das einzige Capital, von dem er zehrte, waren seine Nerven von Stahl.« Hin und wieder stand »Maler Bock« auch vor Gericht – wegen »verübter Scandale, wegen kleiner Renkontres mit den Wächtern der Nacht, wegen Nichtbeschaffung eines festen Domicils, aber niemals wurde ihm ein Uebergriff in fremdes Eigenthum zur Last gelegt«.[1]

Dass er auch diese Gelegenheiten nutzte, um sich gebührend in Szene zu setzen, zeigt eine Verhandlung des Zuchtpolizeigerichtes im Herbst 1876. Alle Augen waren auf ihn gerichtet, so berichtete die Kölnische Zeitung, als er in »gravitätischer Haltung« seines Schicksals harrend vor der

»Maler Bock« mit Blumen-
strauß, unterschiedlichen
Schuhen und »Nerven aus
Stahl«.

Anklagebank stand und »seine Blicke mit stolzer Verachtung über die
neugierige Menge schweifen ließ«. Er hatte gegen ein Urteil des Polizei-
gerichts Berufung eingelegt, durch das er zu einer mehrwöchigen Haft
und zur »Ueberweisung an die Landespolizei« verurteilt worden war,
weil er es versäumt hatte, der Polizeibehörde die Beschaffung einer festen
Unterkunft zu melden.

Auf die Frage nach seinem Beruf gab Bock »Bilder-Restaurateur« an;
vorher sei er Glasmaler gewesen, bemerkte er mit großer Emphase, das
habe er aber »in Folge von Verfolgungen dran geben müssen«. Als Bock
angab, mit Blumensträußen gehandelt zu haben, die er »ehrlich« erstan-
den habe, brach das Publikum zum ersten Mal in lautes Lachen aus, denn

149

Bock war bekannt dafür, dass er sich gern »ausgediente« Sträuße schenken ließ, um sie dann für seine Zwecke weiter zu nutzen. Es kam auch vor, dass er mit einem Blumenstrauß auf einer Feier erschien, sich dort am Essen und Trinken erfreute und dann den Strauß wieder mitnahm, um damit auf die nächste Feier zu gehen.

Armseliges Volk!

Auch über seiner Konfession gab Bock Auskunft: »Ich bin doppelt katholisch, ich bin viel in die Kirche gegangen, das ist schuld daran, daß ich nicht geteilt worden bin.« Nachdem er seine Freunde aufgezählt hatte, alles »Personen aus den ersten Kreisen der Gesellschaft«, sagte er, zum Gerichtspräsidenten gewandt: »Ich bin sehr fleißig gewesen, ich habe den Fuhrmännern die Geschirre angestrichen, dann habe ich Schwerter gemacht; auch habe ich einen chemischen Kalk erfunden, die Kalksteine habe ich so an meine Freunde verschenkt. Auch war ich in Deutz als Brunnenarbeiter. Sehen Sie, Herr Präsident, wie ich mir an einem Steine den Daumen gequetscht habe. Aber ich habe den Arzt nicht gebraucht, da war ich zu stolz zu!« Dem lachenden Publikum zischte er über die Schulter zu: »Armseliges Volk!« Auch seine Äußerung, dass es ihm »sehr empfindlich« (peinlich) gewesen sei, als er einmal ein Glas Wein ausgegeben bekommen habe, sorgte für allgemeine Heiterkeit, die der allzeit durstige »Maler Bock« mit einem langen verächtlichen Blick quittierte.

Das Gericht lehnte die eingelegte Berufung ab, worauf Bock kopfschüttelnd den Saal verließ und unter Begleitung vieler Neugieriger, denen er ab und zu einige Schmeicheleien zukommen ließ, zum Gefängnis zurückgebracht wurde.[2]

Das Delikt der Kindstötung und -misshandlung

In Dansweiler hatten seit Oktober 1875 Gertrud Jünger und ihre Tochter, die bereits Witwe von Franz Esser war, gemeinsam das im Juni 1875 in Köln geborene Kind einer Dienstmagd in Pflege, die sich wegen ihrer Arbeit nicht um das Kind kümmern konnte. Als dieses plötzlich am 27. November 1875 starb und festgestellt wurde, dass eine Vergiftung durch Arsenik vorlag, gerieten die beiden unter Verdacht. Die Tochter hatte die Dienstmagd wiederholt zu überreden versucht, das Kind reichen Leuten gegen eine erhebliche Geldsumme abzugeben, von der ihr, der Tochter, für ihre Vermittlung ein nicht geringer Teil zufallen sollte. Nach Ansicht der Dienstmagd, die auf diesen Vorschlag nicht einging, war der Ärger über den entgangenen Gewinn für die »boshafte« Tochter das Motiv für die Tat. Das Kölner Schwurgericht sprach Frau Jünger frei, ihre Tochter hingegen wurde der vorsätzlichen Tötung des Kindes für schuldig erklärt und zu zehn Jahren Zuchthaus verurteilt. Die Verurteilte hatte sich offensichtlich einer stark arsenikhaltigen bräunlichen Masse bedient, die von ihrem verstorbenen Mann Franz Esser als Farbmaterial beim Anstreichen benutzt worden war.[1]

Noch härter, nämlich mit fünfzehn Jahren Zuchthaus, wurde die 21-jährige Näherin Elise Blatzheim aus Bickendorf bestraft, die dort im November 1881 ihr am 5. Mai desselben Jahres unehelich geborenes Kind Maria vergiftet hatte. Zuvor war sie von dem Vater des Kindes verlassen worden. Sie hatte in einem Materialwarengeschäft in Ehrenfeld Vitriol-Öl gekauft und goss dem Kind »einen kleinen Teil des schrecklich wirkenden Oeles in den Mund, während ein anderer Teil über das Gesicht und ferner in die Bekleidungsstücke und das Bettchen des Kindes lief; das Gesichtchen sowie die letztern Gegenstände verbrannten und die beklagenswerte Kleine starb nach 11/2–2 Stunden eines qualvollen Todes.«[2]

Sie hatte in einem Materialwarengeschäft Vitriol-Öl gekauft.

Verlassen und von ihrem Geliebten finanziell nicht unterstützt wurde auch die 22-jährige Dienstmagd Emilie Tegetthoff. Nachdem die junge

Frau am 13. März 1888 in der Kölner »Hebammen-Anstalt« Mutter geworden war, stand sie nun auf der Straße, »zu bange nach Hause zu gehen, denn ihrem alten Vater wollte sie die Schande nicht anthun«. Es glückte ihr, eine Anstellung als Amme in der Familie eines Kölner Rechtsanwaltes zu finden, doch das Geld reichte nicht, um den finanziellen Forderungen der Pflegerinnen ihres Kindes gerecht zu werden. Am 6. Juni 1888 kaufte die verzweifelte Mutter in einer Apotheke Chlorkali, von dem sie annahm, dass es geeignet sei, »ihr Kind in ein besseres Jenseits befördern zu können«. Im letzten Moment wurde sie daran gehindert, dem Kind die in die Flasche vermischte Substanz einzuflößen.

Vor Gericht wurde auch der Vater des Kindes verhört, der zugeben musste, der Dienstmagd trotz wiederholter Bitten keine Unterstützung zukommen gelassen zu haben, womit er sich bei den Zuschauern im Gerichtssaal nicht gerade beliebt machte: »Eine Strafe konnte ihn ja gesetzlich nicht treffen, aber die höhnischen Blicke und Bemerkungen des anwesenden Publikums, welches für gewisse Dinge und Subjekte einen scharfen Blick hat, mögen den zweifelhaften Helden keineswegs erbaut haben.« Das Urteil gegen Frau Tegetthoff lautete auf ein Jahr Gefängnis. Ihr Kind starb später im Kölner Waisenhaus.[3]

Wegen Kindesmisshandlung stand im Juli 1887 das Ehepaar Margarethe und Albert Clever vor Gericht. Es hatte fünf Kinder, von denen eines, die 1879 geborene Maria Schiesberg, nicht aus dieser Ehe stammte. Vielleicht war das der Grund, warum gerade Maria über Jahre hinweg ein Opfer von Gewalt wurde. Ein Vermieter, in dessen Haus in Poll das Ehepaar 1884/85 wohnte, sagte aus, dass die kleine Maria fast jeden Tag Schläge erhalten habe und einmal an einem frühen Dezembermorgen halb nackt in der Kälte eine Stunde zum »Spazieren« an den Rhein geschickt worden sei. Auch soll das Kind in der Winterkälte eine ganze Nacht in der Waschküche eingesperrt gewesen sein und zudem öfter blutige Stellen aufgewiesen haben.

Apotheke auf dem Alter Markt, 1903.

Nachdem die Clevers von Poll nach Deutz in die ehemalige Pferdchensgasse 1 umgezogen waren, wurde die im selben Haus gleich nebenan wohnende Wäscherin Kuhl Zeugin davon, wie das Kind bei Wasser und Brot über längere Zeit allein gelassen wurde. »Ich darf die Thür nicht aufmachen«, sagte es zu Frau Kuhl, die ihm etwas zu essen reichen wollte, »sonst krieg ich Schläge.« Ein anderes Mal, so Frau Kuhl, als ein lauter Schrei des Kindes zu hören gewesen sei, habe sie durchs Schlüsselloch geschaut und gesehen, wie Frau Clever »ein glühendes Stocheisen aus dem Ofen nahm und damit das Kind auf Backen und Arm brannte«. Sofort habe sie die Mutter zur Rede gestellt. »Und wenn ich«, habe Frau Clever wütend geantwortet, »das Kind kaput mache! Was geht Sie das Kind an! Ich erziehe das Kind, nicht Sie!«

Gleich nach der von einer anderen Nachbarin erstatteten Anzeige gegen die Clevers wie auch später vor Gericht war aus Maria nichts herauszubekommen, da sie offensichtlich von ihren Eltern gründlich »instruiert« worden war. Das Gericht sah es letztendlich nicht als eindeutig erwiesen an, dass Frau Clever mit dem glühenden Eisen gegen ihre Tochter vorgegangen sei, sonst hätte der Gerichtshof eine Gefängnisstrafe von fünf Jahren für notwendig erachtet. Stattdessen wurde Frau Clever zu neun Monaten Gefängnis verurteilt und ihr Mann freigesprochen.[4]

Während zwei Jahre später auch Gertrud Schumacher aus Ensen wegen Misshandlung ihrer vierjährigen Stieftochter noch mit einem ähnlichen Strafmaß davonkam, fiel das Urteil der Kölner Strafkammer vom Mai 1890 gegen die in Müngersdorf wohnende Ehefrau von Joseph Hecker mit drei Jahren Gefängnis schon wesentlich schärfer aus.

Die Eheleute Hecker hatten früher in Meseritz in der Provinz Posen bei den Eltern des Mannes gelebt. Sie hatten drei Kinder, von denen das jüngste, Paul, damals noch keine zwei Jahre alt war. Schon in Meseritz war der kleine Paul häufig Schlägen seiner Eltern ausgesetzt. Er machte oft ins Bett, und die Mutter versuchte nun, ihn »von dieser bösen Angewohnheit durch Mißhandlungen zu kurieren«. Von seiner Frau aufgehetzt, ließ sich Joseph Hecker, wenn er müde von seiner Tagelohnarbeit nach Hause kam, hinreißen, den »eigensinnigen« Sohn gewalttätig zu maßregeln.

Dann hielt sie höhnend ein Tuch gegen das Fenster

Als die Heckers 1889 nach Müngersdorf umgezogen waren, lag Paul die meiste Zeit des Tages entkräftet in seinem Bett. Einer der Nachbarn, die des Öfteren klatschende Schläge und ein Wimmern hörten, sagte vor Gericht aus: »Wenn die Frau Hecker auf das Kind los schlug, dann schimpf-

153

te sie: Du Aas, Du Biest! Wenn ich dann an das Fenster trat, um hinein-zusehen, was sie mit dem armen Kinde anfange, dann hielt sie höhnend ein Tuch gegen das Fenster.«

Auf eine Anzeige hin wurde ein Arzt aus Ehrenfeld in die Wohnung der Eheleute gesandt, um den »Thatbestand« festzustellen. »Ich fand das Kind in einem wahrhaft erbarmungswürdigen Zustande vor«, bekunde-te der Arzt, »es lag in seinem Bettchen, abgemagert bis zum Skelett, keine Spur von Fleisch war vorhanden auf den Knochen, drei Knochenbrüche constatirte ich bei dem Kinde, nämlich einen Bruch des Oberkieferkno-chens, einen Bruch des linken Vorderarmes und einen Bruch des rechten Oberschenkels.«

Nach der Inhaftierung der Eltern lieferte man Paul ins Bürgerhospi-tal und die beiden anderen Kinder ins Waisenhaus ein. Eine »tiefe Bewe-gung« entstand im Gerichtssaal, als der kleine Paul von einem Wärter des Hospitals, auf einem Kissen ruhend, hineingetragen wurde. Dank der Pflege im Hospital war er auf dem Wege der Besserung. Die Knochen-brüche waren kunstgerecht geheilt, »so daß das Gericht bei Besichtigung des Kindes zu der Ueberzeugung kam, daß eine erhebliche Entstellung der

Gesichtszüge nicht vorliege.«[5]

Tödliche Schüsse in der Innenstadt

Der 21-jährige Schustergeselle Martin Bergrath, geboren in Münstereifel und wohnhaft in Köln, hatte seit einiger Zeit mit der Näherin Katharina Meyer, die mit ihrer verwitweten Mutter in der damaligen Weingartengasse (bei: An St. Agatha) wohnte, Bekanntschaft geknüpft. Über die Woche holte er sie von der Arbeit ab, und sonntags abends trafen sie sich in der Regel in der Tanzschule Bock auf der Burgmauer. Die Witwe Meyer, die Anfang Mai 1877 von dem Verhältnis erfuhr, war wenig begeistert davon und untersagte ihrer Tochter, sich weiterhin mit Bergrath zu treffen. Auch ihm selbst erklärte sie am Pfingstsonntag, dem 20. Mai 1877, dass ihr sein Umgang mit ihrer Tochter unangenehm sei. Katharina versprach, der Abmahnung ihrer Mutter Folge zu leisten, und versicherte ihr, als sie einige Abende später wieder mit Bergrath gesehen worden war, dass sie sich von ihm getrennt habe.

Am Sonntagabend, dem 27. Mai, war wieder Tanzstunde. Sehr zornig äußerte Bergrath hier einem Bekannten gegenüber, »es stimme nicht mit ihm und dem Mädchen, dieselbe wolle nicht mit ihm gehen. Sie habe ihm gesagt, er sei ihr zu klein.« Bei seinem baldigen Verlassen des Tanzlokals rief er Katharina noch zu: »Entweder falle ich oder du, deine Mutter wollte dir die Todesdecke auf den Kopf drücken, aber ich werde sie dir aufdrücken.« Die Umstehenden hielten die Drohung für einen Scherz und lachten darüber.

> *Entweder falle ich oder du.*

Entgegen seiner sonstigen Gewohnheit verließ Bergrath am nächsten Tag schon um neun Uhr morgens seine Arbeit. Nach einem Besuch bei einem Freund, dem Schuster Grüß, kaufte er sich in der Streitzeuggasse im Laden des Büchsenmachers Jansen eine doppelläufige Pistole nebst Zündhütchen und etwas Pulver. Kugeln waren nicht vorrätig, Bergrath besaß aber noch zwei davon. Jansen musste ihm auf sein Ersuchen jeden Lauf mit Pulver und Papierpfropfen laden. Später lud Bergrath noch den linken Lauf mit einer der Kugeln. Dann begab er sich wieder zu Grüß, dem er vorher erzählt hatte, er wolle sich eine Pistole kaufen, um damit auf der nächsten Kirmes schießen zu können. Die beiden gingen nun durch die Stadt. Am späten Nachmittag befanden sie sich vor dem Severinstor. Hier feuerte Bergrath drei Mal den rechten Lauf seiner Pistole ab, 155

wobei er zuletzt die zweite Kugel geladen hatte. Die Aufforderung von Grüß, auch mit dem geladenen linken Lauf zu schießen, lehnte Bergrath mit der Bemerkung ab, »er wolle sich die Kugel verwahren und dieselbe zu Hause in ein Brett schießen«. Dann lud er den rechten Lauf wieder mit Pulver und versuchte auf dem Rückweg in die Stadt mehrere Male, Steine in den Lauf zu stecken, fand aber keine passenden.

Auf Geheiß Bergraths, der den ganzen Tag seinen Sonntagsanzug trug, blieben die beiden gegen zwanzig Uhr an der Ecke Hohe Straße und Brückenstraße stehen, um auf Katharina Meyer zu warten, die ganz in der Nähe arbeitete. Als sie vorbeikam, beachtete sie Bergrath nicht, der sich zu der Äußerung hinreißen ließ, sie sei »falsch«. Schon vorher hatte er zu Grüß gesagt: »Ehe er das Mädchen laufen lasse, spiele er demselben einen Streich, daß die Kölner Mädchen sagen sollten, da hat der dumme Bauernjunge einen Streich gespielt, der war nicht schlecht.«[1]

Der kleine Mann und die Pistole

An der Ecke der früheren Blindgasse (im Verlauf der heutigen Cäcilienstraße), ganz in der Nähe des Meyer'schen Wohnhauses, stellte sich Bergrath erneut auf, um Katharina abzupassen, die noch woanders hingegangen war. Nach einer Weile kam sie mit einer befreundeten Näherin durch die Blindgasse, und wieder ignorierte sie Bergrath. Ihre Mutter erwartete sie schon vor ihrem Haus, wo sie noch eine Weile stehen blieben. Eine

156

Nachbarin zeigte auf Bergrath und fragte Katharina, »wer der kleine Mann sei«, worauf sie antwortete, er gehe ihr nach, sie wolle aber nichts mit ihm zu tun haben.

Katharina war gerade im Begriff, mit ihrer Mutter ins Haus zu treten, als Bergrath, der die Frauen die ganze Zeit beobachtet hatte, plötzlich schnellen Schrittes auf sie zutrat und aus unmittelbarer Nähe einen Schuss aus dem scharf geladenen linken Lauf seiner Pistole auf Katharina abfeuerte. Sie brach zusammen und starb an Ort und Stelle. Gleich darauf hielt sich Bergrath die Waffe vor den geöffneten Mund und schoss aus dem anderen Lauf, seine Verletzungen waren aber nur gering.

Vor dem Schwurgericht bestritt Bergrath, eine mörderische Absicht gegen seine frühere Freundin gehegt zu haben. Den tödlichen Schuss wollte er »in anhaltender Erregung, die durch das angeblich neckische Verhalten der Meyer, insbesondere am fraglichen Abend vor ihrem Hause, zur Verwirrung gesteigert worden sei«, abgefeuert haben. Die Geschworenen sahen es als nicht erwiesen an, dass Bergrath »mit Ueberlegung« gehandelt habe, woraufhin er zu fünf Jahren Gefängnis verurteilt wurde.[2]

Einen anderen Ausgang nahm ein tragischer Zwischenfall 1889 in der Mittelstraße. Der frühere Kölner Nachtwächter Assenmacher, der von seiner Frau getrennt lebte, griff diese am Morgen des 2. Juli in einem Anfall von Eifersucht an und schoss ihr ohne jeden weiteren Wortwechsel eine Kugel in die linke Schläfe. Die Anwohner riefen sofort die Feuerwehr, und binnen zwei Minuten »rasselte der bekannte Wagen unserer flotten Wehr heran«, hieß es in der Kölnischen Zeitung,

Werbung für Revolver in einer Ausgabe der Kölnischen Zeitung von 1878.

die weiter berichtete: »Der Mörder, feige wie es alle Leute seines Schlages sind, ergriff sofort die Flucht. Eine große Menschenmasse folgte dem Flüchtling, der durch die Mittelstraße, Benesisstraße und kleine Brinkgasse eilte und stets mit dem Revolver die folgende Menschenmenge bedrohte. In der kleinen Brinkgasse eilte der Mörder in den Flur eines Hauses und schoss sich hier eine Kugel durch den Kopf.«

Während die Presse in diesem Artikel vom Tode der Frau Assenmacher ausging, berichtete sie am 4. Juli 1889, dass sie, wenn auch schwer verletzt, noch lebte. Ihr Mann war auch nicht gleich, sondern einen Tag nach der Tat im Hospital gestorben.[3]

157

Fälle von versuchter Tötung

Der Kölner Joseph Pesch war mehrere Jahre hindurch in der Zuckerraffineriefabrik »von Rath und Bredt« als Maschinist beschäftigt. Als der Fabrikinspektor Paul Bögel merkte, dass Pesch nicht mit den Anfang 1877 neu angeschafften Maschinen zurechtkam, stellte er einen besser ausgebildeten Maschinisten ein, neben dem Pesch ohne Lohnschmälerung als Maschinenwärter im Dienst blieb. Pesch wurde indes immer feindseliger und erwies sich mehr und mehr als für den Maschinendienst ungeeignet. Obwohl die Fabrikleitung eine Entlassung Peschs beabsichtigte, wollte ihm Inspektor Bögel noch eine Chance geben und übertrug ihm im Mai 1877 den Posten des Oberheizers im Kesselhaus. Auch hier erhielt Pesch, der nun drei Heizer unter sich hatte, den gleichen Lohn, und dennoch war er dem Inspektor gegenüber nicht wohlgesinnt.

Als dieser in der Nacht vom 28. auf den 29. Mai 1877 in das Maschinenhaus trat, sah er Pesch in einer Nische stehen. Auf Bögels Fragen, was er im Maschinenhaus mache und warum die Maschinen so schlecht liefen, bat Pesch ihn, er möge mit ihm ins Kesselhaus gehen. Dort zog Pesch die Tür zu und redete Bögel ruhig an: »Wer ist schuld, daß ich ins Stochloch gekommen bin?«

> *Wer ist schuld, daß ich ins Stochloch gekommen bin?*

»Daran ist Niemand schuld«, erwiderte Bögel, »ist doch egal, ob du hier oder da arbeitest!« Nun schrie Pesch dem Inspektor barsch entgegen: »Ich will Ihnen sagen, wer hieran schuld ist, Sie, Hund, verdammter! Unter meinen Armen müssen Sie sterben!« Mit diesen Worten stieß er ein Messer, das er bis dahin in der rechten Hand gehalten hatte, gegen die linke Brustseite Bögels. Dieser ergriff die Hand Peschs und versuchte, ihn zurückzudrängen. In diesem Moment kam ein Heizer hinzu und ging dazwischen. Pesch floh aus der Fabrik, konnte aber noch in der gleichen Nacht verhaftet werden. Als ihm ein Schutzmann vorhielt, Bögel sei an den Folgen des Messerstichs gestorben, was aber nicht stimmte, entgegnete Pesch, der Fabrikinspektor habe ihn und seine Familie unglücklich machen wollen, und deshalb sollte er sterben.

In seiner Verhandlung am 15. November 1877 behauptete Pesch, in betrunkenem Zustand gehandelt und eine Verletzung oder Tötung Bögels

nicht beabsichtigt zu haben. Die Geschworenen gestanden ihm zu, die Tat nicht »mit Ueberlegung« ausgeführt zu haben. Das Urteil wegen Tötungsversuchs lautete auf vier Jahre Gefängnis.[1]

Assisensaal im Justizgebäude am Appellhofplatz, nach 1893.

Das Urteil gegen Pesch fiel in eine Schwurgerichtsperiode, die ungewöhnlich lange dauerte, nämlich vom 22. Oktober bis 6. Dezember 1877, wobei insgesamt achtundvierzig Fälle zur Verhandlung gekommen waren. Von den einundsiebzig Angeklagten waren lediglich sechs weiblichen Geschlechts. Einer von zehn Freigesprochenen war der Tagelöhner Paul Linden aus Poll. Er stand am 30. November 1877 unter der Anklage vor Gericht, ein Jahr zuvor den erst im Juni 1877 tot im Rhein aufgefundenen Friedrich Karl Klein, Werkführer einer Fabrik in Kalk, ermordet zu haben. Der Angeklagte, der wegen einer wiederholten Entlassung einen Hass auf den Werkführer hatte, wurde aber von den Geschworenen nur mit einfacher Stimmenmehrheit für schuldig erklärt, worauf seitens des Gerichtshofs der Freispruch erfolgte.[2]

Die letzte Verhandlung in jener langen Schwurgerichtssession fand unter Ausschluss der Öffentlichkeit statt. Der Präsident dankte zu Beginn den Geschworenen für ihre »Ausdauer und Pünctlichkeit« sowie auch für

159

»die Intelligenz, mit der sie ihre Sprüche« bis dahin gefällt hätten. Als Angeklagter wurde der 41-jährige Hausdiener Franz Peter Joseph Clemens, geboren in Gereonsweiler und wohnhaft in Köln, vorgeführt. Er war beschuldigt, am 25. Mai 1877 seine Frau Helene, geborene Schlösser, durch Gift vorsätzlich zu töten versucht »und diesen Versuch durch Handlungen, welche einen Anfang der Ausführung enthalten, bethätigt zu haben«. Die Geschworenen erklärten Clemens für schuldig, worauf der Gerichtshof ihn zu zehn Jahren Zuchthaus verurteilte, was zugleich die höchste Strafe in jener Gerichtsperiode war.[3]

Wutanfall in einer Ziegelei bei Höhenberg

Zu einem weiteren Tötungsversuch kam es schon im folgenden Jahr. Der Ziegelmeister Adolf Schiefer betrieb in dem »zu den Festungsbauten gehörigen Zwischenwerke Nr. 20« bei Höhenberg eine Ziegelei. Zu seinen Arbeitern gehörten auch sein Bruder Jakob sowie der Tagelöhner Dionysius Weber aus Gleuel. Am 8. Juli 1878 waren diese beiden und ein junger Neffe Webers an einem Wortwechsel über das Loshauen des für die Ziegelfertigung erforderlichen Lehms beteiligt. Nachher stellte Adolf Schiefer den Neffen wegen seines angeblich streitlustigen Verhaltens zur Rede und gab ihm einige Ohrfeigen. Auf dessen Geschrei eilte Weber in angetrunkenem Zustand herbei, fasste Schiefer am Hals und sagte: »Wie kannst du meinen Schwesterjungen schlagen; du mußt sterben.« Schiefer riss sich aber los und ging in seine Unterkunft.

Aufgebracht und damit drohend, Adolf Schiefer zu töten, kam Weber in die Unterkunft der Arbeiter. Einer von ihnen sagte ihm, dass der anwesende Jakob Schiefer eigentlich an dem Streit schuld gewesen sei, worauf sich der Zorn des Gleuelers nun auf diesen richtete. Er griff Jakob Schiefer an, schlug ihn ins Gesicht, warf ihn über eine Sitzbank und trat ihn verschiedene Male auf die Brust. Nur mit Mühe gelang es, den Rasenden einigermaßen zu beruhigen.

Er war noch nicht lange wieder zu seiner Arbeit zurückgekehrt, als Weber sich zu einem Verschlag begab, in dem ein »zum Zwecke der Tödtung eines Hundes« scharf geladenes Gewehr verwahrt war, das er wenig später Adolf Schiefer auf die Brust setzte. Als dieser verzweifelt versuchte, den Lauf abzuwehren, betätigte Weber den Abzug, der Schuss ging aber nicht los. Darauf wurde dem Angreifer das Gewehr abgenommen. Weber wurde wegen »Mißhandlung« Jakob Schiefers und wegen der versuchten Tötung zu einer Gesamtgefängnisstrafe von drei Jahren und einem Monat verurteilt.[4]

Eigentlich schien am Abend des 16. Januar 1888 der Dienst für den Kölner Schutzmann Halbsguth ganz angenehm zu verlaufen. Er stand Posten in der Schildergasse, Ecke der Herzogstraße, als ein Bekannter zu ihm kam und ihn zu einem Bier einlud. Halbsguth schlug das Angebot aus, da er im Dienst war.

Kaum war der Bekannte weg, kam der 42-jährige Kölner Johann Scheidtweiler auf ihn zu, der weitaus unehrenhaftere Absichten hegte. Er zog eine Pistole, die er tags zuvor beim Altwarenhändler Simons in der Poststraße gekauft hatte, aus seiner Rocktasche und schoss auf den Schutzmann. Dabei platzte jedoch der Lauf der alten Pistole wegen zu starker Pulver- und Schrotladung. Obwohl der Beamte von mehreren Schrotkörnern im Gesicht getroffen wurde, stürzte er sich auf den Angreifer, brach dann aber besinnungslos zusammen.

Scheidtweiler, ein dem »Trunke ergebener Mensch«, war in weiten Kreisen auch als »Geck-Hänneschen« bekannt. So war er ganz aus dem Häuschen, wenn er Soldaten mit klingendem Spiel durch die Straßen ziehen sah. Wie ein Schulbube tanzte er dann vor der Musik her und zeigte den Ausdruck höchster Freude. Ein Bekannter wusste zu berichten, dass Scheidtweiler

Das Geck-Hänneschen en der Loosch.

schon verschiedene Male »en der Loosch« (Gummizelle) gesessen hätte. Gearbeitet hatte er fast nie. Seine Frau sorgte durch ihre Einkünfte als Prostituierte und Stundenfrau in Restaurants für seinen Unterhalt, was aber aufhörte, als sie wegen eines Diebstahls für drei Jahre ins Gefängnis musste. Immer wieder fand er sich vor Gericht wieder, wenn er wegen groben Unfugs, Widerstands gegen die Staatsgewalt, Beamtenbeleidigung, Sachbeschädigung oder Körperverletzung aufgefallen war. Sein Hass auf Halbsguth resultierte aus einer Verhaftung im September 1887 in der Schildergasse. Der Schutzmann hatte das »Geck-Hänneschen« wegen Trunkenheit und Widerstandsleistung abführen müssen, und der Verhaftete war zu einer sechswöchigen Freiheitsstrafe verurteilt worden.

Wegen des Attentats auf den Schutzmann vor Gericht gestellt, behauptete Scheidtweiler, er habe die Waffe gekauft, um sich aus Lebensüberdruss zu erschießen. Die Geschworenen bejahten die Frage des vorsätzlichen und mit Überlegung ausgeführten Mordversuchs, worauf der Gerichtshof eine zehnjährige Zuchthausstrafe verhängte.[5]

Am 14. Juli 1897 trat der 1873 geborene Heinrich Fleischer aus Sinzig eine Stelle als Gehilfe im Friseurgeschäft von Jean Kurth in der Severinstraße 231 an. Die neue Stelle sagte ihm nicht zu, so Fleischer, weil ihm »ein nicht properes Zimmer zum Schlafen« angewiesen worden sei. Hinzu kam noch die Anweisung Kurths, dass der Lehrling ein Bett mit Flei-

161

scher teilen sollte, was diesem nicht recht war und ihn dazu bewog, schon am 28. Juli 1897 wieder zu kündigen. Nun sollte Fleischer wegen seiner Kündigungsfrist noch zwei Wochen in dem Salon bleiben, doch schon nach fünf Tagen wurde ihm fristlos gekündigt, weil er angeblich ihm nicht zustehendes Trinkgeld einbehalten habe. Um nachzuweisen, dass ihm das Trinkgeld sehr wohl zugestanden habe, ging Fleischer vor das Gewerbegericht und das Innungsschiedsgericht, doch seine Eingabe blieb erfolglos.

Den Samstagabend, 7. August 1897, verbrachte der innerlich immer noch aufgebrachte Fleischer mit Spazieren und Trinken. Er führte in der Tasche einen Revolver mit sich, den er erst am Tag zuvor gekauft hatte. Plötzlich sei ihm auf der Hohe Straße der Gedanke gekommen, so gab Fleischer später an, seinen früheren Arbeitgeber aufzusuchen. Durch das Schaufenster sah Fleischer, dass Kurth trotz der mitternächtlichen Stunde noch in seinem Salon mit Aufräumen beschäftigt war. Eigentlich habe er nur mit ihm reden wollen, so Fleischer, dann aber habe ihm Kurth sofort die Tür gewiesen. »Nun kannte ich mich nicht mehr vor Wuth«, so Fleischer, »und weiß nicht, ob ich in diesem Moment in die Tasche griff; schießen wollte ich nicht, sondern nur drohen. Ich wußte, daß der Revolver gesichert war. Kurth faßte mich gleich am Halse; nun muß mir das Bier zu Kopfe gestiegen sein und ich war außer mir; als ich dem Kurth den Revolver vorhielt, rangen wir und die Waffe fiel zur Erde. Kurth hatte mich zuerst angegriffen. Auf einmal hatte ich ein Rasiermesser in der Hand und ich stach blindlings drauf los.«

Auf das Hilferufen Kurths trafen schnell ein Schutzmann und der Arzt Dr. Alsdorf ein. Die Verletzungen des Friseurs waren erheblich. Ein Ohr war durchschnitten, und weitere Schnitte im Gesicht legten die Knochen bloß. Fleischer fügte sich selbst geringe Halsverletzungen zu, tat aber so, als sei er fürchterlich verwundet. Er hielt, wie Dr. Alsdorf bemerkte, »den Atem künstlich ein, aber bald erkannte der Experte Simulation«. Kurth wurde mehrfach ohnmächtig und blieb längere Zeit in ärztlicher Behandlung. Auch Fleischer brachte man ins Hospital, als er aber am nächsten Tag entlassen wurde, entkam er der Polizei. Erst in Sinzig konnte man ihn wieder verhaften. Das Schwurgericht sprach ihn des Totschlagsversuchs für schuldig und sprach eine vierjährige Gefängnisstrafe aus.[6]

Todesurteile und Begnadigungen

Die Atmosphäre in einem Haus in Mülheim, das von der Familie Preiß und den angehenden Eheleuten Cäcilia Hausen und dem Schuhmacher Friedrich Jungglas bewohnt wurde, war angespannt. Eine Nachbarin meinte, dass in dem Haus »schier Tag und Nacht Spectakel und die Frau Preiß immer betrunken gewesen sei«. Die 56-jährige Eva Preiß, geborene Müller, erging sich in berauschtem Zustand in den gröbsten Schimpfworten, und seitdem Jungglas ihr angedroht hatte, sie anzuzeigen, wenn sie den bei ihr aufgenommenen sechsjährigen Sohn ihrer verstorbenen Tochter weiterhin so schlecht behandelte, hatte sie einen Hass auf den Schuhmacher.

Am Nachmittag des 10. August 1867 forderte Frau Preiß ihren Neffen, den Kutscher Wilhelm Adams, auf, ihr »ein Tröpfchen« zu holen. Mit der Branntweinflasche in der Hand, sagte sie: »So wahr ich den Schnaps (Schabau) in der Hand halte, soll mein kleinster Junge, mein Pitter, den Kerl [Jungglas] im Rhein ersäufen.« Mit »Pitter« war ihr 17-jähriger Sohn, der Tagelöhner Peter Preiß, gemeint, der ebenso wie Adams eigentlich ein ganz gutes Verhältnis zu Jungglas hatte. Des Öfteren gingen »Pitter« und der Schuhmacher zusammen angeln.

Am 14. August 1867 fand man bei Langel die angelandete Leiche.

So schien es auch eine ganz normale Sache zu sein, dass am Abend jenes besagten Augusttages die drei, Peter Preiß, Jungglas und Adams, in einem Mülheimer Gasthaus miteinander Karten spielten. Nach Mitternacht verließen sie das Lokal und gingen zum Rhein. An der Landebrücke der Dampfboote machte Adams einen Nachen los, und Jungglas ließ sich überreden, noch mit zum Fischen zu gehen. Am nächsten Tag wurde der Nachen »oberhalb der Mülheimer Schwimmbahn« gefunden, von Jungglas aber fehlte jede Spur. Nur seine gänzlich durchnässte Mütze wurde in dem Nachen entdeckt, dessen Gerätschaften wirr durcheinanderlagen. Am Abend des 14. August 1867 fand man bei Langel die angelandete Leiche des Vermissten.

Peter Preiß gab bei einer der ersten Vernehmungen an, Jungglas habe betrunken in dem Nachen getanzt und sei dabei ins Wasser gefallen, aber von ihm wieder herausgezogen worden. Am Ufer sei Jungglas dann

Panorama von Mülheim, 1892, mit geöffneter Schiffsbrücke.

wegen eines körperlichen Bedürfnisses zurückgeblieben und seitdem nicht wieder zum Vorschein gekommen. Durch einige Widersprüche in die Enge getrieben, korrigierte Preiß seine Aussage dahingehend, dass Jungglas im Streit mit Adams ins Wasser gefallen sei. Nachdem er wieder ins Boot gezogen worden wäre, hätte ihn Adams etwas später mit den Worten: »Ab nach Cassel!« aus dem Kahn geworfen, worauf Jungglas ertrunken sei.

Vor Gericht hatten sich nicht nur Peter Preiß und Adams zu verantworten, sondern auch Frau Preiß, die angeklagt war, die beiden zu dem Verbrechen angestachelt zu haben. Einige Zeugen hatten in der Tatnacht Rufe über das Wasser erschallen hören – zum Beispiel der »auf der Mülheimer Schwimmbahn angestellte Schwimm-Meister«. Als Peter Preiß und Adams in jener Nacht gegen drei Uhr heimkehrten, wurden sie, wie eine Zeugin vernommen hatte, von Frau Preiß gefragt: »Wie sieht es aus?«, worauf die Antwort lautete: »Er ist versorgt.« Der »sehr verkümmert aussehende« Enkel der Mülheimerin gab an, Peter Preiß habe erzählt, der »krumme Mösch« (Spitzname von Adams) hätte den »Goldbach« (Spitzname von Jungglas) ersäuft und dabei gesagt: »Ab nach Cassel, ich kann dich hassen.« Einem anderen Zeugen gegenüber soll Peter Preiß geäußert haben, Adams habe den Schuhmacher ins Wasser gestoßen, und er habe mit dem Haken nach ihm geschlagen.

Unter Bejahung der Frage, ob Adams »vorsätzlich und mit Ueberlegung« gehandelt habe, wurden er und Frau Preiß zum Tode verurteilt, später aber begnadigt. Das Urteil gegen Peter Preiß lautete auf lebenslängliche Zuchthausstrafe.[1]

Unter Ausschluss der Öffentlichkeit begannen am 1. März 1878 vor dem Schwurgericht die Verhandlungen gegen den 25-jährigen Heizer

Peter Kleinschmidt und gegen die vierzig Jahre alte Margaretha Scherper, geborene Hörter, beide aus Rodenkirchen. Gegenstand der gerichtlichen Untersuchung war der Tod des Mannes der Angeklagten, des Fortwächters Julius Scherper.

Dieser war am frühen Morgen des 9. August 1876 in einem Kartoffelfeld bei Rodenkirchen, in der Nähe des im Bau begriffenen »Fort I«, wo er als Nachtwächter angestellt war, mit durchgeschnittenem Hals aufgefunden worden. Der in der Nacht zuvor Getötete wies noch mehrere andere Schnittwunden und Verletzungen auf. Der erste Verdacht richtete sich sofort auf die Frau des Ermordeten und Kleinschmidt, der als Kostgänger bei der Familie Scherper gelebt hatte und dem Gerücht zufolge mit Frau Scherper ein intimes Verhältnis unterhielt. Ein Kollege Kleinschmidts in der Kölnischen Maschinenfabrik machte am 24. Dezember 1876 beim Bürgermeister die Anzeige, Kleinschmidt habe ihm gestanden, dass er auf Drängen der Frau Scherper deren Mann ermordet habe.

Die Geschworenen erklärten die Witwe für schuldig, »den Kleinschmidt zu dem Morde ihres Gatten vorsätzlich durch Ueberredung bestimmt und demselben mit Rath und That wissentlich Hülfe geleistet zu haben«. Der Gerichtshof verurteilte beide zum Tode, sie wurden aber begnadigt und kamen mit lebenslänglicher Zuchthausstrafe davon.[2]

Wie fast jeden Abend besuchte der Kölner Karl Schlegel auch am 9. März 1878 die Restauration »Zur Henne« in der Ehrenstraße. Er war selbst Besitzer eines direkt vor dem früheren Ehrentor in der damaligen Ehrenfelder Landstraße gelegenen Vergnügungslokals. Im gleichen Haus, in dem sich dieses Lokal befand, wohnte er auch mit seiner Familie. Nachdem er gegen halb zwölf »froh und gesund« die »Henne« verlassen hatte, wurde er nur eine Viertelstunde später zu Hause, im Tanzsaal seiner Gastronomie, blutüberströmt und in den letzten Zügen vorgefunden. Das Ausmaß der Verletzungen ließ auf eine heftige Gegenwehr schließen, und Schnitte in der Hand deuteten darauf hin, dass er das von seinem Mörder gebrauchte scharfe Instrument im Kampf festzuhalten versucht hatte. Blutspritzer an der Wand reichten mehrere Meter hoch bis an die Decke.

Ein Tagelöhner und eine Dienstmagd, welche zur Tatzeit etwa sechzig Schritte von Schlegels Haus entfernt waren, hatten zunächst fünf bis sechs dumpfe Schläge gehört, denen jeweils ein Hilferuf gefolgt war. Nach

Das Brauhaus »Zur Henne« in der Ehrenstraße 60–62 im Jahr 1900.

Das Ehrentor, 1882 abgerissen.

einer kurzen Pause erfolgten rascher neue Schläge, und die Rufe wurden kläglicher. Ein Mann, der die Haustür heftig hinter sich zuschlug, stürzte heraus und lief in Richtung der Stadt. Der Hund der Familie Schlegel hatte nicht angeschlagen. Der mit dem Fall befasste »Polizei-Commissar« Blum nahm an, dass dem Verbrechen ein innerfamiliärer Racheakt zugrunde liegen könnte, dessen Wurzeln in der Vergangenheit lagen und mit der Verehelichung der Töchter Schlegels zu tun hatte.

Seine jüngere Tochter hatte 1875 den Kölner Karl Schmitz geheiratet, wobei sie eine ansehnliche Mitgift von 1.500 Mark mit in die Ehe brachte.

167

Als dann zwei Jahre später auch ihre ältere Schwester heiratete, hoffte deren Ehegatte, der Kölner Hilfspostschaffner August Walter, auf eine ähnliche Aussteuer. Jedoch sah er sich getäuscht. Schlegel, der von seinen Kindern für weit vermögender gehalten wurde, als er in Wirklichkeit war, wies Walters wiederholte energische Forderungen nach einer Aussteuer ab mit den Worten: »Er ziehe sich nicht aus, bis er schlafen gehe.«

Schon vor der Heirat hatte sich der aufgebrachte Walter wegen dieser Angelegenheit seinem Schwiegervater gegenüber zu der Äußerung hinreißen lassen: »Entweder Sie sollen crepiren, oder ich!« Nach der Heirat wurde das Verhältnis zwischen den beiden nur noch heftiger und feindseliger. Mehrmals beschwerte sich Schlegel bei seinem älteren Sohn Wilhelm über Walters Nachstellungen, der auch seinen Schwager Schmitz und fast alle anderen Familienmitglieder mehr und mehr auf seine Seite zog.

Schlegel auf verlorenem Posten

Im Spätherbst 1877 kam es sogar so weit, dass Schlegel die Hilfe der Polizei in Anspruch nehmen musste und seinen beiden Schwiegersöhnen den Zutritt in sein Haus verbieten ließ. Diese waren eines Abends wegen eines Streits aus dem Lokal geworfen worden. Am nächsten Morgen hatten sie ihn nach eigenen Angaben in seinem Haus vereint überfallen, beim Hals gefasst und zu Boden geworfen. Nur mit Mühe und Anstrengung aller Kräfte hatte Schlegel sich von ihnen befreien und zum Fenster hinaus um Hilfe rufen können.

Mehrfach sprach Schlegel die Befürchtung aus, man trachte ihm nach dem Leben. Mit Ausnahme Wilhelms hatten alle gegen ihn Partei genommen, inklusive seiner Frau, mit der er seit Jahren in Unfrieden lebte. Schlegel, der seine Mahlzeiten bei einer anderen Frau einnahm, mit der er möglicherweise auch ein Verhältnis hatte, schlief in einem neben dem Tanzsaal gelegenen Zimmer, während seine Frau in einer Kammer im Dachgeschoss im hinteren Teil des Gebäudes nächtigte. Sie hatte einen regen Kontakt zu ihren Töchtern und Schwiegersöhnen, und man sprach öfter davon, »ihr Mann verbringe sein Vermögen, er werde vielleicht noch gelegentlich die ›Villa‹ mit dem Grundstück verkaufen, um dann mit seiner Zuhälterin nach America durchzugehen«. Auch am Abend vor der Tat war von ähnlichen Themen die Rede gewesen.

In Kenntnis dieser Familienverhältnisse suchte Polizeikommissar Blum noch in der Tatnacht gegen drei Uhr den Schwiegersohn Walter auf, der erst nach zehn Minuten die Haustür öffnete. Er hatte einige Ver-

Hohenzollernring, Ecke Ehrenstraße, 1885 (mit öffentlicher
Bedürfnisanstalt).

letzungen, und mehrere seiner Kleidungsstücke wiesen Blutspuren und
Risse auf. Walter ließ sich dafür fadenscheinige Erklärungen einfallen, die
sich schnell als unwahr erwiesen. Die Mitteilung vom Tode Schlegels nahmen Walter und seine Frau ohne »die geringste Spur von Mitleid oder
Erregung« auf. Später wurde auf Walters Speicher auch die Tatwaffe entdeckt, ein Hirschfänger. Ein solches Messer und ein Handbeil mussten
die Postschaffner bei ihren Fahrten mit sich führen. Das an der Klinge
verbogene Messer, das neu geschärft worden war, wies ebenfalls Blutspuren auf.

Schon eine Stunde vor der Assisensitzung harrte am Morgen des
18. Juli 1878 ein zahlreiches Publikum vor dem Justizgebäude der Ankunft
des angeklagten Walter entgegen. Um viertel vor neun traf dieser unter
polizeilicher Begleitung ein und wurde in den bis dahin verschlossen ge-
haltenen Assisensaal geführt. Bald nachher öffneten sich auch die Türen
für die Geschworenen, Zeugen und die Zuhörerschaft. Für die mehr-
tägige Verhandlung waren siebenundfünfzig Belastungszeugen, zwölf
Schutzzeugen und drei Sachverständige geladen.

169

Walter, der angeklagt war, seinen Schwiegervater vorsätzlich getötet »und diese Tödtung mit Ueberlegung ausgeführt« zu haben, leugnete die Tat, die Beweise sprachen aber gegen ihn. Der Tagelöhner und die Dienstmagd, die den Täter aus Schlegels Haus hatten fliehen sehen, erkannten diesen eindeutig in Walter wieder. Wilhelm Schlegel sagte aus, die beiden Schwiegersöhne hätten auch ihn gegen seinen Vater aufzuhetzen versucht. Dass sein Vater ein ehebrecherisches Verhältnis gehabt habe, hielt Wilhelm aus verschiedenen Gründen, auch aus physischen, für sehr unwahrscheinlich.

Absolute Stille herrschte im Gerichtssaal, als am 23. Juli 1878 die Geschworenen nach ihrer Beratung auf ihre Sitze zurückkehrten und ihr Wahrspruch verlesen wurde. Der Angeklagte wurde mit absoluter Stimmenmehrheit des Mordes an seinem Schwiegervater für schuldig befunden. Walter nahm ohne äußere Regungen das Todesurteil entgegen. Die Geschworenen traten nach der Sitzung noch einmal unter dem Vorsitz des Präsidenten zusammen und beschlossen, den Verurteilten der Gnade des Kaisers zu empfehlen.[3]

Anfang Dezember 1885 verhängte das Schwurgericht erneut die Todesstrafe. Bei dem Verurteilten handelte es sich um den Gärtner Johann Adolf Funk, geboren 1852 in Kerpen als Sohn des dortigen Försters und später wohnhaft in Riehl. In der Kerpener Zeit hatte Funk eine Jugendliebe mit Katharina Becker, die dann aber nach Köln verzog. Obwohl beide verheiratet waren und Kinder hatten, nahmen sie 1884 in Köln wieder innigen Kontakt auf, von dem der Ehemann Katharinas, Peter Joseph Mohr, ebenso wenig ahnte wie Funks Ehefrau, die 1885 ihr sechstes Kind bekam.

Mit der Waffe in der Tasche kehrte er in ein Wirtshaus ein.

Am Montag, dem 11. Mai 1885, aber kam es zu gewissen Misshelligkeiten zwischen Funk und Katharina Mohr, als sie ihn mehrmals versetzte und er sich sehr eifersüchtig gebärdete. Anderntags begab sich Funk nach dem morgendlichen Besuch einiger Gaststätten zu einem Büchsenmacher in die St.-Apern-Straße, um seinen Revolver reparieren zu lassen, den er anschließend auch lud und auf der Promenade ausprobierte. Mit der Waffe in der Tasche kehrte er in ein Wirtshaus in der Komödienstraße ein, wo er äußerte, »er würde irgendwo hingehen, von wo keiner mehr wiederkäme«. Auch in der Gaststätte des Wirtes Päffgen in der Sternengasse machte er derartige Bemerkungen.

Sein weiterer Weg führte nun zur Wohnung von Frau Mohr in die Stephanstraße. Nachdem er eine Zeit lang mit ihr gesprochen hatte, hörten zwei Zeuginnen plötzlich Schüsse fallen. Eine von ihnen, das Dienstmädchen der Mohrs, eilte an den Ort des Geschehens und fand Frau Mohr verletzt am Ofen liegend. Dem Dienstmädchen gelang es, das am Hals der Verletzten brennende Kleid zu löschen. In dem Augenblick schoss Funk erneut. Die Kugel ging am Gesicht des Dienstmädchens vorbei in die linke Schulter von Frau Mohr. Dann sah das Dienstmädchen, wie sich Funk selbst zwei Schüsse in die Brust beibrachte und niederstürzte.

Beide Schwerverletzte wurden ins Hospital gebracht, wo Katharina Mohr am 27. Mai 1885 starb. Bei der Obduktion ergab sich, dass sie schwanger war.

Funk kam mit dem Leben davon, die Kugeln steckten aber bei der Gerichtsverhandlung noch in seinem Rücken, und er saß »wie eine gebrochene Menschengestalt« auf der Anklagebank. Er gab an, Frau Mohr habe ihm gedroht, ihren Mann über das Verhältnis in Kenntnis zu setzen, woraufhin er erzürnt auf sie geschossen habe. Seine vor der Tat in den Wirtshäusern geäußerten Bemerkungen sowie ein bei ihm gefundener Brief, in dem er die Tat ankündigte, wiesen hingegen darauf hin, dass er »mit vorheriger Ueberlegung« gehandelt hatte. Nach dem Todesurteil versprach ihm sein Verteidiger, ein Gnadengesuch an den König anzufertigen, dem offensichtlich auch stattgegeben wurde.[4]

Von Messern, Schlagringen und Gummischläuchen

Eine Schlägerei in Weiß war im September 1884 Gegenstand einer Schöffengerichtsverhandlung. Ein dortiger Einwohner war mit einem in Schlägerkreisen beliebten Werkzeug, einem Gummischlauch, an dessen Ende eine eiserne Schraubenmutter befestigt war, zusammengeschlagen worden. Die gewalttätigen Zusammenstöße in Weiß hätten derart zugenommen, so meinte der Vorsitzende, dass der Ort ein eigenes Gericht für sich beschäftigen könnte, und drohte mit härteren Sanktionen: »Wenn das in Weiß mit den Schlägereien nicht aufhört, werden wir für dort speziell strenge Strafen verhängen.« In einem Bericht über die Gerichtsverhandlung wurden außer Weiß auch Sülz, Sürth, Frechen und Rodenkirchen als Spitzenreiter im Zusammenhang mit häufig vorkommenden Schlägereien genannt.[1]

> *Auch Köln war arm an gesunden Wohnungen für arme Leute und reich an armen Leuten.*

In Frechen war es auch, wo sich im April 1884 die Bewohner ein handgreifliches »Sonntagabendschauspiel« nicht entgehen lassen wollten, bei dem der »alte Reinhold« einen Schlag mit einer Zaunlatte und seine hochschwangere Tochter Ottilie Müller einen Messerstich in die Hand abbekamen. In einem Kommentar zu diesem Vorfall schrieb die Kölner Gerichts-Zeitung, dass viele junge Menschen durch eine bessere Schulbildung und eine genauere Kenntnis der Gesetzeslage von derartigen Übergriffen, die ihnen oft hohe Haftstrafen einbrachten, verschont bleiben könnten.

In der gleichen Ausgabe wurde die Abhängigkeit der Kriminalität von den Wohnverhältnissen einer Stadt thematisiert. »Es kann von Niemanden in Abrede gestellt werden«, so hieß es dort, »daß das Zusammenleben von Menschen in geräumigen, gesunden, nicht überfüllten Wohnhäusern in jeder Beziehung ein viel besseres sein wird, als ein Zusammengepfercht sein, entweder in kleinen, dem Verfall oft nahen alten zweistöckigen schmalen Baracken auf engen Straßen, oder in großen, in viele enge Miethslöcher eingetheilten Miethskasernen auf engen Straßen.«

Auch Köln war »arm an gesunden Wohnungen für arme Leute und reich an armen Leuten«. Man musste die benachteiligten Wohnungen mit eigenen Augen gesehen haben, so war in dem Blatt zu lesen, »um die traurige Lage in ihrer ganzen Wahrheit anzuerkennen.« Besonders das Kölner Arbeiterviertel in der »großen Spitze« (Große Spitzengasse) galt als Krisenherd und stand wegen der Rohheit der Bevölkerung in schlechtem Ruf. Dort kam es beispielsweise 1884 zu einem blutigen Zwischenfall, als der Hausmeister Glasmacher, mit einem Ochsenziemer dreinschlagend, auf gewalttätige Art und Weise versuchte, einen Streit im Haus »große Spitze 69–71« zu schlichten und im Anschluss daran selbst angegriffen wurde.[2]

Der kleinste Anlass reichte

Schon lange gebrauchten die Rauflustigen Kölns nicht mehr nur ihre Fäuste oder einen Stock, so beklagte 1884 ein Jurist, sondern es kämen immer gefährlichere Waffen zum Einsatz: Gummischläuche, Messer oder Schlagringe,[3] ganz zu schweigen von Schusswaffen.[4] Aus welch geringfügigen Gründen manchmal zum Messer gegriffen wurde, zeigte nach Ansicht der Kölnischen Zeitung das Beispiel des Deutzer Tagelöhners Johann Frank, der am 4. Mai 1889 mit einem Eselskarren nach Kalk kam

Der 1838 fertiggestellte Klingelpütz mit seinen radial angeordneten vier Trakten, 1968 abgerissen.

und auf einen dortigen Einwohner einstach, nur weil der sich zusammen mit anderen den Scherz gemacht hatte, das »Ia-Geschrei« des Esels zu imitieren.[5]

Zu ihrer Arbeit gehörende Werkzeuge kamen bei einer Auseinandersetzung zwischen deutschen und italienischen Arbeitern zum Einsatz. Am 22. Januar 1883 waren die Schachtmeister Marco Enzzo und Eugenio Colli mit achtundzwanzig anderen Italienern auf einem Ziegelfeld der Firma »Walter u. Schöne« bei Klettenberg beschäftigt. Um die Mittagszeit sollten sie eine auf dem Ziegelfeld stehende Bretterbude verlassen, in der sie gerade ihr Essen zu sich nahmen. Als die Italiener sich weigerten, weil sie zuerst ihre Mahlzeit beenden wollten, drohten ihnen fünf oder sechs mit Spaten und Kreuzhacken bewaffnete Deutsche, sofort die Unterkunft zu verlassen, »sonst würden sie totgemacht werden«. Zugleich stießen sie die Italiener und spien ihnen in die Suppe. Um Streitigkeiten zu vermieden, verließen diese nun die Bretterbude, zumal noch dreißig bis vierzig deutsche Arbeiter draußen in drohender Haltung standen. Trotzdem wurden sie nun von den Deutschen überfallen »und mit Spaten und Kreuzhacken schrecklich mißhandelt«. Einige der angegriffenen Arbeiter trugen so schwere Verletzungen davon, dass sie ins Hospital nach Nippes gebracht werden mussten. Mehrere deutsche Arbeiter, darunter viele aus Gleuel, wurden zu Haftstrafen verurteilt.[6]

Prostituierte und Zuhälter

Da Köln das Zentrum eines dicht bevölkerten, relativ wohlhabenden und viel Fremdenverkehr aufweisenden Industriebezirkes bildete, verwundert es nicht, dass sich die Prostitution hier häufig und in auffallender Weise bemerkbar machte. Um 1900 wies die rund 372.000 Einwohner zählende Stadt neben vielen heimlichen Prostituierten ungefähr sechs- bis siebenhundert unter sanitätspolizeilicher Kontrolle stehende Prostituierte auf. Am Bahnhof waren Schlepper unterwegs, welche die »Gesellschaft hübscher Mädchen« anboten. Um gefährdete junge Frauen kümmerten sich ein katholischer und ein evangelischer Fürsorgeverein, und wenn möglich, wurden »die Mädchen im Kloster zum guten Hirten in Melaten oder Junkersdorf oder im Antoniusstift in Bonn oder in dem Mädchenasyl in der Klosterstraße untergebracht«, wie der Kölner Arzt Ferdinand Zinßer 1906 in einem Bericht über die »Prostitutionsverhältnisse der Stadt Köln« schrieb.[1]

Zinßer sah eine Reformierung des Kölner »Dirnenwesens« für dringend notwendig an. Bislang übten die Prostituierten ihr Gewerbe in sanitätspolizeilich kaum erfassten und daher sehr gesundheitsgefährdenden Absteigequartieren oder in Privatquartieren aus, die meist in Straßen in der Altstadt lagen, die als »Dirnenstraßen« bekannt waren. Nach Zinßers Dafürhalten sollte die Stadt oder eine unter behördlicher Aufsicht stehende Gesellschaft die Immobilien in einigen dieser Straßen oder Straßenbezirke aufkaufen, um hier ausreichende und zweckentsprechende Unterkünfte an die Prostituierten vermieten zu können. Damit wäre gewährleistet, so Zinßer, dass die Prostituierten nicht weiter in dem Maße der ausbeuterischen Willkür von privaten Vermietern, Kupplern und Zuhältern ausgesetzt gewesen wären. Außerdem hätten durch die »staatliche Vermietung« eine effektivere gesundheitspolizeiliche Kontrolle und eine bessere Trennung von Prostitution und öffentlichem Leben erreicht werden können.

Prostituierte waren der Willkür von Vermietern, Kupplern und Zuhältern ausgesetzt.

Damals bestand die gesetzlich nicht ganz einfache Lage, dass die »gewerbsmäßige Unzucht« nicht verboten war, wohl aber die Vorschubleistung dazu, also auch das Vermieten von Wohnungen an Prostituierte. Die

Konsequenz dieses Kuppeleiverbotes war, dass in Köln ein ständiger Mangel an Wohnungen zu Prostitutionszwecken herrschte und dass Vermieter, über denen das Damoklesschwert einer Anklage wegen Kuppelei schwebte, ihre Wohnungen oft nur zu Wucherpreisen an Prostituierte vermieteten.[2]

Ein Beispiel hierfür waren die Kölner Eheleute Christine und Karl Welter. Sie waren Mieter im Haus Friesenwall 36, das sie an die unter Kontrolle stehende Prostituierte Bertha Wiesenfarth untervermieteten, nachdem sie selbst in die Weyerstraße umgezogen waren. Die Eheleute erhielten von der Prostituierten vierhundertfünfzig Mark im Monat, zahlten aber selbst an die Eigentümer des Hauses nur sechzig Mark monatlich.

Der getötete Karl Welter.

Am 15. April 1899 kam es zu einer heftigen Auseinandersetzung zwischen dem vierundzwanzig Jahre alten Tagelöhner Eduard Schneider und den Eheleuten Welter, bei der Karl Welter erschossen wurde. Schneider wurde in seiner Verhandlung von seinem Verteidiger als »ehrenwerter Bräutigam« dargestellt, der stets versucht habe, Bertha Wiesenfarth aus jenem »schlechten Haus« herauszubringen, während der Staatsanwalt keinen Zweifel daran ließ, dass er Schneider für den Zuhälter (auch »Louis« genannt) der Wiesenfarth hielt: »Schneider ist ein richtiger Louis, der bei der Dirne ißt, trinkt und schläft, der den ganzen Betrieb in jenem Hause ansieht und es ist eine Keckheit zu sagen, er habe die Wiesenfarth für ehrlich gehalten; sein ganzes Auftreten am letzten Tage ist das eines Zuhälters aus dem ff.« Der tödlichen Körperverletzung an Welter für schuldig befunden, sah Schneider einer Zuchthausstrafe von fünf Jahren und einem Monat entgegen.[3]

Berühmt-berüchtigt war in Köln die Gegend um St. Gereon, wo sich zur Abendzeit »liederliche Dirnen« und deren Zuhälter aufzuhalten pflegten. Am Abend des 4. August 1881 fanden sich in der Gaststätte des Wirtes Dahlen in der Christophstraße sechs Kölner ein: der 22-jährige Anstreicher Heinrich Kröll, sein Bruder Johann Kröll, Georg Hausak, Joseph Steines, August Alfred Paßmann und Bernhard Offermann. Ebenfalls anwesend waren die beiden Prostituierten Maria Schmitz und Franziska Kramer.

Kurz nach einundzwanzig Uhr verließen alle acht das Lokal, um sich wenig später auf dem Gereonsdriesch wieder zu treffen. Während sich die Prostituierten bemühten, Männer anzulocken, stellten sich die sechs Kölner an verschiedenen Punkten auf, um beim Herannahen von Polizei ein Warnsignal zu geben. Um jene Zeit ging dort der Kölner Post-schaffner Karl Albert Minier seines Weges. Als Heinrich Kröll und Georg Hausak ihn sahen, fingen sie ohne ersichtlichen Grund Streit mit ihm an und warfen ihn zu Boden. Minier setzte sich aber zur Wehr und schlug Kröll mit einem Stock auf den Kopf, sodass er blutete. Auf einen nun-mehr gegebenen Signalpfiff eilten die vier anderen zu Hilfe, und gemein-sam verfolgten sie nun den in Richtung der Mariensäule flüchtenden Schaffner. Heinrich Kröll und Hausak holten ihn in der Nähe der Cardi-nalstraße ein, und sofort versetzte Kröll ihm mit einem Messer einen tödlichen Stich in die Brust.

Ruchlosigkeit der Tat

Die Schwurgerichtsverhandlung gegen die sechs Kölner am 20. März 1882 dauerte bis kurz nach Mitternacht. Gegen Ende sah sich der Präsident durch das Verhalten des Publikums veranlasst, eine Militärwache herbei-holen zu lassen, der aufgegeben wurde, die Seitengewehre aufzupflanzen. Die Geschworenen befanden Heinrich Kröll für schuldig, den Postschaff-ner vorsätzlich getötet zu haben, und verneinten das Obwalten einer »Reizung« des Angeklagten und anderer mildernder Umstände. Kröll wurde darauf zu fünfzehn Jahren Zuchthaus verurteilt, seine Mitstreiter mit Ausnahme des freigesprochenen Steins zu zwei bis zweieinhalb Jah-ren Gefängnis. Diese Strafen gingen über den Strafantrag des Staatsan-waltes hinaus. Der Präsident erklärte, die hohe Strafe sei vom Gericht in Berücksichtigung der Ruchlosigkeit der Tat verhängt worden.[4]

Im April 1880 saß die 38-jährige Prostituierte Anna Gilles, geborene Nicolai, auf der Anklagebank des Assisenhofes. Die unter »sittenpolizei-licher Controle« stehende Kölnerin hatte sich von ihrem Mann getrennt und lebte stattdessen mit dem »verkommenen Menschen« Anton Becker zusammen, der in häufigen Streitigkeiten oft dazu überging, sie zu schla-gen. So war es auch am 23. Oktober 1879, als die beiden zu Besuch bei ei-ner Bekannten in Ehrenfeld waren, wo sie auch übernachteten. Sie ergin-gen sich gegeneinander »in den gemeinsten Beschimpfungen«, Becker schlug die Angeklagte, warf sie zu Boden und trat sie.

Als sich am nächsten Morgen der Streit erneuerte, schleuderte Becker einen Hammer nach ihr, ohne sie indes zu treffen. Nun verließ die An-geklagte das Haus der Bekannten und begab sich mit zwei Arbeitern, die sie auf der Straße getroffen hatte, in ein Wirtshaus. Becker, der gedroht hatte, er werfe sie »wider die Mauer, daß ihr das Gehirn herausspritze«, folgte ihr bald nach. Ärgerlich darüber, sie in fremder Gesellschaft zu finden, verließ er mit ihr die Gaststätte, um dann gemeinsam den Weg nach Bickendorf einzuschlagen. Unterwegs kam es wieder zu einem heftigen Streit. Ein Zeuge hörte die Angeklagte rufen: »Laß mich in Ruh!« und sah gleichzeitig den verstummenden Becker zusammenbrechen, der einen tödlichen Messerstich in die Brust erhalten hatte.

Die Angeklagte gab vor Gericht an, sie habe Becker das Messer in Notwehr aus der Hand gewunden und ihm dann den Stich versetzt, während ein Zeuge gesehen haben wollte, dass sie das Messer aus ihrer Regenmanteltasche gezogen habe. Der Assisenhof verurteilte sie wegen Körperverletzung mit tödlichem Ausgang zu einer Gefängnisstrafe von anderthalb Jahren.[5]

Bei einem Besuch im Bordell lernte der Kölner Tagelöhner Jakob Kremp seine zukünftige Frau kennen. Trotz der Verehelichung und obwohl sie Mutter von sieben Kindern wurde, setzte sie ihr »Leben der Schande« fort, wozu ein Schreiber der Kölnischen Zeitung meinte: »Das Verhältnis, wie es sich unter solchen Umständen zwischen ihr und ihrem Manne gestaltete, mag sich, wer Lust dazu hat, selbst ausmalen.«

Kurz vor Weihnachten des Jahres 1882 verspürte Kremp, der zu jener Zeit am Rhein bei einer Schiffsausladung tätig war, offensichtlich wenig Lust, bei seiner Familie zu sein. Fünf Tage ließ er sich nicht zu Hause blicken, bis er am Morgen des 22. Dezember seiner Frau auf der Straße begegnete. Nach einem »heftigen Auftritt« kam ein Schutzmann hinzu, dem die Frau erklärte, der »Polizeicommissar« habe ihr erlaubt, ihren Mann vorführen zu lassen, wenn sie ihn fände. Also führte der Schutzmann beide zu besagtem Kommissar, der sie zu einträchtigerem Leben ermahnte und sie von dem Schutzmann zu ihrer Wohnung im Hause Großer Griechenmarkt 19 bringen ließ. Hier angekommen, gab Kremp seiner Frau etwas Geld, machte sich dann aber auch gleich wieder auf den Weg in verschiedene Wirtschaften. Gegen neunzehn Uhr sagte er zum Abschied aus der Gaststätte Kirchner zu der Wirtsfrau: »Gebt mir noch einen Schnaps zum Abschied.« Auf die Bemerkung der Frau, er wolle doch nicht ins Ausland gehen, erwiderte er: »Morgen werdet Ihr von mir in der Zeitung lesen.«

Dann begab er sich nach Hause, wo er seiner Frau ohne Weiteres ein Gemüsemesser, das er sich im Laufe des Tages gekauft hatte, in die Brust stieß. Zusätzlich würgte er seine Frau, der es aber gelang, zu Nachbarn zu entfliehen, nachdem sie sich das Messer aus der Wunde gezogen hatte. Kremp warf es in den Ofen, wo es am nächsten Tag gefunden wurde. Auf dem Weg zum Gefängnis äußerte er: »Ich wollte sie kaputt machen, es thut mir leid, daß ich nicht die richtige Stelle getroffen habe.« Unter

Anerkennung mildernder Umstände wurde er zu fünfzehn Monaten Gefängnis verurteilt.[6]

Im Januar 1884 hatten sich vor der Strafkammer die Kölner Prostituierte Wismack und ihr Zuhälter Engelbert Meumerzheim zu verantworten. An einem Abend im September 1883 sprach die Angeklagte Wismack in der Nähe der Bischofsgartenstraße zwei unbekannte Männer an. Als sie von ihnen abgewiesen wurde, folgte sie ihnen bis zum Nordportal des Doms. Hier schlug sie nach einem der beiden mit ihrem Schirm, worauf ein Handgemenge entstand. Als Meumerzheim der Angeklagten zu Hilfe kam, zogen es die beiden Männer vor, sich in Richtung der Trankgasse zurückzuziehen. Die Angeklagten folgten ihnen. Unter einem Eisenbahnübergang kamen noch weitere Burschen hinzu, die sich in einem erneuten Handgemenge offensichtlich auf die Seite der beiden Unbekannten stellten. Einer der Burschen erhielt dabei einen Messerstich in

Der Buttermarkt um 1910.

den Kopf, infolge dessen er noch in derselben Nacht im Hospital verschied. Die beiden Angeklagten wurden der Körperverletzung mit tödlichem Ausgang für überführt erklärt und mit je achtzehn Monaten Gefängnis belegt.[7]

Schon die ganze Nacht war der Schuhmachergeselle Heinrich Schmitz in den Kölner Schnaps- und Bierwirtschaften unterwegs, als er am Morgen des 28. Dezember 1885 im Schanklokal der »Mutter Sülzen« auf dem Buttermarkt einkehrte. Dieses Lokal war bekannt dafür, dass es sehr früh am Morgen seine Pforten öffnete, was den Kölner Nachtschwärmern eine willkommene Möglichkeit zum Weiterfeiern bot. Lärm und zotenhafte Gesänge drangen dann aus den Gemäuern. Auch Schmitz schmeckte es noch gut, und nach einer Weile ging es weiter mit seiner Bierreise durch die Kölner Gastronomie. In einer der nächsten Wirtschaften gesellte sich ein »üppiges Weib« zu ihm, die Prostituierte Katharina Müller, der nicht entgangen war, dass bei dem Schuhmachergesellen an jenem Tag das Geld locker saß. Und Katharina hatte einigen Durst: Sie trank so viele Schnäpschen, dass sie und ihr Gönner Schmitz zur Tür hinaus gewiesen wurden. Aber es gab noch andere Gaststätten in der Domstadt, zum Beispiel die von Joseph Offermann in der Friesenstraße.

Hier waren die beiden unversehens in Begleitung der beiden Kölner Lorenz Otto und Severin Wirz, ohne dass Schmitz vorerst misstrauisch geworden wäre. Es war bereits Nachmittag, und er befand sich immer noch in Spendierlaune. Kaum aber war er von den sanitären Anlagen zurück, die er gleichzeitig mit Katharina aufgesucht hatte, da rief er erschrocken: »Sie hat mir mein ganzes Geld gestohlen« und rannte der flüchtenden Diebin nach, die vorher vergeblich versucht hatte, Wirz das gestohlene Portemonnaie zu übergeben. In der Magnusstraße holte Schmitz die Flüchtende ein und versetzte ihr mehrere Messerstiche, da sie sich, so der Geselle später vor Gericht, geweigert habe, die gestohlene Barschaft zurückzugeben. Unterdessen hatte auch Wirz die beiden erreicht, packte nun Schmitz und warf ihn mit dem Kopf gegen eine Fensterbank. Doch für Katharina Müller kam jede Hilfe zu spät; sie starb an Ort und Stelle. Schmitz wurde unter Annahme mildernder Umstände zu zwei Jahren Gefängnis verurteilt.[8]

Blutbad in der Metzer Straße

In Kölner Zuhälterkreisen verkehrte der vielfach vorbestrafte Lithograph Hermann Elias. Er bestritt seinen Unterhalt vom »Sündengelde«, das Maria Dietrich für ihn verdiente, nachdem er sie von Koblenz nach Köln gelockt hatte. Hier lebten sie zunächst einige Zeit vom Bekleben von Bilderrahmen, als dies aber nicht mehr reichte, arbeitete Maria als Prostituierte.

Elias lernte in Köln die Brüder Kaulmann kennen, die nun unter seinen schlechten Einfluss gerieten. Er machte ihnen den Vorschlag, sich in der Münzfälschung zu versuchen, worin er »Praktiker« sei. Wenn man gutes Material anschaffen könnte, so Elias, »würde der Erfolg großartig sein«. Karl, der jüngere und unverheiratete Bruder, und Elias lasen nun Bücher zu dem Thema, kauften einige Utensilien und mieteten eine Wohnung an. Vor allem aber schaffte Elias eins, nämlich sich im Leben Karls zu etablieren und auf seine Kosten zu leben. Auch der andere Bruder, der Schreiner und Familienvater Heinrich Kaulmann, musste Lehrgeld zahlen: Weil er an Maria Dietrich vermietet hatte, wurde er wegen Kuppelei – wenn auch nur geringfügig – verurteilt. So wuchs allmählich der Groll der Brüder gegen Elias, der glaubte, sie in der Hand zu haben und erpressen zu können.

Nachdem Elias einige Zeit auf Reisen war, luden ihn die Kaulmanns am Samstag, dem 18. Juli 1896, zu einem Besuch bei ihnen in der Metzer Straße 22 ein. Zunächst schien alles friedlich zu verlaufen. Man holte Bier aus der benachbarten Wirtschaft und unterhielt sich. Im Laufe des Abends kippte die Stimmung, und als Elias wieder Geld forderte, kam es zu einem Blutbad. Von draußen waren Rufe, Schläge und Schüs-

Heinrich Kaulmann.

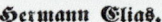

Hermann Elias.

Karl Kaulmann.

Der getötete Zuhälter Elias und die Gebrüder Kaulmann.

se zu hören. Als Schutzmänner kurz darauf die Wohnung betraten, bot sich ihnen ein Bild des Schreckens. Der fürchterlich zugerichtete Elias lag mit zerschossenem und zerschlagenem Körper und Gehirn und durchschnittener Kehle in einer Blutlache. Außer einem Revolver, einem »Flobertgewehr« und einem Brotmesser wurde auch ein am Ende mit einem Eisenstück beschwerter Gummischlauch gefunden. Die beiden blutbefleckten Brüder schienen sich zu bereden, als die Wohnung gestürmt wurde.

Nachdem sie abgeführt worden waren, schritt man wegen Verdachts der Teilnahme an der Tat auch zur Verhaftung von Frau Kaulmann und von Maria Dietrich. Die Kinder der Schreinerfamilie fanden einstweilen Unterschlupf im Waisenhaus. Karl Kaulmann wurde im Gefängnis in Ketten gelegt, weil er aus Selbstmordgedanken keinen Hehl machte. Die leiblichen Überreste des Getöteten transportierte man ins Leichenschauhaus auf den Friedhof Melaten, wo sich montags anlässlich der Obduktion eine große Menschenmenge einfand. Auch die Brüder Kaulmann wurden unter starker Bewachung mit zwei Droschken nach Melaten gebracht und mit der verstümmelten Leiche konfrontiert. Karl gab bei seiner Vernehmung an, der alleinige Täter gewesen zu sein. Er sei mit Elias in Streit geraten, und schließlich habe er denselben mit einem Totschläger, dem Gummischlauch, niedergeschlagen und nachher mehrere Schüsse auf ihn abgegeben. Im Nebenzimmer habe er dem Zusammenbrechenden die Kehle durchschnitten. Dann erst sei sein vollkommen unschuldiger Bruder dazugekommen.

Für das Gericht war es nicht erwiesen, dass Heinrich an der Tötung von Elias beteiligt war. Wohl aber wurde ihm wissentlicher Meineid und die Anfertigung von Formen zur Falschmünzung angelastet, was für ihn auf eine achtjährige Zuchthausstrafe hinauslief. Sein Bruder Karl wurde wegen Totschlags mit fünfzehn Jahren Zuchthaus belegt, wobei das Gericht und der Staatsanwalt bedauerten, dass eine höhere Strafe beim Totschlag gesetzlich nicht vorgesehen war.[9]

Verhandlung hinter verschlossenen Türen

Noch sehr jung waren zwei Zuhälter, welche die Rheingegend und besonders den Holzmarkt und den Heumarkt unsicher machten. Aufgrund der »Verkommenheit«, welche sich bei den beiden 20-Jährigen, Bernhard Nagel und Max Peter, eröffne, so meinte die Staatsanwaltschaft in der Verhandlung gegen die beiden im Februar 1900 wegen Straßenraubs, müsse »ein Exempel statuirt werden«. Das Urteil gegen Nagel lautete auf drei Jahre Zuchthaus, gegen Peter auf eineinhalb Jahre Gefängnis.[10]

In Rücksicht auf »die gute Sitte und die öffentliche Moral« berichtete die Kölner Gerichts-Zeitung im November 1888 nur in beschränktem Maß über eine Verhandlung, die hinter verschlossenen Türen schwere Kuppelei und Unzucht zum Gegenstand hatte. Angeklagt waren die Kölner Witwe Antonie Pollen, geborene Hesselmann, Mutter von vier Kindern, und ihr Freund, der Kölner Kaufmann Otto Zimmermann. Für dessen »Bestialität« und für die »unglaublich hohe Stufe moralischer Verworfenheit und Erbärmlichkeit« der Witwe sprach der Umstand, dass dieselbe »nicht nur für schnödes Geld sich selbst hergab, sondern ihrem

Der Heumarkt um 1900.
Blick von Südwesten.

Freunde Z. auch ihre eigenen Kinder, und zwar ihre 16-jährige Tochter Auguste, die sich gegenwärtig in Holland (angeblich in einem öffentlichen Hause) aufhält, sowie ihre 12 Jahre alte Tochter Elvira verkaufte und verkuppelte!«

Bald darauf fragte Zimmermann die kleine Elvira, ob sie nicht ein paar Freundinnen mitbringen möchte – er wolle ihnen was schenken. Das Mädchen ging auf den Vorschlag ein, worauf Zimmermann in seiner Wohnung weitere Sittlichkeitsverbrechen an den Mädchen ausübte. Das Gericht schritt mit Strenge ein und verurteilte die Witwe zu fünf und Zimmermann zu vier Jahren Zuchthaus.[11]

Um einen Fall von Jugendprostitution ging es auch, in den die 1865 geborene Sofie Klasen verwickelt war. Als der Kölner Wilhelm Klasen, wohnhaft im Haus Martinstraße 4A, seine Frau heiratete, brachte diese die kleine Sofie mit in die Ehe. Die Frau, die schon früher einen nicht tadellosen Sittenwandel an den Tag gelegt hatte, führte denselben auch nach der Heirat weiter. Das Zigarrengeschäft der Klasens in dem Haus in der Martinstraße diente als Tarnung für eine »geschäftsmäßig betriebene Unzucht«, und die Kunden, »welche sich mehr zur Nacht- als zur Tageszeit einfanden, kauften andere Waare als todte Cigarren, die kauften lebendiges Menschenfleisch«.

Die kleine Sofie hielten die Eltern zunächst vom hauseigenen Bordell fern.

Klasen, der nicht so recht für dieses Geschäft geeignet schien, ergab sich immer mehr dem Suff. Es kam zu häufigen ehelichen Szenen, und oft bildeten sich große Volksaufläufe vor dem verrufenen Haus. Die kleine Sofie hielten die Eltern zunächst so gut es ging von dem hauseigenen Bordellbetrieb fern. Als sie schulpflichtig wurde, gab man sie nach Belgien in ein Nonnenpensionat, das sie mit guten Zeugnissen verließ. Sie war fünfzehn Jahre alt, als sie wieder nach Köln in die Martinstraße zurückkehrte, wo sie den Verführungskünsten eines »hochgestellten köllschen Don Juan« und dem »unsittlichen Leben« verfiel.

Nach gegenseitigen Denunzierungen wurde 1880 eine gerichtliche Untersuchung wegen Kuppelei gegen das Ehepaar eingeleitet, und Wilhelm Klasen musste kurzfristig ins Gefängnis. Wiederholt versuchte seine Frau, von ihm loszukommen. Unter Mitnahme der Ersparnisse ging sie mit einem Kellner nach Amsterdam durch, wo sie ein schwunghaftes Café eröffnete, das jedoch schnell die Aufmerksamkeit der Polizei auf sich lenkte. Ihr in Köln im Stich gelassener Gatte kam gerade rechtzeitig genug nach Amsterdam, als seine Frau Stadtverweis erhielt. Man söhnte sich wieder aus und ging zusammen nach Rotterdam. Von dort wandte sich die Familie kurz vor Beginn der Weltausstellung von 1885 nach Ant-

Eine von ihrem Vater ermordete Kölnerin.

Sofie Klasen war in Antwerpen als »die schöne Deutsche« bekannt.

S o f i e   K l a s e n
wohnte zu Köln, Martinstraße 4 A.

werpen und etablierte dort ein Café, welches später als »Café de Congo«
von Sofie übernommen, wegen Unrentabilität aber nach einigen Monaten wieder abgestoßen wurde.

Sich der Schwäche ihres Mannes für hochprozentige Getränke bewusst, gab Frau Klasen ihm reichlich Nachschub und Geld, damit er seine Abende in Schnapsschänken zubringen und ihren Geschäften nicht
im Weg stehen sollte. Die Misshelligkeiten innerhalb der Familie dau-

185

Ein Café im 19. Jahrhundert.

erten fort und fanden 1886 einen ersten traurigen Höhepunkt, als Wilhelm Klasen seine Familie mit einem Beil angriff und seine Adoptivtochter erheblich verletzte, was ihm eine mehrmonatige Gefängnisstrafe einbrachte.

Nach Ablauf seiner Freiheitsstrafe wurde er über die Grenze verschoben, kehrte aber bald wieder nach Antwerpen zurück. Am späten Abend des 21. März 1887 drang Klasen in höchster Aufregung mit einem Revolver bewaffnet in ein neues Café seiner Adoptivtochter, das »Café de Vienne«, ein. Sofie saß im Vorderzimmer mit Gästen plaudernd, und Klasen feuerte in rascher Folge vier Schüsse auf sie ab. Die Unglückliche, die fortan von der Brust abwärts gelähmt war, starb nach einigen Wochen an den Folgen der Verletzungen. Die Tat erregte in Antwerpen großes Aufsehen, zumal Sofie Klasen dort überall als »die schöne Deutsche« bekannt war.

Bei der Verhandlung Ende Juli 1887 vor dem Antwerpener Schwurgericht wurde die Anklage zunächst in französischer und flämischer Sprache verlesen und dann ins Deutsche übersetzt. Klasen gab an, nicht gewusst zu haben, was er tat. Dem Untersuchungsrichter hatte er erklärt, auf Sofie geschossen zu haben, weil sie ihm ein Almosen verweigert habe. Über das Geistesvermögen des Angeklagten befragt, sagte der Gerichtsarzt, dass dies wohl durch den übermäßigen Genuss von Spirituosen »in etwa vergiftet gewesen« sei, im Übrigen aber »die Verstandeskräfte nicht gelitten hätten«.

Aus der Verhandlung ging hervor, dass sich die finanzielle Situation des Angeklagten immer mehr zugespitzt hatte. Erhebliche Geldmittel und Möbel, die er, so Klasen, aus Deutschland mitgebracht habe, seien von seiner Frau beiseite geschafft und sein Haus in Köln sei auf Bitten seiner Frau auf Sofie übertragen worden. Aussagen von Entlastungszeugen, dass Frau Klasen tatsächlich ihren Mann systematisch und hinterhältig zum Bettler gemacht habe, wurden vom Staatsanwalt mit dem Hinweis auf den »sittlichen Ruf« der Zeugen zu entkräften versucht. Die Geschworenen bejahten die Frage, ob die Tat des Angeklagten als Mord anzusehen sei, worauf Klasen zum Tode verurteilt wurde. Er erhängte sich am 13. Oktober 1887 in seiner Zelle. Die »Antwerpener Zeitung, Organ der Deutschen in Belgien«, stellte in ihrer Berichterstattung infrage, ob das harte Urteil gegen Klasen gerechtfertigt war.[12]

Die »Ausbrecherkönige« Peter Scholl und Oskar Johnert

Als der Schäfer Peter Scholl aus Kerpen aus dem Kölner Gefängnis entlassen wurde, wo er wegen Diebstahls unter erschwerenden Umständen eine fünfjährige Zuchthausstrafe verbüßt hatte, machte er sich gleich wieder ans Werk und beging eine neue Reihe von Diebstählen: allein von Mitte September bis November 1857 in Liblar, Rath, Kerpen, Brühl und Wiehl.

Als nach dem Diebstahl in Liblar eine Hausdurchsuchung bei ihm vorgenommen wurde, entsprang Scholl durch ein vierzehn Fuß hohes Fenster und entkam in den nahe gelegenen Wald. Einen Monat später wurde er in Esch verhaftet, und man fand vier Schlüssel und zwei Dietriche bei ihm. Wenige Tage später gelang es ihm auf dem Transport von Bonn nach Aachen abermals zu entspringen. Von da ab schien er sich eine Zeit lang in »Büschen und Wäldern« aufgehalten und lediglich von Diebereien gelebt zu haben. Anfang Januar 1858 wurde er von zwei »Corpsjägern« in einem Wald bei Brühl verhaftet. Diesmal trug er außer einem Schlüsselbund und einer Feile auch zwei Pistolen, Schießpulver und einen Dolch bei sich.

In der Erft bei Mödrath befreite er sich vom Schmutz. Am 26. Juli 1858 verurteilte ihn das Kölner Schwurgericht wegen der neuerlichen Diebstähle zu zehn Jahren Zuchthaus, doch nach etwas mehr als einem Jahr entkam Scholl auf eine für die Behörden unerklärliche Weise aus dem neuen Kölner Arresthaus. Es war ihm gelungen, die Gitterstäbe des Fensters seiner Zelle zu beseitigen und sich an einer etwa siebzig Fuß langen Kette in den Gefängnishof hinabzulassen. Doch wie konnte er über die Umfassungsmauern der Strafanstalt gekommen sein, die ringsum mit Militärposten besetzt waren?

Der Kerpener gab die Erklärung später selbst. Demnach hatte er sich im Gefängnishof unter einem Haufen Heizungsrohre verborgen, um den Blicken der Aufseher zu entgehen, die offensichtlich etwas bemerkt hatten. Unter den Heizungsrohren entdeckte Scholl eine enge Öffnung, die in einen Erdkanal mündete. Er zwängte sich hinein und arbeitete sich

Die Flucht eines Sträflings.

Illustration in einer Ausgabe der Kölner Gerichts-Zeitung von 1887.

Ein Sträfling versucht die Flucht mit Benutzung des Blitzableiters.

189

robbend vorwärts. Nach zwei Stunden gelangte Scholl ins Freie. In der Erft bei Mödrath befreite er sich vom Schmutz, den er sich bei dieser Aktion zugezogen hatte, um sich dann gleich wieder in seinem früheren Revier, in der Gegend von Lechenich, Brühl und Kerpen, in Wäldern und Schluchten herumzutreiben und Ausschau nach neuem Diebesgut zu halten.[1]

Folgen der »Schundlektüre«

Dies bekam ihm im November 1859 schlecht, als er einen Diebstahl in Roggendorf im Sinne hatte. Wie es ihm dort erging, das berichtete die Kölnische Zeitung: »Die flinken Jungen eines armen ehrlichen Tagelöhners zu Roggendorf bei Liblar, welchen vor ein paar Wochen bei nächtlicher Weile das ganze Kirmeßweck-Gebäck gestohlen worden und die ob dieser Unthat sicher nicht wenig ergrimmt waren, lagen in der Nacht vom 19. zum 20. d. Mts. [Nov.] schlummernd auf ihren Strohsäcken, als sie gegen 1 Uhr ein Knistern und Krabbeln an der Stelle der verschwundenen Kirmeß-Herrlichkeiten vernahmen. Einer der erwachten Schläfer, ein charmanter Junge, rieb seine blauen Augen, und sah vor dem Fenster des Kämmerleins eine Leiter nach dem Söllerfenster aufwärts stehen. Des Weckes noch eingedenk, eilte er in seinem kurzen Hemde in die Kammer von Vater und Mutter und verrieth diesen den Wolf im Schafstalle. Der Vater, voller Geistesgegenwart, raffte sich auf, schickte einen älteren Jungen die Söllertreppe hinauf und warf in demselben Augenblicke die Leiter um. Da sprang dann in einem Nu ein Kerl, seine Leiter verloren sehend, am Dachfenster heraus, wie ein Fuchs, der, den krummbeinigen Waldmann witternd, aus seinem Baue springt. Jetzt faßte ihn der tapfere Tagelöhner mit seinem inzwischen im bloßen Hemde herbeigesprungenen Weibe, es wurde gerungen, gekratzt, gestoßen und gebissen, eine halbe Stunde lang, bis einer der Jungen ein paar kräftige Holzschneider aus dem circa zweihundert Schritte von der isolirten Hütte entfernten Dorfe herbeigeholt hatte. Jetzt erst gab sich der Wütherich, dessen Beine noch von den kleinen Armen eines der Jungen umschlungen waren, gefangen. Roggendorfs Bewohner, alsbald herbeikommend, zogen ihm den schon gestohlenen einzigen Rock des Tagelöhners aus und umringten den Gefangenen schier sicherer, als die hohen Mauern des Arresthauses, bis der inzwischen benachrichtigte Bürgermeister in Begleitung seines thätigen Gensdarmen gegen 5 Uhr ihn geschlossen auf die Veste Lechenichs brachte. Wer aber war der Wolf? Scholl, der Gefürchtete!«[2]

Nachdem er wieder ins Kölner Gefängnis überführt worden war, stand Scholl, der in der Presse als »Rinaldo Rinaldini« gekürt wurde, im April 1860 erneut vor den Schranken des dortigen Schwurgerichts. Hier wurde er wegen des Diebstahlversuchs in Roggendorf zu weiteren sechs Jahren Zuchthaus verurteilt.[3]

Ein anderer Ausbrecherkönig aus früheren Zeiten war der 1803 in Mainz guillotinierte bekannte Räuberhauptmann Schinderhannes. Der gelernte Maurer, dann aber im Buchhandel tätige Oskar Johnert versuchte in Kalk, einen Roman über ihn an den Mann zu bringen. Ein Schreiber der Kölner Gerichts-Zeitung hielt sehr wenig von diesem Roman, »der sich am besten zum Einwickeln von Käse etc. eignete, wenn man es nicht vorziehen sollte, solche Schundlektüre den Flammen zu übergeben«.

Eines Tages im September 1893, als Johnert mit seinem Schinderhannesroman zu Verkaufszwecken in Kalk unterwegs war, nutzte er eine günstig erscheinende Gelegenheit, um das Portemonnaie einer dortigen Einwohnerin zu stehlen, wurde aber festgenommen. Als er im Kalker Polizeigefängnis saß, fasste er – ganz wie sein Vorbild Schinderhannes –, den Entschluss, auszubrechen. Mit einigen Eisenteilen, die er von seiner Pritsche abgerissen hatte, gelang es ihm, einzelne Steine aus der Wand herauszubrechen. Dann aber wurde er erwischt, und der Fluchtversuch war gescheitert, der, wie es in der Kölner Gerichts-Zeitung hieß, zeigte, wie »schändlich« sich die Lektüre des Schinderhannesbuches auf Johnert ausgewirkt habe, der wegen Diebstahls und Sachbeschädigung zu acht Monaten Gefängnis verurteilt wurde.[4]

Bekanntmachung.

In Gemäßheit der Verfügung der Kön'glichen Hochlöblichen Regierung vom 5. September, sollen Donnerstag den 25. hujus, Vormittags 11 Uhr, in dem Geschäftshause des Polizei-Präsidiums nachstehende Gegenstände, zum Bedarf des hiesigen Arresthauses, öffentlich an den Wenigstfordernden, für den Zeitraum von dem ersten Oktober dieses Jahres, bis zum ersten April künftigen Jahres, verdungen werden:

a) die Verpflegung der gesunden Gefangenen;
b) die Verpflegung der kranken Gefangenen, (jedoch mit Ausnahme der Arzneien und des Weins)
c) die Heitzung des Arresthauses;
d) die Beleuchtung desselben;
e) die Lieferung des Strohes;
f) das Waschen der Hemden, der Bettungs- und der Verbandstücke, so wie das Walken der Bettdecken, imgleichen das Waschen der Hemden, Strümpfe und feine neuen Kleidungsstücke der Gefangenen.

Die Verdingung geschieht für jeden der obigen Gegenstände einzeln, und wird nur vorbehaltlich der höhern Genehmigung zugeschlagen.

Was die Lieferung des Brodbedarfs anbelangt, so soll selbige an einen oder mehrere Bäcker in der Art überlassen werden, daß der Werth des gelieferten Brods nach den in dem betreffenden Monat bestandenen Polizei-Taxen und mit einem bei der Bedeutenheit des Objekts, nach Prozenten zu bestimmenden Rabatt, festgestellt wird.

Diejenigen hiesigen Bäcker, welche demnach die Brodlieferung in der vorgeschriebenen Art übernehmen wollen, haben ihre desfallsige schriftliche Erklärungen bis zum 24ten l. M. einzureichen.

Die Bedingungen, unter welchen die Verdingung Statt findet, liegen übrigens täglich in der Registratur des Polizei-Präsidiums zu Jedermanns Einsicht offen.

Köln, den 11. September 1818.

Königlicher Polizei-Präsident und Landrath des Stadt-Kreises Köln,   Struensee.

Bekanntmachung in der Kölnischen Zeitung betreffs der Verpachtung von Dienstleistungen für den Bedarf des alten Arresthauses am Neumarkt, 1818.

Ausbruchsversuch aus dem Klingelpütz

Anfang März 1885 traten vier besonders sorgsam gefesselte schwere Jungs vor das Schwurgericht. Es handelte sich um Friedrich Wilhelm Jerusalem, Adam Hofer, Peter Lucas und Friedrich Wilhelm Schlotterer, die in der Nacht vom 6. auf den 7. November 1884 bei einem Ausbruchsversuch aus der Strafanstalt »Am Klingelpütz« den Aufseher Philipp Arnold so schwer verletzt hatten, dass er starb. Schon früh füllte sich der Gerichtssaal, und Tausende von Menschen umlagerten während der Verhandlung das Gerichtsgebäude. Der Andrang des Publikums war »ein geradezu enormer«, wie es in der Kölner Gerichts-Zeitung hieß. Auf Antrag eines Rechtsanwaltes wurden den Angeklagten die Handschellen abgeschraubt, die Fußfesseln hingegen, die sie seit dem Tag der Tat trugen, waren so eingerostet, dass sie nicht zu lösen waren.[1]

Der jüngste der vier Angeklagten, der neunzehn Jahre alte Schlotterer, war zugleich derjenige, der am meisten auf dem Kerbholz hatte. Er war in Hechingen wegen Mordes zum Tode verurteilt, dann aber zu lebenslänglicher Zuchthausstrafe begnadigt worden. Die anderen drei hatten mehrjährige Zuchthausstrafen wegen Diebstahls, Straßenraubs, Widerstandsleistung und anderer Vergehen zu verbüßen.

Überwältigung des Aufsehers

Wie sich aus der Verhandlung ergab, hatten sie schon seit längerer Zeit Ausbruchspläne geschmiedet, wobei der Hauptanstifter der Angeklagte Jerusalem gewesen zu sein schien, »ein kleiner untersetzter Mensch mit frechem Gesichtsausdruck«. Sie hatten sich vorgenommen, zu diesem Zweck den Aufseher zu knebeln, ihm die Schlüssel abzunehmen und dann über die Umfassungsmauer des Gefängnisses zu entfliehen. Am Abend vor dem geplanten Ausbruch hatten sie nochmals genau verabredet, welche Aufgabe jedem Einzelnen von ihnen zufiele. Zweckdienliche Werkzeuge hatten sie aus der Schuhmacherwerkstätte mitgehen lassen, und eine knapp ein Meter lange Eisenstange brachen sie von einer Bettstelle ab.

Die Angeklagten waren zusammen mit mehreren anderen Zuchthäuslern zum Schlafen auf dem Speicher des Flügels Nummer III der

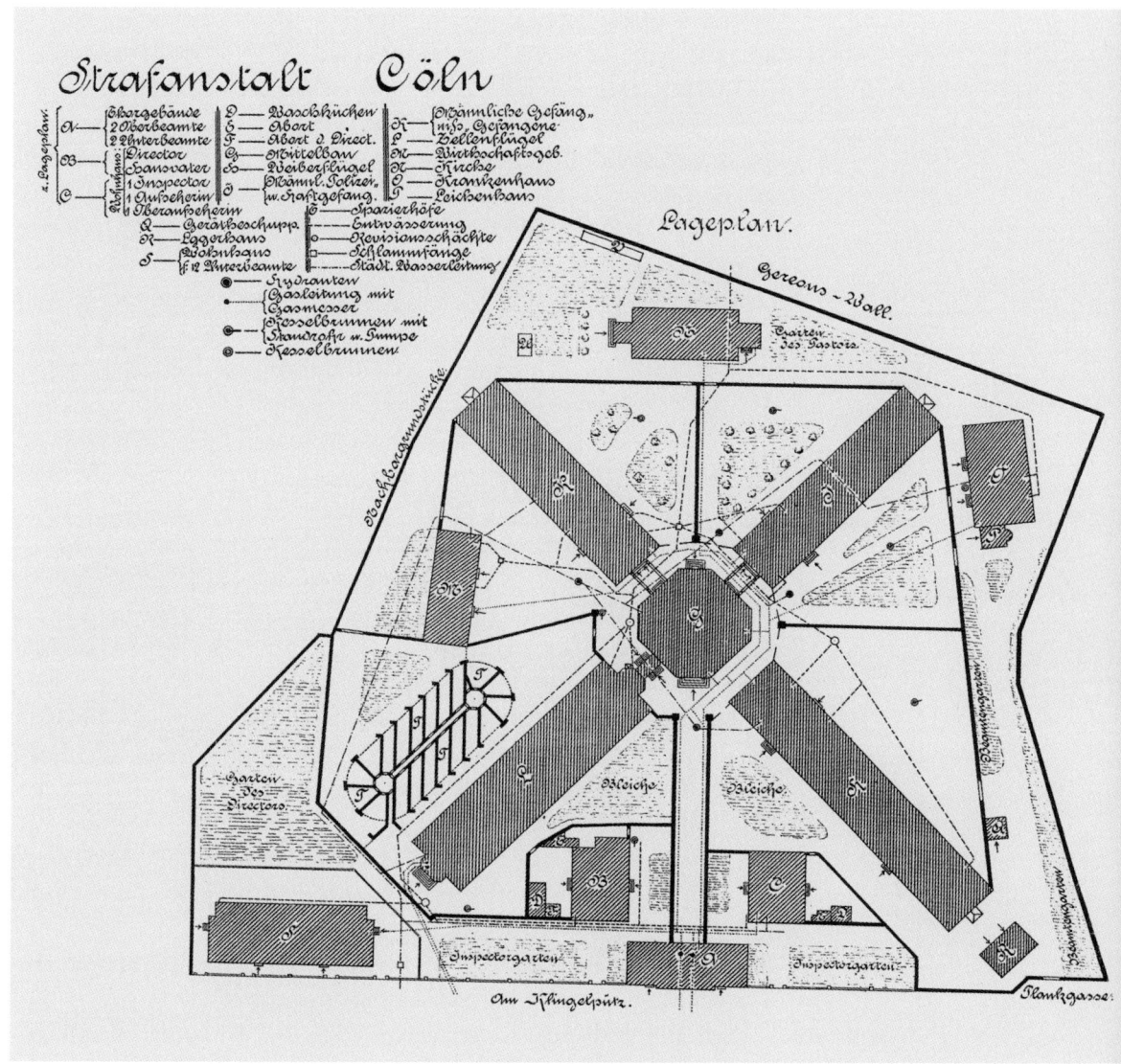

Lageplan und Grundriss des Klingelpütz.

Strafanstalt in einem massiven Holzverschlag untergebracht. Rings um diese Schlafkammer führte ein Gang, in dem sich eine Kontrolluhr für die Aufseher befand. Unmittelbar nachdem die Gefangenen gegen einundzwanzig Uhr noch kontrolliert worden waren, gaben sich die Angeklagten an die Arbeit. Mithilfe ihrer Werkzeuge brachen sie ein dreißig bis vierzig Zentimeter hohes und sechzig bis siebzig Zentimeter breites Loch in die Holzwand. Gegen drei Uhr morgens waren sie mit ihrer Arbeit fertig. In einem auf dem Gang befindlichen Verschlag, in dem Besen und andere Reinigungsgegenstände aufbewahrt waren, versteckten sie

193

sich und warteten etwa eine halbe Stunde, bis der Aufseher Arnold kam und an ihnen vorbei zur Kontrolluhr ging.

Diesen Augenblick nutzten die Ausbrecher, um sich in der Nähe der Tür zu verbergen, die Arnold auf seinem Rückweg wieder passieren würde. Jerusalem stellte sich hinter die Tür und ergriff den ahnungslosen Aufseher, als dieser abschließen wollte. Die anderen drei sprangen hinzu, rissen Arnold zu Boden und fesselten ihn. Um den Wehrlosen am Schreien zu hindern, steckte ihm Jerusalem ein Taschentuch in den Mund und band ein Halstuch darum. Als Arnold trotzdem noch Laute von sich gab, drückte ihm Jerusalem die geballte Faust unter den Kehlkopf, und Lucas warf ihm eine Jacke über den Kopf, um das Stöhnen zu unterbinden.

Die vier sahen nun ihre Sache verloren und eilten wieder zurück.

Nachdem Hofer dem Aufseher die Schlüssel abgenommen hatte, versuchten die vier nun, über eine Treppe auf den Hof zu gelangen, um hier mithilfe einer in einem Schuppen aufbewahrten Leiter entweichen zu können. Unter der Treppe in einem anderen Schlafraum waren jedoch Gefangene auf die Ausbrecher aufmerksam geworden und riefen den Posten zu, dass ein Ausbruch im Gange sei. Die vier sahen nun ihre Sache verloren und eilten wieder zurück.

Lucas schnitt dem daliegenden Aufseher die Fesseln durch, und Jerusalem streifte den engen Mundknebel nach unten. Während Schlotterer wieder durch das Loch in den Schlafraum zurückgekehrt war, rief Lucas den beiden anderen zu: »Der Aufseher ist ohnmächtig, holt etwas Wasser, um ihn wieder zu beleben.« Hierauf äußerte ein anderer: »Der ist schon tot, jetzt ist alles verloren, laßt uns fliehen!« Mithilfe der Schlüssel kamen die drei auf einen anderen Gang, sprangen auf das Dach eines Schuppens und gelangten so auf den Gefängnishof, wo sie aber alsbald von der alarmierten Wache festgenommen wurden.

Auf Anordnung der Gefängnisdirektion und der königlichen Regierung erhielten die drei Flüchtlinge jeweils sechzig Peitschenhiebe. Weil Schlotterer mitten im Fluchtversuch von seinem Vorhaben abgelassen hatte, kam er mit vierzig Hieben davon.

In den wesentlichen Punkten waren die Angeklagten geständig, versuchten aber, sich gegenseitig die gröbsten Tätlichkeiten gegen den Aufseher in die Schuhe zu schieben, der durch Ersticken gestorben war. Gegen Ende der Verhandlung ergriff Jerusalem noch einmal das Wort: »Ich möchte sie doch freundlich bitten, uns eine gnädige Strafe zu geben. Wir haben bereits zweimal unser Blut hergeben müssen, als wir die zweimal dreißig Peitschenhiebe erhielten. Der Haß der Aufseher verfolgt uns Tag und Nacht. Noch nicht eine Nacht haben wir seit der That ruhig schlafen können. Alle zwei Stunden sind wir geweckt worden. Die Kollegen des verstorbenen Aufsehers quälen uns. Auch das ist eine harte Strafe. Ein Aufseher ist unserthalben entlassen worden. Die Pflichtvergessenheit der Beamten ist durch uns an den Tag gekommen.« Das Urteil lautete gegen Jerusalem auf zwölf Jahre, gegen Hofer und Lucas auf je zehn Jahre und gegen Schlotterer auf neun Jahre zusätzlichen Zuchthauses.[2]

Die Hausstrafe im Klingelpütz

Peter Lucas war im Klingelpütz nicht der Einzige aus seiner Familie. Sein Bruder Johann Lucas war 1882 wegen zwei Einbruchsdelikten im wiederholten Rückfall zu acht Jahren Zuchthaus verurteilt worden, wovon er drei in strenger Einzelhaft zubringen musste. Vielleicht spielte die Tatsache eine Rolle, dass Johann der Bruder jenes Ausbrechers war, der an Arnolds Tod mit schuld war, jedenfalls machten ihm die Aufseher sein Gefängnisleben nicht gerade leicht. Besonders vom Aufseher Wilhelm Zingler kam er sich sehr ungerecht behandelt vor.

Eine Beschwerde von Johann Lucas gegen ihn bezog sich auf verunreinigtes Trinkwasser. Der Aufseher habe jedes Mal versäumt, so Lucas, den Deckel auf das vor die Zelle gestellte Trinkgefäß zu legen, sodass beim Kehren des Ganges aller Unrat hineingelangt sei. Zingler habe dazu gesagt, Lucas »hätte das Wasser so saufen können«. Die Beschwerde blieb nach der Aussage von Lucas nicht nur erfolglos, sondern habe durch eine Denunzierung des Aufsehers sogar dazu geführt, dass er mit der im Klingelpütz üblichen »Hausstrafe«, dem Auspeitschen, belegt worden sei. Die dreißig Peitschenhiebe wurden ihm von Zingler persönlich verabreicht.

Die Lage spitzte sich so zu, dass es zu einer gewalttätigen Auseinandersetzung kam, weshalb sich Lucas im November 1886 wegen vorsätzlicher Körperverletzung vor Gericht verantworten musste. Er gab an, dass Zingler zu ihm in die Zelle gekommen sei und ihn mit einem Hirschfänger angegriffen habe. Dem stand die Aussage des Aufsehers entgegen, nach der Lucas ihn in die Zelle gezerrt und zu überwältigen versucht habe mit den Worten: »Jetzt wollen wir einmal abrechnen!« Schnell waren zwei weitere Aufseher zur Stelle, die sich auf Lucas stürzten. Im Kampf verlor Lucas einen Finger und erlitt auch andere schwere Verletzungen, während die Folgen für die Aufseher offensichtlich weniger dramatisch waren. Als Lucas von seiner Einzelhaft und den Verhältnissen im Klingelpütz berichtete, unterbrach wiederholt ein Tränenstrom seine Worte,

Der Ausbrecher Bertram im Kölner Zuchthaus.
(Text Seite 7.)

Diese Abbildung veröffentlichte die Kölner Gerichts-Zeitung und Rheinische Criminalzeitung im Januar 1905. Als Kommentar dazu heißt es, dass der als Ausbrecher gefürchtete Bertram im Klingelpütz nur dadurch gebändigt werden konnte, indem »man einmal seine Zelle derart mit Wasser füllte, daß ihm das Wasser zum Munde reichte«.

»von denen sämmtliche Anwesende tief ergriffen wurden«. Dem angeklagten Lucas erkannte man mildernde Umstände zu, was auf eine sechs-
monatige Gefängnisstrafe hinauslief.

Zum Thema Prügelstrafe heißt es in der Kölner Gerichts-Zeitung,
dass diese zwar als Strafe aus den Strafgesetzbüchern gestrichen worden
sei, als Disziplinarstrafe aber in den Zuchthäusern und Gefängnissen sowie in allen »Detentionsanstalten« (zum Beispiel Zivilgefängnissen und
Besserungsanstalten) noch angewendet würde. Dieser »schreiende Miß-
stand« würde wohl erst dann beseitigt werden können, wenn die Verwaltung der Gefängnisse an das Justizministerium übergegangen sei, statt,
wie bis dahin üblich, in die Kompetenz des Innenministeriums zu fallen.[3]

Karneval

Dass es bei einer so großen Festivität wie dem Kölner Karneval auch zu Zwischenfällen kam, verwundert nicht. Besonders seit den 1880er Jahren wurden vermehrt Klagen über einen zunehmenden Sittenverfall und eine hohe Kriminalität im Karneval laut. Es ist von Prügeleien und Messerstechereien die Rede, von Prostitution, von Alkoholexzessen, von sexuellen Übergriffen, von unanständigen Büttenreden und vom Singen »zotiger Lieder«, die den ärgsten Einfluss auf die Schulkinder und Jugendlichen hätten. Die Profiteure des riesigen Volksfestes schienen vor allem die Veranstalter, die Gastwirte, die Prostituierten und die Pfandhäuser gewesen zu sein. Nicht selten waren eine höhere Polizeipräsenz, eine Einschränkung der Tanzlustbarkeiten und der Prostitution, strengere Auflagen für die Wirte, Maskierungsverbote oder ein Verbot des gesamten Karnevals Gegenstand der Diskussion.[1]

»Es wird gesoffen bis morgen früh!«

In einem Rückblick auf die Karnevalstage des Jahres 1886 heißt es in der Kölner Gerichts-Zeitung, dass neben den Karnevalsfreuden leider auch »rohes und wüstes Treiben auf Straßen und in Häusern, Diebstähle und Mißhandlungen« an der Tagesordnung gewesen seien. Die Aktivitäten der sich mehrenden »Messerhelden« hätten dafür gesorgt, dass in jenen Tagen nicht weniger als sieben Personen im Bürgerhospital aufgenommen werden mussten.[2]

Der mittlere Bürgerstand hielt sich offensichtlich zeitweise von den Fastnachtsbällen im Gürzenich fern, weil sich dort »Elemente« einschlichen, die nicht gern gesehen waren.[3] An der »Niedrigkeit« dieser Bälle wird heftige Kritik laut: »Die Halbwelt, ihre Beschützer, die Louis [Zuhälter] und die frivolen Bourgeoissöhnchen mit gefüllten Geldtaschen sind bei Mädchen und Champagner dort anzutreffen.« Anlässlich eines gewalttätigen Zwischenfalls im »Circus Carré« wird darauf aufmerksam gemacht, dass diese »Mädchen« zur Karnevalszeit oft der Willkür und den »rohesten und gemeinsten Späßen einer Sippe von Wolllüstlingen und Skandalburschen ausgesetzt« gewesen seien.[4]

Über die Trinkgewohnheiten an Karneval heißt es anlässlich eines Vorkommnisses in Weiß, wo es am Rosenmontag 1886 wegen verweigerten Bieres in einer Wirtschaft zu einer Keilerei gekommen war: »Auf den Dörfern wird an Fastnacht soviel getrunken, als der Magen fassen kann und hat man's soweit gebracht, dann trinkt man noch weiter.«[5] Zum Thema Alkohol sei beispielsweise auch ein junger Düsseldorfer erwähnt, der am Fastnachtssonntag des Jahres 1900 auf einem Maskenball in Mülheim feierte. Als ein Bekannter von ihm von mehreren anderen jungen Leuten angegriffen wurde, geriet er in eine solche Wut, dass er von Tisch zu Tisch sprang und die darauf befindlichen Trinkutensilien in Richtung der anderen Ballbesucher schleuderte, die teilweise zu den Fenstern hinaus flüchten mussten. Nach dem »Exzess« stellte der Wirt fest, dass hundertdreißig Gläser und fast hundert Weinflaschen zu Bruch gegangen waren.[6]

Rückenwind für die Kritiker des Karnevals gab es erst recht, wenn abgesehen von der Kleinkriminalität auch schwerwiegendere Delikte vorkamen, wie es 1877 der Fall war. Am 12. Februar des Jahres wurde der Kölner Gendarm Anders wegen einer Schlägerei in das Wirtshaus von Michael Hubert Helten nach Frechen berufen. Als er mit dem Polizeidiener Adam Kranz dort eintraf, war die Rauferei bereits zu Ende; es standen aber die Gäste noch in größeren Gruppen zusammen. Der Wirt Helten ersuchte den Gendarm, Feierabend zu gebieten, was dieser auch tat. »Was hast du Kerl Polizeistunde zu gebieten?«, rief der 28-jährige maskierte Tagelöhner Peter Muckes aus Frechen. »Es wird gesoffen bis morgen früh!«

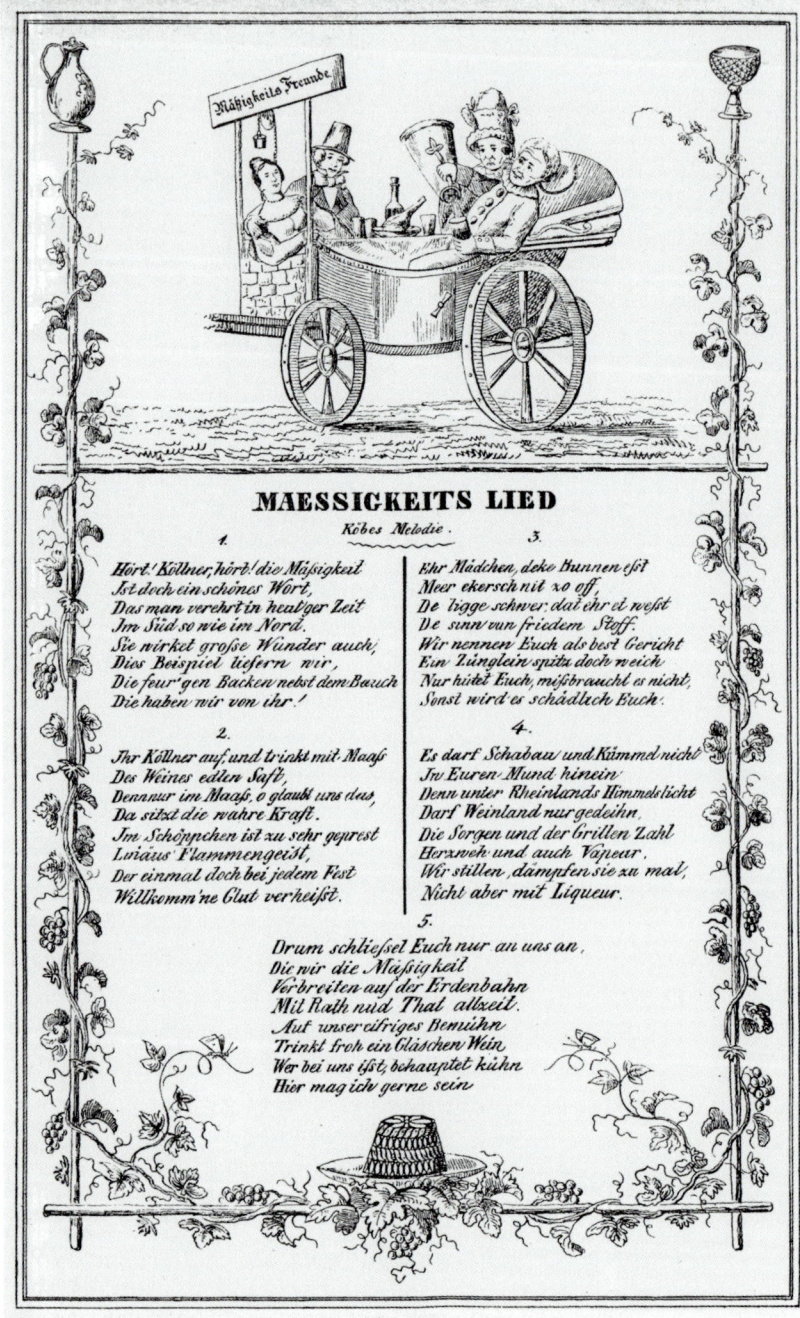

Das »Maessigkeits Lied«
(Mitte des 19. Jahrhunderts)
hätte sich besser bisweilen
manch ein Kölner zu Herzen
genommen.

Der Gendarm trat auf den Frechener zu, fragte ihn nach seinem Namen und versuchte, ihm die Maske zu lüften. Als es hierbei zu Handgreiflichkeiten kam, zog der Gendarm seinen Revolver. Kaum hatte Muckes das gesehen, fasste er die Hand des Gendarmen und biss so heftig hinein, dass Letzterer die Waffe loslassen musste. Mit dem entsicherten Revolver ging Muckes einige Schritte zurück und zielte auf den Polizeidiener Kranz. Obwohl der Gendarm rief: »Muckes, schießen Sie nicht, der Revolver ist scharf geladen!«, drückte dieser ab – die Kugel ging glücklicherweise knapp vorbei. Nun richtete Muckes die Waffe gegen den Gendarmen, der Schuss löste sich aber nicht. Vom Schwurgericht wurde der Frechener Ende Juni 1877 mit einer 14-monatigen Gefängnisstrafe belegt.[7]

Zu einer Bluttat kam es beim Karneval 1884, die den Kölnern noch lange in Erinnerung blieb. Aus der Eifel, aus Ettringen, fanden sich seinerzeit die Brüder Johann und Peter Hilger zum mehrtägigen Feiern in der Domstadt ein. Die beiden Steinhauer vergnügten sich am Abend des Karnevalssonntags, dem 24. Februar 1884, zusammen mit Johann Mayer aus Bochum und Magdalena Breunich aus Köln in der Wirtschaft Rieder in der Friedrichstraße. Peter Hilger war als Ritter maskiert, Magdalena Breunich hatte sich nur das Haar gepudert, und Mayer trug eine Stahlbrille. Als erwartete Bekannte nicht kamen, beschloss man, zum Wirt Christmann in die Schildergasse zu gehen, um dort zu tanzen.

Magdalena Breunich hatte sich das Haar gepudert, und Mayer trug eine Stahlbrille.

Unterwegs trafen die vier an der Ecke Rothgerberbach und Am Weidenbach mit einigen auf dem Weg zur Kaserne befindlichen Militärs zusammen, und es kam zu einem Wortwechsel. In der Annahme, Magdalena sei absichtlich von einem Soldaten angerempelt worden, sagte Mayer zu den Soldaten gewandt: »Meine Herren, wenn Sie sich einen Carnevalsscherz erlauben wollen, müssen Sie's nicht zu arg treiben«. Hierauf entgegneten die Soldaten, sie sollten ruhig sein, sonst könnten sie »kölsche Jungens kennen lernen«. Es fielen noch weitere Worte, und die Situation spitzte sich zu, beobachtet von einer immer größer werdenden Anzahl von Schaulustigen.

Einer der Soldaten glaubte einen Schlag von Peter Hilger erhalten zu haben, während dessen Bruder Johann mit einem anderen Soldaten, dem Kölner Füsilier Faßbender vom 40. Regiment, aneinandergeriet. Nach gegenseitigen Attacken ging Johann zu Boden. Als Faßbender, der sich kurz über ihn gebeugt hatte, wegging, brach er nach ein paar Schritten auf dem Fußweg zusammen und starb auf dem Weg zur Kaserne in den

201

Armen seiner Kameraden durch Verbluten. Wie sich im Lazarett herausstellte, hatte Faßbender zwei Messerstiche in den Oberschenkel erhalten,
die Blutgefäße getroffen hatten. Niemand hatte im Getümmel gesehen,
wie es zu den tödlichen Messerstichen gekommen war, und so waren
Johann Hilger und die anderen nach dem Vorfall auf der Straße einfach
weitergezogen – zum Tanzen.

Mit der Krücke vor Gericht

Erst nach mehr als einem Jahr kam man Johann auf die Schliche, nachdem in seinem Dorf Ettringen das Gerücht aufgekommen war, dass er
der Täter war. Anfang Dezember 1885 musste er sich vor dem Kölner
Schwurgericht verantworten. Der 33-Jährige stand mit einer Krücke vor
Gericht, denn er hatte sich einige Zeit nach dem Kölner Vorfall bei seiner Arbeit im Steinbruch den Unterschenkel gebrochen, der abgenommen werden musste. Nachdem das Gericht zu der Überzeugung gekommen war, dass Johann Hilger dem Soldaten im Liegen die Stichwunden

beigebracht hatte, als dieser sich über ihn gebeugt hatte, wurde der Angeklagte zu drei Jahren Gefängnis verurteilt. Hunderte von Menschen hatten der Verhandlung bis zum Ende beigewohnt.[8]

Beim selben Karneval im Jahr 1884 gab es einen weiteren Zwischenfall, als sich ein ehemaliger Offizier in einer Kölner Wirtschaft beleidigt sah, weil ein auswärtiger Arzt es gewagt hatte, ihm das Glas auszutrinken. »Mein Herr; was erlauben sie sich?«, fuhr der Offizier erzürnt auf, forderte von seinem Gegner die Visitenkarte und übersandte ihm anderntags eine Forderung zum Duell. Zuerst lehnte der Arzt ab, da er »wegen so nichtiger Ursachen kein Menschenleben aufs Spiel setzen wollte«, als ihn der Offizier daraufhin aber als Feigling bezeichnete, nahm der Doktor das Duell an. Dieses wurde am 5. Februar 1884 beim »Fort X« unblutig ausgekämpft. Der Arzt sagte, »er habe wohl gezielt, aber nicht getroffen; der Offizier meinte, er hätte eigentlich absichtlich über seines Gegners Kopf geschossen«. Der Offizier wurde zu fünf Monaten, sein Kontrahent zu drei Monaten Festungshaft verurteilt.[9]

Im April 1887 hatte sich der 1864 in Paffrath geborene Johann Kolf, Arbeiter in der »Galanteriewaarenfabrik« Lütringhausen in Mülheim, wegen einer rätselhaften Bluttat vor dem Schwurgericht zu verantworten. Am Aschermittwoch, dem 23. Februar 1887, war seine Freundin, die 20-jährige Regina Hall aus Kalk, tot in seinem Zimmer in der früheren Mülheimer Dammstraße 8 aufgefunden worden. Sie wies eine Stichverletzung im Bauchbereich und eine am Hals auf. Letztere Wunde, die den Tod herbeigeführt hatte, musste nach den Ergebnissen der Gerichtsmedizin einige Minuten nach der ersten entstanden sein. Ein lose in der Hand der Toten befindliches Messer war nicht die Tatwaffe.

Kolf hatte seine Freundin, die auch in der Fabrik von Lütringhausen arbeitete, eineinhalb Jahre zuvor kennengelernt und ihr die Ehe versprochen, was aber seine rigorose Mutter mit allen Mitteln zu verhindern wusste. Johann wohnte noch im Haus seiner Mutter in der Dammstraße und brauchte, da er noch keine fünfundzwanzig Jahre alt war, ihre Einwilligung zur Eheschließung. Sie entwickelte aber eine große Abneigung gegen die junge Frau und drohte sogar, diese umzubringen.

Die Lage eskalierte, als Mutter Kolf am Mittwoch vor Karneval erfuhr, dass Regina heimlich bei ihrem Sohn übernachtet hatte. Die heftige Reaktion der Mutter führte dazu, dass die unglückliche Regina schließlich ihren Freund bedrängte, gemeinsam den Tod zu wählen. Erste Vorkehrungen dazu trafen die beiden schon an jenem Mittwoch, einen Tag später, an Weiberfastnacht, aber, so führte Johann vor Gericht aus, hätten sie sich entschlossen, noch »die Fastnachtstage mitzumachen und dann zu

Regina Hall.

sterben«. In offensichtlich großer seelischer Angespanntheit verbrachten sie die folgenden »närrischen Tage«.

Nachdem sie am Karnevalsdienstag in Mülheim von Lokal zu Lokal gezogen waren und ihnen vom Alkohol übel geworden war, wollte Regina nicht mehr nach Hause nach Kalk zurückkehren, wo sie sich wegen ihres ständig betrunkenen Vaters sowieso nicht mehr wohlfühlte. Also übernachtete sie wieder bei ihrem Freund, was aber auch diesmal – gegen Mittag des Aschermittwochs – von der Mutter entdeckt und mit wüsten Beschimpfungen und Drohungen bedacht wurde. Nach Johanns oft unter Tränen abgegebener Schilderung setzte sich nun Regina in großer Verzweiflung ein Messer auf den Bauch und forderte ihn auf, ihr beim Sterben zu helfen, was er durch ein Niederdrücken des Messers auch versucht habe. Was dann geschehen sei, wisse er nicht, da er »von Sinnen« gewesen sei. Wenig später stellte sich Kolf der Polizei. Dass er Regina die tödliche Stichwunde am Hals beigebracht habe, bestritt er nachdrücklich. Sein Verteidiger lenkte den Verdacht der Täterschaft auf die Mutter Johanns, der freigesprochen wurde. Ob man gegen seine Mutter Untersuchungen anstellte, ist nicht überliefert.[10]

Billeteure lebten gefährlich

Bei vielen Besuchern des Karnevals waren die vor etlichen Lokalen befindlichen Billetthäuschen nicht sonderlich beliebt. Der Verkauf der Eintrittsbilletts, für die man im Inneren des Lokals Getränke ausgeschenkt bekam, hatte den Zweck, den Zustrom der Gäste regulieren und solche fernhalten zu können, die nichts verzehren wollten. Als »Billeteure« waren an Karneval 1896 der Kölner Schreiner Christoph Stoffel und sein Sohn Fritz in der Restauration des Wirtes Nitzgen in der Stephanstraße angestellt. Christoph Stoffel betrieb diesen Nebenerwerb schon seit einigen Jahren, da er als siebenfacher Vater das Geld gut gebrauchen konnte.

An einem der letzten Karnevalstage wollten der 24-jährige Peter Paul Kütter, seine Frau und ein Freund unbedingt in die Lokalität von Nitzgen. Die beiden Männer waren als Matrosen verkleidet, Frau Kütter als »Mausefallenkrämerin«. Als die Billeteure Kütter zurückhielten, weil dieser offensichtlich versuchte, ohne zu zahlen in das Lokal zu gelangen, versetzte dieser dem älteren Stoffel mit einem Schlagring einen Hieb auf den Kopf, infolge dessen er einige Stunden später verschied. Dem Antrag des Staatsanwalts folgend, wurden dem Täter mildernde Umstände nicht zuerkannt, weil an Fastnacht »der Schlagring nicht in die Tasche gehört«. Das Urteil lautete auf sechs Jahre Zuchthaus.[11]

Im Jahr 1896 machten noch andere finstere Gesellen den Karneval unsicher. Die drei einschlägig vorbestraften Taschendiebe Heinrich Schlüssel aus Köln, Johann Schneiders aus Merheim und Johann Opitz aus Odenthal wurden zu jeweils fünf Jahren Zuchthaus verurteilt, nachdem sie gleich am Samstagabend des Karnevals 1896 bei einem Uhrendiebstahl im zu dieser Zeit gut frequentierten »Kaiser Café« in der Hohe Straße beobachtet worden waren. Die Kalker Tagelöhner Peter Kiel und Nikolaus Ott bedachte das Gericht mit zwei und drei Monaten Gefängnis, weil sie in der Nacht vom Karnevalssonntag auf -montag 1896 in der damaligen Freiheitsstraße in Deutz (heute Deutzer Freiheit) zwei von einem Maskenball heimkehrende Kölner verprügelt hatten. Die Fastnacht in Niehl brachte gleich fünfzehn Angeklagte vor die Schranken des Schöffengerichts. Sie erhielten Geldstrafen, weil sie bei einem nicht konzessionierten Umzug durch Niehl eine Frau beleidigt und einen Wurfzettel mit einem Lied verbreitet hatten, das vor Gericht unter Ausschluss der Öffentlichkeit »in echtem Kölnisch« verlesen und als »freilich etwas starker Tabak« erachtet wurde.[12]

Gleich zwei Todesopfer waren im Jahr 1899 zu beklagen. Der Verein »Herbrand'scher Sängerbund« hielt am Samstag, dem 21. Januar 1899, im Restaurationslokal des Schlacht- und Viehhofes einen Maskenball ab. Nachdem einem Vorstandsmitglied des Vereins, dem Sattler und Polsterer Heinrich Howell aus Ehrenfeld, eine Mütze abhandengekommen war und eine junge Frau aus Ehrenfeld des Diebstahls bezichtigt aus dem Saal geworfen zu werden drohte, kam es zu ersten Tätlichkeiten.

Wenn ich ihn treffe, dann fitsche ich ihn nieder.

Auf dem Hof geriet Howell mit dem Ehrenfelder Fabrikarbeiter Wilhelm Schleiden aneinander, der den Sattler zu Boden warf. Wenige Minuten später entbrannte dort eine nächtliche Massenschlägerei, an der etwa dreißig bis fünfzig Personen beteiligt waren und von der keiner wusste, wie sie entstanden war. Auch Howell befand sich mittendrin. Ein Zeuge, der Schreiner Leopold Vogel, beobachtete, wie sich der 24-jährige Schlosser Johann Schäfer von dem 17-jährigen Klempnerlehrling Heinrich Odenthal, beide aus Ehrenfeld, einen Schlagring geben ließ. Vogel sagte zu Schäfer, er solle sich heraushalten, doch dieser antwortete, in dem Menschengewühl verschwindend: »Wenn ich ihn treffe, dann fitsche ich ihn nieder, du verräthst mich doch nicht.« Wen Schäfer meinte, konnte Vogel nicht angeben. Gleich darauf sah man Howell verletzt auf der Erde liegen. Zurück in den Saal getragen, wurde ihm notdürftig der Kopf verbunden. Auf dem Weg zur Samariterstation am Bahnhof verließen ihn die Kräfte, sodass er getragen werden musste. Wie ein Lauffeuer durcheilte am nächsten Tag die Nachricht die Stadt, dass Howell seinen schweren Kopfverletzungen erlegen war. Wer der Täter war, hatte er nicht mehr angeben können.

Auch vor der Strafkammer kam wenig Licht ins Dunkel der Geschehnisse. Die Hoffnung von Schäfers Verteidiger, dass der Fall so weit aufgeklärt würde, um den Antrag stellen zu können, die Verhandlung vor das Schwurgericht zu verweisen, erfüllte sich nicht. Dass Wilhelm Schleiden durch das Niederstoßen Howells an dessen Tod schuld sei, sah das Gericht nach dem Ergebnis der Beweisaufnahme und dem Gutachten der Sachverständigen als wenig wahrscheinlich an. Während Schleiden freigesprochen wurde, verhängte das Gericht über Schäfer eine 18-monatige und über Odenthal eine dreimonatige Gefängnisstrafe. Nicht lange nach der Verhandlung erhängte sich Schäfer im Gefängnis.[13]

Versammlungssaal der Mitglieder des Karnevalsvereins in Köln, 1844.

Der Schalksnarr in den Windeln und seine Pflegerin Colonia.

Darstellung in der Leipziger Illustrierten Zeitung von 1844.

Die Gesellschaft der »Löstige Bröder«

Der zweite Todesfall, der diesmal eine hohe gerichtliche Bestrafung nach sich zog, ereignete sich in Dünnwald. Im April 1899 stand der 38-jährige Fabrikarbeiter Friedrich Schallenberg, gebürtig aus Holweide und wohnhaft in Schweinheim, unter der Anklage vor dem Schwurgericht, in der Nacht vom 12. auf den 13. Februar 1899 den Festordner Matthias Annas vorsätzlich getötet zu haben. Mit einigen anderen Begleitern aus Schweinheim war Schallenberg an jenem 12. Februar, dem Fastnachtssonntag, nach Dünnwald gegangen, um einer Karnevalsfestlichkeit der Gesellschaft »Löstige Bröder« beizuwohnen. Man besuchte verschiedene Restaurationen, zuletzt die des Wirtes Platz, wo sich auch zwei Brüder des Angeklagten, Heinrich und Christian, einfanden.

Zur fortgeschrittenen Stunde kam es zu einer Rauferei, weil Christian Schallenberg beim Tanzen von einem Dünnwalder gestoßen worden zu sein glaubte. Letzterer wurde vor die Tür gesetzt, dann vom Präsidenten der Karnevalsgesellschaft aber wieder hereingeholt, nachdem sich herausgestellt hatte, dass Christian Schallenberg zuerst geschlagen hatte. Kaum war der Dünnwalder wieder auf dem Tanzboden, als er erneut Ärger mit den Brüdern bekam und von Friedrich Schallenberg mit einem Stock geschlagen wurde. Einer rief: »Wenn auch Messerhelden von Schweinheim da sind, so bekommt Ihr doch was.«

Der Präsident forderte alle Schweinheimer auf zu gehen. Beim Hinausgehen aus dem Saal, so sagte Heinrich Schallenberg aus, sei sein Bruder Friedrich von Annas mit einem Stock auf den Kopf geschlagen worden. Etwas später, gegen ein Uhr, war vom Ausgang her zu hören, dass Annas in die Leistengegend gestochen worden sei. Einem rasch herbeigerufenen Arzt und einigen anderen Zeugen gab der Schwerverletzte zu verstehen, dass der Angeklagte Friedrich Schallenberg der Täter gewesen sei. Wie der Arzt befürchtet hatte, der einen Geistlichen kommen ließ, erlag der ins Hospital transportierte Festordner seinen Verletzungen.

Der Präsident forderte alle Schweinheimer auf zu gehen.

Das Alibi des Angeklagten, der schon um halb eins zu Hause gewesen sein wollte, erwies sich durch die Aussage seiner Frau als falsch, die angab, dass ihr Mann erst um halb drei eingetroffen sei. Schon wenige Stunden vor der Tat soll der Angeklagte dem Festordner gedroht haben: »O, mit Dir habe ich noch ein Nüßchen zu krachen.« Die Geschworenen bejahten die Schuldfrage nach Totschlag unter Verneinung von mildernden Umständen, woraufhin eine zwölfjährige Zuchthausstrafe über den Angeklagten verhängt wurde.[14]

Jener Karnevalssonntag des Jahres 1899 schien es in sich gehabt zu haben, denn außer in Dünnwald gab es auch noch in Mülheim und Kalk nicht gern gesehene Szenen. In Mülheim gab es zu jener Zeit eine »Vergnügungs-Kopfsteuer«, das heißt, wer sich maskierte, musste sich eine sogenannte Maskenkarte lösen, welche pro Person und Tag fünfundzwanzig Pfennige kostete. Dass man sich gern dieser Abgabe entzog, liegt auf der Hand, und als der Schutzmann Horn an jenem Karnevalssonntag eine Gruppe Maskierter anhielt, um sie nach ihrer Maskenkarte zu fragen, konnten einige keine vorweisen. Vielleicht wäre es auch hier »noch immer jot jejange«, wenn nicht der Tagelöhner Theodor Fuchs aus Mülheim gar zu frech vorgegangen wäre. »Du Lump, du Schohmächer hast nichts zu sagen«, rief er, als Frau verkleidet, dem Beamten zu und schlug ihm mehrmals mit einem Schirm auf den Kopf. Als der Schutzmann ihn festnahm, entrissen ihn seine Begleiter aus der Gewalt des Beamten. Wenig später aber wurde Fuchs wieder ergriffen und seiner Fastnachtsfreude ein Dämpfer aufgesetzt. Peter Gantz aus Buchheim und Aloys Grewe aus Mülheim, die an der »Gefangenenbefreiung« beteiligt waren, erhielten zwei Monate beziehungsweise vierzehn Tage, Fuchs vier Monate Gefängnis zuerkannt.[15]

Die Rheinländer sind alle Lumpen

In Kalk, wo 1899 zuerst in einer Wirtschaft, dann auf der Straße, eine gewalttätige Auseinandersetzung zwischen einem Fabrikarbeiter und einem Zuschneider für Aufsehen sorgte,[16] hatte sich schon einige Jahre zuvor ein Fall von Körperverletzung zugetragen. War am Karnevalsdienstag 1890 in Kalk auch »kein Gedränge wie in Köln in der Schildergasse und auf der Hohestraße«, so blieb doch unbestritten, dass in Kalk ebenso ein »reges carnevalistisches Leben« vorherrschte. Eine große Anzahl maskierter und unmaskierter Personen flanierte auf und ab.

Wie in allen Lokalen ging es auch in der dicht besetzten Gaststube des Wirtes Mathias Plöger hoch her. Plötzlich entstand an einem der Tische ein lauter Wortwechsel. »Was soll's heißen«, rief ein Westfale, dem offensichtlich der Gerstensaft schon bedenklich zu Kopfe gestiegen war, »die Rheinländer sind alle Lumpen.« Sofort machte sich Unbehagen breit, und verschiedene Arme griffen zu, um den Frevler zu fassen. »Halt Dein schlodderiges Maul«, rief ihm einer der Gäste zu, »sonst machst Du noch mit rheinischen Fäusten Bekanntschaft.«

Als nun der Westfale gewalttätig wurde, sprang der Schlosser Andreas Keußgen aus Vingst auf, um ihn zu fassen. »Du schlägst keinen mehr«,

Der Kölner »großjährige
Schalksnarr«, 1844.

Großjährigkeitserklärung des Schalksnarren.

schrie er über den Tisch herüber. Obwohl sein Vater ihn zurückzuhalten versuchte, entstand nun eine allgemeine Schlägerei. Der Wirt Plöger eilte herbei, um die Ruhestörer aus dem Lokal zu entfernen. Er packte Andreas Keußgen, doch diesem kam tatkräftig der Tagelöhner Hubert Krupp zu Hilfe. Der Wirt wiederum erhielt Verstärkung durch einige Brauburschen, die Andreas Keußgen und ein paar andere vor die Tür zu bringen versuchten. Im Hausflur spitzte sich die Lage zu, als Andreas Keußgen sein Messer zog und zwei der Brauburschen verwundete, den einen an der rechten Schulter, den anderen im Gesicht. Vater Keußgen, der einen Schlag mit einem Stuhl auf den Kopf erhielt, schlug mit einem Stock nach dem Angreifer, traf aber unglücklicherweise die Wirtin Plöger ins Gesicht, der noch an Ort und Stelle, in der Küche, von einem Arzt die Lippe genäht wurde. Im März 1890 vor Gericht gestellt, wurde Vater Keußgen freigesprochen. Sein Sohn Andreas erhielt ein Jahr und Hubert Krupp drei Monate Gefängnis als Strafe.[17]

Gefährliches Kreistanzen

Eines der schwerwiegendsten beziehungsweise für den Täter folgenreichsten Diebstahldelikte an Karneval fiel in das Jahr 1887, als die Polizeibehörde über eine Reihe von Diebstählen in Kenntnis gesetzt wurde, die alle nach der gleichen Masche, nämlich durch das »Kreistanzen«, verübt worden waren. Diese Art von »karnevalistischer Tanzbelustigung«, die oft auch durch Polizeiverordnungen untersagt wurde, war für die Gesetzeshüter nichts anderes als ein geschicktes Diebesmanöver: Mehrere meist maskierte Personen gaben sich die Hand, umtanzten und bedrängten ein Opfer, und einer der Kreistänzer bestahl den Umringten, während die anderen lärmten und hüpften.

Gleich nach Aschermittwoch 1887 gelang eine Festnahme.

Gleich nach dem Aschermittwoch 1887 gelang es der Polizei, einen der Täter dingfest zu machen. Es handelte sich um den mehrfach vorbestraften Franz August Angersbach. Wie sich herausstellte, hatte er am Karnevalssonntag zusammen mit seinen maskierten Tanzgenossen, die das Lied von der »bösen Schwiegermamama« sangen, den Buchhändler Johann Jörrissen um dessen silberne Uhr erleichtert. Auch am folgenden Karnevalsmontag war die »singende und springende Bande« bei einigen anderen Opfern erfolgreich, wobei die Beute ebenfalls zumeist aus Uhren bestand. Angersbach wurde für schuldig erklärt und zusätzlich zu einer bereits früher verhängten Zuchthausstrafe von vier Jahren zu weiteren sechs Jahren Zuchthaus verurteilt.[18]

Kölner Rosenmontagszug 1913.

„Sang und Klang im Karneval"

Nach der Idee des Präsidenten der Großen Kölner Karnevals-Gesellschaft Josef Wingender. Entworfen von J. Brautzky, H. Recker, H. Schwartz, J. Stolz n, F. A. Weinzheimer und H. Wilderman.

Der Zug passiert folgende Straßen: Neumarkt, Ostseite, Südseite, Laach, Marstein, Apostelnkloster, Apostelnstraße, Breitestraße, Richmodstraße, Neumarkt, Kasernenitz, Schilbergasse, Hostraße links, Obenmarspforte, Markplatz, Alter Markt rund, Unter Käster, Heumarkt, Malzbüchel, Malzmühle, Mühlenbach, Hohenfort, Hohestraße, Am of, Domhof, Domhofplatz Waltrafsplatz, Rechtschule, Drususgasse Breitestraße, Apostelnstraße, Neumarkt (Schluß).

Offizielles Zug-Programm.

„Der Büttenmarsch".
„Zimbera, zimbera tumme die Zaldate
met dem stahze Schellebaum de Stroß erop
marscheet.

1. Musikkorps der Funken-Artillerie.
2. Generalstab der Funken-Artillerie.
3. Die Funken-Artillerie mit Rohrrücklaufgeschütz
4. Die Feldpost der Funken-Artillerie.
5. Wagen: Das Lagerzelt der Funken-artillerie. (Nr. 1–5 Kölner Funken-Artillerie.)
„Das Karnevalslied."
„Meer lappe, meer pappe, schlonn kräftig op dä Penn,
Denn all die Schusterjunge hann immer jode Senn."
6. Musikkorps: Schohmächer.
7. Fußgruppe: Schusterjungen. (Köl. Turnklub.)
8. Gesangchor: Schusterjungen. M.-G.-V. Frohsinn.)
9. Reitergruppe: Der Altgeselle und die Gesellen zu Pferde.
10. Wagen: Das Karnevalslied. (Nr. 6–10 Gesellschaft Löstige Kähls.)
„Der Gassenhauer."
„O wie schön, sin die Tön,
Wann spilt der Nikola op de Harmonika."
11. Volkskapelle.
12. Fußgruppe: St Bringsveedel (Merheimer Turnverein und Turnverein Jahn.)
13. Gesangchor: St Bringsveedel (M.-G.-V. Arion
14. Wagen: Kölner Volksmusik. (Nr. 11–14 K.-G. Eintracht.)
„Der Matrosentanz."
„Et gält uns noch nit schläch."
15. Musik- und Trommlerkorps Sr. Tollität Reichsflotte.
16. Reitergruppe: Admiral St. Tollität Reichsfl.
17. Gesangchor: Seeleute St. Tollität Reichsfl.
18. Wagen: Der Besuch des Torpedobootes. (Nr. 15–18 St. Tollität Reichsflotte.)
„Es waren zwei Königskinder, die hatten einander so lieb,
Sie konnten zusammen nicht kommen, das Wasser war viel zu tief."
19. Musikkorps: Bergschotten.
20. Fußgruppe: Turner. (Turnkreis Köln-Nippes.)
21. Gesangchor: Pfadfinder (M.-G.-V. Loreley.)
22. Reitergruppe: Treibund und Dreiverband.
23. Wagen: Diesseits u. jenseits d. Kanals. (Nr. 19–23 K.-G. Kölner Narrenzunft.)
„Wat wor dat doch zo Kölle för e Levve,
Als sei noch stund, die goode ahl Stadtmoor.
Ming beste Schmed, die hätt ich dröm gegeve,
Wör nit die ahle Herrlichkeit zum Troor."
24. Musikkorps: Chauffeure.
25. Fußgruppe: Tarameterkutscher. T.-V. Germ.
26. Gesangchor: Tarameterkutscher (G.-V. Apollo
27. Wagen: Der Kutscherstreik. (Festkomitee.)
„Wir treten auf die Kette, daß die Kette klingt;
Wir haben einen Vogel, der so schöne singt."
28. Musikkorps: Greesberger.
29. Fußgruppe: Kettenmänner.
30. Gesangchor: Kölner M.-G.-V. Närrische Meistersinger.
31. Reitergruppe: Halfen.
32. Wagen: Die Eigelsteiner Torburg. (Nr. 28–32 K.-G. Greesberger.)
„Wör ich an Zinntmäte Bizenofferman,
künnt ich bumm bamm beiere, beiere bumm
künnt an alle Tage, wann mer Kirmes han
Op de Klocke schlage, bimmel bomm bamm."
33. Musikkorps: Kölner Ratszinsenbläser.
34. Gesangchor: Stadtmäte mit Brückenmodellen. (M.-G.-V. Kölner Liederkranz.)
35. Reitergruppe: Glockengießer.

36. Wagen: Das städtische Glockenspiel. (Nr. 35. u. 36 Kölner Klub f. Wassersport.)
„Das hohe Lied",
Hoch klingt das Lied vom braven Mann
Wie Orgelton und Glockenklang."
37. Musikkorps: Winzer.
38. Fußgruppe: Winzer und Winzerinnen
39. Gesangchor: Winzer und Winzerinnen.
40. Reitergruppe: Rheingau-Grafen.
41. Wagen: Das Rheinlied. (Nr. 37–41 Gr. K.-G.)
„Ja, die haben die Mädchen so gerne,"
42. Musik- u. Trommlerkorps d. Funken-Inf.
43. Generalstab der Funken-Infanterie.
44. Die Funken-Infanterie im Tritt.
45. Die Feldpost der Funken-Infanterie.
46. Wagen: Das Lagerzelt der Funken-Inf. (Nr. 42–46 Kölner Funken-Infanterie.)
„Das Kirmeslied."
„Alle Hächer solle levve
wenn se mer en Osser gevve."
47. Musikkorps: Pierrots.
48. Das Geckenberndchen mit den hilligen Mägden und Knechten.
49. Das Kölsche Hänneschen-Theater.
50. Gesangchor: Kirmesgäste (G.-V. Polyhymnia
51. Reitergruppe: Biedermeier.
52. Wagen: Kölsche Kirmes. (Nr. 47–52 Fr. Allg. K.-G.)
„Zo Köll'n om ahle Kümpchenshoff,
do wunnt ne Booreman."
53. Musikkorps der Ehrengarde (beritten.)
54. Die Ehrengarde der Stadt Köln zu Pferde.
55. Wagen: Kölner Bauer und Jungfrau. (Dienstags-Ballgesellschaft.)
„Ich weiß nicht was soll es bedeuten!"
56. Musikkorps: Maler. (Riddelrein.)
57. Gesangchor: Maler (M.-G.-V. Liederkreis.)
58. Reiter- und Fußgruppe: Maler Bock und die Kölner Klatschmanns-Innung.
59. Wagen: Die Sonderbund-Ausstellung. (Nr. 56–59 K.-G. Convent.)
60. Musikkorps: Herolde beritten.
61. Reitergruppe: Wimpelreiter.
62. Präs. Wingender, der Autor des Maskenzuges, zu Pferde, mit Adjutanten und Meldereiter.
„Fuchs, du hast Pension erworben, gib sie wieder her,
Sonst wird dich der Jäger holen mit dem Schießgewehr."
63. Musikkorps: Jäger.
64. Fußgruppe: Sonntagsjäger: (Köln-Lindenthaler Turnverein.)
65. Gesangchor: Sonntagsjäger. (Kalter M.-G.-V
66. Der Master mit der Hundemeute (fehlt wegen Hundesperre).
67. Reitergruppe: Auf zur Fuchsjagd. (Turn- u. Spielverein Ehrenfeld)
68. Wagen: Reineke Fuchs. (Nr. 63–68 Gr. Kölner K.-G.) „In viese Stadt da zieh ich ein, Es ist die Kron', die Kron vom Rhein."
69. Musik- und Trommlerkorps der Prinzengarde.
70. Generalstab der Prinzengarde.
71. Die mobile Prinzengarde. (Nr. 69–71 Prinzengarde.)
72. Wagen: Prinz Karneval. (Dienstags-Ballgesellschaften.) „Wat nöten uns 10 000 Dahler Mer han se jo nit un triggen se nit."
73. Schlußwagen: 2,3 Millionen Ueberschuß
74. Zugschutzwache, beritten.
75. Viel Volk.

Zug-Programm 1913.

Bernhard Leichlingen aus Bayenthal hatte von den »Heldentaten« Angersbachs in der Zeitung gelesen und sah sich ein Jahr später prompt einem ähnlichen Angriff ausgesetzt, als er am Abend des Rosenmontags 1888 mit einigen Familienangehörigen »nach dem tollen Köln gepilgert war«. Er verließ gerade mit einer Verwandten, der Büglerin Elise Wipperfürth, die Restauration Britz »Unger Panneschläger«, da wurden sie plötzlich von drei »Masken«, also Maskierten, umringt. Einer von ihnen versuchte, die junge Frau Wipperfürth zu küssen, die sich aber energisch zur Wehr setzte. Nun wandten sich alle drei dem Bayenthaler zu. Einer gab ihm einen Stoß, der andere packte ihn, und der Dritte griff ihm »unter den Ueberzieher, als wollte er einen Gelegenheitsuhrendiebstahl ausführen«.

Watt wollt Ehr von mir? Sitt ehr Gauner?

»Sitt Ehr Rabaue!?«, schrie der Bayenthaler die Gesellen an, von denen zwei im Übrigen auch als »Rabauen«, also Rabauken, verkleidet waren. »Watt wollt Ehr von mir? Sitt ehr Gauner?« Als nun Frau Wipperfürth um Hilfe rief, stürzten gleich einige andere Familienmitglieder zur Wirtshaustür hinaus und schlugen »wacker« auf die drei Übeltäter ein. Obwohl diese »tüchtige Hiebe« abbekommen hatten, machten sie sich etwas später an die Verfolgung der Bayenthaler Gesellschaft, die sich ins »Café Büttgenbach« begeben hatte. Hier fingen die drei Maskierten wieder Streit mit Leichlingen und den anderen Bayenthalern an, wobei die Messer, welche die Aggressoren gezogen hatten, nicht unbemerkt blieben. Nachdem einige Nachtwächter herbeigeholt worden waren, wurden die drei »nach Nummero Sicher« gebracht. Den Diebstahlversuch hielt das Gericht nicht für genügend nachgewiesen, doch wurde zwei der Übeltäter, Oesinghaus und Haan, für ihre Drohungen mit dem Messer eine Gefängnisstrafe von je sechs Monaten zudiktiert.[19]

Ende Juli 1890 kam an der Strafkammer ein umfangreicher Diebes- und Hehlerprozess zur Verhandlung. Besondere Vorsichtsmaßnahmen waren vonnöten, da das Gerücht aufgekommen war, Verwandte oder Genossen der acht Angeklagten würden in der Nähe des Justizgebäudes mit Kleidungsstücken warten für den Fall, dass ein Ausbruch gelänge. Bevor man die Angeklagten vor Gericht ihrer Fesseln entledigte, wurde die Schutzmannschaft noch einmal verstärkt, und die Polizei achtete darauf, dass sich die Angeklagten nicht per Zeichensprache mit anderen Personen im Gerichtssaal verständigen konnten.

In der Zeit vom 13. Januar bis zum 13. März 1890 wurde in Köln eine ganze Reihe von »kühnen Diebstählen« ausgeführt, deren rasche Aufeinanderfolge und Methode darauf schließen ließen, dass zu jener Zeit eine Bande ihr Unwesen trieb. Bei vielen dieser nächtlichen Diebstähle hatten die Täter die Schaufensterrollläden von Geschäften von außen hinaufgeschoben, die dahinter befindlichen Scheiben zertrümmert und dann die Schaufenster leer geräumt. Opfer dieser Machenschaften wurden zum Beispiel die Schuhwarenhändler Betz (Perlengraben), Robert Weyers (Follerstraße) und Joseph Ueding (Am Römerturm), der Dampfschreinereibesitzer Wilhelm Reuter, der Goldwarenhändler Friedrich Schmahl junior (Apostelnstraße) sowie der Kurzwarenhändler Heinrich Lindern (Weyerstraße).

Dass die Bande auch an Karneval nicht Pause machte, zeigt ein Diebstahl in der Nacht vom 16. auf den 17. Februar 1890 beim Uhrenwarenhändler Dilger in der Bürgerstraße, der die Ereignisse vor Gericht schilderte: »Es war in der Nacht von Carnevalssonntag auf Montag, Morgens gegen vier Uhr, da höre ich Spektakel vor meinem Hause, eine dicke Trommel und sog. Deckel wurden geschlagen, ich glaubte Schläge auf meine Rollladen zu hören. Schnell war ich aus dem Bette. Als ich vor die Thüre trat, standen drei Kerls in hellem Maskenkostüm an meinem Fenster, sie blieben noch einen Augenblick stehen und entfernten sich dann auf den Altenmarkt zu. Da die Rolllade herunter war, glaubte ich, dass ich die Kerle noch rechtzeitig gestört habe. Vorsichtshalber trat ich in den Laden, machte Licht und sah, daß die Spiegelscheibe von oben bis unten entzwei war, eine ganze Seite des Schaufensters war ausgeräumt.«

Insgesamt waren zweiundzwanzig goldene Damenuhren, sechsundzwanzig goldene Herrenuhren und drei silberne Uhren in einem Gesamtwert von 4.500 Mark gestohlen worden. Unter der Anklage, den Diebstahl begangen zu haben, standen die Kölner Anton Schumacher, Franz Heidemann, Johann Rodemeyer, Johann Weber und August Löhbach sowie Gustav Schmidt aus Mönchengladbach. Der Kölner Altwarenhändler Siebertz hatte am Karnevalsdienstag drei der gestohlenen Uhren angekauft, stand also unter dem Verdacht der Hehlerei. Er gab an, den Verkäufer, der als Müllersknecht verkleidet gewesen sei, nicht zu kennen. Einer der Hauptzeugen, Ludwig Röhrig, sagte aus, er sei von Mitgliedern der Bande geschlagen und bedroht worden und seit seiner Aussage »keinen Abend mehr sicher auf der Straße« gewesen.

Nachdem eine ganze Reihe von Zeugen nicht nur zu diesen Vergehen der Bande verhört worden waren, sprach das Gericht empfindliche Strafen aus, auf die ein zahlreich versammeltes Publikum auf dem Appellhofplatz neugierig war: Schumacher erhielt zehn Jahre, Schmidt acht Jahre, Löhbach sieben Jahre, Heidemann sechs Jahre und Siebertz vier Jahre Zuchthaus. Rodemeyer verurteilte das Gericht zu drei Jahren und Weber zu fünfzehn Monaten Gefängnis.[20]

215

Rosenmontagszug 1910 auf dem Neumarkt.

Beim Karneval des Jahres 1900 taten die Eintragungen in dem vonseiten der Polizeibehörde angelegten Verbrecheralbum gute Dienste. Der vorbestrafte Kellner Friedrich Otto Gröming aus Osterode in Ostpreußen war hier verewigt, und so blieb es der Kölner Polizei nicht verborgen, dass Gröming über die Karnevalstage in der Kölner Restauration »Em decke Tommes« des Wirtes Anton Schlösser eine Stelle als Aushilfskellner angenommen hatte.

Gegen Ende des Karnevals begab sich der Kölner Kriminalschutzmann Böhm zum »decken Tommes«, um sich nach seinem »Schützling« Gröming zu erkundigen. Prompt musste er erfahren, dass in der Nacht zuvor bei Schlösser ein Einbruch stattgefunden hatte, bei dem 1.000 Mark in bar und Goldsachen im Wert von 500 Mark abhandengekommen waren. Der verdächtige Gröming, der auch noch einen jungen Kellner in die Sache mit hineingezogen hatte, wurde überführt und zu drei Jahren Zuchthaus verurteilt.[21]

Ein schlechter Karnevalsscherz war es, der in Deutz und Mülheim für große Aufregung sorgte. Dem Beispiel des Londoner Frauenmörders »Jack the Ripper« folgend, verfasste ein anonymer »Deutz-Mülheimer Aufschlitzer« einen Brief, der am 24. Januar 1889 in der Deutzer Straße unter eine Haustür geschoben wurde und dem man Folgendes entnehmen konnte:

> »Koeln Deutz den 25 d M.
> Ich mache hiermit bekannt daß ich
> Namlich von diesen Abend an,
> bis Morgen Mitternacht 12
> Mädchen aus dem Kreis Deutz,
> sowie 8 aus dem Kreis Mühlheim
> erlege
> Die größte Aufmerksamkeit
> auf den
> Französisch Englischen
> Erbfeind der Jugend
> M. H. S.

Im Original ist zu erkennen, dass dieser »Erbfeind« erst die Zahl 6 geschrieben, dann aber – zum Leidwesen der weiblichen Jugend des Kreises Mülheim – daraus eine 8 gemacht hatte. Nachdem der Brief dem Polizeikommissariat in Mülheim übergeben worden war, verbreitete sich die Nachricht von den düsteren Plänen des vermeintlichen Mörders wie ein Lauffeuer. »Dienstmädchen, junge Frauen, Mädchen überhaupt« waren »seit der Zeit abends nicht mehr auf die Straße zu bringen.« Jeder fürchtete den Unmensch, dem man schon die Eigenschaft zuschrieb, sich unsichtbar machen zu können. Ein Mann, der in Mülheim spazieren ging, wurde im Glauben, dass er der Blutrünstige sei, grundlos verprügelt. Sollte der Verfasser des unseligen Briefes ermittelt werden, so mutmaßte man in der Kölner Gerichts-Zeitung, würde diesem eine harte Strafe anheimfallen; offensichtlich wurde er aber nicht gefasst.[22]

Um den Kölner Karneval nicht in Verruf zu bringen und eine größtmögliche Sicherheit an den Karnevalstagen zu ermöglichen, die »ein Anrecht darauf hätten, hier in Köln beliebt zu sein«, verhängte das Kölner Schwurgericht im Mai 1903 mit zwei Jahren Gefängnis eine höhere Stra-

„Jack der Aufschlitzer" in Mülheim.

Genaue Nachbildung des Briefes, welcher zwischen Deutz und Mülheim bei Kramer auf der Deutzerstraße unter die Thüre geschoben wurde.

Aus: Kölner Gerichts-Zeitung vom 3. Februar 1889.

fe, als von der Staatsanwaltschaft beantragt worden war, die eineinhalb Jahre für angemessen hielt. Bei dem Verurteilten handelte es sich um den 1871 in Köln geborenen und auch dort wohnhaften Tagelöhner Jean Oster. Am Abend des 22. Februar 1903, dem Karnevalssonntag, waren er, seine Frau, sein Schwager Friedrich Grüter und andere als Marinesoldaten verkleidet in Köln unterwegs, als Oster und sein Schwager Streit bekamen. Letzterer, ein ehemaliger Oberheizer bei der Marine und – wie der Anwalt des Angeklagten meinte – ein »Rowdy erster Güte«, war nach Aussage einiger Zeugen »ganz unbändig«, wenn er getrunken hatte, und das hatte er in diesem Fall schon ausgiebig getan. Oster sagte aus, sein Schwager habe einen Schlagring gehabt und ihn so energisch bedrängt und geschlagen, dass er in Notwehr zum Messer gegriffen und sich verteidigt habe. Von einem Messerstich verletzt, wurde der Schwager ins Hospital gebracht, wo er später starb. In jener Nacht war im Hospital Hochbetrieb; ein Oberarzt sagte aus, es wären fortwährend Verletzte gekommen, und die Ärzte »mußten von einem zum andern«.[23]

Auch am frühen Morgen des Aschermittwochs 1911 verschied im Hospital ein »Karnevalsopfer«. In der Nacht hatten sich zwei verfeindete Gruppen von zusammen etwa fünfundzwanzig bis dreißig Personen gebildet, die sich zuletzt in der Dagobertstraße eine Schlägerei lieferten. Hierbei versetzte der Kaufmannslehrjunge Joseph Broich einem Kontrahenten, dem Gärtnergehilfen Franz Schneider, einen tödlichen Messerstich. Schneider hatte schon am Karnevalsdienstag einen Streit in Nippes gehabt, wobei er einen Schlag mit einem Gewehrkolben erhalten hatte. Da Broich zum Zeitpunkt der Tat noch keine achtzehn Jahre alt war, wurde sein Fall nicht vor dem Assisenhof, sondern vor der Kölner Strafkammer verhandelt, die ihn zu einem Jahr Gefängnis verurteilte. Der eigentliche Urheber der Massenschlägerei, der Friseur Anton Muschenich, kam mit einer einwöchigen Freiheitsstrafe davon.[24]

Revolution und Karneval

Dass es aber nicht erst um die Jahrhundertwende zu Ausschreitungen an Karneval kam, zeigt ein von einem Leser eingesandter Artikel in der Kölnischen Zeitung über den Karneval des Revolutionsjahres 1849. Hier heißt es, dass die »alles in den Hintergrund drängenden politischen Fragen und Wünsche« nur eine sehr geringe Teilnahme der »bemittelten Classen« an dem Fest zugelassen hätten und dass es nach dem Montagszug zu sehr unschönen Szenen gekommen sei: »Wir sind Zeuge von Darstellungen gewesen, die jeder Sittlichkeit Hohn sprechen. Das Bewerfen mit Koth, das Besudeln mit in Gassen herumgeschleppten Lumpen nahm der Art zu, daß man sich oft nicht zu flüchten wußte. Einzelne Masken liefen umher und warfen mit rother Farbe um sich, andere hatten diesel-be angefeuchtet und beschmierten oder begossen damit die Vorüberge-henden. Auf der Hochstraße, in der Nähe der Bier-Winden, hatte sich eine Rotte aufgestellt, welche, mit Stöcken versehen, jeden Spießruthen laufen ließ, welcher nicht den Hut abziehen oder den Regenschirm schließen wollte [...]. Nicht allein begnügte sich der Pöbel mit der Herr-schaft auf der Straße; ganze Banden verfolgten hülflose Weiber bis unter die Dächer der Häuser; andere drangen in die von Männern verlassenen Wohnungen, verscheuch-ten die Frauen, überfielen die Tafeln und zertrümmerten, was sie nicht verschlingen konnten; wieder andere dran-gen in die Wirthshäuser, nahmen Getränke in Masse und entfernten sich unter wüstem Geschrei, ohne zu zahlen.«[25]

> *Wir sind Zeuge von Darstellungen gewesen, die jeder Sittlichkeit Hohn sprechen.*

Der Fall Tillmann Hans:
Blutige Tat an Heiligabend 1883

Am Nachmittag des 25. Dezember 1883 wurden die Leichen des Kölner Uhrmachers Bernhard Stockhausen und seiner betagten Mutter Margarethe Stockhausen in ihrem Haus in der Glockengasse 29 gefunden, dicht neben dem Hauptpostamt und in der Nähe des Stadttheaters sowie des Polizeipräsidiums. Sie wiesen erhebliche Stich- und Schlagverletzungen auf, die ihnen tags zuvor an Heiligabend gegen zweiundzwanzig Uhr beigebracht worden waren. Der oder die Täter schienen nach vollbrachter Mordtat beim Ausrauben des Hauses beziehungsweise des kleinen Uhrmacherladens gestört worden zu sein, denn nur wenige Uhren fehlten. Die Tat erregte viel Aufsehen und schürte die Hoffnung, dass nach etlichen unaufgeklärten Kapitalverbrechen nun die Ermittlungen erfolgreicher sein würden – eventuell auch durch die Einrichtung einer Kriminalpolizei, die in Köln noch fehlte.[1]

Der Wiener Hof, in dem Tillmann Hans wahrscheinlich Bernhard Stockhausen kennenlernte (gleich daneben das Stammhaus von 4711).

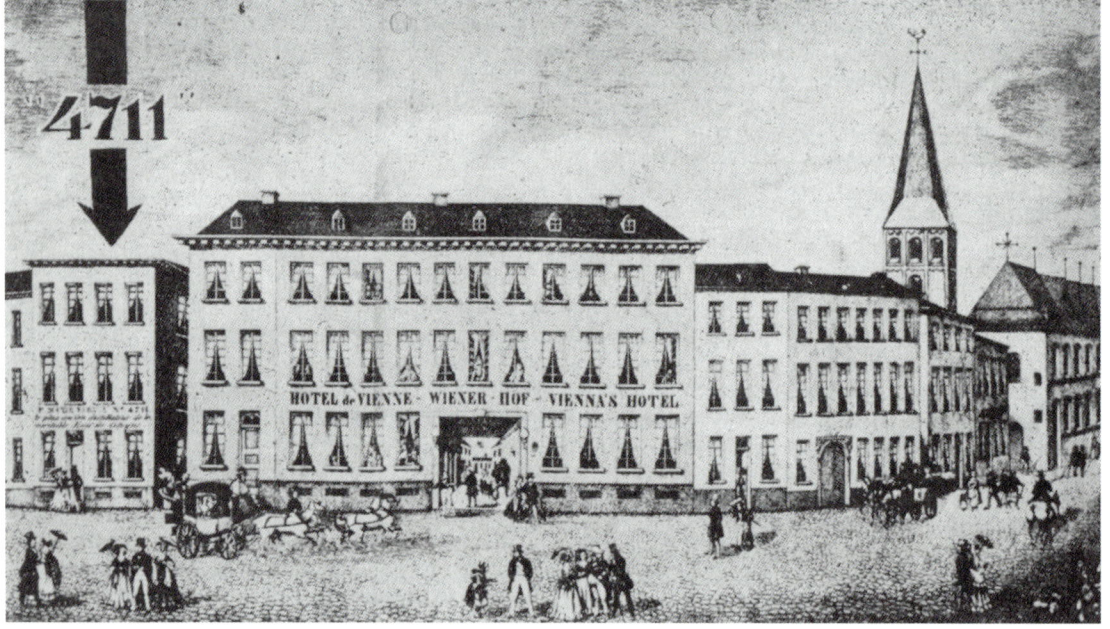

Die Untersuchungen lenkten den Verdacht auf den am 19. Oktober 1859 als Sohn eines Schuhmachers in der Breite Straße geborenen Lohndiener Tillmann Josef Hans, der schon früh die Bekanntschaft mit der Anklagebank gemacht hatte. Ende der 1870er Jahre arbeitete er im »Wiener Hof« in der Glockengasse. Hier pflegte auch Bernhard Stockhausen oft zu verkehren, um die Uhren des Hotels aufzuziehen oder Reparaturen für Gäste zu besorgen. Von 1879 bis 1882 diente Hans beim »Königin-Augusta-Regiment« in Koblenz. In dieser Zeit wurde er wegen »Mißhandlung eines Kameraden« mit einer Arreststrafe belegt. Nach seiner Dienstzeit beging er mehrere Diebstähle, unter anderem in Antwerpen, wo er eine Zeit lang eine Wirtschaft betrieb, die als »Räuberhöhle« galt.

Kurz vor dem 24. Dezember 1883 traf sich Hans mit einigen »berüchtigten Kölner Spitzbuben«, offensichtlich in Vorbereitung eines Raubzuges. Einer von ihnen, Jean Fromm, der möglicherweise an dem Raubmord im Hause Stockhausen beteiligt war, setzte sich beizeiten nach Amerika ab. Nachdem Hans Anfang 1884 in Lüttich verhaftet werden konnte, musste er sich in einer Verhandlung vom 30. Juni bis 7. Juli 1885 vor dem Kölner Schwurgericht nicht nur in Sachen Stockhausen, sondern außerdem auch wegen im Jahr 1883 begangener Diebstähle in Bonn und Deutz verantworten. Mitangeklagt war die aus Siegburg gebürtige Therese Cahn, der angelastet wurde, ihm bei dem Diebstahl in Deutz zur Seite gestanden zu haben. Das Urteil lautete gegen Hans wegen der Diebstähle auf sieben Jahre Zuchthaus und wegen Totschlags der Stockhausens auf lebenslängliche Zuchthausstrafe. Die angeklagte Cahn kam mit zwei Jahren Zuchthaus davon. Als der Schuldspruch der Geschworenen verkündet wurde, »brach die im Saal Kopf an Kopf stehende Menge in lautes Hurrah aus, das bei der Volksmasse auf der Straße lauten Widerhall fand«.[2] Aufgrund eines Revisionsgesuches entschied das Reichsgericht in Leipzig am 24. September 1885, dass das Urteil des Kölner Schwurgerichts aufzuheben und der Fall vor dem Aachener Schwurgericht neu aufzurollen sei.[3]

Wie in Köln leugnete Hans auch bei der Aachener Verhandlung, die vom 3. bis zum 12. Februar 1886 dauerte, bei Stockhausens im Haus gewesen und für die Tat verantwortlich zu sein. Sein Alibiversuch war zwar geschickt eingefädelt, hatte aber doch einige Lücken. Es gab keinen direkten Tatzeugen, der Staatsanwalt ging aber aufgrund der Indizien da-

Porträt von Tillmann Hans anlässlich seines Prozesses in Köln, 1885.

221

Tillmann Hans.   Frau Stockhausen.   Bernard Stockhausen.

Der zu lebenslänglicher Zuchthausstrafe verurteilte Tillmann
Hans und seine beiden Opfer.

von aus, dass Hans die Stockhausens mit einem bei ihm aufgefundenen Brecheisen niedergeschlagen und Fromm dann auf sie eingestochen habe. Beim Ausrauben des Hauses seien sie durch das Klopfen eines Bekannten von Bernhard Stockhausen gestört worden und hätten das Weite gesucht. Die rund hundertvierzig Zeugen bestanden zu einem großen Teil aus »Zuchthäuslern, Dieben, Todtschlägern, Hehlern, Kupplerinnen u.s.w. Es schien, als ob Köln seinen ganzen Auswurf nach Aachen geschickt hätte, um hier die häßlichste Seite nach außen zu kehren.«[4] Berichterstatter und Stenographen sammelten Stoff für fast dreißig Zeitungen. Im Zeugenraum stand ein Tisch mit allerlei Beweisgegenständen, darunter die Schädel der Ermordeten und das blutüberströmte Oberhemd von Bernhard Stockhausen.[5]

Der Anwalt des Angeklagten legte unter Darlegung der Widersprüchlichkeit der Zeugenaussagen dar, dass Hans möglicherweise gar nichts mit dem Tod der beiden Opfer zu tun gehabt haben könnte, da gar nicht feststünde, wie viele Einbrecher sich in dem Haus der Stockhausens befunden hätten und ob nicht ein anderer für die tödlichen Verwundungen verantwortlich zu machen sei. Die Meinung des Anwalts, dass eine vorsätzliche Tötung seinem Mandanten schon gar nicht nachzuweisen sei, teilten die Aachener Geschworenen nicht, und so fiel das Urteil ähnlich aus wie in Köln: lebenslänglich wegen vorsätzlicher Tötung und acht Jahre Zuchthaus wegen Diebstahls. Das Aachener Publikum verhielt sich bei der Urteilsverkündung ruhig, »die rohen Beifalls- oder Mißfallsrufe, wie sie s. Z. in Köln gehört wurden, kamen hier nicht vor«.[6] Ein erneutes Revisionsgesuch wurde als unbegründet zurückgewiesen.[7]

Mord an der Kölnerin Carstanjen, 1884

Zur Kräftigung ihrer Gesundheit hielt sich die 43-jährige Kölnerin Adele Carstanjen, geborene Wintgen, die Gemahlin des angesehenen Kölner Rechtsanwalts und Justizrats Oskar Carstanjen, nach langer Krankheit auf dem von ihrem Mann angekauften Landsitz in Oberkassel auf. Ihre zwei Töchter leisteten ihr Gesellschaft. An Fronleichnam, Donnerstag, dem 12. Juni 1884, waren etliche Freunde der Familie zu Besuch. Gegen acht Uhr morgens wollte Frau Carstanjen mit ihren beiden Töchtern und deren Freundinnen einen Spaziergang bergaufwärts Richtung Vinxel machen. Unterwegs klagte sie über große Müdigkeit und bat ihre jungen Begleiterinnen, den Spaziergang allein fortzusetzen – sie wolle etwas ausruhen und dann folgen, was aber nicht geschah.

> *Sie wollte etwas ausruhen und dann folgen, was aber nicht geschah.*

Nachdem erste Suchaktionen noch an jenem Donnerstag und am Freitag, trotz des Einsatzes von Hunden und eines Aufgebots an Schulkindern, erfolglos geblieben waren, fand ein Anwohner samstags die Leiche der Vermissten oberhalb von Oberkassel am sogenannten »Stein«, nur etwa zwanzig Schritte von einem viel begangenen Weg entfernt. Die Tote wies Kopfverletzungen und Würgemale auf, die Kleider waren zerrissen, Schmuck und Bargeld fehlten.

Als Täter wurde der 1837 geborene verheiratete Tagelöhner Peter Dahlhausen, zuletzt in Vinxel und vorher in Beuel wohnhaft, ermittelt, der plötzlich und unerwartet über Geldmittel zu verfügen schien. Bei einer Durchsuchung seiner Wohnung fand man blutige Kleidungsstücke von ihm vor. Zunächst wurde er im Königswinterer Gefängnis untergebracht. Hier verstrickte er sich so sehr in Widersprüche, dass er schließlich ein erstes Geständnis ablegte und dann unter Zulauf vieler Neugieriger ins Bonner Gefängnis überführt wurde.[1]

Bei einer Ortsbesichtigung am 19. Juni 1884, zu der Dahlhausen vom Bonner Arresthaus zum Tatort am »Stein« gefahren wurde, kam es zu einem Zwischenfall, nachdem die Beamten alle Mühe hatten, die zahlreichen Schaulustigen von ihm fernzuhalten: »Nach Beendigung des Verhörs wurde der Mörder aus dem Gebüsch wieder auf den Fahrweg geführt. Als er aus dem Gehölz heraustrat, versetzte ihm ein Herr aus dem anwesenden Publikum einen wuchtigen Schlag mit einem Stock über

223

Peter Dahlhausen.

den Kopf, infolge dessen Dahlhausen laut heulend zur Erde stürzte. Der Stock des Schlagenden zersplitterte vollständig. Sein Eigentümer wurde sofort verhaftet und zu dem unterdessen im Transportwagen unterge-brachten Mörder gesetzt. In Obercassel wurde der Herr nach Protocol-lirung des Vorfalls wieder entlassen.«[2]

Wie sich in der Verhandlung gegen Dahlhausen im Januar 1885 vor dem Bonner Schwurgericht herausstellte, hatte der drei Jahre in der Steinfelder Besserungsanstalt untergebrachte Vinxeler schon einiges auf dem Kerb-holz. Es ist von mehreren Diebstählen die Rede, von einem Sittlichkeits-vergehen, auch von anderen Raubüberfällen und von Morddrohungen gegen seine Frau. Von den Dorfbewohnern in Vinxel wurde er als »ein ge-fährlicher Mensch« möglichst gemieden. Unter seinen Kollegen war er »wegen seiner rohen Ausdrücke und seiner Nachlässigkeit« bekannt.

Zu der Anklage des Raubmordes gab Dahlhausen an, Frau Carstanjen zufällig im Wald getroffen und sie beim Versuch, sie zu bestehlen, am Hals gepackt und unabsichtlich sowie in großer Aufregung getötet zu haben. Auch habe er Angst gehabt, sie würde ihn verraten. Dann habe er sie weggeschleift und mit Zweigen zu verstecken versucht. Mit dem geraubten Geld habe er sich in Bonn neue Sachen gekauft. Auf die Frage, ob er Frau Carstanjen nicht nur gewürgt, sondern ihr auch die Wunde am Kopf beigebracht habe, antwortete Dahlhausen, er »wüßte sonst nicht, wie sie sie bekommen hätt«. Von sexuellen Handlungen an der Leiche wollte er nichts wisse, obwohl ein Sachverständiger zu einem anderen Ergebnis gekommen war.

Nach dem Dafürhalten der Verteidigung Dahlhausens verwechselte die Staatsanwaltschaft »Mordgier und Raubgier«. Die Erregung des Moments sei es gewesen, die den Angeklagten zu der Tat veranlasst habe, und diese »müsse genommen werden, wie sie sei, als Raub, der unter brutalen Umständen zu einem traurigen Ende geführt habe«. Die Geschworenen waren anderer Meinung. Sie bejahten die Frage, ob Dahlhausen schuldig sei, sein Opfer vorsätzlich und mit Überlegung getötet zu haben. Das Urteil gegen ihn lautete wegen des Mordes auf Todesstrafe und wegen des Raubes auf zehn Jahre Zuchthaus.[3]

Die von Scharfrichter Lersch aus Ehrenfeld vorgenommene Hinrichtung Dahlhausens fand am 20. August 1885 morgens um sechs Uhr auf einem Hof des Bonner Gefängnisses statt. Währenddessen waren die Fenster und Dächer in der Nähe des Gefängnisses dicht besetzt. Am Vorabend seines Todes hatte Dahlhausen eine Flasche Wein und Zigarren verlangt. Die Urteilsbestätigung des Monarchen vom 10. August 1885 war so lange geheim gehalten worden, bis der Scharfrichter in Bonn eingetroffen und die Guillotine aufgeschlagen war. Die davor letzte Hinrichtung in Bonn war die von Cajetan im Dezember 1851.[4]

Bekanntmachung der Hinrichtung Dahlhausens in der Bonner Zeitung vom 20. August 1885.

Bekanntmachung.

Ich bringe hiermit zur öffentlichen Kenntniß, daß das von dem hiesigen Königlichen Schwurgerichte unter'm 24. Januar 1885 wider den Tagelöhner Peter Dahlhausen aus Vinzel gefällte Urtheil, durch welches derselbe wegen Mordes und Raubes, begangen am 12. Juni 1884 in der Nähe von Obercassel an der Frau Justizrath Carstanjen, Adele geborene Wintgens, zur Todesstrafe verurtheilt worden, heute Morgen 6 Uhr im Hofe des hiesigen Arresthauses durch Enthauptung des Verurtheilten vollstreckt worden ist.

Bonn, den 20. August 1885.

Der Erste Staatsanwalt.

J. V.:

von Reden.

Familientragödien in Alstädten und Gleuel

Die Kunde von einem grauenvollen Verbrechen durchdrang im September 1887 ganz Alstädten. Der achtundvierzig Jahre alte Schuhmachermeister Wilhelm Becker lebte dort mit seiner zweiten Frau und mehreren Kindern. Aus erster Ehe stammten seine hübsche Tochter Sybilla und der jüngere Sohn Mathias, in der zweiten Ehe wurden weitere sieben Kinder geboren.

In einer Nacht im August 1887 verbreitete sich große Unruhe im Hause Becker. Die 19-jährige Sybilla kam im Nachthemd zu ihrer Stiefmutter und berichtete aufgelöst, der Vater sei zu ihr ins Bett gekrochen und habe sie unsittlich zu berühren versucht. Sybilla schlief in einem ärmlichen Zimmer, das direkt an einen Stall angrenzte. Durch ein Loch in der Fachwerktrennwand hatte sich der alkoholisierte Becker den Weg zur Schlafstätte seiner Tochter gesucht. Zu einer weiteren Nachstellung des Vaters kam es am Sonntag, dem 25. September 1887, woraufhin Sybilla auf Anraten eines Beichtvaters das elterliche Haus verließ und bei einer Tante Unterschlupf fand. Ab Oktober wollte sie eine Stelle in Köln antreten.

Auf Anraten des Beichtvaters verließ Sybilla das elterliche Haus.

Als sie sich am 29. September 1887 in Begleitung ihrer Großmutter nach Hause begab, um ihre Sachen zu holen, nahm das Drama seinen Lauf. Becker, der zunächst eine Herausgabe der Sachen verweigert hatte, folgte seiner Tochter auf den Speicher und erschoss sie aus nächster Nähe mit einer Doppelflinte. Mathias eilte hinauf und rang mit seinem Vater, der versuchte, sich nun auch selbst zu erschießen. Schließlich lief der verzweifelte und wegen des Todes seiner Schwester untröstliche Mathias in die Nachbarschaft, um Hilfe zu holen, während der Vater sein selbstzerstörerisches Werk fortsetzte, indem er sich zunächst auf dem Speicher aufzuhängen versuchte und sich dann mit einem Brotmesser die Kehle durchschnitt. Viele Anwohner versammelten sich vor dem Unglückshaus, doch nur zögernd trauten sie sich hinein.

Trotz der erheblichen Verletzung konnte Becker gerettet werden und stand im April 1888 vor Gericht. Da seine Stimme aufgrund der Halsverletzung kaum zu hören war, musste der Präsident den Geschworenen die Antworten jedes Mal wiederholen. Diese sahen Becker als schuldig an, seine Tochter vorsätzlich getötet zu haben, »aber mit Ausschluß der Ueberlegung« (sonst wäre es Mord gewesen[1]), woraufhin ihm das Strafmaß von fünfzehn Jahren Zuchthaus zuerkannt wurde.[2]

Bis nachts dauerte die Verhandlung

Im benachbarten Gleuel spielte sich nur wenige Jahre später eine ähnlich schlimme Familientragödie ab. Hier wohnte die Witwe Faßbender (geborene Anna Haas, sechsundfünfzig Jahre) mit ihren beiden Söhnen Johann und dem etwas älteren Heinrich in einem kleinen Haus, in dem sich die Brüder über dem Erdgeschoss das einzig vorhandene Zimmer und das Bett teilten.

In Letzterem wurde Heinrich am Morgen des 3. März 1890 gegen zehn Uhr von seiner Mutter schwer verletzt aufgefunden. Abends starb er, ohne das Bewusstsein wiedererlangt zu haben – er war erschossen worden. Als der Ortsvorsteher die Tat auf dem Bürgermeisteramt in Hermülheim meldete, äußerte er gleichzeitig den Verdacht, dass Johann Faßbender der Täter sein könnte, woraufhin dieser verhaftet wurde. Im Gegensatz zu Heinrich, der als gutmütig, fleißig und zuverlässig galt, wurde Johann, der sich als Musiker etwas nebenher verdiente, als aufbrausend, weitgehend arbeitsscheu und verschwenderisch beschrieben.

Gleich nach seiner Verhaftung gestand Johann dem Amtsrichter die Tat. Demnach hatte er sich am 24. Februar 1890 bei einem Altwarenhändler einen Revolver gekauft, um sich, wenn er nach Musikaufführungen spät nachts unterwegs war, schützen zu können. Kurz darauf, so Johann, sei in ihm der Gedanke aufgekommen, den Bruder zu töten, was er im Februar auch bereits beinahe getan hätte. In der Nacht vom 2. auf den 3. März 1890 zwischen zwei und drei Uhr sei er aufgestanden, habe den Revolver geholt und dem schlafenden Bruder nach einigem Zögern im Scheine eines Streichholzes in die Schläfe geschossen und sich dann wieder neben ihn gelegt. Gegen fünf Uhr ließ seine Mutter den Weckruf ertönen, und um sieben Uhr ging Johann in die Kirche. Während er danach in Köln weilte, wurde Heinrich entdeckt.

Nach diesem Geständnis vor dem Amtsrichter beging Johann auf dem Rückweg zum Gefängnis mit dem Revolver, der ihm aus Versehen bei seiner Festnahme nicht abgenommen worden war, einen Selbstmordversuch. Nach seiner Genesung im Kölner Bürgerhospital, wo er nach der heiligen Kommunion »statt Erbauungsbücher einen Roman« las, wurde er Anfang April 1890 dem Untersuchungsrichter vorgeführt. Ihm gegenüber wiederholte er das Geständnis, allerdings mit der Einschränkung, er hätte im letzten Moment den Revolver von der Schläfe des Bruders zurückziehen wollen, wobei dann der Schuss ohne seinen Willen losgegangen sei. Als Motiv für seine Tat gab er an, Heinrich habe ihn aus dem Haus drängen wollen, um die Ackerwirtschaft allein betreiben zu können. Auch hatte Johann befürchtet, sein Bruder könnte herausfinden, dass er heimlich hundertvierzig Mark von einem gemeinsamen Konto abgehoben und offensichtlich in Kölner Vergnügungslokalen durchgebracht hatte.

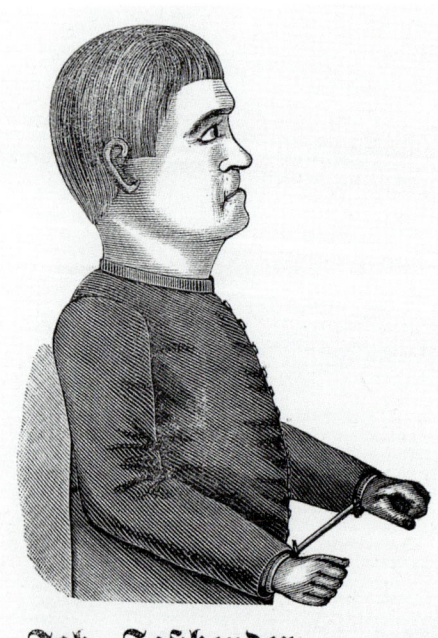

Joh. Faßbender.

Bei seiner Verhandlung am 19. April 1890 nahm Johann zur Überraschung aller seine früheren Geständnisse wieder zurück, die er nur gemacht habe, weil er »eingeschüchtert« gewesen sei. Er wollte nun gegen fünf Uhr noch mit Heinrich gesprochen und auch nach dem Besuch der Kirche nichts davon bemerkt haben, dass der angeblich schlafende Bruder verletzt gewesen sei. Erst auf dem Rückweg aus Köln habe er gehört, dass Heinrich etwas zugestoßen sei. Diese Version, nach der Heinrich also sich selbst umgebracht haben sollte oder von jemand anders erschossen worden sei, erschien dem Vorsitzenden in Anbetracht der vorherigen Schuldbekundungen des Angeklagten als sehr unglaubwürdig. Allgemeine Aufregung entstand im Gericht, als die unglückliche Mutter des Angeklagten in den Saal trat: »Die alte Frau, die noch zu Beginn des Jahres rüstig und wohlauf war, kann heute von den furchtbaren Schicksalsschlägen gebeugt, kaum noch alleine stehen.«

Ein Sachverständiger stellte einige Auffälligkeiten betreffs der geistigen Zurechnungsfähigkeit Johanns sowohl in physischer als auch in psychischer Hinsicht fest, während andere Zeugen keine Auffälligkeiten festgestellt hatten. Nachdem ein Antrag des Verteidigers, Johanns Geisteszustand in einer Anstalt untersuchen zu lassen, abgelehnt worden war, bejahten die Geschworenen die Schuldfrage, nahmen aber an, dass der Angeklagte die Tat »ohne Ueberlegung« ausgeführt habe. Bis nachts halb eins dauerte die Verhandlung, die mit einer Verurteilung zu zwölf Jahren Zuchthaus endete.[3]

Kirmes, Krach und Keilerei

In einem Artikel in der Kölner Gerichts-Zeitung von 1885 über Vorkommnisse auf der »St. Johann-Kirmes« in der damaligen Spulmannsgasse (heute Spielmannsgasse) wird der Branntwein als der »größte Feind« des 19. Jahrhunderts bezeichnet und die Frage gestellt, wann endlich dem Vorrecht der »Kartoffel- und Schnapsbarone« durch eine höhere Besteuerung Grenzen gesetzt würden. Der Branntwein, so heißt es dort weiter, »vergiftet das Volk, zerstört das Familienleben und kostet dem Staat massenhafte Geld- und Menschenopfer. Die Gefängnisse würden zu drei Vierteilen leer stehen, wenn es keinen Schnaps auf der Welt gäbe.« Um möglichst viel zu verdienen, machten es die Kölner Schnapswirte ebenso wie ihre Kollegen in Oberschlesien, »dem gesegneten Lande der Branntweinpest«, denn sie erwarben den Schnaps nicht mehr beim Destillateur, sondern »sie kaufen Spiritus und pumpen Wasser zu«.

Sie kaufen Spiritus und pumpen Wasser zu.

»Des edlen Branntweins voll« war am 30. August 1885 der größte Teil der Kirmesgäste des Wirtes Hubert Limp in der Spielmannsgasse und es dauerte nicht lange, da gab es Zwistigkeiten. Nachdem der um sein Mobiliar besorgte Wirt die Streithähne vor die Tür gesetzt hatte, entbrannte draußen eine heftige Schlägerei, bei der es mehrere Verletzte gab. Einer davon, Hansen, wurde am nächsten Tag ins Hospital geschafft: »Die Kniescheibe war mehrfach zerbrochen und mußte entfernt werden. Der Oberschenkel hatte kolossal große blutunterlaufene Stellen. Es trat Zersetzung des Blutes und in folge dessen Blutvergiftung ein, so daß am 6. September der Patient starb.« Fünf Angeklagte wurden mit Gefängnishaft von vierzehn Monaten bis zwei Jahren bestraft.[1]

Die »Georgs-Kirmes« 1886 in der damaligen Hundegasse (heute Färbergasse) war für die Schutzleute Grund genug, unermüdlich auf den Beinen zu sein, »denn das Allotria, das in solchen Gegenden getrieben wird, geht wirklich über das Maß des in den nördlichen und gemäßigten Zonen Erlaubten« hinaus. Ein Lachen und Kreischen an einem der Kirmestage, dem 25. Juli 1886, machte die Beamten stutzig. Es war ein Lärm in der Gasse, »als wenn es Carnevals-Montag wäre«. Der Grund für die Belustigung war Ludwig Thomas, der im Adamskostüm über die

Straße lief und besonders die Frauen in hellen Aufruhr versetzte. Leichten Fußes entkam er den Schutzleuten.

Eine oder zwei Stunden später, gegen zweiundzwanzig Uhr, hörte Schutzmann Schrade wieder Lärm. Diesmal war Thomas etwas zivilisierter geworden – er spazierte zum Ergötzen der Straßenjugend nur mit seiner Hose bekleidet über die enge Hundegasse. Jetzt wollte Schrade es wissen. Als Thomas in sein Häuschen entweichen wollte, packte ihn der Beamte am Kragen, oder besser gesagt, an der Hose. Thomas, ein starker junger Mann, hielt sich aber am Treppengeländer fest. Plötzlich fühlte sich Schrade unsanft um die Hüften gefasst, denn zwei Männer versuchten, den Gefangenen zu befreien. Einer der Angreifer, Michael Schmitz, konnte festgenommen werden, während Thomas wieder entfloh. Seine »Gefangenenbefreiung« musste Schmitz mit vierzehn Tagen Gefängnis büßen.[2]

Kirmes in Nippes und Mülheim

Eine »äußerst rohe Mißhandlung«, die beinahe einem Menschen das Leben gekostet hätte, fand am Kirmesmontag des Jahres 1890 in Nippes statt. Die Mitternachtsstunde war längst verflossen, im Tanzzelt herrschte noch lustiges Treiben, und kein Misston trübte die Kirmesfreude. Doch sollte auch diesmal das Fest nicht »ohne ernstliche Kirmeskeilerei« ablaufen.

»Wir wollen uns noch ein Glas Bier nehmen«, sagte der Fabrikarbeiter Heinrich Brandis aus Nippes zu seiner Gesellschaft, zu der außer dem Tagelöhner Arnold Lengersdorf noch verschiedene andere junge Burschen gehörten. »So leben wir, so leben wir, so leben wir alle Tage«, schallte es nun aus den Kehlen der angeheiterten Tischgesellschaft, die sich wenig um den Wirt kümmerte, der gebeten hatte, zu so später Stunde ruhiger zu sein. »Ach, was will der Kerl«, sagte Brandis, »der hat nichts zu sagen, sonst schlagen wir ihn hinter die Ohren.«

An einem Nachbartisch hatte Joseph Kerz, der Sohn eines angesehenen Einwohners aus Nippes, diese Äußerung vernommen und warnte daraufhin den Wirt, womit Kerz den Unwillen der Gruppe um Brandis auf sich zog. Auf dem Heimweg lauerten ihm mehrere Personen auf, verfolgten ihn bis in den Hof des elterlichen Anwesens und fügten ihm durch Stockschläge und Messerstiche lebensgefährliche Verletzungen zu. Erst als die Schwester des am ganzen Körper Verletzten die Haustür öffnete, flohen die Angreifer. Zeugen erkannten Brandis und Lengersdorf, die mit 230 zwei Jahren beziehungsweise fünfzehn Monaten Gefängnis im Vergleich zu dem vom Staatsanwalt beantragten Strafmaß von jeweils fünf Jahren noch relativ glimpflich davonkamen.[3]

Anlässlich der Mülheimer Kirmes waren am Samstagabend, dem 7. Juni 1890, drei junge Männer unterwegs, die es offensichtlich nur auf Streitigkeiten abgesehen hatten. Es handelte sich um den 21-jährigen Theodor Halsband, den gleichaltrigen Max Somerau und den ein Jahr jüngeren Wilhelm Schmitz. Alle drei waren als Gesellen beim Anstreichermeister Hack tätig, Halsband und Schmitz in Mülheim, Somerau in Deutz.

Ihr erstes Opfer war gegen zweiundzwanzig Uhr der Stellmachergeselle Jakob Faist, der nach einem Disput in einer Gaststätte in der damaligen Freiheitstraße (heute Mülheimer Freiheit) beim Hinausgehen von Schmitz »mit einem scharfen Instrumente« blutig niedergeschlagen wurde. Die Übeltäter wollten danach wieder in das Lokal hinein, wurden aber vom Wirt abgewiesen. Nachdem sie sich etwa zwei Stunden später auf der Straße kurz mit einem Fabrikarbeiter angelegt hatten, lenkten sie ihre Aufmerksamkeit an der Ecke der Deutz-Mülheimer Straße und der Wallstraße nahe der Wirtschaft Richter auf den daherschreitenden Mülheimer Schlosser Gustav Lange, der ziemlich angetrunken ein Liedchen sang und nun von Schmitz angefahren wurde: »Soll ich Dir eins ins Maul hauen?«

Der 1890 auf der Mülheimer Kirmes getötete Gustav Lange. Porträt aus der Kölner Gerichts-Zeitung.

Gustav Lange.

Der Bedrohte lief daraufhin in die nahe gelegene Schlosserwerkstatt seines früheren Meisters in der Wallstraße, holte dort einen Hammer und rief, wieder draußen angelangt: »Wer will mir was?« Das war das Signal für die drei Streitlustigen, sich unverzüglich auf Lange zu stürzen. Halsband stach brutal mit einem Kittmesser, Schmitz mit einem Taschenmesser auf ihn ein. Der Schwerverletzte wollte sich wankenden Schrittes in Sicherheit bringen, da lief Somerau hinter ihm her und versetzte ihm einen weiteren Stich in den Rücken, mit den Worten: »Da Du Aas, jetzt hast Du genug!« Ein herbeigerufener Polizeibeamter fand Lange etwa sechzig Schritte von der Werkstatt entfernt tot vor.

Kurz darauf wurde dem Beamten mitgeteilt, dass auch auf dem Kirmesplatz etwas geschehen sei. Offensichtlich steckten auch diesmal die drei Messerhelden dahinter, die wohl noch nicht genug Unheil angerichtet und sich mit Pflastersteinen bewaffnet hatten. Ein Kirmesbesucher, der Mülheimer Fabrikarbeiter Valentin van Wyngarten, war durch einen

Steinwurf niedergestreckt und schwer verletzt worden. Der tatverdächtige Halsband stritt ab und schob die Schuld wenig glaubwürdig auf einen unbekannten Vierten.

Die Verteidigung der drei Angeklagten gab in der Gerichtsverhandlung zu bedenken, dass sich auch der getötete Lange aggressiv verhalten und möglicherweise Anlass zur Notwehr gegeben habe. Für den Staatsanwalt war das in Mülheim Geschehene ein durch »wilde Bestien« verübtes »non plus ultra der Brutalität«. Er hatte offensichtlich das Publikum im Gericht auf seiner Seite, das die empfindlichen Strafen, die gegen die drei verhängt wurden, billigend zur Kenntnis nahm: Somerau erhielt acht, Halsband neun und Schmitz neuneinhalb Jahre Zuchthaus.[4]

Erbfeindschaft zwischen Eil und Rath

Mit einer Übermacht gegen einen Einzelnen haben wir es auch im folgenden Fall zu tun, bei dem der erst neunzehn Jahre alte Johann Hey ums Leben kam. Als Einwohner aus Eil hatte er den »Fehler« begangen, im benachbarten Rath den Unwillen einiger junger Männer auf sich zu ziehen. Beide Orte befanden sich nämlich in »Erbfeindschaft«, die eine seltsame Sitte hervorgebracht hatte: »Seit Menschengedenken existirt zwischen den jungen Burschen das ›Laufenlassen‹, d. h. kommt einer aus dem Nachbardorfe nach einem der genannten Orte und er entläuft, wenn ein Mitglied jener Liga kommt, dann ist es gut; entläuft er nicht, so gibt's Hiebe bis er entläuft und wehrt er sich, dann wird er vielleicht todtgeprügelt.«

Es war am Sonntag, dem 10. Mai 1891, als Hey in Rath zu Besuch bei einem Onkel war. Nachdem sich die Rather Peter Overath, Johann Allexi, Johann Weitere und Anton Sost schon in einigen Wirtschaften den nötigen Mut angetrunken hatten, bedurfte es nicht vieler Gründe, um den Entschluss zu fassen, den Eiler »laufen zu lassen«. Sie sammelten alle möglichen Instrumente ein, die ihnen im Kampf gegen Hey dienlich erschienen: eine Latte, einen Hammer, ein Beil, eine Bohnenstange, einen Stein, einen Dreschflegelkopf und anderes. Bei der anschließenden Hetzjagd durch Rath trug Hey erhebliche Verletzungen davon. Zwar schaffte er es noch bis nach Hause, verstarb aber wenige Tage später. Vor seinem Tod hatte er in geschwächtem Zustand angegeben, mit einem Beil niedergeschlagen worden zu sein.

Keiner der vier »Helden« wollte im Oktober 1891 vor dem Schwurgericht Schuld an Heys Tod haben. Sost wollte gesehen haben, dass Johann Weitere den Eiler mit dem mitgeführten Beil geschlagen habe,

aber auch die anderen Angeklagten hielten sich mit gegenseitigen Anschuldigungen nicht zurück. Der Rechtsanwalt Overaths hielt Sost für
den Haupttäter, weil dieser Hey mit einem Steinwurf am Kopf getroffen hatte. Auch hatte Sost ein besonderes Motiv, weil er seinerseits vorher einmal in Eil verprügelt worden war. Unter Nichtanerkennung mildernder Umstände wurden über Overath fünf, Allexi und Sost sechs
sowie über Weitere acht Jahre Zuchthaus verhängt. Overath erkannte
das Urteil an, während die anderen drei Angeklagten Revision beim
Reichsgericht ankündigten.[5]

Am 12. August 1888 machte sich der Metzgermeister Caspar Meller
aus Frechen mit seiner Familie und einigen Gästen auf zum dortigen
Schützenfest. Mit dabei waren sein Schwager Theodor Thelen aus Köln,
ebenfalls Metzgermeister, sowie der 20-jährige Metzgergeselle Hermann Joseph Schilder aus Bonn, der bei Meller in Diensten stand. Die ersten Stunden verflogen im
Tanzsaal in ungestörter Festfreude, aber gegen dreiundzwanzig Uhr kam es zu Unstimmigkeiten mit Schilder.
Dieser fühlte sich ungerecht behandelt, weil ihm und zwei
Bekannten, die er getroffen hatte, aus Platzgründen ver-
wehrt worden war, sich bei Mellers am Tisch niederzulassen.

Noch vor wenigen Monaten war der Arme ein vor Kraft strotzender Mensch.

Auch nachdem die ganze Gesellschaft wieder nach Hause zu Meller
zurückgekehrt war, konnte sich der Geselle nicht beruhigen. »Ich muß
heute noch Blut sehen«, hatte er vorher einem Bekannten gesagt. Mit einem großen und haarscharfen Schlachtmesser, das er offensichtlich aus
dem Schlachthaus seines Meisters geholt hatte, stach Schilder in der Küche nach einem weiteren Wortwechsel auf Thelen ein, der so schwerwie-
gende Verletzungen davontrug, dass ihm das linke Bein amputiert werden musste.

»Eine große Bewegung« ergriff die Anwesenden, so heißt es in der
Kölner Gerichts-Zeitung, als der 34-jährige Thelen bei der Gerichtsverhandlung im Oktober 1888 auf Krücken und von einer zweiten Person
gestützt als Zeuge den Gerichtssaal betrat: »Noch vor wenigen Monaten
war der Arme ein von Kraft und Gesundheit strotzender Mensch, der
durch sein Geschäft seine Familie ernähren konnte, heute ist er hülflos wie
ein Kind, mit gebrochener Gesundheit, unfähig zu jeder Arbeit, dabei ist
Thelen Vater von sechs Kindern.« Wenn nicht sofort nach der Tat sach-
kundige Hilfe geleistet worden wäre, wodurch der starke Blutverlust zum
Stillstand gebracht werden konnte, hätte Thelen wahrscheinlich sogar
sein Leben eingebüßt. Das Urteil gegen Schilder lautete auf fünf Jahre Gefängnis.[6]

233

Deutzer Schützenfest 1884.

Um Metzger ging es auch bei einer Verhandlung der Kölner Strafkammer vom 1. Oktober 1890. Angeklagt waren der Metzgergeselle Johann Lützenkirchen und der Metzgermeister Heinrich Ecker, beide aus Köln. Ihnen wurde zur Last gelegt, 1890 auf dem Deutzer Schützenfest den Schreinermeister Ludwig Winz »in einer das Leben gefährdenden Weise mißhandelt zu haben«.

Mehrere Metzger hatten sich dienstags, mit ihren weißen Arbeitsschürzen bekleidet, zum Schützenplatz begeben. Sie waren aus der »Krahnenbäumer Gegend«. Wer sie kannte, ging ihnen aus dem Weg, denn, so heißt es in einem Bericht über die Verhandlung, »dieselben sind bekannt, daß sie nur zu gern eine Schlägerei provoziren«. Die Gesellschaft ließ sich in einem Bierzelt nieder, wo der Metzgerbursche Georg Roos sogleich damit anfing, den Schreinermeister Winz zu ärgern. Der wusste aber, Gleiches mit Gleichem zu vergelten, indem er Roos eine »Feuerwerks-Cigarre« andrehte, die in dessen Mund, kaum entbrannt, zu sprühen anfing. Von Lützenkirchen aufgestachelt, nahm Roos nun ein Bierglas, um den Schreinermeister zu schlagen, was aber die dazwischentretende Wirtin gerade noch verhindern konnte.

Jetzt merkte der Schreinermeister, »in welch rüde Gesellschaft er gerathen war«, und begab sich auf den Hof, um sich von dort aus heimlich zu entfernen. Der an das Zelt grenzende Hof war nur durch eine schwache Absperrung von dem dahinter befindlichen Schnellert abgetrennt, »der wegen seines tückischen Wassers bekannt« und an der dortigen Stelle recht tief war. Kaum war Winz draußen, folgten ihm zwei Personen, und er erhielt von der Seite einen solch heftigen Stoß, dass er gegen die

Absperrung prallte und diese mit sich reißend ins Wasser fiel. Nur dem Betreiber des Bierzeltes, der Winz aus dem Wasser zog, habe er es zu verdanken gehabt, so Winz, dass er nicht ertrunken sei. Lützenkirchen, den Winz als Täter angab, verurteilte das Gericht zu achtzehn Monaten Gefängnis, der mitangeklagte Ecker wurde freigesprochen. Eine vom Verteidiger des Verurteilten eingelegte Revision beim Reichsgericht erbrachte ein anderes Ergebnis. Da einige Zeugen gesehen haben wollten, dass Lützenkirchen zur Tatzeit das Zelt nicht verlassen habe, erhielt auch er einen Freispruch.[7]

Der Prozess des Elefantenwärters Heidgen

Vom Juli 1886 bis November 1887 dauerte ein Prozess, welcher der »Aktiengesellschaft Zoologischer Garten zu Riehl« nicht gerade zur Ehre gereichte. Es ging um den Tierwärter Heinrich Heidgen, dem nach 17-jähriger Tätigkeit am 2. Juli 1886 durch einen neuen Zoodirektor urplötzlich gekündigt worden war. An jenem Tag war Heidgen morgens beim Frühstück mit einer Flasche Bier und später beim »Faulenzen« erwischt worden.

Das angebliche Faulenzen hatte eine Vorgeschichte. Während seiner langjährigen Dienstzeit hatte Heidgen eine Reihe von Verletzungen davongetragen. Im Jahr 1881 verlor er seinen rechten Fuß durch den Tritt eines Elefanten, den er abrichtete. Ein Jahr später verletzte ihn ein Nashorn schwer am linken Bein sowie im Brustbereich, und 1885

Das angebliche Faulenzen hatte eine Vorgeschichte.

brach sich Heidgen beim Wegsperren der Gnus den steif gebliebenen Zeigefinger der linken Hand. Bis 1886 unterstand der Zoo dem alten Direktor Nikolaus Funk, der dem arg beeinträchtigten Heidgen erlaubte, so oft auszuruhen, wie er wollte und wie es vonnöten war, da der Wärter mit seinem Beinstumpf nicht länger als etwa eine Stunde stehen oder gehen konnte.

Der nun plötzlich brotlos gewordene Wärter, der kaum eine Chance hatte, eine andere Arbeit zu finden, strengte Ende Juli 1886 unter Vergünstigung des Armenrechts eine Klage gegen den Zoologischen Garten an. Sein Rechtsanwalt forderte eine jährliche Rente von 850 Mark oder eine einmalige Abfindungssumme von 12.000 Mark, da die Unfälle Heidgens durch unsachgemäße Käfige verursacht und damit von der Verwaltung verschuldet worden seien.

Deren juristische Vertretung stellte kurzerhand jeglichen Anspruch des Tierwärters in Abrede, von dem es gar nicht feststehe, dass seine Unfälle bei der Arbeit im Zoo geschehen seien. Die Kölner Gerichts-Zeitung ließ es sich nicht nehmen, auf den »moralischen Aspekt« dieser »modernen« Prozessführung einzugehen: »Im ganzen zoologischen Garten, im Publikum ist es bekannt, daß der Wärter Heidgen vom Elephanten und Nashorn zum Krüppel gemacht worden ist, aber vor Gericht – wo es ums Geld geht – bestreitet der Verwaltungsrath der Aktien-Ges. Zool.-Garten überhaupt ein Wissen von den Unglücksfällen zu haben. Merkwürdig, höchst merkwürdig! Das ist eben moderne Prozeßführung.«

Aufgrund eines Entscheides des Landgerichts war Heidgen nun gezwungen, alle möglichen Nachweise für die Berechtigung seiner Klage zu erbringen. Gegen den Einwand der Gegenpartei, es sei gar nicht seine Aufgabe gewesen, den Elefanten abzurichten, bekam Heidgen Schützenhilfe von seinem ehemaligen Direktor Funk, der angab, dass die 1873 oder 1874 begonnene Abrichtung mit seiner Billigung erfolgt sei. »Ich habe gegen dieses Verfahren keinen Einspruch erhoben«, so Funk, »weil solches in allen zoologischen Gärten vorkommt.« Auch die Eingabe der Gegenpartei, dass sich Heidgen nicht in unmittelbarer Nähe des Nashorns hätte aufhalten müssen, erwies sich als nicht haltbar. Seinerzeit half Heidgen einem Schreinermeister bei der Erhöhung des Fußbodens im Nashornstall als Maßnahme gegen Rheinhochwasser.

Des Prozessierens müde und in Not durch die lange verdienstlose Zeit, stimmte Heidgen schließlich einem Vergleich zu, der eine monatliche Rente von 400 Mark vorsah. Ebenso musste ihm die Aktiengesellschaft für die »Gehmaschine« hundert Mark vergüten. Am Ende eines Berichtes über den Prozess ist zu lesen: »Heidgen war pflichttreu und unerschrocken und hat gegen 6 oder 7 Personen vor dem Tode durch den Elephanten gerettet.«[1]

Der durch den Elephanten und das Nashorn verunglückte Thierwärter aus dem Kölner Zoologischen Garten.

Heinrich Heidgen.

Darstellung aus der Kölner Gerichts-Zeitung vom 4. Dezember 1887.

Sittlichkeitsverbrechen und Nötigung

Ein erst sechzehn Jahre altes Mädchen, das in einem Kloster erzogen worden war, befand sich an einem Freitagmittag Anfang September 1880 auf dem Weg nach Kalk, wo es eine Stelle antreten wollte. Da es den Weg nicht kannte, fragte es in Deutz zu seinem Unglück ein Mitglied einer dortigen Bande, der berüchtigten »Deutzer Commüne«, wie es nach Kalk gelangen könnte. Auf einen falschen Weg geschickt, geriet das Mädchen direkt in die Gewalt des »Vorstandes« dieser Bande, der eine »nicht näher zu bezeichnende Schandthat verübte«.

Der Kommissar von Deutz, drei Polizeidiener, zwei Feldhüter und einige Nachtwächter konnten vor der Stadt mehrere Verdächtige festnehmen, die von dem im Deutzer Hospital untergebrachten Mädchen *In den Händen der berüchtigten »Deutzer Commüne«.* wiedererkannt wurden. Am Abend des 8. September 1880, als man die Abführung der Missetäter nach Köln erwartete, hatten sich viele Deutzer vor dem dortigen »Arrestlocal« eingefunden und nahmen, so die Kölnische Zeitung, »den Gefangenen gegenüber eine so drohende Haltung an, daß Militär zum Schutze derselben herbeigerufen werden mußte«. Drei Monate später standen die Bandenmitglieder vor dem Schwurgericht, und ihre Tat kam ihnen teuer zu stehen. Fünf Angeklagte wurden zu Zuchthausstrafen zwischen acht und zwölf Jahren verurteilt. Hubert Haas, dem mildernde Umstände zuerkannt wurden, erhielt zwei Jahre Gefängnis und Heinrich Schallenberg, der nur in Anbetracht seiner Jugend mit Gefängnisstrafe statt Zuchthaus davonkam, fünf Jahre.[1]

Am Pfingstsonntag des Jahres 1886 trat nach einem vergnügten Nachmittag »eine fidele Gesellschaft von jungen Burschen und Mädchen« kurz nach zwanzig Uhr von einem Kölner Ausflugslokal den Heimweg über eine Promenade an. Das erste Paar, der Schirmmacher Wilhelm Peschen und seine Freundin, ging etwas voraus. Plötzlich brachen zwei Gestalten, der Tagelöhner Bernhard Pütz aus Deutz und sein Spießgeselle Zimmer, aus einem Gebüsch hervor und schritten mit geschwungener Schnapsflasche auf das Paar zu.

Schiffsbrücke nach Deutz um 1900.

»Was wollt Ihr hier?«, fragte Peschen die beiden, doch statt eine Antwort zu geben, bedrängten sie das weinende Mädchen. Peschen versetzten sie mit der Flasche einen so kräftigen Schlag auf den Schädel, dass er für längere Zeit bewusstlos im Gebüsch liegen blieb. Seiner Freundin sollte weiter nichts geschehen, so versprachen ihr die beiden Gesellen, wenn sie ihnen »60 Pennig of Schabau« (für Schnaps) geben würde. Inzwischen waren auch die anderen Paare herangekommen, und sogleich teilten Pütz und Zimmer Schläge an die jeweiligen Begleiter der Mädchen aus. Peschen war inzwischen wieder zur Besinnung gekommen und hatte zwei Pioniere alarmiert, um die Übeltäter verhaften zu lassen. Das Schöffengericht verhängte eine Gefängnisstrafe von je drei Monaten über sie.[2]

Christine Abels wohnte erst ein halbes Jahr in Mülheim, wo sie als Dienstmagd bei dem Schriftsteller Carl Savelsberg in der Wallstraße beschäftigt war. Eines Abends stieg sie in Deutz irrtümlich in die Pferdebahn nach Kalk statt in die nach Mülheim ein. Von Kalk aus blieb zu so später Stunde nur noch der Fußweg, um nach Hause zu kommen. In ihrer Angst ersuchte sie zwei Polizeibeamte, sie nach Mülheim zu begleiten. Sie waren schon fast dort angelangt, als einer der Beamten, der Schutzmann Hermann Scholz aus Mülheim, sie plötzlich barsch anfuhr:

»Wo waren Sie, Sie Umhertreiberin, ich arretire Sie, Sie müssen mit; fort zur Wache.« Die Dienstmagd kannte Mülheim noch nicht genau und merkte nicht, dass Scholz sie zum Rhein statt zur Polizeiwache führte. Hier wurde er zudringlich und schüchterte die junge Frau weiter ein, der es aber gelang zu entfliehen. Scholz wurde nicht nur aus dem Dienst entlassen, sondern Anfang 1894 auch vor Gericht gestellt, das ihn unter Annahme von Milderungsgründen zu vier Jahren Gefängnis verurteilte.[3]

Ende des Jahres 1894 gab es erneut einen Prozess, der sexuelle Übergriffe gegen eine Dienstmagd zum Gegenstand hatte. Der erst 19-jährige Brunnenmacher Wilhelm Kümmel und der drei Jahre ältere Tagelöhner Franz Steinbüchel, die als »Bummler und Zuhälter« bezeichnet wurden, waren angeklagt, am 4. März 1894 die Magd Margaretha Halm »gemeinsam mißhandelt und vergewaltigt zu haben«. Außerdem wurde Kümmel angelastet, ihr Geld gestohlen zu haben.

Man hielt Ausschau nach Pärchen

An jenem Märztag ging die Dienstmagd mit einem Soldaten durch die Neustadt. Auf ein Pfeifzeichen von Kümmel war Steinbüchel sofort zur Stelle, und als die beiden jetzt drohende Mienen aufzogen, floh der Soldat, ein »wackerer« Ostpreuße, sodass die Angeklagten nun Herren der Situation waren. Sie stießen die Dienstmagd in einen Neubau am damaligen Königsplatz (heute Rathenauplatz), wo sich nach ihren Angaben »das Verbrechen der Sittlichkeit und des Raubes« vollzog, das den Angeklagten siebeneinhalb und sieben Jahre Zuchthaus bescherte.

Dieses Delikt wurde ebenso unter Ausschluss der Öffentlichkeit verhandelt wie jenes, das sich am 28. Mai 1898 ereignet hatte. Am Abend jenes Tages machte ein Brautpaar einen Spaziergang über die »Mülheimer Haide«. Plötzlich sahen sich die beiden von einer Rotte Männer umringt, an deren Spitze der Kölner Tagelöhner Johann Hambloch unter Drohungen und groben Redensarten zwanzig Mark verlangte. »Wenn du das Geld nicht giebst, schlage ich dich, daß du nicht von der Stelle kommst«, drohte einer der Männer dem Bräutigam. Als dieser sich weigerte und sich mit einem Schirm zur Wehr setzen wollte, fiel die ganze Bande über das Paar her. Fünf von ihnen schlugen den Mann mit Stöcken, während die übrigen zehn bis zwölf Kerle die Braut fortschleppten und vergewaltigten. Hambloch erhielt zwölf Jahre Zuchthaus, ebenso wie Jakob Huppertz aus Forst im Kreis Aachen. Einen dritten Angeklagten, den 20-jährigen Kölner Tagelöhner Theodor Hirschberg, bedachte das Schwurgericht mit zehn Jahren Zuchthaus.[5]

Ein ganz ähnlicher, noch niederträchtiger Fall, bei dem die Opfer taubstumm waren, ereignete sich 1903. Der 19-jährige Hermann Feck aus Ehrenfeld traf am Abend des 14. Juli 1903 auf dem Heimweg von Köln aus »im Glacis vor der Widdendorferstraße am sogenannten Kanalweg« einige Kumpane, die dort »ein freies Leben mit der Schnapsflasche führten«. Man hielt Ausschau nach Pärchen, die man überfallen konnte, als die taubstumme junge Näherin Josephine Müllenbeck aus Düsseldorf mit ihrem ebenfalls taubstummen Bräutigam namens Finken daherkam. Ein älterer Bruder Fecks, der Ehrenfelder Anstreichergehilfe Adolph Feck, ging auf das Paar zu und gab sich als Polizeikommissar aus. Nun begann der grausame Überfall, bei dem das Paar beraubt und die Näherin mehrfach vergewaltigt wurde: »Das arme Mädchen war tagelang wie von Sinnen und fiel wiederholt in Ohnmacht.« Einer der gefassten Täter erhängte sich im Gefängnis, fünf andere erhielten Haftstrafen bis zu acht Jahren.[6]

Einer der gefassten Täter erhängte sich im Gefängnis.

Eine hohe Strafe, sieben Jahre und zwei Monate Zuchthaus, erhielt auch der im Dezember 1900 verurteilte Maschinist und Heizer Theodor Esch aus dem Kreis Solingen, zuletzt mit seiner Familie wohnhaft in Holweide, Mülheim und Köln. Er wurde der Notzucht für schuldig befunden, begangen an seiner 15-jährigen Stieftochter Anna Marx. Diese holte er meist von ihrer Arbeitsstelle, einer Fabrik in Mülheim, ab, um sich dann an einem abgelegenen Ort an ihr zu vergehen. Später erhielt Anna eine Stelle in Kalscheuren, die sie aber aufgeben musste, weil sie schwanger wurde. Als sie aus der Hebammenanstalt kam und Esch ihr mit dem Messer drohte, erfolgte die Anzeige und Verhaftung.[7]

241

Schon in den 1860er Jahren beklagte die rheinische Gerichtszeitung »Der Publicist« eine in den unteren Schichten festzustellende Zunahme der Sittlichkeitsvergehen an Kindern unter vierzehn Jahren, ein Delikt, das »sonst nur einzig und allein in den höheren Schichten grassirte«, und führte Beispiele aus der Aachener und Kölner Gegend an.[8]

Raubmordversuche am Appellhofplatz, auf dem Neumarkt und in der Drususgasse

Die 64-jährige Franziska Happel und ihre Schwestern betrieben in der Langgasse 23 (heute Kupfergasse) am Appellhof ein gut gehendes Kurz- und Wollwarengeschäft und standen im Ruf, vermögend zu sein. Das mag auch den 1864 in Köln geborenen, mehrfach vorbestraften Schuster Heinrich Pape am Nachmittag des 9. Dezember 1890 dazu bewogen haben, unter dem Vorwand eines Einkaufs das »Terrain zu sondieren«. Am nächsten Tag, einem Mittwoch, gegen sieben Uhr abends kam Pape erneut in den Laden und fragte nach einer Jacke. Franziska Happel, die ihn als Kunden vom Vortag wieder erkannte, legte ihm einige Exemplare vor. Plötzlich ging das Licht aus, und Frau Happel erhielt einen Messerstich in die Brust, der nur knapp das Herz verfehlte. Auf ihr verzweifeltes Rufen lief Pape schleunigst zur Tür hinaus, und Frau Happel sah, dass noch ein zweiter Mann aus dem Hausflur nach draußen eilte. Hierbei handelte es sich um einen Komplizen Papes, den Bierbrauer und Kellner Hermann Salzmann, den Pape im Gefängnis kennengelernt hatte und der später im Bierkeller bei Füßgen Am Leystapel arbeitete. Diebesgut war den Tätern offensichtlich nicht in die Hände gefallen.

Der verratene Pape ging auf Wanderschaft nach Süddeutschland.

Salzmann wurde bei der Flucht aus dem Geschäft der Happels festgehalten, dann aber wieder freigelassen, weil man aufgrund seiner Täuschungen und geschickten Ausreden annahm, dass er nichts mit dem Überfall zu tun hatte. Später stellte er sich freiwillig den Behörden. Pape, der aus Kreisen der Kölner Verbrecherwelt als Täter verraten wurde, ging nach dem Vorfall auf »Wanderschaft« nach Süddeutschland, und zwar bis München. Nach der Rückreise über Karlsruhe und Worms, wo er wegen Bettelns belangt wurde, erfolgte am 2. April 1891 seine Verhaftung in Aachen. Wie ein bei ihm gefundenes Schriftstück auswies, hatte er offensichtlich mit dem Gedanken gespielt, nach Amerika auszuwandern.

Schon zwei Monate später standen die beiden vor dem Kölner Schwurgericht. Neben der Haupttat, dem Überfall auf das Geschäft der

243

Happels, wurden ihnen auch einige weitere Diebstähle angelastet. Pape bestritt, überhaupt in dem Laden in der Langgasse gewesen zu sein, Franziska Happel identifizierte ihn aber vor Gericht eindeutig als Täter, wie sie ihn auch schon vorher während der Fahndung auf einem Foto im Verbrecheralbum wiedererkannt haben wollte. Aus der Verhandlung ging zudem hervor, dass Pape am Tag der Tat nach möglichen Komplizen Ausschau gehalten hatte. Den Raubmordversuch und einen weiteren Diebstahl zusammengerechnet, kam man bei Pape auf achtzehn Jahre Zuchthaus, die aber auf die höchst zulässige Zuchthausstrafe von fünfzehn Jahren reduziert wurden; Salzmann erhielt acht Jahre Zuchthaus.

Der in der Kölner Unterwelt überaus umtriebige und bekannte Johann Carl Opitz, der durch eine Falschaussage versucht hatte, Pape zu decken, wurde im Oktober 1891 wegen Meineids ebenfalls für einige Jahre hinter Gitter verwiesen. Pape hatte ihm vorgeschlagen, bei dem Überfall auf das Geschäft der Schwestern mitzuwirken, worauf Opitz aber erwidert hatte, wegen »ein paar lumpiger Jacken wolle er nicht in die Blech« (ins Zuchthaus).[1]

Wenige Monate später, im September 1891, kam ein ähnlicher Fall vor dem Schwurgericht zur Verhandlung. Diesmal lautete das Urteil auf zwölf Jahre und einen Monat Zuchthaus, verhängt über den vorbestraften Friseurgehilfen Johann Peter Mertens, geboren in Düsseldorf.

Im Gefängnis hatte Mertens den Bruder der Kölner Witwe Agnes Stockhausen kennengelernt, die im Haus Neumarkt 31 wohnte. Die gemeinsame Haftzeit nutzte Mertens, um den Bruder gründlich über die Verhältnisse der als wohlhabend geltenden Witwe auszufragen. Nachdem der offensichtlich musikalisch begabte Mertens Mitte Oktober 1890 aus dem Gefängnis entlassen worden war, begab er sich nach eigenen gerichtlichen Angaben zunächst nach Düsseldorf und trat dann in Krefeld als Geiger einer Kapelle bei, mit der er später in Aachen und in der Berliner Gegend gastierte. Im April 1891 musste er die Kapelle verlassen, weil der Direktor erfahren hatte, dass sein Geiger im Gefängnis gesessen hatte. Nun zog Mertens bei dem Kölner Graveur Hamm ein, dem er sich als Bildhauer vorstellte und dem er vorgab, in der Ursulakirche beschäftigt zu sein. In Wirklichkeit lebte er von Ersparnissen aus der Musikerzeit und von Zuwendungen, die er von »Frauenzimmern« erhielt.

Die Haftzeit nutzte Mertens, um sich über die Vermögensverhältnisse der Witwe zu erkundigen.

Die finanziellen Mittel gingen allerdings bald aus, und so fasste Mertens den Entschluss, die Witwe Stockhausen zu berauben. Als er am 14. Mai 1891 seine Wohnung verließ, nahm er aus der Werkstatt seines Vermieters Hamm eine Bleiplatte mit, die dazu dienen sollte, sein Opfer »zu betäuben«. Unter dem Vorwand, sie solle zu ihrem kranken Bruder kommen, verschaffte sich Mertens Einlass in die Wohnung der Witwe. Bei nächster Gelegenheit fasste er sie am Hals, nahm die Bleiplatte aus der Tasche und schlug damit der Witwe mehrere Male auf den Kopf. Diese wehrte sich aber nach Kräften und zerkratzte dem Eindringling das Gesicht. Als nun die blutüberströmte Witwe um Hilfe rief und eine Näherin hinzueilte, ergriff Mertens die Flucht. An seiner Haustür traf er Frau Hamm, der er sagte, die Kratzwunden in seinem Gesicht stammten von einer Katze, mit der er in einer Wirtschaft gespielt habe. Einem Barbier auf dem Buttermarkt, der ihm die Wunden durch Schminke verdecken sollte, erklärte er, ein Mädchen in der Sporergasse habe ihn gekratzt.

Der Neumarkt, hier um 1880, wurde traditionell als Vieh- und Pferdemarkt genutzt.

Man kam Mertens durch die Bleiplatte auf die Spur, die er bei seinem Opfer zurückgelassen hatte. Es dauerte einige Wochen, bis die Verletzungen der Witwe einigermaßen verheilt waren. Noch bei der Gerichtsverhandlung klagte sie über Kopfschmerzen. Ein Sachverständiger äußerte, dass sie einen »sehr harten Schädel« besäße, »sonst wäre die Sache ohnehin nicht so gut abgelaufen«.[2]

Finanzielle Schwierigkeiten lagen auch einem weiteren Raubmordversuch zugrunde, zu dem es 1908 in der Presse hieß: »Kölns Charakter als Großstadt ist auf traurige Weise gewahrt: es hat sein Geldbriefträgerattentat.« Der Täter war der 1881 in Sachsen geborene und international verkehrende Karl Otto Frahm. Nachdem er als Reisender für verschiedene Firmen in Deutschland, Österreich und der Schweiz unterwegs gewesen war, gründete er um 1900 in Stuttgart ein Atelier für Fotovergrößerungen. Die Art und Weise, wie er das Geschäft betrieb, trug ihm eine Verurteilung zu drei Jahren Gefängnis wegen Betruges in vierunddreißig Fällen ein. Ein Teilerlass der Strafe war mit einer Ausweisung aus Württemberg verbunden. Frahm behauptete, er habe infolge seiner Vorstrafen und des Drängens der Gläubiger nie wieder eine feste Anstellung

Der Raubmordversuch auf den Geldbriefträger Abel in der Drususgasse zu Köln.

(Text Seite 4.)

Wer weiß etwas?

Obenstehende Person wurde am Montag wegen Raubmordversuch an dem Geldbriefträger Abel in der Drususgasse festgenommen.

Signalement: Größe: 1,73 m. Gestalt: schlank. Haare: dunkelblond. Augenbrauen: dunkelblond. Bart: dunkelblond. Augen: grau-gelbrot. Gesichtsfarbe: gelblich und blaß. Nase: mittel. Mund: mittel. Kinn: rund. Am 1. linken Daumengelenk eine strahlenförmige Narbe. Zwischen dem linken Daumen und Zeigefinger hinten eine ovale Narbe. Warze auf der linken Backe.

Mitteilungen werden an die Expedition der Kölner Gerichtszeitung oder an das Polizei-Präsidium, Erkennungsdienst Zimmer 204 erbeten

bekommen können. Nach einigen weiteren Stationen in Deutschland hielt er sich in Österreich, Italien, der Schweiz und England auf. Von London führte ihn 1907 sein Weg nach Köln. Nachdem er als Heiratsschwindler wenig Erfolg hatte, wählte Frahm ein Haus in der Drususgasse aus, um dort ein »Engroslager« für Christbaumschmuck zu etablieren. Daran sollte sich eine Verkaufsstelle für Neujahrskarten anschließen.

Die Geschäfte liefen nicht so, wie Frahm sich das vorgestellt hatte, und als zuletzt sogar das Geld fehlte, um seine Frau aus London nachkommen zu lassen, reifte in ihm der Plan eines Raubattentates. Als der Kölner Geldbriefträger Albert Abel am Morgen des 16. Dezember 1907 die Lokalitäten in der Drususgasse betrat, um eine Postanweisung zuzustellen, die von Frahm selbst in Düsseldorf aufgegeben worden war, versetzte ihm Frahm mehrere Schläge mit einem Hammer auf den Kopf. Abel, ein »herkulisch gebauter Mann«, wehrte sich so gut er konnte und warf sich auf Frahm, der ihm fortwährend in die Augen stieß.

Die Kampfgeräusche und die Hilferufe Abels blieben nicht ungehört, und schließlich gelang es mehreren Hinzugeeilten, Frahm zu überwältigen, der sich im Januar 1908 vor dem Kölner Schwurgericht zu verant-

Da er bei seiner Verhaftung falsche Papiere mit sich führte, blieb die Identität Frahms zunächst ungeklärt – darum oben stehende Nachfrage in der Kölner Gerichts-Zeitung vom 21. Dezember 1907.

247

worten hatte. Hier sagte er aus, er habe den Geldbriefträger nur betäuben und dann anschließend mit dem geraubten Geld den Schnellzug nach Lüttich nehmen wollen. Der als Zeuge vernommene Abel war infolge der erlittenen Verletzungen vierzehn Tage bettlägerig und hatte bis zur Gerichtsverhandlung seinen Dienst nicht wieder antreten können. Frahm beteuerte, nach ausgestandener Strafzeit ein ehrliches Leben führen zu wollen, womit er aber noch etwas warten musste, da er zu zwölf Jahren Zuchthaus verurteilt wurde.[3]

Brandstiftung auf dem Alter Markt

Mit dem Vater uneins, bei dem er in Ehrenbreitstein eine Lehre gemacht hatte, zog der noch junge Kaufmann Joseph Bornhofen nach Köln, um hier sein Glück zu versuchen. In der Hahnenstraße machte er ein Lebensmittel- beziehungsweise Kolonialwarengeschäft auf, das er dann Anfang Mai 1896 zum Alter Markt verlegte. Nun wirtschaftete der junge Mann drauflos, und in seiner neuen Heimatstadt drang »das Gift der tollsten Vergnügungssucht in seine Adern«. Statt hinter seiner Verkaufstheke zu stehen, zog es Bornhofen vor, im »fidelen Comptoir« die Champagnerflasche kreisen zu lassen oder seiner Freundin Geschenke zu machen. Wenn es trotzdem zu langweilig wurde, unternahm er eine Rheintour, »auf der viel Geld klein gemacht wurde. Auch in Helgoland, Hamburg und Paris fand Bornhofen es recht schön; er gibt selbst zu, überspannt zu sein; auch mit einem Amateurphotograph wurden allerlei Scherzbilder photographirt.«[1]

Auch in Helgoland, Hamburg und Paris fand Bornhofen es recht schön.

Es dauerte nicht lange, da war er einem Lieferanten, dem Obstgeleefabrikanten Friedrich Wirth aus Ehrenbreitstein, mehrere Tausend Mark schuldig. Als dieser auf Zahlung drängte, versicherte ihm Bornhofen, seine Tante in Ehrenfeld werde ihm 8.000 Mark als Betriebskapital aushändigen, was aber nicht der Wahrheit entsprach. Nachdem Bornhofen in den Zeitungen vergeblich nach einem Kompagnon gesucht hatte, verfiel er auf den unglückseligen Plan, seiner Finanzmisere durch einen Versicherungsbetrug zu begegnen. In der Nacht vom 13. auf den 14. Juli 1896 legte er in dem Haus Alter Markt 26, in dem sich sein Geschäft befand, fünf Brandherde an. Er tränkte diese mit annähernd 200 Liter Petroleum, die er einige Tage zuvor bezogen hatte. Gegen vier Uhr in der Nacht bemerkte die Feuerwache am Rathaus den Brand. Als die Feuerwehr eintraf, befand sich Bornhofen in der zweiten Etage, während oben die Bewohner um Hilfe schrien und mit einer mechanischen Leiter gerettet werden mussten.

Im Februar 1897 stand Bornhofen vor dem Kölner Schwurgericht, das ihn wegen Brandstiftung und Betrugs unter Annahme mildernder Umstände zu zwei Jahren und einem Monat Zuchthaus verurteilte. In einem

249

Bericht über die Verhandlung heißt es: »Der Angeklagte ist für sein Leben ruinirt, denn er ist als Zuchthäusler gebrandmarkt und zudem sind ihm die Füße infolge eines nach der Arretirung verübten Selbstmordversuches gebrochen; er humpelt einher als Krüppel, mit einem hohen Klumpfuß, am Stocke und das im blühendsten Alter von 20 Jahren.«[2]

Hinrichtungen in Köln um die Jahrhundertwende

Bernhard Am Winkel wurde im Jahr 1864 bei Wesel vor dem Haus eines Ehepaares als Findelkind abgelegt. Das Grundstück hieß »Der Winkel«, wonach er seinen Nachnamen erhielt. Nach einer dreijährigen Militärzeit in Straßburg erlernte er das Schneiderhandwerk und zog nach einigen Zwischenstationen nach Köln, wo er 1892 die Tagelöhnerin Elise Zauns kennenlernte. Als diese ein Kind von ihm bekam, gebärdete er sich, als habe er den größten Anspruch auf sie, während sie sich zunehmend von ihm fernhielt und sich mehr an ihre Familie, besonders an ihre Mutter, anschloss.

Am Winkel, ein offensichtlich sehr zerrissener Mensch, nutzte nun jede Gelegenheit, um sich an Elise zu rächen. Sie musste jeden Tag auf ihrem Weg zu ihrer Arbeitsstelle in der Weidengasse damit rechnen, von ihm belästigt, beschimpft, bespuckt oder bedroht zu werden. Nach einer dieser Attacken wurde Am Winkel von ihrem kräftigen Bruder verprügelt. Um sich verteidigen zu können, so gab Am Winkel später an, habe er sich daraufhin einen Dolch gekauft, »und zwar einen recht langen«.

Am 9. Oktober 1893, einem Montag, kam es zur Katastrophe. Nach feuchtfröhlichen Stunden begab sich Am Winkel gegen acht Uhr morgens zu dem Hause Achterstraße 6, wo die Familie Zauns in der ersten Etage wohnte. In Abwesenheit der Eltern geriet das frühere Liebespaar in Streit, worauf Am Winkel seinen Dolch zückte und Elise tödliche Stiche beibrachte. Ein Schrei von ihr veranlasste die im Hausflur arbeitende Ehefrau des Friseurs Nelles nachzuschauen, was geschehen sei. In diesem Moment stürzte sich Am Winkel auch auf sie und versetzte ihr einen Stich in die Brust. Die Frau lief aus dem Haus in eine gegenüberliegende Bäckerei, sank dort nieder und verschied. Am Winkel wischte auf der Straße das von Blut triefende Messer ab und eilte davon. Unterwegs begegnete er in der Follerstraße zufällig dem Friseur Nelles, der beinahe auch ein Opfer Am Winkels geworden wäre. Wenig später konnte dieser festgenommen werden. Bei der Beerdigung der beiden

Am Winkel wischte auf der Straße das von Blut triefende Messer ab.

251

Bernhard Am Winkel in Fesseln
vor Gericht, Dezember 1893.

Bernhard Am Winkel in Fesseln vor Gericht, Dezember 1893.

Frauen, die bis dahin in Melaten in der Morgue, der Leichenhalle, aufbewahrt wurden, waren die Straßen »schwarz von Menschen«.

Kurz nach der Tat war wenig Brauchbares aus dem Festgenommenen
herauszubekommen, und diese Verstocktheit setzte sich in der Gerichtsverhandlung im Dezember 1893 fort. In einem Pressebericht heißt es, Am
Winkel habe sich hier wie ein »Backfisch von 14 Jahren« benommen. Die Anklage war umfangreich: Mord an Elise Zauns, Totschlag an Frau Nelles und Totschlagsversuch an ihrem Mann. Im
Zusammenhang mit der Frage nach der Zurechnungsfähigkeit
des Angeklagten verlas der Präsident einen Brief, den Am Winkel
im Vorfeld der Tat an seine Pflegeeltern geschrieben hatte und in
dem er einen Racheakt ankündigte: »Als ich merkte, daß sie [Elise] in
Hoffnung war, quälte ich mich; ich wollte sie heirathen, aber sie spielte
Komödie um von mir abzukommen; ich wollte ein makelloses Kind

*Wie ein Backfisch
von 14 Jahren vor
Gericht.*

252

haben und keinen Bastard wie ich bin. Ich will ihr die Augen ausstechen, die Alten todtstechen und mich dann selbst umbringen.«

Plakate an vielen Stellen der Stadt

Für die Verteidigung waren die Briefe des Angeklagten Zeugnis dafür, dass er ein »anormaler, excentrischer Mensch« sei. Die Taten habe er im Zustand größter Verwirrtheit und »widersprechendster Leidenschaften« begangen, keineswegs aber mit Überlegung – eine Interpretation, die bei den Geschworenen auf wenig Einvernehmen stieß. Das Urteil des Schwurgerichts lautete auf Todesstrafe und zehn Jahre Zuchthaus.[1]

Am Freitag, den 16. März 1894, traf Scharfrichter Friedrich Wilhelm Reindel in Begleitung seiner Gehilfen aus Magdeburg kommend in Köln ein und stieg in der Restauration Schäfer in der Ritterstraße ab. Die in einem Hof des Klingelpütz aufgebaute Guillotine war vorher in einem der Cordulastraße gegenüberliegenden Schuppen der Strafanstalt aufbewahrt. Einen Tag nach seiner Ankunft, also am 17. März 1894, waltete Reindel seines traurigen Amtes. Kurz nach sieben Uhr morgens wurde am Tor des Gefängnisses, an den Eingängen des Justizgebäudes und an den Litfaßsäulen die Bekanntmachung über die kurz zuvor erfolgte Hinrichtung des Verurteilten angeschlagen.

In der Kölner Gerichts-Zeitung ist zu lesen, dass der Wirt Schäfer durch die Anwesenheit des Scharfrichters und seiner Gehilfen ein gutes Geschäft machte: »Thatsächlich wurde das Local denn auch den ganzen Tag nicht leer und war von Herren und Damen aus den besten Gesellschaftskreisen frequentirt. Als Gastgeschenk hat Reindel seinem Wirth eine Photographie von sich hinterlassen.« Allerdings muss man auch erwähnen, dass Reindel, bevor er bei Schäfer unterkam, von einem anderen Kölner Gastwirt abgewiesen worden war, was seine »Beliebtheit« wieder etwas relativiert.[2]

Schon bald war Reindel erneut in der Domstadt, denn am frühen Morgen des 15. September 1894 stand die nächste Hinrichtung an, und zwar die des Raubmörders Hermann Joseph Hoeck, geboren im März 1850 in Langel in der Bürgermeisterei Wahn und wohnhaft in Köln. An derselben Stelle, wo die Guillotine wenige Monate zuvor zur Enthauptung Am Winkels gestanden hatte, war sie auch diesmal wieder aufgeschlagen worden.[3]

Scharfrichter Friedrich Wilhelm Reindel (geboren 1824) war bei seinem Aufenthalt in Köln eine Attraktion.

253

Der Mörder Hermann Joseph Hoeck.

Im Januar 1894 war der vorbestrafte Hoeck vom Kölner Schwurgericht zum Tode verurteilt worden. Die Geschworenen hatten ihn für schuldig befunden, in der Nacht vom 12. auf den 13. November 1893 (Sonntag auf Montag) den Kölner Goldsticker Arnold Beckers ermordet und ausgeraubt zu haben. Der ursprünglich aus Holland stammende Beckers war dreifacher Vater und galt allgemein als sehr gutmütig, wenn auch in betrunkenem Zustand als etwas leichtsinnig. Dies schien auch an jenem Wochenende der Fall gewesen zu sein. Nach einem gemeinsamen Gelage führte Hoeck den angetrunkenen Goldsticker zu einem Baugrundstück in der Worringer Straße und richtete ihn dort mit einem Messer grausam zu. Mehr als zwanzig Kopfwunden wurden später bei Beckers gezählt. Hoeck hatte offensichtlich einen großen Geldschein im Portemonnaie seines Opfers gesehen, der sich aber als »Spielgeld« erwies. Komplizen von Hoeck, die ebenfalls vorbestraften Tagelöhner Joseph Peter Rings und Friedrich Wienhold, erhielten wegen Diebstahls beziehungsweise Hehlerei je ein Jahr Freiheitsstrafe zudiktiert.[4] In einer Neuverhandlung vor dem Kölner Schwurgericht im April 1894, die infolge eines Formfehlers durch das Revisionsgericht angeordnet worden war, änderte sich nicht viel. Hoeck brachte zwar eine andere Version des Tathergangs vor, wurde aber dennoch erneut zum Tode verurteilt.[5]

Der ermordete Goldsticker Beckers.

Porträt des Ermordeten in einer Ausgabe der Kölner Gerichts-Zeitung vom Januar 1894.

Tragödie in der Fleischmengergasse

Zwei Jahre später wurde vor dem Schwurgericht ein weiteres Kapitalverbrechen verhandelt. Der 1860 in Deutz geborene und in Köln wohnhafte Maurer und Verputzer Joseph Thomas war angeklagt, am 31. März 1896 in der Fleischmengergasse seine sieben Jahre ältere Frau Anna Elisabeth, geborene Donner, ermordet zu haben.

Als er diese 1885 heiratete, brachte sie von ihrem verstorbenen Mann drei Kinder mit in die Ehe; mit Thomas kamen weitere vier Kinder hinzu. Das familiäre Zusammenleben gestaltete sich sehr unglücklich. Thomas schlug seine Frau und Kinder, besonders wenn er betrunken war, und öfter zertrümmerte er das Mobiliar, »sodaß Alle entsetzt flohen«. Wenn andere ihm zureden wollten, bedrohte er sie mit dem Messer. Eine

1894 eingeleitete Ehescheidung wurde aus finanziellen Gründen nicht durchgeführt, die Eheleute bezogen aber verschiedene Wohnungen. Seine Frau ernährte die sieben Kinder durch »Gewehrputzen im Artilleriedepot am Zeughaus«, während ihr Mann seinen Lohn im Wirtshaus verprasste.

Der Gattenmörder Joseph Thomas, 1896.

In der Zeit kurz vor der Tat stieß Thomas wilde Drohungen aus und kündigte eine Katastrophe an. Er redete auch davon, aus Köln wegzuziehen oder sich umzubringen. Seiner Frau stellte er mehrfach nach, bis es am 31. März 1896 dann tatsächlich zum Äußersten kam: Als seine Frau durch die Fleischmengergasse ging, stürzte sich Thomas plötzlich auf sie und versetzte ihr mehrere Messerstiche. Dann trank er noch ein paar Schnäpse, bevor er sich der Polizei stellte. Nachdem er am 1. Mai 1896 vom Schwurgericht zum Tode verurteilt worden war, wurde Thomas am 20. August 1896 im Klingelpütz vom Scharfrichter Friedrich Wilhelm Reindel hingerichtet. Vorher hatte er geäußert, er freue sich, dass das Urteil vollstreckt würde; »schon vor seiner Verurtheilung habe er sich auf seine Hinrichtung gefreut, da er seine Frau, die er ermordet, sehr geliebt habe.«[6]

Eine besondere Art von Thekenfahrt

Die nächste Hinrichtung in Köln stand am 18. August 1900 an, wobei aber weder ein Kölner der Täter war noch die Tat in Köln stattgefunden hatte. Bei dem Hingerichteten handelte es sich um den knapp über zwanzig Jahre alten früheren Kaufmann und ursprünglich aus Stuttgart stammenden Paul Wiegand. Zusammen mit einem Diebeskumpan, Karl Althoff, den er bei einem Karussellbetreiber kennengelernt hatte, war Wiegand von Ort zu Ort gezogen. Hierbei begingen sie mehrere Diebstähle, unter anderem in Belecke, Meschede, Dhünn und Lindlar. Da sie es besonders auf gastronomische Betriebe abgesehen hatten, nannten sie ihren Beutezug eine »Thekenfahrt«.

Diese führte sie im Oktober 1898 auch nach Eichholz bei Lindlar, wo beide in das abgelegene Wirtshaus der 72-jährigen Witwe Bosbach einkehrten. Als hier Wiegand eine Kommode durchsuchte und sich dabei plötzlich von der alten Frau überrascht sah, streckte er sie mit zwei Schüssen nieder und schoss auch auf die hinzueilende Schwiegertochter Maria Pütz, ohne sie aber tödlich zu treffen.

Wegen der verschiedenen Diebstähle wurde der in Köln verhaftete Wiegand am 24. April 1900 vom dortigen Schwurgericht mit einer 15-jährigen Zuchthausstrafe belegt, wegen des Mordes und des versuchten Mordes mit der Todesstrafe. Seine Hinrichtung nahm Wilhelm Albert Reindel aus Magdeburg, der Sohn von Friedrich Wilhelm Reindel, an gewohnter Stelle im Klingelpütz vor.[7]

Tränen des Mitleids, aber auch Äußerungen des Unwillens gab es im November 1905 unter den Anwesenden im Kölner Schwurgericht, als dort die an ihren Kindern begangenen Untaten des in Berzdorf geborenen Pferdeknechts Mathias Körtgen und seiner in Rath geborenen Frau Annemarie verhandelt wurden. Frau Körtgen hatte aus ihrer ersten Ehe mit ihrem 1902 verstorbenen Mann zwei Kinder, Adolph und Katharina Ahrweiler. Schon nach dem Tod ihres Mannes führte sie zum Leidwesen ihrer beiden Kinder ein »wüstes, unstätes Leben«. Nachdem ein drittes, uneheliches Kind dazugekommen war, heiratete sie im Frühjahr 1905 Körtgen, dem die Kinder eine Last waren. Im Anschluss an einen Umzug von Rath nach Mülheim Mitte April 1905 schien bei den Eheleuten der Plan gereift zu sein, die Kinder »zu beseitigen und dann ein Leben ohne solchen Ballast nach moderner Art zu führen. Die kleine Trina war ihnen besonders ein Dorn im Auge«.

Tränen des Mitleids im Schwurgericht.

Als die dreijährige Katharina Ahrweiler am 24. Juni 1905 starb und ihre Mutter dies dem behandelnden Arzt Dr. Wirtz in der damaligen Mülheimer Friedrich-Wilhelmstraße meldete, hatte nicht nur der Arzt den Verdacht, dass »etwas Unnatürliches« geschehen sei. Die Nachbarn der Körtgens in der Olpener Straße hatten oft ein »klägliches Geschrei und herzzerreißendes Wimmern« vernommen. Eine vom Mülheimer Amtsgericht angeordnete Obduktion ergab, dass die kleine Katharina einer »systematischen Maltraitirung« ausgesetzt gewesen sein musste; auch fand sich im Magen des Kindes Tabak mit starkem Nikotingehalt vor.

Nachdem die Eheleute unter dem Druck der Beweislast vor Gericht dazu übergegangen waren, sich gegenseitig zu beschuldigen, kamen wirklich ungeheure Dinge zum Vorschein. Demnach war Katharina tagelang mit einem Riemen geschlagen und nur unzureichend ernährt worden. Trotzdem machten die Eltern stundenlange ermüdende »Spaziergänge« mit der Dreijährigen. In den letzten Wochen vor deren Tod habe ihr Mann, so sagte Frau Körtgen aus, das Kind »täglich 10 Minuten in einem Margarinebüttchen mit kaltem Wasserleitungswasser gebadet. Zwei Wochen vorher schlug er es mit einer Latte auf den Hintern, sodaß eine faustgroße Wunde entstand; es bildete sich dann hier ein Geschwür,

257

das er jeden Tag mit den Fingern aufdrückte.« An anderer Stelle heißt es, er habe »das Kind pudelnackt mit dem Kopf nach unten ins kalte Wasser gehalten und mit dem Riemen drauf los gedroschen«. Auch habe Körtgen wiederholt »der Kleinen ein Seil um Schulter und Leib geschlungen und dieselbe an einem Nagel aufgehängt, damit es gerade stehe und dann mit seinen brutalen Fäusten und mit aller Kraft dessen Bauch geknetet«. Schließlich war die Kleine »total apatisch und stand seitwärts in der Stube, ließ den Kopf zur Seite hängen und gab keinerlei Antwort«.

Nachdem Katharina an ihrem Todestag auch von der Mutter geschlagen worden war, wiederholte der Stiefvater die Prozedur des Aufhängens. Das Kind lallte und war nicht mehr zu verstehen. Mit einem Löffelstiel brach er »dem Mädchen den Mund auf und zwänkte ihm den beiliegenden eklen Kautabak in den Mund. Nun legte er es auf einen Strohsack und knetete den Körper, daß das Blut aus dem Munde kam.« Gegen Mittag jenes 24. Juni starb Katharina.

Körtgen tobte in seiner Zelle

Mathias Körtgen, dem auch vorgeworfen wurde, seine anderen Stiefkinder geschlagen und schlecht behandelt zu haben, wurde zum Tode verurteilt. Seine Frau kam, wie viele meinten, mit einem Jahr Gefängnis zu gut davon. Nachdem ein Revisionsgesuch am 4. Januar 1906 verworfen worden war, nahm Scharfrichter Lorenz Schwietz am frühen Morgen des 28. April 1906 im Gefängnis die Guillotinierung des Verurteilten vor. Schwietz, der im Laufe seines Berufslebens bei den Hinrichtungen das Handbeil weitaus häufiger benutzte als die Guillotine, schrieb in seinem Tagebuch: Körtgen »tobte die ganze Nacht in seiner Zelle und war auch früh noch rabiat, als ihn meine Gehilfen zum Schafott führten, so daß dieselben Mühe hatten, ihn auf die Bank zu schnallen. Bald darauf fiel das Fallbeil hernieder und setzte seinem Leben ein Ende.«[8]

Wiederum nur wenige Jahre dauerte es bis zum nächsten Einsatz der Guillotine. Der Müller Wilhelm Felix aus Winterborn bei Nümbrecht wurde am 22. Januar 1910 vom Kölner Schwurgericht zum Tode verurteilt. Er hatte am 25. Februar 1909 seinen gleichnamigen Vetter in der Garderother Mühle getötet, dem er eine größere Geldsumme schuldete. Um seinen Verpflichtungen zu entgehen, erschlug er seinen Gläubiger mit einem Beil und versenkte die Leiche dann an einer tiefen Stelle im Brölbach. Die Todesstrafe wurde am Morgen des 7. Juli 1910 durch Scharfrichter Gröpler im Klingelpütz vollstreckt, der ab Oktober 1906 den hiesigen Bereich von Schwietz übernommen hatte.[9]

Das nächste Vorkommnis, das zur Vollstreckung eines Todesurteils führte, ereignete sich wieder in Köln. Der tragische Held der Geschichte verbreitete durch »den eklen Schnaps viel Elend«. Es handelte sich um den 1871 in Köln geborenen Tagelöhner Johann Peter Knopp, zuletzt mit seiner Familie wohnhaft in der Koelhoffstraße 3. Er stand am 10. Juli 1912 unter der Anklage vor den Geschworenen, zwei Monate zuvor seinen vier Jahre alten Sohn Adolph getötet zu haben. Außerdem hatte er noch zwei Kinder, einen siebenjährigen Sohn und eine fünfzehn Jahre alte Tochter, die öfter unter Nachstellungen des Vaters zu leiden hatte, der auch nicht davor zurückschreckte, sie und ihre Mutter zu schlagen.

Der Hingerichtete Jean Pet. Knopp.

Der im November 1912
hingerichtete Knopp.

Zu der Zeit, als die Tat geschah, sei er, so Knopp, in »großer Not« gewesen. Seit Ende April 1912 sei er arbeitslos gewesen; man habe daheim von Kartoffeln und Brot gelebt, und seine Frau und seine Schwiegermutter hätten ihn als Faulenzer beschimpft und ihm stets Vorwürfe gemacht. Er habe damals »fortgesetzt einen dunklen Punkt gesehen und Zeit und Muße zum Nachdenken nicht gehabt«. So sei in ihm die Idee erwacht, seine ganze Familie umzubringen.

Als am 8. Mai 1912 ein letzter Versuch, Arbeit zu finden, misslungen war, kam es in der Wohnung der Knopps zur Katastrophe. Unter dem Vorwand, Verstecken spielen zu wollen, lockte der Vater den kleinen Adolph in einen Kleiderschrank, nachdem er ihm unbemerkt einen Draht um den Hals gelegt hatte. Er stellte nun einen Fuß in den Schrank, und während sein Sohn auf seinem Oberschenkel saß, befestigte Knopp das Drahtende an einer Querleiste im Schrank und ließ nun »die Last hinuntergleiten«. Um »die Zuckungen zu beseitigen und den Tod zu beschleunigen«, so Knopp, habe er dann dem Jungen ein Gärtnermesser in den Bauch gestoßen. Danach habe er auch seinen zweiten Sohn umbringen wollen, habe ihn aber nicht sofort gefunden und sei dann in eine Wirtschaft gegangen. Er sei zur Tatzeit »etwas betrunken« gewesen »und habe sie nicht alle zusammen gehabt«. Den nach wie vor in dem Schrank hängenden toten Sohn fand die Mutter am nächsten Tag.

Der zum Tode verurteilte und am 5. November 1912 hingerichtete Knopp hatte im Gefängnis große Reue und Arbeitsamkeit gezeigt »wie fast nie ein Mörder zuvor«. Häufig verlangte er nach seinem Vater, seiner Schwester sowie nach Frau und Kindern, die ihn auch im Gefängnis besuchten.[10]

»Knabenmord« im Kölner Stadtwald, 1908

Am Abend des 11. Juni 1908 wurde der neunjährige Schuljunge Jakob Hammer aus der Bachemer Straße in Lindenthal, der bereits seit Pfingstdienstag, den 9. Juni, von seinen Eltern vermisst und gesucht wurde, im Kölner Stadtwald unter einem Baum erdrosselt aufgefunden. Offensichtlich sollte es so aussehen, als habe sich der Junge selbst erhängt, denn von einem Ast hing eine Hanfkordel drei bis vier Meter herunter. In der Umgebung, die durch Polizeihunde abgesucht wurde, fanden sich Gegenstände, durch die man dem Täter auf die Schliche kam, nämlich dem Jugendlichen Wilhelm Klosterhalfen, geboren 1892 in Esch im Kreis Rheinbach. Später zog er mit seinen Eltern nach Köln.

Aus der Verhandlung gegen ihn im November 1908 ging hervor, dass er offensichtlich stark unter dem Eindruck der Lektüre von Indianer-, Kriminal- und Räubergeschichten stand, die er haufenweise verschlang. Schon in der Kölner Schulzeit war er Mitglied einer Bande, deren Aktivitäten oft über bloßes »Räuber-Spielen« hinausgingen. Es war von Bandenkriegen zwischen Jungen aus verschiedenen Gegenden des Kölner Raums die Rede, und in einem Fall wurde ein Opfer ausgeraubt und beinahe in einem Bach ertränkt. Ein Knabe namens Paschek war der »Räuberhauptmann«; er schwänzte oft die Schule und schlief in einer selbst gebauten Hütte auf den Feldern.

Man kam überein, ein Räuberleben zu führen.

Während seiner Lehre bei einem Bäcker in der Nähe von Mülheim, so führte Klosterhalfen aus, habe ihn ein Freund besucht, mit dem er übereingekommen sei, auch fortan »ein Räuberleben zu führen«. Hierzu hätten sie sich Einbruchsinstrumente, Taschenlampen und Revolver besorgt. Bei Schießübungen wurde Klosterhalfen erwischt und musste ins Mülheimer Gefängnis, ehe er in eine Erziehungsanstalt bei Koblenz kam, wo er aber auch nicht lange blieb.

Bezüglich des Tathergangs gab Klosterhalfen an, den jungen Jakob Hammer zufällig im Stadtwald getroffen zu haben. Dort habe er eine Decke versteckt gehabt, in der sich eine Schere und Kordel befunden hätten. In Erinnerung an seine »Jugendspiele«, bei denen er sich auch schon im Lassowerfen geübt hätte – aber nur an Pfählen und Bäumen –, sei er auf die Idee gekommen, nun auch »einmal einen Menschen in die Schlinge« zu ziehen: »Auch stand mir vor Augen ein Bild der Sherlock Holmeshefte, das ich ein Mal auf dem Lindenthalgürtel gesehen hatte.« Als der kleine Jakob vor ihm ging, warf ihm Klosterhalfen das mit der Kordel geknüpfte Lasso von hinten um den Hals und zog rückwärts gehend fest zu. »Ich merkte dann ein Zucken«, so der Angeklagte, »wie ich es schon bei Tieren gesehen habe, und sagte mir: der ist tot.« Dann hob er die Leiche auf einen Ast und befestigte dort die Schlinge, schnitt den Jungen aber dann doch ab, weil er annahm, »daß niemand glauben werde, der Junge habe sich selbst entleibt«. Nach seiner Verhaftung gestand er die Tat erst ein, als er hörte, »der Pöbel« beschimpfe seine Familie und sein Vater »könne sich auf der Straße nicht mehr sehen lassen«.

In der Voruntersuchung hatte Klosterhalfen gegenüber Polizeibeamten und dem Untersuchungsrichter ebenfalls über seine Tatmotive gesprochen, die hier einen weitaus selbstbelastenderen Charakter hatten: »Ich habe sehen wollen«, so erklärte er in einer Vernehmung, »ob ich überhaupt dazu fähig sei, einem den Hals zuzuhalten und ihn auf diese Weise umzubringen, denn ich hatte vor, bei späteren Diebstählen, die mir in den Weg treffende Hindernisse auf diese Weise unschädlich zu machen.«

Hinzugezogene Sachverständige kamen zu der Überzeugung, dass eine geistige Erkrankung bei dem »Räuberhauptmann«, wie er allenthalben auch genannt wurde, nicht vorlag: »Seine Tat finde ihre Erklärung darin, daß ihm Gemütsregungen völlig fehlen; er ist bezüglich Gemütsaffekten nachgerade tot; Gefühle von Scham und Reue gehen ihm vollständig ab, dabei ist er egoistisch, maßlos verlogen, faul, unstet und flüchtig in allen Lebenslagen, phantastisch und voller Lust nach Abenteuern. Sobald man von seiner Tat redet, ist er in gehobener Stimmung.«

Das Urteil lautete auf zwölf Jahre Gefängnis wegen Mordes. Wenn man auch annähme, so heißt es in der Urteilsbegründung, dass Kloster-

Der im Stadtwalde zu Köln ermordete Knabe Hammer.

Nach¹ einer wenige Wochen vor seinem jähen Tode aufgenommenen Photographie.

Aus: Kölner Gerichts-Zeitung und Rheinische Criminalzeitung vom 14. November 1908.

halfen nicht direkt die Absicht gehabt habe, den Jungen zu töten, so habe er jedenfalls mit der Möglichkeit gerechnet, dass sein Opfer durch den Lassowurf zu Tode kommen könnte. Der Angeklagte sei aber noch weiter gegangen; er habe die Tötung nicht nur beabsichtigt, sondern sie auch mit voller Überlegung ausgeführt. Ein solch gemeingefährlicher Mensch müsse »möglichst lange im Interesse der Menschheit unschädlich gemacht werden«.[1]

Hinrichtungen 1914–1917

Ganz offensichtlich in ein schlechtes Licht rücken wollte der 1858 geborene Fabrikarbeiter Johann Wilhelm Reuter seine getötete Frau Margarethe, geborene Linden, als er Ende 1913 vor den Schranken des Schwurgerichts stand. Was ihn selbst anging, vergaß er nicht, darauf hinzuweisen, dass einer seiner Brüder ein Mönch sei und ein anderer Geistlicher werden wolle. Auch er sei stets »brav« gewesen, während seine Frau schon mit zwölf Jahren in eine Beziehung verwickelt gewesen sei. Sie sei auch etwas »schwachsinnig« gewesen, eine schlechte Hausfrau, habe gelogen und stark getrunken; »maßweise goß sie das Bier herunter«.

Der Gerichtspräsident gab seiner Verwunderung Ausdruck, dass Reuter, wenn er doch moralisch so »sehr empfindlich« sei, seine Frau überhaupt geheiratet und so viele Jahre mit ihr »ausgehalten« habe. Tatsächlich warf die Verhandlung ein anderes Licht auf den »braven« Angeklagten. Nachdem er sich und seiner Familie 1905 ein eigenes Haus in Dünnwald gebaut hatte, begann er eine Beziehung zu der Nachbarin Sophia Ringhausen, die schließlich mit ihrem Mann und ihren Kindern zu den Reuters in die erste Etage zog. Frau Reuter sprach jetzt mehr als nötig der Bierkanne zu, und ihr Gatte war flott damit bei der Hand, sie in eine Trinkerheilanstalt einweisen zu wollen. Vor allem scheiterte dies an der Höhe der von ihm aufzubringenden Kosten. Wiederholte Tätlichkeiten führten im Oktober 1908 zu einem Strafantrag der Frau, den sie aber wieder zurücknahm. In dem Maß, wie Reuter nun seine eigene Familie finanziell vernachlässigte, unterstützte er auf der anderen Seite die Ringhausens, bei denen er auch aß, weil das Essen seiner Frau »nicht herunterzukriegen« gewesen sei. Die Nachbarn empörten sich über die Verhältnisse im Haus der Reuters. Sie alarmierten die Obrigkeit und sammelten Unterschriften, woraufhin die Ringhausens das Feld räumten und nach Mülheim verzogen: »Reuter begleitete die Frau Ringhausen am Arme aus dem Dorfe und die liebe Kinderschar brachte mit ›Zimmdeckeln‹ eine Katzenmusik dar; Reuter hatte auch beim Auszug hülfreiche Hand angelegt.«

Es dauerte nicht lange, da zog auch Reuter nach Mülheim, wo er zu den Ringhausens in Kost und Logis ging, während seine Familie nun mit

Kinder brachten mit Zimmdeckeln eine Katzenmusik dar.

Der Gattenmörder Reuter.

Johann Wilhem Reuter.

dem Nötigsten auskommen und die Tochter Klara vom Waisenamt ins Marienheim in der Rolandstraße eingewiesen werden musste. Nachdem Unterstützungsgesuche von Frau Reuter bei der Gemeinde erfolglos geblieben waren, strengte sie Ende des Jahres 1912 eine Klage an, die eine Teilpfändung des Gehaltes ihres Mannes, der im »Karlswerk von Felten

Im Hintergrund: Mülheim a. Rh. Route nach Schlebusch. Unten links Kampfstelle in der Mitte Fundort.

und Guilleaume« arbeitete, zur Folge hatte. Jetzt erklärte er, die Ehegemeinschaft wiederherstellen zu wollen, da ihm die Kosten unerschwinglich seien.

    In jene Zeit, als Reuter sich wieder mit seiner Frau traf, angeblich, um eine Wohnung zu suchen oder ihr Geschenke zu machen, fiel die Nachricht ihres Todes. Ihre kopflose Leiche war am 7. Januar 1913 an der Eisenbahnstrecke Mülheim–Schlebusch direkt an den Schienen gefunden worden; der Kopf, der von einem Zug abgetrennt worden war, lag ein Stück weiter. Etwa vierzig Meter von dem Fundort der Leiche entfernt wurde eine Stelle entdeckt, wo ein blutiger Kampf stattgefunden hatte. Schnell ging das Gerücht um, die Frau sei durch ihren Ehemann zu Tode gekommen. Eine im Zuge der Ermittlungen durchgeführte »Probe« mit einem gut ausgebildeten Polizeihund verlief zu seinen Ungunsten: Das Tier nahm am Tatort die Spur auf, sprang dann später an Reuter in die Höhe und »verbellte« ihn.

    Er gestand, seine Frau am späten Nachmittag des 6. Januar 1913 am Ort des Verbrechens getroffen zu haben. Dort habe er über Fragen der Wohnungssuche Streit mit ihr bekommen. Sie habe ihn mit einem Schirm gestoßen, worauf er sie auf den Bahndamm geworfen habe; sie sei auf die Schienen gefallen, habe sich dann aber wieder erhoben. Als er mit Steinen nach ihr geworfen und sie wohl auch einmal getroffen habe,

Grausiger Fund: Das Opfer mit abgetrenntem Kopf.

265

sei sie weitergetorkelt, während er sich auf den Rückweg begeben und sich nicht weiter um seine Frau gekümmert habe. Wahrscheinlich war es der Zug um 18.11 Uhr, der den Kopf auf der viel befahrenen Strecke – alle drei Minuten verkehrten Züge auf den beiden Gleisen – vom Rumpf abgetrennt hatte. Vorher war ein gellender Schrei einer Frau aus jener Gegend vernommen worden.

Über die Frage, ob Frau Reuter noch zu der Stelle hatte wanken können, wo sie überfahren wurde, oder ob sie bewusstlos beziehungsweise tot dorthin getragen worden war, kam es unter den Sachverständigen zu einem heftigen Disput. Der Chemiker Dr. Loock aus Düsseldorf, der in jenen Jahren des Öfteren als Sachverständiger bei den Kölner Gerichtsverhandlungen zugegen war,[1] warf seinen Kollegen sogar vor, nicht über die neuesten Erkenntnisse der Wissenschaft informiert zu sein. Der uneffektiven Auseinandersetzung der Sachverständigen setzte der Gerichtspräsident schließlich ein Ende. Bei einer Ortsbesichtigung am Tatort machte man »Experimente mit Gießen von Ochsenblut und ließ mehrfach Züge über blutbefleckte Schienen rollen; weiter wurden die verschiedenen Strecken, die der Angeklagte beschritten haben will, abgeschritten; auch wurden Versuche gemacht mit Rufen, wie sie die Verstorbene ausstieß.«

Der berühmte Chemiker Dr. Loock aus Düsseldorf.

Während der Großteil der Teilnehmer an der Ortsbesichtigung mit der »Elektrischen« beziehungsweise mit Droschken zu den Lokalitäten gelangte, wurde Reuter, um den Gaffern zu entgehen, separat mit der »Kunigunde« dorthin gebracht. Die berüchtigte »Kunigunde« war ein von Pferden gezogener, geschlossener, gelb-schwarzer Wagen, der traditionell zum Transport von Gefangenen diente. 1914 hatte auch ein Automobil diesen Zweck.[2]

Für den Staatsanwalt sah der Tathergang so aus, dass Reuter seine Frau mit einem Schotterstein bewusstlos geschlagen und sie dann auf die Schienen gelegt hatte, bevor der Zug das »Todeswerk vollendete«. Nachdem auch die Geschworenen den Angeklagten des Mordes für schuldig hielten, wurde er am Ende der mehrtägigen Verhandlung am 8. November 1913 zum Tode verurteilt.[3] Die Hinrichtung im Klingelpütz erfolgte am 12. Mai 1914 durch Scharfrichter Gröpler.[4]

Nur wenige Monate später wurde ein weiteres Kapitalverbrechen verhandelt. Vor dem Schwurgericht standen im Mai 1914 der 1894 in Danzig geborene Fürsorgezögling und Arbeiter Ernst Georg Tetzlaff und der 1892 in Magdeburg zur Welt gekommene Hausdiener Jean Rangette. Sie waren des Raubmordes angeklagt, begangen in Köln am 25. November 1913 an der 73-jährigen Witwe Wißdorf.

Revolverkauf an Buß- und Bettag

Tetzlaff charakterisierte sich selbst vor Gericht in Bezug auf seine Jugendzeit in der Weise, dass »nie viel Vernünftiges an ihm« gewesen sei. Er meinte, wenn er eine liebevollere Erziehung erhalten hätte, »würde er nicht so unter die Räder gekommen sein«. Nachdem er verschiedene Lehren abgebrochen hatte und aus der privaten Fürsorge entflohen war, kam er im Herbst 1912 unter dem falschen Namen Max Krajewski nach Köln, wo angeblich ein Bruder von ihm Reisender war und ein Zigarrengeschäft betrieb. Tetzlaff hatte nun verschiedene Stellen, bis er wegen Diebstahls, Hehlerei und Unterschlagung für einige Monate ins Siegburger Gefängnis musste.

Seit Anfang November 1913 wohnte er bei der erwähnten Witwe Wißdorf in der damaligen Weißbüttengasse 27 (oberhalb des Waidmarkts). Mitte November zog auch Rangette dorthin, den Tetzlaff erst vor wenigen Monaten kennengelernt hatte. Gemeinsame Diebereien brachten immerhin so viel ein, dass man sich eine »Automobiltour« mit jungen Frauen und Tanzunterricht leisten konnte.

Diebereien brachten flüchtige Vergnügungen.

Am Buß- und Bettag, dem 19. November 1913, kaufte Tetzlaff in der Poststraße einen Revolver. Nachdem der Plan, einen Geldbriefträger zu überfallen, misslungen war, sollte die Witwe das nächste Opfer sein.

Tetzlaff gestand vor Gericht den Diebstahl ein, stellte aber den Tod der Witwe als Unfall dar, da der Schuss aus seinem Revolver zufällig losgegangen sei. Weniger gut konnte er erklären, warum er und Rangette, statt den »Unfall« zu melden, die Witwe ihrem Schicksal überließen und tanzen gingen. Das ließ für die Anklage nur den Schluss zu, dass sich die beiden »als Mörder der Beute freuen wollten«. In einem im Klingelpütz verfassten Kassiber hatte Tetzlaff seinen Mitgefangenen Rangette zum Zusammenhalt aufgefordert, um einer hohen Bestrafung zu entgehen, die sie aber nicht verhindern konnten: Rangette wurde zu zwölf Jahren Zuchthaus verurteilt, sein Kompagnon zum Tode.[5]

Zugleich mit Tetzlaff beziehungsweise unmittelbar nach ihm wurde am 8. Oktober 1914 ein weiterer zum Tode Verurteilter im Klingelpütz guillotiniert, nämlich der von Düsseldorf nach Köln gebrachte Paul Fassbender aus Korschenbroich, der vom Düsseldorfer Schwurgericht im

267

Zwangszögling und Arbeiter Ernst Georg Tetzlaff
geboren am 13. April 1894 in Danzig.

Hausknecht Jean Rangette
geboren am 30. November 1892 in Magdeburg.

Die Hinrichtung von Tetzlaff erfolgte im Oktober 1914.

November 1913 wegen eines in Korschenbroich verübten Raubmordes verurteilt worden war. Mit Rücksicht auf die Kriegszeiten wurde von der Veröffentlichung des Strafvollzugs durch die bekannten roten Plakate Abstand genommen.[6]

Die Serie der Hinrichtungen nach 1900 setzte sich auch im Jahr 1915 fort. Nachdem am 18. Februar 1915 der in Elberfeld wegen Raubmordes zum Tode verurteilte Messerschmied Max Schwarz aus Solingen im Klingelpütz guillotiniert worden war,[7] folgten ihm am 12. Mai 1915 der in Aachen verurteilte Bergarbeiter Adam Pfaff aus Elversberg bei Saarbrücken,[8] am 3. September 1915 der in Mönchengladbach verurteilte Schriftsetzer Josef Völker[9] sowie am 6. Oktober 1915 die in Saarbrücken verurteilten Franz Wagner und Heinrich Müller.[10]

In die Zeit des Ersten Weltkriegs fielen auch einige Todesurteile des Außerordentlichen Kriegsgerichts, deren Vollstreckung nicht mittels der Guillotine, sondern durch Erschießungskommandos erfolgte. So wurde der Schmied Karl Rein, geboren 1889 in Dudweiler im Kreis Saarbrücken, am 11. Juni 1915 morgens um fünf Uhr auf der Wahner Heide erschossen, nachdem er vom Kriegsgericht »für den Bereich der Festung Cöln« am 8. Juni 1915 wegen Mordes zum Tode verurteilt und das Urteil einen Tag später vom Gouverneur der Festung Köln bestätigt worden war.[11]

Als der 1876 im Kreis Posen geborene Arbeiter Franz Szymanski am 22. April 1915 in Köln wegen eines Ehestreits von Schutzmann Wedemeier abgeführt werden sollte, erschoss Szymanski den Beamten ganz plötzlich auf offener Straße. Vom Kölner Kriegsgericht am 30. April 1915 des Mordes für schuldig erklärt, wurde das über ihn verhängte Todesurteil am 17. Juli 1915 durch ein Erschießungskommando auf der Wahner Heide vollstreckt.[12]

Am 7. Februar 1916 erstach der niederländische Grubenarbeiter Hermanus van Geleen bei Köln den Arbeiter Hubert de Graaf, mit dessen Frau er schon längere Zeit ein Liebesverhältnis unterhielt. Die Vollstreckung des am 7. März 1916 gefällten Kriegsgerichtsurteils erfolgte am frühen Morgen des 21. Juli 1916 durch Erschießen.[13]

Im Jahr 1917 schließlich wurden Erschießungskommandos noch drei Mal tätig. Der im August 1916 durch das Kriegsgericht wegen Mordes zum Tode verurteilte Ackerergehilfe Christian Früh wurde am 10. Februar 1917 hingerichtet,[14] und am 27. Februar 1917 kam es auf der Wahner Heide zu einer Doppelhinrichtung, als der Fräser Franz Hahn aus Essen-Borbeck und der Eisendreher Peter Kaefer aus Lank im Kreis Krefeld erschossen wurden. Sie waren am 20. Februar 1917 wegen Raubmordes zum Tode verurteilt worden, den sie am 19. Dezember 1916 in Deutz an dem Agenten Johann Haferkamp aus Essen-Borbeck und dessen zwölfjährigen Sohn Hermann begangen hatten.[15]

Verzeichnis der Hinrichtungen in Köln von 1815–1917

Aus dem bisher Angeführten ergibt sich folgende Auflistung der in Köln vorgenommenen Hinrichtungen. Alle hier aufgeführten Personen wurden mittels der Guillotine hingerichtet, außer diejenigen, die, als solche gekennzeichnet, von 1915 bis 1917 durch Erschießungskommandos zu Tode kamen. Die ersten fünf Hinrichtungen fanden auf öffentlichen Plätzen in Köln statt, die folgenden alle im Gefängnis (Klingelpütz oder altes Gefängnis »Bleche Botz«). Die Erschießungen von 1915 bis 1917 erfolgten auf der Wahner Heide.

1.	03.05.1824	Adolph Moll (Margarethenplatz)
2.	19.02.1831	Johann Fasbender (Eselsmarkt/Marsilstein)
3.	20.07.1841	Jakob Brochhausen (Frankenplatz)
4.	03.09.1847	Christian Becker (Gereonsdriesch)
5.	26.08.1850	Peter Schenkel (Neumarkt; ab hier alle Hinrichtungen, außer Erschießungen, im Gefängnis)
6.	07.07.1853	Wilhelm Stein
7.	23.06.1855	Friedrich Rausch
8.	23.06.1855	Valentin Rausch
9.	23.06.1855	Lucas Waldenburg
10.	14.10.1857	Amalie Kämmerich
11.	23.11.1865	Anton Thelmann
12.	17.03.1894	Bernhard Am Winkel
13.	15.09.1894	Hermann Joseph Hoeck
14.	20.08.1896	Joseph Thomas
15.	18.08.1900	Paul Wiegand
16.	28.04.1906	Mathias Körtgen
17.	07.07.1910	Wilhelm Felix

18.	05.11.1912	Johann Peter Knopp
19.	12.05.1914	Johann Wilhelm Reuter
20.	08.10.1914	Ernst Georg Tetzlaff
21.	08.10.1914	Paul Faßbender
22.	18.02.1915	Max Schwarz
23.	12.05.1915	Adam Pfaff
24.	11.06.1915	Karl Rein (Erschießungskommando)
25.	17.07.1915	Franz Szymanski (Erschießungskommando)
26.	03.09.1915	Josef Völker
27.	06.10.1915	Heinrich Müller
28.	06.10.1915	Franz Wagner
29.	21.07.1916	Hermanus van Geleen (Erschießungskommando)
30.	10.02.1917	Christian Früh (Erschießungskommando)
31.	27.02.1917	Franz Hahn (Erschießungskommando)
32.	27.02.1917	Peter Kaefer (Erschießungskommando).

Anmerkungen

Es gab zwei Zeitungen, die »Kölner Gerichts-Zeitung« hießen. Eine davon nannte sich ab der Ausgabe Nr. 315 vom 29. Dezember 1889 nach ihrem Besitzer und Herausgeber Werther »Werther'sche Kölner Gerichts-Zeitung«, um sich von dem Konkurrenzblatt deutlicher abzugrenzen. Die Angaben in den Anmerkungen beziehen sich bis zum 1. Juni 1888 auf die Ausgabe Werther, danach auf die andere Ausgabe der Kölner Gerichts-Zeitung. Ausnahmen hiervon sind gekennzeichnet. Im Laufe des Jahres 1903 wurde das Blatt in »Kölner Gerichts-Zeitung und Rheinische Criminalzeitung« umbenannt.

Die Identifizierung von ehemaligen Ortsbezeichnungen geht in vielen Fällen auf das Buch von Josef Bayer »Die Franzosen in Köln« (Köln 1925, S. 44–104) zurück.

Der Fall Fonk, 1816–1823:

1 Reuber, Ingrid Sibylle: Der Kölner Mordfall Fonk von 1816. Das Schwurgericht und das königliche Bestätigungsrecht auf dem Prüfstand (Rechtsgeschichtliche Schriften, Bd. 15, hrsg. von Dieter Strauch), Köln, Weimar, Wien 2002, S. 1f.

2 Hitzig, J. E./Häring, W. (Hrsg.): Der neue Pitaval. Eine Sammlung der interessantesten Criminalgeschichten aller Länder aus älterer und neuerer Zeit, 2. Teil, Leipzig 1842, S. 1–103.

3 Reuber (wie Anm. 1), dort auch eine umfangreiche Bibliographie; zu weiteren bibliographischen Angaben vgl. auch: Kappler, Friedrich: Handbuch der Literatur des Criminalrechts und dessen philosophischer und medizinischer Hülfswissenschaften; für Rechtsgelehrte, Psychologen und gerichtliche Aerzte, Stuttgart 1838 (Neudruck Vaduz 1978), S. 1027–1033, und: Huelke, Hans-Heinrich/Etzler, Hans: Verbrechen, Polizei, Prozesse. Ein Verzeichnis von Büchern und kleineren Schriften in deutscher Sprache, Wiesbaden 1959 (Personenregister, S. 252).

4 Reuber (wie Anm. 1), S. 7–14; Pitaval (wie Anm. 2), S. 1f.; HAStK (Historisches Archiv der Stadt Köln) FV (Französische Verwaltung) Nr. 1393 und Nr. 1394 (Gesuche Fonks um Einrichtung einer Bleiweißfabrik und einer Baumwollspinnerei in Köln, 1810 und 1812); Benzenberg, Johann Friedrich: Briefe über die Assise in Trier, Köln 1822, S. 23–36.

5 Reuber (wie Anm. 1), S. 14–48; Criminal-Prozedur bei dem ausserordentlichen Assisenhofe zu Trier gegen Christian Hamacher, Küfer aus Cöln, angeklagt frei-

willig und mit Vorbedacht, aber verurtheilt freiwillig jedoch ohne Vorbedacht den Wilhelm Cönen aus Crefeld, im November 1816, ermordet zu haben, Köln (Thiriart) 1821, S. 8 (Abtrennung des Kopfes); Benzenberg (wie Anm. 4), S. 37–55; zu den polizeilichen Mitteln vgl.: Pitaval (wie Anm. 2), S. 9.

6   Kölnische Zeitung Nr. 104 vom 30. Juni 1818 sowie Nr. 169 vom 21. Oktober 1820 bis Nr. 7 vom 13. Januar 1821 (Prozess Hamacher); Criminal-Prozedur Hamacher (wie Anm. 5); Reuber (wie Anm. 1), S. 49f.; in Meyers Konversations-Lexikon von 1874 heißt es, dass damals die Begriffe Assisengericht und Schwurgericht gleichbedeutend gebraucht wurden.

7   Reuber (wie Anm. 1), S. 50–89; vgl. auch: Kölnische Zeitung Nr. 67 vom 27. April 1822, Nr. 94 vom 13. Juni 1822, Nr. 114 vom 13. Juli 1822 und Nr. 133 vom 20. August 1822; s. zum Bestätigungsrecht: Reuber (wie Anm. 1), S. 118–146, sowie: Klein, Adolf/Rennen, Günter (Hrsg.): Justitia Coloniensis. Landgericht und Amtsgericht Köln erzählen ihre Geschichte(n), Köln 1981, S. 46f.

8   Reuber (wie Anm. 1), S. 80; vgl. auch: Pitaval (wie Anm. 2), wo alle möglichen Aspekte noch einmal beleuchtet werden.

9   Reuber (wie Anm. 1), S. 117; Klein/Rennen (wie Anm. 7), S. 20–28; Wolffram, Josef/Klein, Adolf: Recht und Rechtspflege in den Rheinlanden, Köln 1969, S. 82–98 und S. 126–147; Klein, Adolf/Pillmann, Kurt: Vom Praetorium zum Paragraphenhochhaus. Ein Blick auf 2000 Jahre Kölner Justizgeschichte, Köln 1986, S. 37–44.

Das Verschwinden von Diamanten auf der Kölner Post, 1818

1   Schubert, Ferdinand (Hrsg.): Actenmäßige Darstellung des Criminal-Prozesses gegen den Königlichen Ober-Post-Secretair Arnold Götze, wegen Entwendung von Diamanten und Tresorscheinen, Heft 1, Köln (Rommerskirchen) 1821, S. 1 und S. 36–39.

2   Ebd., S. 3f.; zum Hansasaal als Sitz des Assisengerichts vgl.: Die Kunstdenkmäler der Stadt Köln, 2. Bd.: Die profanen Denkmäler, hrsg. von Paul Clemen, bearb. von Hans Vogts, Düsseldorf 1930, S. 195; vgl. auch: Amtsblatt der Königlichen Regierung zu Köln 1818, S. 325 (»… werden künftig, wie in den übrigen Regierungsbezirken der Rheinprovinzen, also auch in dem Regierungsbezirke Köln in jedem Vierteljahr einmal, und von Zeit zu Zeit, so oft es die Umstände erfordern, nebenher ausserordentliche Assisen, in dem hierzu bestimmten Lokal auf dem Rathsplatze, gehalten werden«); zu Verhandlungen des Schwurgerichts im Fränkischen Hof vgl.: Kölnische Zeitung Nr. 8 vom 8. Januar 1889 und Nr. 292 vom 21. Oktober 1889, Kölner Gerichts-Zeitung Nr. 342 vom 26. Oktober 1890 und Nr. 400 vom 6. Dezember 1891.

3   Schubert (wie Anm. 1), S. 5 ff.

4   Zeitschrift für die Criminal-Rechts-Pflege in den Preußischen Staaten mit Ausschluß der Rheinprovinzen, hrsg. von Julius Eduard Hitzig, Jahrgang 1832, 2. Bd., 41. Heft, Berlin 1832, S. 74f.; Schubert (wie Anm. 1), S. 2.

5 Schubert (wie Anm. 1), S. 3 und S. 12–14.

6 Ebd., S. 9f., S. 37–39, S. 62 und S. 65–126 (das Buch Schuberts endet mit der Rede des Staatsprokurators).

7 Zeitschrift für die Criminal-Rechts-Pflege in den Preußischen Staaten mit Ausschluß der Rheinprovinzen (wie Anm. 4), S. 140; zu dem Urteil vgl. auch: Kölnische Zeitung Nr. 189 vom 25. November 1820 (Werbung der Buchhandlung Spitz für eine geplante Schrift über den Prozess).

8 Zeitschrift für die Criminal-Rechts-Pflege in den Preußischen Staaten mit Ausschluß der Rheinprovinzen (wie Anm. 4), S. 73–234; Annalen der deutschen und ausländischen Criminal-Rechtspflege, begründet von Hitzig und fortgesetzt von Demme/Klunge, 6. Bd., 1. Abt., Altenburg 1838, S. 412f. und 8. Bd., 1. Abt., Altenburg 1839, S. 1–162; zu einem anderen Postdiebstahl Anfang 1856 in Köln durch den zu drei Jahren Gefängnis verurteilten Postsekretär Friedrich Wilhelm Theodor Schäling vgl.: Kölnische Zeitung Nr. 129 vom 9. Mai 1856 (auch in Aachener Zeitung Nr. 129 vom 9. Mai 1856); zu einem Prozess gegen den zu sechs Jahren Zuchthaus verurteilten Postschaffner Friedrich Häffy vgl.: Kölner Gerichts-Zeitung Nr. 48 vom 30. November 1901; zu einem Postwagenraub vgl. Trier'sche Zeitung vom 26. Oktober 1877: Im Oktober 1877 kam ein Postdiebstahl zur Verhandlung, der in der Nacht vom 18. auf den 19. September 1876 verübt worden war und für großes Aufsehen gesorgt hatte. In jener Nacht wurde der Postwagen auf der Fahrt von Deutz nach Köln »auf der festen Rheinbrücke« überfallen, wobei den Tätern 70.000 Mark, mehrere Brillantringe und eine goldene Uhr in die Hände fielen. Beschuldigt wurden der Tat zwei ehemalige Postschaffner, nämlich Johann Wilhelm Wolff und Otto Dreesen, beide aus Köln. Wolff führte, wie im Anklageakt zu lesen, nach dem Vergehen »ein liederliches und verschwenderisches Leben. Ein Frauenzimmer, mit welchem er viel verkehrte, sagte aus, es habe viel Geld in seinem Besitze bemerkt, er habe oft Champagner getrunken.« Bei einer Hausdurchsuchung bei Wolff fand man Diamanten, die aus Ringen herausgebrochen waren. Außerdem trug er an seinem Finger einen Ring, der von dem Diebstahl herrührte. Nach seiner Verhaftung gestand er, den Straßenraub zusammen mit Dreesen begangen zu haben. Wolff sagte aus, beim Teilen der Beute seien ihm 27.000 Mark, vier bis fünf Ringe und die goldene Uhr zugefallen, den Rest habe Dreesen bekommen. Auch Dreesen betrieb nach dem Diebstahl einen großen Geldaufwand. Anfänglich wollte er ein Weingeschäft »en gros« aufbauen, später neigte er eher zu einer Auswanderung. Obwohl Dreesen die Teilnahme an dem Diebstahl leugnete, wurde er nach einer Vernehmung von zwölf Zeugen ebenso wie Wolff zu sieben Jahren Zuchthaus und einem ebenso langen Verlust der bürgerlichen Ehrenrechte verurteilt. Von dem geraubten Geld gelangte nur ein kleiner Teil wieder in den Besitz des Postfiskus.

Guillotinen und Scharfrichter

1   Bürger, Udo: Die Guillotine im Schatten des Domes. Zur Kriminalgeschichte Kölns in der Franzosenzeit (1794–1814), Aachen 2001, S. 6–23 und S. 77f.; Müller, Klaus: Köln von der französischen zur preußischen Herrschaft 1794–1815 (Geschichte der Stadt Köln, hrsg. von Hugo Stehkämper, Bd. 8), Köln, o. J., S. 180–205.

2   Bürger, Udo: Schurken, Schande & Schafott. Zur Kriminalgeschichte in Aachen und Umland von 1794 bis 1900, Aachen 2004, S. 6–14 und S. 51–62; Bürger, Guillotine (wie Anm. 1), S. 98–102.

3   Bürger, Guillotine (wie Anm. 1), S. 22, S. 41–59, S. 68–77 und S. 139–141; Bürger, Schurken (wie Anm. 2), S. 8/9, S. 14/15, S. 62–65 und S. 70–72.

4   Bürger, Schurken (wie Anm. 2), S. 72–74; Bürger, Udo: Mord aus »Melancholie«. Eifeler Kriminalfälle von 1675 bis 1898, Aachen 2006, S. 38.

5   Hitzig J. E./Häring W.: Der neue Pitaval, 18. Theil, Neue Folge, 6. Theil, Leipzig 1852, S. 265 (Anm.); Bürger, Guillotine (wie Anm. 1), S. 22; Bürger, Schurken (wie Anm. 2), S. 15.

6   Bürger, Schurken (wie Anm. 2), S. 74f.; Landesarchiv NRW – Abteilung Rheinland, Gerichte Rep. 11 Nr. 1458 (Guillotinen) und 11 Nr. 1400 (Scharfrichter); Bürger, Mord (wie Anm. 4), S. 38; zum Thema Todesstrafe und Begnadigungen vgl. auch: Trier'sche Zeitung Nr. 24 vom 24. Januar 1848 sowie Nr. 30 und 31 vom 30. und 31. Januar 1848; Kölnische Zeitung Nr. 215 vom 2. August 1848 (Statistik Todesurteile 1826–1843); Aachener Zeitung Nr. 241 vom 31. August 1854 und Nr. 3 vom 3. Januar 1863.

7   Ramlau, Max: Wie wird im Deutschen Reiche die Enthauptung vollstreckt?, Berlin 1900, S. 42–47, S. 52 und S. 95.

Die ersten Hinrichtungen in Köln nach 1815

1   Bürger, Udo: Schurken, Schande & Schafott. Zur Kriminalgeschichte in Aachen und Umland von 1794 bis 1900, Aachen 2004, S. 77–79.

2   Geschichte einer unerhörten Mordthat, verübt durch Adolph Moll, Schuhmacher und Einwohner zu Beuel, ein Dorf im Kreise Bonn, Regierungs-Bezirk Köln, o. O., o. J. (um 1823).

3   Landesarchiv NRW – Abteilung Rheinland, Gerichte Rep. 11 Nr. 1458.

4   Zeitschrift für die Criminal-Rechts-Pflege in den Preußischen Staaten mit Ausschluß der Rheinprovinzen, hrsg. von Julius Eduard Hitzig, 5. Heft, Berlin 1826, S. 181.

5   Ennemoser, Joseph: Ueber die nähere Wechselwirkung des Leibes und der Seele, mit anthropologischen Untersuchungen über den Mörder Adolph Moll, Bonn 1825, S. 6.

6   Geschichte einer unerhörten Mordthat (wie Anm. 2); Zeitschrift für die Criminal-Rechts-Pflege in den Preußischen Staaten mit Ausschluß der Rheinprovinzen (wie Anm. 4), S. 182–84.

7   Kölnische Zeitung vom 27. November 1823 und Nr. 72 vom 4. Mai 1824; GStA (Geheimes Staatsarchiv) Berlin, Rep. 84 a, Nr. 8143.

8 Ennemoser (wie Anm. 5), S. 29/30.

9 Ebd., S. 16 und S. 219–222; weiterer Literaturhinweis in: Bundeskriminalamt Wiesbaden (Hrsg.): Verbrechen, Polizei, Prozesse (Bibliographie, zusammengestellt von Huelke/Etzler), Wiesbaden 1959, Nr. 1465: Adolph Moll, wahre Darstellung der von ihm an Mutter, Kind, Bruder u. Freund verübten Mordtaten. Mit dessen Porträt, Wesel (ca. 1839).

10 Kölnische Zeitung Nr. 76 vom 11. Mai 1824; GStA Berlin, Rep. 84 a, Nr. 8143; Landesarchiv NRW – Abteilung Rheinland, Gerichte Rep. 11 Nr. 1458 (Schreiben vom 26. Juni 1824, Transportkosten); Bürger (wie Anm. 1), S. 79f.

11 Bürger, Udo: Mord aus »Melancholie«. Eifeler Kriminalfälle von 1675 bis 1898, Aachen 2006, S. 43–45; Burghardt: Zusammenstellung der gegen den Mörder Johann Fasbender, aus Alfter, statt gefundenen Prozeduren nebst den Nachrichten über sein früheres Leben und sein Benehmen während der Haft, insbesondere nach der Publikation des Urtheils, bis zu seiner Hinrichtung und einem lithographirten Bildnisse des Mörders, Köln (Schlösser) 1831; Kölnische Zeitung Nr. 44 vom 20. Februar 1831; Annalen der deutschen und ausländischen Criminal-Rechts-Pflege, hrsg. von Hitzig, Berlin 1831, 18. Heft oder Jahrgang 1831, 1. Bd., 2. Heft, S. 355–71, sowie 20. Heft oder Jahrgang 1831, 2. Bd., 2. Heft, S. 431–35; GStA Berlin, Rep. 84 a, Nr. 8143; zum Eselsmarkt/Marsilstein vgl.: Laum/Klein/Strauch (Hrsg.): Rheinische Justiz. Geschichte und Gegenwart. 175 Jahre Oberlandesgericht Köln, Köln 1994, S. 520.

Vatermord durch Wilhelm Schlösser aus Köln?

1 Bürger, Udo: Mord aus »Melancholie«. Eifeler Kriminalfälle von 1675 bis 1898, Aachen 2006, S. 45f.; GStA Berlin, Rep. 84 a, Nr. 16749. Der Inhalt dieser Akte ist weitgehend abgedruckt in: Annalen der deutschen und ausländischen Criminal-Rechtspflege, begründet von Hitzig und fortgesetzt von Demme, Altenburg 1837, 3. Bd., 2. Abt., S. 219–68.

2 GStA Berlin, Rep. 84 a, Nr. 16749, S. 55.

3 Annalen der deutschen und ausländischen Criminal-Rechtspflege (wie Anm. 1), S. 265–68; GStA Berlin, Rep. 84 a, Nr. 16749, S. 51–65.

Mord in der Glockengasse, 1840

1 Arntz, A.: Kurzgefasste Biographie des Mörders Martin Jakob Broichhausen, geboren zu Köln. Nebst vollständiger Beschreibung der an dem kaum 20jährigen Mädchen Ursula Kleinertz verübten Mordthat, und der am 20. Juli 1841, Morgens 6 Uhr, vollzogenen Hinrichtung des Mörders, Köln (Tonger, 5. Aufl.) 1841, S. 3f.

2 Amtsblatt der Königlichen Regierung zu Koblenz 1841, S. 284f.

3 Ebd., S. 285; Arntz (wie Anm. 1), S. 7–11.

4 Arntz (wie Anm. 1), S. 12.

5 Landesarchiv NRW – Abteilung Rheinland, Gerichte Rep. 11 Nr. 1458.

6 LHA Ko (Landeshauptarchiv Koblenz) Best. (Bestand) 403 Nr. 6814.

7 Kölnische Zeitung vom 21. Juli 1841; auch in: Aachener Zeitung Nr. 198 vom 21. Juli 1841.

8 Arntz (wie Anm. 1), S. 14f.; vgl. auch: Lebenserinnerungen von Carl Schurz, Bd. 1, Berlin 1930, S. 62f.

9 Landesarchiv NRW – Abteilung Rheinland, Gerichte Rep. 9 Nr. 596; in meinem Buch »Henker, Schinder & Ganoven« (Teil II, Aachen 1999, S. 100) zur Eifeler Kriminalgeschichte des 18. und 19. Jahrhunderts habe ich aufgrund der Übernahme einer Fehlinformation aus der Literatur irrtümlich geschrieben, dass die Hinrichtung Brochhausens die letzte öffentliche Hinrichtung in Köln gewesen sei – Fehler übernommen aus: Laum/Klein/Strauch (Hrsg.): Rheinische Justiz. Geschichte und Gegenwart. 175 Jahre Oberlandesgericht Köln, Köln 1994, S. 520f.

Begnadigung von Kapitalverbrechern

1 GStA Berlin, Rep. 84 a, Nr. 18064.

2 Ebd.; zur Begnadigung des Kölner Gerbereibesitzers Jansen, der wegen Mitbeteiligung an Wechselfälschungen zu sechs Jahren Zwangsarbeit verurteilt worden war, vgl.: Trier'sche Zeitung Nr. 286 vom 13. Oktober 1847; zur Amnestie »kleiner«, durch Not motivierter Verbrecher anlässlich des Geburtstages des preußischen Monarchen vgl.: Trier'sche Zeitung Nr. 305 und Nr. 316 vom 1. und 12. November 1847.

Der berüchtigte Kölner »Cassetten-Diebstahl« von 1846

1 Rechtlieb, Traugott: Der Kölner Cassetten-Diebstahl und die Criminal-Procedur gegen den Kammergerichts-Assessor F. A. Oppenheim, Berlin 1847; Kölnische Zeitung Nr. 330 bis Nr. 333 vom 26. bis 29. November 1846.

2 Bleuel, Hans Peter: Ferdinand Lassalle oder der Kampf wider die verdammte Bedürfnislosigkeit, München 1979, S. 114; Oncken, Hermann: Lassalle. Zwischen Marx und Bismarck, Stuttgart, Berlin, Köln, Mainz 1966 (5. Aufl.), S. 65f.; Klein, Adolf/Rennen, Günter (Hrsg.): Justitia Coloniensis, Köln 1981, S. 48.

3 Rechtlieb (wie Anm. 1) und Kölnische Zeitung (wie Anm. 1); siehe auch Kölnische Zeitung Nr. 343 und Nr. 344 vom 9. und 10. Dezember 1846.

4 Oncken (wie Anm. 2), S. 64, S. 68f. und S. 78; Bleuel (wie Anm. 2), S. 113f.

5 Na'aman, Shlomo: Lassalle, Hannover 1970, S. 88.

6 Bleuel (wie Anm. 2), S. 121.

7 Ebd., S. 121f.; Blum, Erich (Hrsg.): Ferdinand Lassalle's politische Reden und Schriften (Ferdinand Lassalle's Gesamtwerke, hrsg. von Erich Blum, Bd. 3), Leipzig 1899, S. 328–332 (Kassettenrede S. 281–368); Feigl, Hans: Ferdinand Lassalle. Reden und Schriften. Tagebuch, Seelenbeichte, Wien 1911, S. 103–05; Na'aman (wie Anm. 5), S. 89f.

8 Bleuel (wie Anm. 2), S. 122–125; Na'aman (wie Anm. 5), S. 90–94.

9 Bleuel (wie Anm. 2), S. 123–126; Schorn, Karl: Lebenserinnerungen, 1. Bd. (1818–1848), Bonn 1898, S. 222.

10 Kölnische Zeitung Nr. 272 vom 29. September 1846.

11 Kölnische Zeitung Nr. 43 bis Nr. 48 vom 12. bis 17. Februar 1848; siehe auch: Trier'sche Zeitung Nr. 45 vom 14. Februar 1848 und Berliner »Publicist« Nr. 15 und 16/1848.

12 Feigl (wie Anm. 7), S. 107f.; Schorn (wie Anm. 9), S. 222; Na'aman (wie Anm. 5), S. 109; Bleuel (wie Anm. 2), S. 137.

13 Kölnische Zeitung Nr. 219 bis Nr. 239 vom 6. bis 27. August 1848 (Prozess Lassalle); Gebhardt, Manfred: Sophie von Hatzfeldt. Ein Leben mit Lassalle. Biografie, Berlin 1991, S. 78f. (Neue Rheinische Zeitung); Klein/Rennen (wie Anm. 2), S. 50.

14 Kölnische Zeitung Nr. 49 vom 18. Februar 1848 (Verhaftung Lassalles; auch in: Klein/Rennen, wie Anm. 2, S. 49); Bleuel (wie Anm. 2), S. 131, S. 133 und S. 138; Oncken (wie Anm. 2), S. 74; Blum (wie Anm. 7), S. 343 und S. 346–348; zur Zerstörung der Oppenheim-Unterlagen vgl. auch: Kölnische Zeitung Nr. 219, Nr. 221 und Nr. 225 vom 6., 8. und 12. August 1848, sowie: Stein, Britta: Der Scheidungsprozeß Hatzfeldt (1846–1851), Münster 1999, S. 31f.

15 Bleuel (wie Anm. 2), S. 148; Na'aman (wie Anm. 5), S. 109–112; Blum (wie Anm. 7), S. 305f.

16 Blum (wie Anm. 7), S. 288; Kölnische Zeitung Nr. 219 und Nr. 221 vom 6. und 8. August 1848; Bleuel (wie Anm. 2), S. 151; Na'aman (wie Anm. 5), S. 112.

17 Schorn (wie Anm. 9), S. 223; Kölnische Zeitung Nr. 227 vom 14. August 1848 (Gerichtspräsident) und Nr. 225 vom 12. August 1848 (Sachverständiger).

18 Bleuel (wie Anm. 2), S. 150.

19 Blum (wie Anm. 7), S. 281–368; Bleuel (wie Anm. 2), S. 150–153; Na'aman (wie Anm. 5), S. 112–114; Oncken (wie Anm. 2), S. 64 und S. 74–78; Ammon, Friedrich v.: Erinnerung an Fr. von Ammon (Autobiographie), Privatdruck Bonn 1878, S. 182 (Lob für die Rede); Gebhardt (wie Anm. 13), S. 74–76.

20 Blum (wie Anm. 7), S. 282–320, S. 333–343 und S. 348–366; Gebhardt (wie Anm. 13), S. 62–64; Feigl (wie Anm. 7), S. 108–110; Oncken (wie Anm. 2), S. 67.

21 Bleuel (wie Anm. 2), S. 116–118 und S. 152; Gebhardt (wie Anm. 13), S. 34–36; Kling-Mathey, Christiane: Gräfin Hatzfeldt 1805 bis 1881. Eine Biographie, Bonn 1989, S. 36–48; Stein (wie Anm. 14), S. 22–26; Uexküll, Gösta v.: Ferdinand Lassalle in Selbstzeugnissen und Bilddokumenten, Reinbek 1974, S. 75–82.

22 Bleuel (wie Anm. 2), S. 118; Oncken (wie Anm. 2), S. 76; Haenisch, Konrad: Lassalle. Mensch und Politiker, Berlin 1923, S. 25/26; Feigl (wie Anm. 7), S. 102.

23 Na'aman (wie Anm. 5), S. 98; Gebhardt (wie Anm. 13), S. 36f.

24 Na'aman, (wie Anm. 5), S. 115; Bleuel (wie Anm. 5), S. 115; Gebhardt (wie Anm. 13), S. 59 und S. 62; Bernstein, Eduard: Ferdinand Lassalle. Eine Würdigung des Lehrers und Kämpfers, Berlin 1919, S. 36–38.

25 Kölnische Zeitung Nr. 239 vom 27. August 1848.

26 Ammon (wie Anm. 19), S. 182/83.

27 Bleuel (wie Anm. 2), S. 154; Feigl (wie Anm. 7), S. 110f.; Haenisch (wie Anm. 22), S. 26; Hirsch, Helmut: Sophie von Hatzfeldt. In Selbstzeugnissen, Zeit- und Bilddokumenten, Düsseldorf 1981, S. 33 (Marx).

28 Na'aman (wie Anm. 5), S. 120–123; Paul v. Hatzfeldt ging letztlich doch der Mutter verloren, er wandte sich dem Vater zu (s.: Kling-Mathey, wie Anm. 21, S. 47).

Die Unruhen vom 25. und 26. September 1848

1   Kölnische Zeitung Nr. 24 vom 28. Januar 1849; Illustrierte Zeitung, Bd. 11 (Juli–Dezember 1848), S. 261f.; Landesarchiv NRW – Abteilung Rheinland, Rep. 11 Nr. 1294 und Nr. 1447. Der Raum für eine umfassende Darstellung der revolutionären Ereignisse in Köln reicht hier nicht aus, ebenso wie für den ohnehin in der Literatur schon viel besprochenen Kommunistenprozess von 1852 und den Prozess gegen Gottfried Kinkel.

2   Kölnische Zeitung Nr. 40 vom 16. Februar 1849.

3   Kölnische Zeitung Nr. 42 vom 18. Februar 1849.

4   Kölnische Zeitung Nr. 38 vom 14. Februar 1849.

5   Parallelen zu den Augustereignissen des Jahres 1846 vgl.: Klein, Adolf/Rennen, Günter (Hrsg.): Justitia Coloniensis. Landgericht und Amtsgericht Köln erzählen ihre Geschichte(n), Köln 1981, S. 51; zu den Prozessen: Kölnische Zeitung Nr. 180 vom 29. Juni 1847 und Nr. 202 vom 21. Juli 1847 (wegen »policeiwidrigen Schießens« erhielt der Apothekergehilfe Zerfas eine geringe Geldstrafe, ebenso der 18-jährige Hummelsheim wegen »Widersetzlichkeit gegen die bewaffnete Macht« und der Fabrikarbeiter Schneider, weil er »den Anordnungen der bewaffneten Macht nicht sofort Folge geleistet und sich entfernt« habe; auf der anderen Seite wurde einem Vertreter dieser »bewaffneten Macht«, dem Nachtwächter Schneider, wegen »Mißhandlung seiner Mitbürger« eine mehrmonatige Gefängnisstrafe zudiktiert).

6   Kölnische Zeitung Nr. 50 vom 28. Februar 1849.

Die letzten öffentlichen Hinrichtungen in Köln

1   Kölnische Zeitung Nr. 318 vom 14. November 1846; Trier'sche Zeitung Nr. 249 vom 6. September 1847.

2   Kölnische Zeitung Nr. 318 vom 14. November 1846.

3   Kölnische Zeitung Nr. 247 vom 4. September 1847; auch in: Aachener Zeitung Nr. 248 vom 5. September 1847 und in Rhein- und Mosel-Zeitung vom 5. September 1847; GStA Berlin, Rep. 84 a, Nr. 8144.

4   Kölnische Zeitung Nr. 256 vom 13. September 1847; zu einem weiteren Förstermord (an Peter Lindlar im Wald bei Bensberg, verübt im Juli 1889 durch Wilhelm Bösmann, der zu lebenslänglicher Zuchthausstrafe verurteilt wurde) vgl.: Kölner Gerichts-Zeitung Nr. 291 vom 3. November 1889 sowie Kölnische Zeitung Nr. 299 vom 28. Oktober 1889 bis Nr. 303 vom 1. November 1889, auch Nr. 311 vom 9. November 1889 (Revision); siehe auch: Kölnische Zeitung Nr. 297 vom 26. Oktober 1881 und Nr. 27 vom 27. Januar 1890.

5   Kölner Gerichts-Zeitung Nr. 40 vom 25. Januar 1885; Meyers Konversations-Lexikon 1876, S. 488 (zur Unterscheidung Gefängnis/Zuchthaus).

6   Kölnische Volkszeitung vom 12. September 1926.

7   Kölnische Zeitung Nr. 178 vom 26. Juli 1850 (zum Prozess gegen Wettschreck vgl.: Kölnische Zeitung Nr. 39 vom 14. Februar 1850); Aachener Zeitung Nr. 207 vom 26. Juli 1850.

8   Kölnische Zeitung vom 20. Februar 1851.

9   Kölnische Zeitung Nr. 155 vom 29. Juni 1851.

10 Kölnische Zeitung Nr. 205 vom 27. August 1850, auch Nr. 280 vom 22. November 1850; Elberfelder Zeitung Nr. 204 vom 27. August 1850 und Nr. 275 vom 17. November 1850; Kölner Stadtanzeiger Nr. 30 vom 19. Januar 1894; GStA Berlin, Rep. 84 a, Nr. 8144; zu den letzten öffentlichen Hinrichtungen in Aachen vgl.: Bürger, Udo: Schurken, Schande & Schafott. Zur Kriminalgeschichte in Aachen und Umland von 1794 bis 1900, Aachen 2004, S. 90–93.

11 Aachener Zeitung Nr. 347 vom 14. Dezember 1851; GStA Berlin, Rep. 84 a, Nr. 8144; Bonner Zeitung Nr. 139 vom 15. Juni 1851 und Nr. 293 vom 13. Dezember 1851; Bürger (wie Anm. 10), S. 92.

12 Saar- und Mosel-Zeitung vom 29. Januar 1853 und vom 12. Juli 1853; Magdeburgische Zeitung vom 10. Juli 1853; Kölnische Zeitung Nr. 187 vom 8. Juli 1853, auch Nr. 173 vom 24. Juni 1855; GStA Berlin, Rep. 84 a, Nr. 8144; Kölner Stadtanzeiger Nr. 30 vom 19. Januar 1894; Aachener Zeitung Nr. 188 vom 9. Juli 1853.

Fälschung, Schwindel und Skurriles

1   Kölner Gerichts-Zeitung Nr. 375 vom 14. Juni 1891; zu einigen weiteren Fälschungsdelikten in Köln vgl.: Kölnische Zeitung Nr. 60 und Nr. 132 vom 1. März und 13. Mai 1859; Der Publicist Nr. 48, Nr. 49 und Nr. 51 vom 4., 8. und 13. Mai 1864 sowie Kölnische Zeitung Nr. 122 vom 2. Mai 1864; Kölnische Zeitung vom 19. Mai 1879; Kölnische Zeitung vom 18. Oktober 1881; Kölnische Zeitung vom 8. März 1882; Kölnische Zeitung Nr. 267 und Nr. 270 vom 26. und 29. September 1885 und Nr. 334 vom 2. Dezember 1885; Kölnische Zeitung Nr. 94 vom 4. April 1889.

2   Kölnische Zeitung Nr. 31 vom 31. Januar 1855 bis Nr. 43 vom 12. Februar 1855; Aachener Zeitung Nr. 43 vom 12. Februar 1855.

3   Kölnische Zeitung Nr. 131 und Nr. 135 vom 12. und 16. Mai 1857 (Frank wurde zu fünf Jahren Zuchthaus verurteilt).

4   Kölnische Zeitung Nr. 184 und Nr. 185 vom 5. und 6. Juli 1889; Kölner Gerichts-Zeitung Nr. 274 vom 7. Juli 1889.

5   Kölner Gerichts-Zeitung Nr. 314 vom 13. April 1890.

6   Trier'sche Zeitung Nr. 346 und Nr. 357 vom 12. und 23. Dezember 1847.

7   Kölnische Zeitung Nr. 109 vom 20. April 1855.

8   Aachener Zeitung Nr. 156 vom 6. Juni 1856.

9   Kölnische Zeitung Nr. 291 vom 20. Oktober 1855 und Nr. 320 vom 18. November 1855.

10 Saar- und Mosel-Zeitung Nr. 50 vom 2. März 1850; zu Klopfgeistern und Ähnlichem vgl.: Kölnische Zeitung Nr. 328 vom 26. November 1853.

11 Kölnische Zeitung Nr. 279 vom 8. Oktober 1885 und Nr. 112 vom 23. April 1887.

12 Kölner Gerichts-Zeitung Nr. 160 vom 1. Mai 1887.

13 Kölner Gerichts-Zeitung Nr. 89 vom 20. Dezember 1885.

14 Kölner Gerichts-Zeitung Nr. 219 vom 17. Juni 1888.

15 Kölnische Zeitung Nr. 184 vom 4. Juli 1888 und Kölner Gerichts-Zeitung Nr. 221 vom 1. Juli 1888.

16 Kölner Gerichts-Zeitung Nr. 339 und Nr. 340 vom 5. und 12. Oktober 1890.

17 Kölner Gerichts-Zeitung Nr. 25 vom 18. Juni 1898.

18 Kölnische Zeitung Nr. 271 vom 29. September 1856; vgl. zu dem Thema auch: Kölnische Zeitung Nr. 85 vom 29. Mai 1817 (Tricks von Bettlern im Aachener und Kölner Raum); Kölnische Zeitung Nr. 130 und Nr. 131 vom 11. und 12. Mai 1862 (Prozess gegen Ulrich Joseph Cleff und Johann Peter Spitz wegen »Entführung mit Anwendung von List und Gewalt«; zu Entführung siehe auch: Der Publicist Nr. 20 vom 17. Mai 1863 und Nr. 40 vom 5. Juli 1863: Entführung der minderjährigen Adele Henkel aus Hamburg in Köln durch Schauspieler Felix Hesse); Der Publicist Nr. 83 vom 29. Juli 1864 (Falschspiel); Kölnische Zeitung vom 18. März 1880 (Erpressungsversuch einer Rentnerin durch einen 17-jährigen Schreinergesellen) und Kölner Gerichts-Zeitung Nr. 256 vom 3. März 1889 (vier Jahre Gefängnis für Johann Windeck, der sich als Kriminalbeamter ausgegeben hatte).

Messerduell Am Bollwerk, 1849

1 Kölnische Zeitung Nr. 179 vom 28. Juli 1849.

Der Mordfall Rausch/Waldenburg und weitere Hinrichtungen

1 Criminal-Prozedur wegen des an der Ehefrau Margar. Rausch geborene Flink in der Nacht vom 7. Juli 1854 begangenen Raubmordes, gegen Valentin Rausch, Friedrich Rausch und Lucas Waldenburg. Verhandelt vor dem Königl. Assisenhofe zu Köln am 6., 7., 8. und 9. Nov. 1854. Nach den öffentlichen Verhandlungen und dem stenographischen Berichte der Köln. Zeitung. Mit den Portraits der drei Verbrecher, Köln (Remmer & Stempel), 1854, S. 7 und S. 14–16; Kölnische Zeitung Nr. 309 vom 7. November 1854.

2 Kölnische Zeitung Nr. 187 vom 8. Juli 1854 (siehe auch Nr. 188 vom 9. Juli 1854).

3 Criminal-Prozedur (wie Anm. 1); Kölnische Zeitung Nr. 309 bis Nr. 312 vom 7. bis 10. November 1854; Aachener Zeitung Nr. 187 vom 8. Juli 1854, Nr. 190 bis Nr. 193 vom 11. bis 14. Juli 1854, Nr. 207 vom 28. Juli 1854 und Nr. 311 bis Nr. 313 vom 9. bis 11. November 1854.

4 Criminal-Prozedur (wie Anm. 1), S. 83/84; Kölnische Zeitung Nr. 315 vom 13. November 1854 (siehe auch Nr. 318 vom 16. November 1854); vgl. auch: GStA Berlin, Rep. 84 a, Nr. 8144 (hier heißt es, dass Geständnisse am 11. November 1854 und am Tag der Hinrichtung abgelegt worden seien).

5 Kölnische Zeitung Nr. 172 und Nr. 173 vom 23. und 24. Juni 1855.

6 Kölnische Zeitung vom 29. und 30. April sowie vom 1. Mai 1857; Kölnische Zeitung Nr. 285 und Nr. 286 vom 14. und 15. Oktober 1857; Aachener Zeitung Nr. 286 vom 16. Oktober 1857; GStA Berlin, Rep. 84 a, Nr. 8144; Kölner Stadtanzeiger Nr. 30 vom 19. Januar 1894; siehe auch: Aachener Zeitung Nr. 324 vom 24. November 1857 (von zwölf Gemeindevertretern waren nur zwei zur Hinrichtung erschienen).

Urteil: Lebenslänglich

1 Kölnische Zeitung Nr. 107 vom 5. Mai 1849.
2 Illustrierte Zeitung, Bd. 5 (Juli–Dezember 1845), S. 122.
3 Kölnische Zeitung Nr. 298 vom 27. Oktober 1861.
4 Kölnische Zeitung Nr. 311 und Nr. 312 vom 8. und 9. November 1888; Kölner Gerichts-Zeitung Nr. 217 vom 3. Juni 1888 (auch Ausgabe Werther Nr. 217 vom 3. Juni 1888) und Nr. 240 vom 11. November 1888; zu einer weiteren Verurteilung zu lebenslänglicher Zuchthausstrafe vgl.: Kölnische Zeitung Nr. 291 vom 20. Oktober 1857 (Heinrich Joseph Pütz aus Bickendorf wegen Tötung des Dienstknechtes Johann Engels am 14. Juni 1857 auf dem Weg von Bickendorf nach Müngersdorf).

Vorfälle im Gerichtssaal

1 Kölnische Zeitung Nr. 114 vom 24. April 1847; auch in Trier'scher Zeitung Nr. 116 vom 26. April 1847; zu einem weiteren versuchten Taschendiebstahl im Schwurgericht vgl.: Kölnische Zeitung vom 7. März 1877.
2 Kölnische Zeitung Nr. 124 vom 5. Mai 1857.
3 Kölnische Zeitung Nr. 110 vom 21. April 1855.
4 Kölnische Zeitung vom 15. März 1880.
5 Kölnische Zeitung vom 31. Oktober 1881.
6 Kölnische Zeitung Nr. 315 vom 12. November 1856.
7 Kölner Gerichts-Zeitung Nr. 23 vom 28. September 1884; zu weiteren Vorfällen vor Gericht vgl.: Aachener Zeitung Nr. 112 vom 22. April 1860 (Widerstand eines Verurteilten gegen Polizei und Staatsprokurator); Kölner Gerichts-Zeitung Nr. 317 vom 4. Mai 1890 (Prozess gegen Mathias Knoll, der sich geisteskrank stellte).

Finstere Mysterien einer Ehe

1 Kölnische Zeitung Nr. 176 vom 25. Juli 1849.
2 Kölnische Zeitung vom 30. Juni 1876.
3 Kölner Gerichts-Zeitung Nr. 239 vom 4. November 1888; Kölnische Zeitung Nr. 299 vom 27. Oktober 1888.
4 Kölner Gerichts-Zeitung Nr. 49 vom 3. Dezember 1898 sowie Nr. 16 und Nr. 17 vom 22. und 29. April 1899.
5 Kölner Gerichts-Zeitung Nr. 51 vom 22. Dezember 1900; zu weiteren Fällen vgl.: Kölner Gerichts-Zeitung Nr. 41 vom 11. Oktober 1902 (zwei Jahre Gefängnis für Franz Wolters aus Ehrenfeld wegen an seiner Frau begangenen Tötungsversuchs); Kölner Gerichts-Zeitung und Rheinische Criminalzeitung Nr. 26 vom 30. Juni 1906 (vier Jahre Gefängnis für Wilhelm Remmer wegen Tötung seiner Frau auf dem Kleinen Griechenmarkt mit einem Hammer); Kölner Gerichts-Zeitung und Rheinische Criminalzeitung Nr. 5 und Nr. 16 vom 2. Februar und 20. April 1907 sowie Nr. 28 vom 13. Juli 1907 (drei Jahre Gefängnis für Amalie Blumenfeld wegen Tötung ihres Mannes Hermann).

Messerattentat auf einen Oberjustizrat, 1856

1 Kölnische Zeitung Nr. 110 vom 20. April 1856.
2 Ebd. sowie Kölnische Zeitung Nr. 111 (Urban war gebürtig aus Halle) und Nr. 112 vom 21. und 22. April 1856.

»Criminal-Procedur« gegen die Giftmörderin Josephine Brückmann, 1858

1 Kölnische Zeitung von Nr. 120 bis Nr. 127 vom 1. bis 8. Mai 1858 (Prozess); Kölnische Zeitung Nr. 128 vom 9. Mai 1858 (nachgereichter Anklageakt) sowie Nr. 130 vom 11. Mai 1858 und Nr. 245 vom 4. September 1858 (Kassation); Aachener Zeitung Nr. 42 vom 11. Februar 1858 (Selbstmord Dahmens am 7. Februar 1858); Ausführliche Criminal-Prozedur gegen die Giftmörderin Josephine Bliesing, Wwe. Brückmann. Verhandelt vor dem Assisenhofe zu Köln vom 30. April bis 7. Mai 1858, Köln (Greven/Bechtold) 1858; Criminal-Procedur gegen Wwe. Josephine Brückmann, geb. Bliesing. Angeklagt: ihren Gatten Michael Joseph Brückmann, und ihre Tochter Pauline Brückmann, durch Gift getödtet zu haben. Verhandelt vor dem Königlichen Assisenhofe zu Köln vom 30. April bis zum 8. Mai 1858, Köln (Kreuter), o. J. (um 1858).
2 Kölnische Zeitung Nr. 75 und Nr. 76 vom 15. und 16. März 1860 sowie Nr. 147 vom 27. Mai 1860; GStA Berlin, Rep. 84 a, Nr. 8145.

Einbrüche in Köln und das süße Leben in Rotterdam

1 Kölnische Zeitung Nr. 32 vom 1. Februar 1858.
2 Kölner Gerichts-Zeitung Nr. 178 vom 4. September 1887; zu einigen weiteren jungen Straftätern vgl.: Kölnische Zeitung Nr. 111 vom 22. April 1855, Nr. 295 vom 24. Oktober 1855, Nr. 323 vom 20. November 1856 und Nr. 132 vom 13. Mai 1865; Kölner Gerichts-Zeitung Nr. 183 vom 9. Oktober 1887, Nr. 262 vom 14. April 1889 (Heinrich Latsch), Nr. 313 vom 6. April 1890, Nr. 352 vom 4. Januar 1891 und Nr. 380 vom 19. Juli 1891.
3 Kölnische Zeitung Nr. 121 vom 2. Mai 1866 (Berghahn); Kölner Gerichts-Zeitung Nr. 151 vom 27. Februar 1887 (Hut); zu einigen weiteren Diebstahldelikten in Köln beziehungsweise mit Kölner Tätern vgl.: StA Aachen, OB 20/5 (1821: fünfjährige Zuchthausstrafe für Franz Martin, zwanzig Jahre, Lehrer, geboren und wohnhaft in Köln; 1835: jeweils fünfjährige Zuchthausstrafe für Wilhelm Froitzheim, achtzehn Jahre, Nagelschmied, geboren in Winden, wohnhaft in Köln, und Bartholomäus Weber, einundzwanzig Jahre, Seidenweber und Tagelöhner, geboren und wohnhaft in Köln, Diebstahl in Langenbroich im Oktober 1834); Kölnische Zeitung Nr. 50 vom 19. Februar 1856 (sechs Jahre Zuchthaus für Hermann Jos. Paulus aus Bauchem wegen gewalttätigen Diebstahls beim Kölner Rentner Iven, den er beschuldigte, sein nicht zahlender Vater zu sein); Kölnische Zeitung Nr. 121 vom 1. Mai 1856 (fünfzehn Jahre Zuchthaus und Landesverweisung nach abgebüßter Strafe für den Schiffsknecht Franz Heinz aus Niederlahnstein); Aachener Zeitung

283

Nr. 267 vom 27. September 1857 (vierjährige Zuchthausstrafe für Mechtildes Schur aus Köln wegen Diebstählen im Aachener Raum); Kölnische Zeitung Nr. 40 vom 9. Februar 1862 (fünf Jahre Zuchthaus für Johann Otto wegen Diebstahls von Gütern der Rheinischen Eisenbahn-Gesellschaft); Der Publicist Nr. 9 und Nr. 10 vom 21. und 23. April 1863 (Friedrich und Albert Rohr aus Köln); Der Publicist Nr. 14 vom 31. Januar 1864 (Franz Thelen aus Köln); Der Publicist Nr. 49 vom 8. Mai 1864 (Balduin Kalleicher aus Kirchen/Sieg wegen Diebstählen in Köln); Kölnische Zeitung Nr. 280 vom 9. Oktober 1865 (zwei Jahre Gefängnis für die vorbestrafte Anna Maria Kramp, die sich darauf spezialisiert hatte, kleinen Mädchen die Ohrringe zu stehlen); Kölnische Zeitung Nr. 283 vom 12. Oktober 1865 (acht und sieben Jahre Zuchthaus für die Wiederholungstäter Hubert Heinrich Wolter und Franz Ley); Kölnische Zeitung vom 5. Juli 1876 (sieben Jahre Zuchthaus für Andreas Weinreis und Ludwig Johannes); Kölnische Zeitung vom 8. März 1877 (zwei Jahre Gefängnis für Homscheid); Kölnische Zeitung vom 26. Juni 1877 (drei Jahre Zuchthaus für Leonhard Röttgen, acht Jahre Zuchthaus für Peter Merkel und sechs Jahre Zuchthaus für Christian Könen); Kölnische Zeitung vom 11. September 1882 (langjährige Freiheitsstrafen für frühere »fahrende Künstler«); Kölnische Zeitung vom 21. April 1884 (Raub in Nippes); Kölner Gerichts-Zeitung Nr. 105 vom 11. April 1886 (Peter Bondey wegen Diebstahls unter anderem im Uhren- und Goldwarengeschäft der Gebrüder Kloppstech in der Poststraße); Kölner Gerichts-Zeitung Nr. 118 vom 11. Juli 1886 (Prozess gegen Johann Georg Barth und Everhard Plück unter anderem wegen »Diebstahls auf öffentlichem Wege«); Kölner Gerichts-Zeitung Nr. 145 vom 16. Januar 1887 (sechs Jahre Zuchthaus für Friedrich Wilhelm Oesinghaus); Kölnische Zeitung Nr. 308 vom 5. November 1888 und Kölner Gerichts-Zeitung Nr. 241 vom 18. November 1888 (Zuchthaus für Sophie Oepen wegen Diebstahls im Bahnhof); Kölner Gerichts-Zeitung Nr. 254 vom 17. Februar 1889 (fünf Jahre Zuchthaus für Johann Franz, der vorher schon insgesamt fünfzehn Jahre im Zuchthaus und acht Jahre im Gefängnis war) und Kölner Gerichts-Zeitung Nr. 472 vom 15. April 1893 (zwei Jahre Zuchthaus für Bernhard Spiegel wegen Diebstahls im Kölner Zuchthaus).

Straßenraub

1 Der Publicist Nr. 86 vom 5. August 1864.
2 Kölnische Zeitung vom 24. Mai 1878.
3 Kölnische Zeitung vom 28. Februar 1883.
4 Kölnische Zeitung Nr. 109 vom 20. April 1885.
5 Kölnische Zeitung vom 24. November 1877.
6 Kölnische Zeitung vom 19. und 20. November 1883.
7 Kölner Gerichts-Zeitung Nr. 250 vom 20. Januar 1889 und (Ausgabe Werther) Nr. 266 vom 20. Januar 1889.
8 Kölner Gerichts-Zeitung Nr. 41 vom 12. Oktober 1895; zu weiteren Fällen von Straßenraub vgl.: Kölnische Zeitung vom 12. August 1879 (fünf Jahre Zuchthaus für Johann Münch und die Witwe Graß aus Nippes); Kölnische Zeitung vom 19. August 1879 (fünf Jahre Zuchthaus für Johann Hermanns und Thomas Platz);

Kölnische Zeitung Nr. 340 vom 7. Dezember 1884 (neun Jahre Zuchthaus für Peter Weiß aus Rath wegen Straßenraubs zwischen Urbach und Altenrath); Kölner Gerichts-Zeitung Nr. 240 vom 11. November 1888 und Kölnische Zeitung Nr. 306 vom 3. November 1888 (acht Jahre Zuchthaus für Jakob Montillon); Kölner Gerichts-Zeitung Nr. 400 vom 6. Dezember 1891 (sechseinhalb Jahre Zuchthaus für Heinrich Latsch und zweieinhalb Jahre Gefängnis für Peter Pütz, beide aus Mülheim).

Nackte Frauenleiche ohne Kopf, 1863

1   Hirschfeld (Hrsg.): Kriminal-Prozedur gegen Anton und Johann Thelmann. Anklage wegen Mordes und Theilnahme an demselben. Verhandelt vor dem Königl. Assisenhofe zu Köln, Köln 1864; gleichlautend: Der Publicist Nr. 79 vom 20. Juli 1864, Nr. 80 vom 22. Juli 1864, Nr. 81 vom 24. Juli 1864, Nr. 82 vom 27. Juli 1864 und Nr. 83 vom 29. Juli 1864; Kölnische Zeitung von Nr. 199 vom 19. Juli 1864 bis Nr. 204 vom 24. Juli 1864 (Prozess); Criminal-Procedur gegen die des Mordes der Louise Harmgart und beziehungsweise der Hülfeleistung dabei angeklagten Brüder Anton und Johann Thelmann, verhandelt vor dem Königl. Assisenhofe zu Köln vom 18. bis 23. Juli 1864, Köln, o. J. (um 1864); Archiv für preußisches Strafrecht, 14. Bd., 1866, S. 414–417; Kölnische Zeitung Nr. 162 vom 12. Juni 1864 (Ausdehnung der Anklage auf Johann Thelmann).
2   Aachener Zeitung Nr. 205 vom 25. Juli 1864.
3   Kölnische Zeitung Nr. 326 vom 24. November 1865; Aachener Zeitung Nr. 326 vom 25. November 1865; GStA Berlin, Rep. 84 a, Nr. 8145.
4   Kölnische Zeitung Nr. 114 vom 25. April 1866.
5   Ebd.

Der Tresen und der Tod

1   Kölnische Zeitung vom 10. März 1876.
2   Kölnische Zeitung vom 31. Mai und 1. Juni 1883.
3   Kölner Gerichts-Zeitung Nr. 182 vom 2. Oktober 1887; Kölnische Zeitung Nr. 271 vom 30. September 1887.
4   Kölner Gerichts-Zeitung Nr. 18 vom 2. Mai 1896.
5   Kölnische Zeitung Nr. 205 vom 26. Juli 1865.
6   Kölnische Zeitung vom 4. und 6. Juli 1877.
7   Der Publicist Nr. 108 vom 9. Dezember 1863; zu weiteren Tötungsdelikten im Zusammenhang mit Gaststätten und Tanzlokalen vgl.: Kölnische Zeitung Nr. 292 vom 21. Oktober 1857 (ein Jahr Gefängnis für Droschkenkutscher Franz Kohl nach Tod des Nikolaus Gräff), Kölnische Zeitung Nr. 336 vom 3. Dezember 1880 (Tod Wilhelm Frings beim Schützenfest in Niederaußem), Kölner Gerichts-Zeitung Nr. 33 vom 7. Dezember 1884 und Kölnische Zeitung Nr. 336 vom 3. Dezember 1884 (drei Jahre Gefängnis für Johann Pütz oder Pitz aus Ehrenfeld wegen Tötung Jacob Goebel aus Ley an der Mosel im Tanzlokal »Limburgerhof«,

genannt »Zur deutschen Flotte«), Kölnische Zeitung Nr. 334 vom 2. Dezember 1885 (Tötung Heinrich Hansens), Kölner Gerichts-Zeitung Nr. 146 vom 23. Januar 1887 und Kölnische Zeitung Nr. 20 und Nr. 21 vom 20. und 21. Januar 1887 (acht Jahre Zuchthaus für den 21-jährigen Maurer Franz Andreas Hohn, gebürtig aus Düren und wohnhaft in Ehrenfeld, wegen Erstechens des Ziegelarbeiters Heinrich Meier am 24. Oktober 1886 in Ehrenfeld nach einem eine Woche zurückliegenden Wirtshausstreit; die Einheimischen und die oft auswärtigen Ziegelarbeiter, die »Pinacken« genannt wurden, hatten häufig nicht das beste Verhältnis), Kölner Gerichts-Zeitung Nr. 182 vom 2. Oktober 1887 und Kölnische Zeitung Nr. 272 vom 1. Oktober 1887 (fünf Jahre Gefängnis für Ludwig Peters aus Butzheim wegen Tötung Hubert Kreischers in Stommeln), Kölner Gerichts-Zeitung Nr. 262 vom 14. April 1889 (zehn Jahre Zuchthaus für Jakob Körfer wegen Tötung Friedrich Profittlichs nach Besuch der Wirtschaft Jung in Kalk), Kölner Gerichts-Zeitung Nr. 325 vom 29. Juni 1890 sowie Nr. 342 vom 26. Oktober 1890 (Freispruch wegen Notwehr für Michael Frank, der angeklagt war, am 22. Juni 1890 den Tagelöhner Joseph Breuer getötet zu haben; sie hatten vorher Streit gehabt im Lokal der Witwe Kämmerer, im Volksmund »et Casino« genannt, in der Mariengartengasse 40), Kölner Gerichts-Zeitung Nr. 4 vom 26. Januar 1901 (zwölf Jahre Zuchthaus für Löw wegen Tötung seiner Geliebten nach Sauferei); Kölner Gerichts-Zeitung und Rheinische Criminalzeitung Nr. 11 vom 18. März 1905 (fünf Jahre Zuchthaus für Johann Ritter, gebürtig aus Wittlich, wegen Erdolchung des Jean Hildebrand nach Wirtshausbesuchen); Kölner Gerichts-Zeitung und Rheinische Criminalzeitung Nr. 26 vom 1. Juli 1905 (mehrjährige Freiheitsstrafen für Peter Will, Paul Rick und Mathias Gebert aus Kalk wegen Tötung von Max Römer); Kölner Gerichts-Zeitung und Rheinische Criminalzeitung Nr. 6 vom 7. Februar 1914 (Prozess gegen Josef Körner und Wilhelm Dahl wegen Tötung von Michael Krämer).

8 Kölnische Zeitung vom 9. März 1876.

Vom Leben der Nachtwächter

1 Kölnische Zeitung vom 30. November sowie vom 1. und 2. Dezember 1875.

2 Kölnische Zeitung vom 14. und 15. November 1878.

3 Kölner Gerichts-Zeitung Nr. 44 vom 22. Februar 1885.

4 Kölner Gerichts-Zeitung Nr. 68 vom 26. Juli 1885.

5 Kölner Gerichts-Zeitung Nr. 129 vom 26. September 1886; zum Sitz des Schöffengerichts in der Rheingasse vgl.: Kölner Gerichts-Zeitung Nr. 137 vom 21. November 1886 und Nr. 176 vom 21. August 1887.

6 Beispielsweise Kölner Gerichts-Zeitung Nr. 176 vom 21. August 1887 (hier heißt es aber auch, dass man in Köln längere Zeit nichts mehr von Nachtwächtergeschichten gehört habe).

7 Kölner Gerichts-Zeitung Nr. 137 vom 21. November 1886.

8 Kölner Gerichts-Zeitung Nr. 100 vom 7. März 1886.

9 Kölner Gerichts-Zeitung Nr. 137 vom 21. November 1886.

10 Kölner Gerichts-Zeitung Nr. 133 vom 24. Oktober 1886.

11 Kölner Gerichts-Zeitung Nr. 129 vom 26. September 1886; zum Thema Nachtwächter vgl. auch: Kölner Gerichts-Zeitung Nr. 183 und Nr. 185 vom 9. und 23. Oktober 1887 sowie Nr. 400 vom 6. Dezember 1891.

»Maler Bock« vor Gericht, 1876

1 O. V.: Leben und Thaten des berühmten Malers Bockino. Der Nachwelt zur Erinnerung gewidmet, Köln (Creteur), 1878, S. 3–5 und S. 9–11; Louis, Reinold: Kölner Originale. Die Welt der alten Kölner Originale und Straßenfiguren, Köln 1985, S. 103–122; Bayer, Josef (Hrsg.): Kölner Originale und Straßenfiguren, Köln 1912, S. 41–54; Bönisch, Georg: Tatort Köln, Köln 1977, S. 60–63.
2 Kölnische Zeitung vom 2. Oktober 1876.

Das Delikt der Kindstötung und -misshandlung

1 Kölnische Zeitung Nr. 323 und Nr. 325 vom 20. und 22. November 1876.
2 Kölnische Zeitung vom 7. März 1882.
3 Kölner Gerichts-Zeitung Nr. 238 vom 28. Oktober 1888 und Kölnische Zeitung Nr. 295 vom 23. Oktober 1888.
4 Kölner Gerichts-Zeitung Nr. 173 vom 31. Juli 1887.
5 Kölner Gerichts-Zeitung Nr. 281 vom 25. August 1889 (ein Jahr Gefängnis für Gertrud Schumacher aus Ensen) und Kölner Gerichts-Zeitung Nr. 320 vom 25. Mai 1890 (Eheleute Hecker; Herr Hecker wurde zu acht Monaten Gefängnis verurteilt); zu dem Thema vgl. auch: Niederrheinisches Archiv für Gesetzgebung, Rechtswissenschaft und Rechtspflege, Hrsg.: von Sandt und Zum Bach, 3. Bd., Köln 1818, S. 51–64; Trier'sche Zeitung Nr. 309 und Nr. 315 vom 5. und 11. November 1847 (ein vernachlässigter Junge aus Köln sollte nach dem Dafürhalten des Artikelschreibers zum Beispiel beim Kölner Verein »Philanthropia« untergebracht werden, statt ihn dem gewalttätigen Vater zu überlassen); Trier'sche Zeitung Nr. 257 vom 29. Oktober 1854 und Kölnische Zeitung Nr. 298 vom 27. Oktober 1854 (fünf Jahre Zuchthaus für Gertrud Singer aus Blatzheim); Kölnische Zeitung Nr. 30 vom 30. Januar 1858 (Sophia Bachem und Georg Fuchs aus Sindorf); Kölnische Zeitung Nr. 121 vom 2. Mai 1881 und Trier'sche Zeitung Nr. 121 vom 3. Mai 1881 (drei Jahre Gefängnis für Elisabeth und Peter Joseph Kalscheuer aus Sehnrath bei Sindorf); Kölnische Zeitung Nr. 191 vom 12. Juli 1887 (drei Jahre Gefängnis für die Dienstmagd Sibilla Kreutzer aus Brühl); Kölnische Zeitung Nr. 292 vom 21. Oktober 1889 (zwei Jahre Gefängnis für die Dienstmagd Maria Elisabeth Frinken aus Buir); Kölner Gerichts-Zeitung Nr. 430 vom 3. Juli 1892 (vier Jahre Gefängnis für Maria Breier aus Kalk); Kölner Gerichts-Zeitung Nr. 40 vom 29. September 1894 (vier Jahre Zuchthaus für Katharina Esser aus Heppendorf bei Bergheim).

Tödliche Schüsse in der Innenstadt

1   Kölnische Zeitung vom 29. Oktober und 5. Dezember 1877.

2   Kölnische Zeitung vom 5. Februar 1878.

3   Kölnische Zeitung Nr. 181 bis Nr. 183 vom 2. bis 4. Juli 1889; zu weiteren Tötungsdelikten vgl.: Kölnische Zeitung Nr. 16 vom 16. Januar 1858 (vier Jahre Gefängnis für Weberlehrling Apollinarius Risch wegen Tötung Laurenz Kleinenbroich); Kölnische Zeitung Nr. 301 vom 30. Oktober 1861; Kölnische Zeitung vom 20. Juni 1877 (drei Jahre Gefängnis für Johann Görtz aus Gleuel wegen Tötung Peter Brüggens); Kölnische Zeitung vom 28. November 1877 (sechs Jahre Zuchthaus für Karl Hausmann wegen Tötung Winand Osters); Kölnische Zeitung vom 23. Oktober 1878 (sechs Jahre Gefängnis für Louis Schmiedekind wegen Tötung August Arnolds); Kölnische Zeitung vom 4. Januar 1879 (Prozess gegen Theodor und Johann Denz sowie Franz und Peter Ortmann wegen Tötung Pallenbergs); Kölnische Zeitung vom 21. Dezember 1879 (fünf Jahre Zuchthaus für Joh. Jos. Hinterstein wegen Tötung Robert Schleichers); Kölnische Zeitung vom 23. August 1882 (14 Tage Gefängnis für Lambert Coblenz wegen unbeabsichtigter Tötung eines Mädchens mit einem Revolver); Kölnische Zeitung vom 12. November 1882 (Heinrich Edler wird wegen Tötung seiner Tochter vor das Schwurgericht verwiesen); Kölnische Zeitung vom 27. und 28. November 1882 (zehn und neun Jahre Zuchthaus für Joseph Eich und Hubert Schumacher aus Kalk wegen Tötung Baums); Kölnische Zeitung vom 24. und 25. September 1884 (zweieinhalb Jahre Gefängnis für den Tongräber Mathias Görtz aus Frechen wegen Körperverletzung mit tödlichem Ausgang, verübt an Anton Braun nach Alkoholgenuss); Kölnische Zeitung Nr. 58 vom 27. Februar 1885 (drei Jahre Gefängnis für Peter Schmitz aus Gleuel wegen Tötung des Ziegelmeisters Kohlgraf); Kölner Gerichts-Zeitung Nr. 106 vom 18. April 1886 (vier Jahre Zuchthaus für Karl Wagener, der 1876 in Ehrenfeld Franz Küpper erstochen hatte und dann lange unentdeckt blieb); Kölnische Zeitung Nr. 184 vom 5. Juli 1887 sowie Kölner Gerichts-Zeitung Nr. 160 und Nr. 170 vom 1. Mai und 10. Juli 1887 (fünfzehn Jahre Zuchthaus für Jakob Adolf Dahmen aus Hand wegen Tötung Johann Mombauers in Hand); Kölnische Zeitung Nr. 18 und Nr. 19 vom 18. und 19. Januar 1889 sowie Kölner Gerichts-Zeitung Nr. 251 vom 27. Januar 1889 (zwölf und zehn Jahre Zuchthaus für Georg Sauerland und Johann Metzmacher wegen Tötung Heinrich Noltes in Ehrenfeld); Kölner Gerichts-Zeitung Nr. 262 vom 14. April 1889 (sechs Jahre Zuchthaus für Ernst Zeiler); Kölnische Zeitung Nr. 7 vom 7. Januar 1889 sowie Kölner Gerichts-Zeitung Nr. 263 vom 21. April 1889 (drei Jahre Gefängnis für Friedrich Brüninghaus wegen Tötung seiner Frau); Kölnische Zeitung Nr. 210 vom 31. Juli 1889; Kölner Gerichts-Zeitung Nr. 289 vom 20. Oktober 1889 (fünf Jahre und ein Monat Gefängnis für Heinrich Schieffer, siebzehn Jahre, aus Oberzündorf wegen Tötung des Weidenhüters Wilhelm Schäfer bei einem nächtlichen Obstdiebstahl); Kölner Gerichts-Zeitung Nr. 429 vom 26. Juni 1892 (sechs Jahre Zuchthaus für Franz Wilhelm Nießen aus Ehrenfeld wegen Tötung seines Bruders Jakob am 12. März 1892 in betrunkenem Zustand); Kölner Gerichts-Zeitung Nr. 471 vom 8. April 1893 (fünf Jahre Zuchthaus für Anton Mans aus Rodenkirchen wegen Tötung Gespers mit einem Hammer); Kölner Gerichts-Zeitung Nr. 2 vom 13. Januar

1894 (fünf Jahre Zuchthaus für Peter Glasmacher wegen Tötung Peter Steins in Elsdorf); Kölner Gerichts-Zeitung Nr. 28 und Nr. 41 vom 13. Juli und 12. Oktober 1895 (sechs Jahre Zuchthaus für Johann Engels wegen Tötung Fritz Brauns in der Sternengasse); Kölner Gerichts-Zeitung Nr. 17 vom 25. April 1896 (Freispruch für Mathias Walterscheid); Kölner Gerichts-Zeitung Nr. 23 vom 10. Juni 1899; Kölner Gerichts-Zeitung Nr. 50 vom 16. Dezember 1899 (sieben Jahre und einen Monat Zuchthaus für Otto Zilger aus Kalk wegen Tötung von Ferdinand Löhrer) und Kölner Gerichts-Zeitung Nr. 45 vom 10. November 1900 (eine Woche Gefängnis für Hermann Kohnen wegen fahrlässiger Tötung seines Lehrjungen); Kölner Gerichts-Zeitung und Rheinische Criminalzeitung Nr. 28 vom 15. Juli 1905 (fünf Jahre Gefängnis für den Jagdaufseher Wilhelm Braß aus Merheim, der früher selbst Wilderer war, wegen Tötung von Walther Blömer); Kölner Gerichts-Zeitung und Rheinische Criminalzeitung Nr. 41 vom 10. Oktober 1908 (Totschlag auf der Schiffsbrücke); Kölner Gerichts-Zeitung und Rheinische Criminalzeitung Nr. 45 vom 6. November 1909 (fünfzehn Jahre Zuchthaus für Hubert Schmitz wegen verschiedener Delikte, darunter auch Totschlag).

Fälle von versuchter Tötung

1 Kölnische Zeitung vom 15. November 1877.
2 Kölnische Zeitung vom 30. November sowie vom 1. und vom 7. Dezember 1877.
3 Kölnische Zeitung vom 5. bis 7. Dezember 1877.
4 Kölnische Zeitung vom 25. Oktober 1878.
5 Kölner Gerichts-Zeitung Nr. 210 vom 15. April 1888 und Kölnische Zeitung Nr. 103 vom 13. April 1888.
6 Kölner Gerichts-Zeitung Nr. 33 vom 14. August 1897 sowie Nr. 43 und Nr. 44 vom 23. und 30. Oktober 1897 (in Nr. 44 heißt es, Fleischer sei zu viereinhalb Jahren Gefängnis verurteilt worden); zu weiteren Fällen von versuchter Tötung vgl.: Kölnische Zeitung vom 19. August 1883 (drei Jahre Gefängnis für Leopold Marchand); Kölnische Zeitung Nr. 343 vom 11. Dezember 1885 (vier Jahre Zuchthaus für Wilhelm Joseph Schriefer wegen Tötungsversuch in der Arbeitsanstalt Brauweiler); Kölner Gerichts-Zeitung Nr. 199 vom 29. Januar 1888 und Kölnische Zeitung Nr. 25 vom 25. Januar 1888 (vier Jahre Gefängnis für Hermann Joseph Weber wegen Tötungsversuch seiner früheren Freundin Gertrud Maria Ostrop – eine Kugel prallte vom Korsett ab); Kölner Gerichts-Zeitung Nr. 239 vom 4. November 1888 (sieben Jahre Zuchthaus für den Fabrikarbeiter Karl Albert Msick wegen Mordversuch an Theodor Kumpmann, Werkführer in der Fabrik »Mannstädt u. Comp.« in Kalk); Kölnische Zeitung Nr. 293 vom 22. Oktober 1889 und Kölner Gerichts-Zeitung Nr. 290 vom 27. Oktober 1889 (acht Monate Gefängnis für Cornelius Horbert wegen Tötungsversuch seiner Geliebten Adele Gronewald); Kölnische Zeitung Nr. 294 vom 23. Oktober 1889 (fünf Jahre Gefängnis für Bernard Joseph Faßbender wegen Tötungsversuch seiner Geliebten Barbara Heusinger); Kölner Gerichts-Zeitung Nr. 336 vom 14. September 1890 (vier Jahre Zuchthaus für August Forsbach aus Mülheim, der auf Wilhelm Höller geschossen hatte, wodurch dieser gelähmt blieb; Forsbach musste außerdem 6.000 Mark an Höller

289

zahlen); Kölner Gerichts-Zeitung Nr. 50 vom 10. Dezember 1898 (vier Jahre Zuchthaus für Paul Krabel wegen Mordversuch an Steinmetzmeister Jean Steinnuß); Kölner Gerichts-Zeitung Nr. 26 vom 30. Juni 1900 (fünfzehn Monate Gefängnis für Heinrich Könen aus Porz wegen Tötungsversuch seiner Geliebten Maria Schmitz) und Kölner Gerichts-Zeitung Nr. 49 vom 8. Dezember 1900 (sieben Jahre Zuchthaus für Wilhelm Wüst wegen Mordversuch am Wirt Jean Ritzen); Kölner Gerichts-Zeitung Nr. 12 vom 23. März 1901 (neun und acht Jahre Zuchthaus für Johann Dauer und Emil Schwab); Kölner Gerichts-Zeitung und Rheinische Criminalzeitung Nr. 28 vom 15. Juli 1905 (zehn Jahre Zuchthaus für Andreas Theisen aus Nippes).

Todesurteile und Begnadigungen

1 Kölnische Zeitung Nr. 37 bis Nr. 40 vom 6. bis 9. Februar 1868.
2 Kölnische Zeitung vom 1. und 3. März 1878 und vom 24. Mai 1878.
3 Kölnische Zeitung vom 18., 19., 20., 22. und 23. Juli 1878.
4 Kölner Gerichts-Zeitung Nr. 88 vom 13. Dezember 1885; Kölnische Zeitung Nr. 339 und Nr. 340 vom 7. und 8. Dezember 1885; in den Fällen Adams/Preiß, Walter und Funk ist von einer Begnadigung auszugehen, da in den Quellen nichts über eine Hinrichtung zu finden ist; vgl. zu weiteren Fällen: GStA Berlin, Rep. 84 a, Nr. 18064 (1850, Oktober: Urteil in Köln gegen Degenhard Empt, geboren in Dorweiler, wohnhaft in Oberbohlheim im Kreis Düren, wegen Mordversuch im Kölner Gefängnis an einem Aufseher; auch in: Bürger, Udo: Mord aus »Melancholie«. Eifeler Kriminalfälle von 1675 bis 1898, Aachen 2006, S. 119); Kölner Gerichts-Zeitung und Rheinische Criminalzeitung Nr. 11 und Nr. 12 vom 18. und 25. März 1905 (Todesurteil gegen Jean Rau wegen Ermordung seiner Freundin Gertrud Wollersheim »im Glacis vor dem Severinsthor«); Kölner Gerichts-Zeitung und Rheinische Criminalzeitung Nr. 4 vom 25. Januar 1913, Nr. 12 vom 22. März 1913 und Nr. 24 vom 14. Juni 1913 (Todesurteil für Heinrich Abels, sechundzwanzig Jahre, wegen Erdolchung seiner Braut Louise von Mörs im April 1912).

Von Messern, Schlagringen und Gummischläuchen

1 Kölner Gerichts-Zeitung Nr. 23 vom 28. September 1884.
2 Kölner Gerichts-Zeitung Nr. 22 vom 21. September 1884.
3 Kölner Gerichts-Zeitung Nr. 23 vom 28. September 1884.
4 Vgl. beispielsweise: Kölner Gerichts-Zeitung Nr. 259 vom 24. März 1889 (Prozess gegen Joseph und Peter Denz sowie Johann Joseph Oster wegen Körperverletzung mit Messer und Revolver auf dem Heumarkt).
5 Kölnische Zeitung Nr. 220 vom 10. August 1889.
6 Kölnische Zeitung vom 11. und 14. Juli 1883.

Prostituierte und Zuhälter

1 Zinßer, Ferdinand: Die Prostitutionsverhältnisse der Stadt Köln, Halle 1906, S. 22f. und S. 28 (in: LHA Ko Best. 403 Nr. 6808); zu den Fürsorgevereinen vgl. auch: LHA Ko Best. 403 Nr. 10198 (Gründung von Asylen für »gefallene Mädchen«); zu den Schleppern am Bahnhof vgl.: Kölner Gerichts-Zeitung Nr. 242 vom 25. November 1888; siehe auch: Landesarchiv NRW – Abteilung Rheinland, Gerichte Rep. 11 Nr. 1185.

2 Zinßer (wie Anm. 1), S. 28–37.

3 Kölner Gerichts-Zeitung Nr. 26 vom 1. Juli 1899 und Nr. 41 vom 14. Oktober 1899.

4 Kölnische Zeitung vom 20. und 21. März 1882.

5 Kölnische Zeitung vom 14. April 1880.

6 Kölnische Zeitung vom 29. Mai 1883.

7 Kölnische Zeitung vom 23. Januar 1884.

8 Kölner Gerichts-Zeitung Nr. 99 vom 28. Februar 1886.

9 Kölner Gerichts-Zeitung Nr. 30 vom 25. Juli 1896 und Nr. 50 und Nr. 51 (auch Beilage) vom 12. und 19. Dezember 1896.

10 Kölner Gerichts-Zeitung Nr. 7 vom 17. Februar 1900.

11 Kölner Gerichts-Zeitung Nr. 242 vom 25. November 1888.

12 Kölner Gerichts-Zeitung Nr. 189 vom 20. November 1887; zu weiteren Fällen vgl.: Kölner Gerichts-Zeitung Nr. 333 vom 24. August 1890 (der Kanzleigehilfe Wilhelm Bönkost überredete die jugendliche Tochter seiner Geliebten zur Prostitution, er erhielt zwei Jahre Zuchthaus und beging dann Selbstmord im Gefängnis); Kölner Gerichts-Zeitung Nr. 341 vom 19. Oktober 1890 (achtzehn Monate Gefängnis für Ludwig Astemer wegen Körperverletzung, begangen an der Prostituierten Katharina Schellberg); Kölner Gerichts-Zeitung Nr. 5 vom 1. Februar 1896 (Tötung der Prostituierten Laven in der Poststraße) und Kölner Gerichts-Zeitung Nr. 41 vom 13. Oktober 1900.

Die »Ausbrecherkönige« Peter Scholl und Oskar Johnert

1 Kölnische Zeitung Nr. 207 vom 28. Juli 1858 und Nr. 64 vom 4. März 1860.

2 Kölnische Zeitung Nr. 324 vom 22. November 1859, auch Nr. 322 und Nr. 323 vom 20. und 21. November 1859.

3 Kölnische Zeitung Nr. 108 vom 18. April 1860.

4 Kölner Gerichts-Zeitung Nr. 503 vom 18. November 1893.

Ausbruchsversuch aus dem Klingelpütz

1 Kölner Gerichts-Zeitung Nr. 46 vom 8. März 1885.

2 Ebd.; Kölnische Zeitung Nr. 62 vom 3. März 1885; Kölner Gerichts-Zeitung Nr. 29 und Nr. 30 vom 9. und 16. November 1884.

3 Kölner Gerichts-Zeitung Nr. 137 vom 21. November 1886; vgl. auch: Kölner Gerichts-Zeitung Nr. 421 vom 1. Mai 1892 (ein Jahr Gefängnis für den Kölner Gefängnisaufseher Friedrich Drewke wegen Bestechung); zum Thema Flucht beziehungsweise Fluchtversuch vgl. auch: Kölnische Zeitung vom 25. Juli 1882 (Johann Thelen).

Karneval

1 Frohn, Christina: »Löblich wird ein tolles Streben, Wenn es kurz ist und mit Sinn« – Karneval in Köln, Düsseldorf und Aachen 1823–1914, Bonn 1999 (Diss.), S. 372–390; vgl. auch: Klersch, Joseph: Die kölnische Fastnacht von ihren Anfängen bis zur Gegenwart, Köln 1961, S. 147ff.

2 Kölner Gerichts-Zeitung Nr. 101 vom 14. März 1886.

3 Frohn (wie Anm. 1), S. 372.

4 Kölner Gerichts-Zeitung Nr. 125 vom 29. August 1886.

5 Kölner Gerichts-Zeitung Nr. 118 vom 11. Juli 1886.

6 Kölner Gerichts-Zeitung Nr. 33 vom 18. August 1900.

7 Kölnische Zeitung vom 23. Juni 1877.

8 Kölner Gerichts-Zeitung Nr. 87 vom 6. Dezember 1885; Kölnische Zeitung Nr. 56 vom 25. Februar 1884 sowie Nr. 335 und Nr. 336 vom 3. und 4. Dezember 1885.

9 Kölner Gerichts-Zeitung Nr. 47 vom 15. März 1885.

10 Kölner Gerichts-Zeitung Nr. 151 vom 27. Februar 1887 sowie Nr. 159 und Nr. 160 vom 24. April und 1. Mai 1887 (der Vater Johann Kolfs wurde 1877 in Elberfeld wegen Mordversuch zu fünfzehn Jahren Zuchthaus verurteilt); siehe auch: Kölner Gerichts-Zeitung Nr. 183 vom 9. Oktober 1887 (drei Menschen kamen in Mülheim in kurzer Zeit gewaltsam ums Leben: Regina Hall, Hohenschurz und Joseph Krauthäuser, zweimal Freispruch).

11 Kölner Gerichts-Zeitung Nr. 17 vom 25. April 1896.

12 Kölner Gerichts-Zeitung Nr. 24 vom 13. Juni 1896.

13 Kölner Gerichts-Zeitung Nr. 19 vom 13. Mai 1899.

14 Kölner Gerichts-Zeitung Nr. 15 vom 15. April 1899.

15 Kölner Gerichts-Zeitung Nr. 18 vom 6. Mai 1899.

16 Kölner Gerichts-Zeitung Nr. 27 vom 8. Juli 1899.

17 Kölner Gerichts-Zeitung Nr. 311 vom 23. März 1890.

18 Kölner Gerichts-Zeitung Nr. 178 vom 4. September 1887.

19 Kölner Gerichts-Zeitung Nr. 214 vom 13. Mai 1888.

20 Kölner Gerichts-Zeitung Nr. 329 vom 27. Juli 1890.

21 Kölner Gerichts-Zeitung Nr. 21 vom 26. Mai 1900.

22 Kölner Gerichts-Zeitung (Ausgabe Werther) Nr. 268 vom 3. Februar 1889.

23 Kölner Gerichts-Zeitung Nr. 19 vom 9. Mai 1903.

24 Kölner Gerichts-Zeitung und Rheinische Criminalzeitung Nr. 33 vom 19. August 1911.

25 Kölnische Zeitung Nr. 49 vom 27. Februar 1849; zu weiteren Vorkommnissen beim Kölner Karneval vgl.: Kölnische Zeitung vom 25. April und 4. Dezember 1884 sowie Kölner Gerichts-Zeitung Nr. 33 vom 7. Dezember 1884 und Nr. 46 vom 8. März 1885 (Bernard Wilden aus Balkhausen); Kölner Gerichts-Zeitung Nr. 220 vom 24. Juni 1888 (Geldbuße wegen Beleidigung); Kölner Gerichts-Zeitung Nr. 225 vom 29. Juli 1888 (Geldstrafe für Otto Hager aus Mülheim wegen Körperverletzung am Mülheimer Karnevalsdienstag nach Streit mit Brauburschen); Kölner Gerichts-Zeitung Nr. 421 vom 1. Mai 1892 (drei Jahre Gefängnis für den Kutscher Heinrich Werner aus Mülheim wegen Körperverletzung – lebensgefährlicher Messerstich –, verübt an dem Dekorationsmaler Andreas Stack am Karne-

valssonntag 1892 in der Mülheimer Wallstraße); Kölner Gerichts-Zeitung Nr. 472 vom 15. April 1893 (vier Jahre Gefängnis für Peter Flau aus Ehrenfeld wegen Körperverletzung am Karnevalssamstag); Kölner Gerichts-Zeitung Nr. 473 vom 22. April 1893 (mehrmonatige Gefängnisstrafe für den Tagelöhner Wilhelm Otter wegen Körperverletzung und Hausfriedensbruch am 23. Oktober 1892 bei einer Sitzung der Karnevalsgesellschaft »Mer helfen durch« beim Wirt Johann Grewel); Kölner Gerichts-Zeitung Nr. 33 vom 14. August 1897 (Freispruch für den Verleger des »Carnevalsführers«, der vom Verleger des »Ulk« wegen Nachdrucks von Karnevalsreden verklagt worden war); Kölner Gerichts-Zeitung Nr. 20 vom 20. Mai 1899 (Messertat in Brühl); Kölner Gerichts-Zeitung Nr. 37 vom 16. September 1899 (Geldstrafe wegen Beleidigung in Dellbrück); Kölner Gerichts-Zeitung Nr. 34 vom 25. August 1900 (Geldbuße für den Kölner Schutzmann Jakob Peters wegen »Mißhandlung im Amte«, begangen in der Nacht des Karnevalsdienstags 1900 an dem Bäckergesellen Franz Hack); Kölner Gerichts-Zeitung Nr. 45 vom 10. November 1900; Kölner Gerichts-Zeitung Nr. 24 vom 14. Juni 1902 (vier Monate Gefängnis für Peter Schüller wegen Schlagens mit einem Bierglas); Kölner Gerichts-Zeitung Nr. 32 vom 9. August 1902 (Schlägerei in Pulheim); Kölner Gerichts-Zeitung Nr. 14 und Nr. 25 vom 4. April und 20. Juni 1903 (Messerverletzungen in Merheim und im Perlengraben); Kölner Gerichts-Zeitung und Rheinische Criminalzeitung Nr. 25 vom 22. Juni 1907 (Gelddiebstahl); Kölner Gerichts-Zeitung und Rheinische Criminalzeitung Nr. 26 vom 27. Juni 1908 (Vergewaltigung in Nippes); Kölner Gerichts-Zeitung und Rheinische Criminalzeitung Nr. 16 vom 20. April 1912 (Diebstahlversuch mit einer großen Bohrmaschine) und Kölner Gerichts-Zeitung und Rheinische Criminalzeitung Nr. 28 vom 13. Juli 1912 (Schlägerei nach »Fuselgenuß«, die mit dem Tod von Gertrud Daems ausging).

Der Fall Tillmann Hans: Blutige Tat an Heiligabend 1883

1 Der Prozeß Tillmann Hans wegen vorsätzlicher Tödtung der Familie Stockhausen in Köln. Verhandelt vor dem Königl. Schwurgericht in Aachen. Nach stenographischen Berichten mit dem Vortrage des Vertreters der Königl. Staatsanwaltschaft, Hrn. Gerichts-Assessors Pult, sowie der Vertheidigungsrede des Hrn. Rechtsanwalts Schnitzler aus Köln, Aachen, o. D. (um 1886), S. 3f.; Kölnische Zeitung vom 26., 27., 30. und 31. Dezember 1883 (Auffinden der Leichen und Beerdigung) sowie vom 6. Februar 1884 (geforderte Einrichtung einer Kriminalpolizei).

2 Prozeß Tillmann Hans (wie Anm. 1), S. 9; Kölnische Zeitung vom 12., 16., 17., 18., 21., 22., 23., 24. und 30. Januar 1884 (Verhaftung) sowie vom 2. Februar 1884 und 16. März 1885; Kölnische Zeitung Nr. 179 vom 30. Juni 1885 bis Nr. 186 vom 7. Juli 1885 (Prozess in Köln); Schwurgerichts-Verhandlung gegen den des Mordes der Familie Stokhausen angeklagten Tillmann Joseph Hans und Ehefrau Th. Cahn, geb. Stein. Verhandelt zu Köln vom 30. Juni bis 6. Juli 1885, Köln (Schönwasser), o. D. (um 1885); Criminal-Prozedur gegen Tillmann Jos. Hans und Ehefrau Therese Cahn nebst der Vertheidigungs-Rede des Rechtsanwalt Herrn Schnitzler. Ver-

handelt vor dem Schwurgerichte zu Köln, vom 30. Juni bis 7. Juli 1885, Köln (Creteur) o. D. (um 1885); Kölner Gerichts-Zeitung Nr. 64, Nr. 65 und Nr. 66 vom 5., 7. und 12. Juli 1885.

3   Kölner Gerichts-Zeitung Nr. 77 vom 27. September 1885; Prozeß Tillmann Hans (wie Anm. 1), S. 9; Kölnische Zeitung Nr. 237 vom 27. August 1885 und Nr. 266 vom 25. September 1885; siehe auch: Kölnische Zeitung Nr. 343 vom 11. Dezember 1885 (Verhandlung Strafkammer Koblenz).

4   Prozeß Tillmann Hans (wie Anm. 1), S. 242–74; Zitat aus: Prozeß Tillmann Hans. Nach neuntägiger Verhandlung wurde der Verbrecher Tillmann Hans von Köln am 12. Februar 1886 wegen Todtschlags der Wwe. Stockhausen und deren Sohn vom Schwurgericht zu Aachen zu lebenslänglicher Zuchthausstrafe verurtheilt, Recklinghausen, o. D. (um 1886).

5   Prozeß Tillmann Hans (wie Anm. 1), S. 10f.

6   Ebd., S. 274–88; Zitat aus: Prozeß Tillmann Hans (wie Anm. 4), letzte Seite; Kölnische Zeitung Nr. 35 vom 4. Februar 1886 bis Nr. 47 vom 16. Februar 1886 (Prozess in Aachen); Kölner Gerichts-Zeitung Nr. 96, Nr. 97 und Nr. 98 vom 7., 14. und 21. Februar 1886 (Prozess Aachen).

7   Kölnische Zeitung Nr. 100 vom 10. April 1886; vgl. auch: Kölnische Zeitung Nr. 137 und Nr. 138 vom 18. und 19. Mai 1886 und Kölner Gerichts-Zeitung Nr. 111 vom 23. Mai 1886 (Prozess Leiser) sowie Kölnische Zeitung Nr. 156 vom 6. Juni 1886 (Fluchtversuch Hans); vgl. auch: Kölner Gerichts-Zeitung Nr. 166 vom 12. Juni 1887 (Prozess Simon) und Nr. 391 vom 4. Oktober 1891 sowie Kölner Gerichts-Zeitung und Rheinische Criminalzeitung Nr. 6 vom 7. Februar 1914 (Tillmann Hans als Zeuge in Bonn).

Mord an der Kölnerin Carstanjen, 1884

1   Kölnische Zeitung vom 17. und 18. Juni 1884; Bonner Zeitung vom 14., 16. und 17. Juni 1884.

2   Kölnische Zeitung vom 20. Juni 1884.

3   Kölner Gerichts-Zeitung Nr. 40 und Nr. 41 vom 25. Januar und 1. Februar 1885.

4   Koblenzer Volkszeitung Nr. 190 vom 21. August 1885; Kölner Gerichts-Zeitung Nr. 72 vom 23. August 1885; Bonner Zeitung vom 20. August 1885; Aachener Zeitung Nr. 194 vom 22. August 1885; zur Hinrichtung Cajetan vgl. das Kapitel: Die letzten öffentlichen Hinrichtungen in Köln.

Familientragödien in Alstädten und Gleuel

1   Zur Definition von Mord, Tötung oder Körperverletzung mit tödlichem Ausgang vgl.: Kölner Gerichts-Zeitung Nr. 400 vom 6. Dezember 1891 und Nr. 341 vom 19. Oktober 1890.

2   Kölner Gerichts-Zeitung Nr. 210 vom 15. April 1888 und Kölnische Zeitung Nr. 102 vom 12. April 1888.

3   Kölner Gerichts-Zeitung Nr. 315 und Nr. 316 vom 20. und 27. April 1890.

Kirmes, Krach und Keilerei

1 Kölner Gerichts-Zeitung Nr. 87 vom 6. Dezember 1885.
2 Kölner Gerichts-Zeitung Nr. 133 vom 24. Oktober 1886.
3 Kölner Gerichts-Zeitung Nr. 345 vom 16. November 1890.
4 Kölner Gerichts-Zeitung Nr. 323 vom 15. Juni 1890 sowie Nr. 342 und Nr. 343 vom 26. Oktober und 2. November 1890; zu einem Messerangriff auf der Ehrenfelder Kirmes im Jahr 1893 vgl.: Kölner Gerichts-Zeitung Nr. 503 vom 18. November 1893.
5 Kölner Gerichts-Zeitung Nr. 392 vom 11. Oktober 1891.
6 Kölner Gerichts-Zeitung Nr. 237 vom 21. Oktober 1888.
7 Kölner Gerichts-Zeitung Nr. 338 und Nr. 349 vom 4. Oktober und 14. Dezember 1890; zu weiteren Fällen von Körperverletzung vgl.: Borchardt, F. (Hrsg.): Drei Urtheile des Königlichen Land-Gerichts zu Köln, verkündet in dessen öffentlicher Sitzung am 1. Dezember 1846. In Sachen des Schuhmachermeisters Mathias Boldermann in Köln, als Vertreter seines minderjährigen Sohnes, des Schneidergesellen Franz Boldermann, Kläger, gegen den Königlichen Obersten und Commandeur des 4. Dragoner-Regiments Leopold v. Woedtke in Deutz, Verklagter, Mannheim 1847; Der Publicist Nr. 67 vom 22. Juni 1864; Der Publicist Nr. 74 und Nr. 75 vom 8. und 10. Juli 1864; Der Publicist Nr. 78 vom 17. Juli 1864; Der Publicist Nr. 91 vom 17. August 1864; Der Publicist Nr. 96 vom 28. August 1864; Kölnische Zeitung Nr. 117 vom 28. April 1866 (achtzehn Monate Gefängnis für Rudolph Waslowski aus Kalk wegen Verstümmelung von Paul Kürten); Kölnische Zeitung vom 24. Juli 1882 (Mathias Wiedemann und Bartholomäus Wasserfall); Kölnische Zeitung vom 2. September 1882 (Peter Joseph Hittorf); Kölner Gerichts-Zeitung Nr. 304 vom 2. Februar 1890; Kölner Gerichts-Zeitung Nr. 314 vom 13. April 1890 (fünf Jahre Gefängnis für Andreas Müller aus Deutz); Kölner Gerichts-Zeitung Nr. 11 vom 14. März 1896 (Vorkommnisse am Hauptbahnhof nach Ausflug eines Kölner Kegelvereins an die Ahr) sowie Kölner Gerichts-Zeitung Nr. 44 und Nr. 47 vom 3. und 24. November 1900; zu einem weiteren Kirmeszwischenfall vgl.: Kölner Gerichts-Zeitung und Rheinische Criminalzeitung Nr. 7 vom 17. Februar 1906.

Der Prozess des Elefantenwärters Heidgen

1 Kölner Gerichts-Zeitung Nr. 191 vom 4. Dezember 1887.

Sittlichkeitsverbrechen und Nötigung

1 Kölnische Zeitung vom 6. und 9. September 1880 sowie vom 14. und 16. Dezember 1880 (acht Jahre Zuchthaus für Robert Steinmeyer, Johann Leyster und Eduard Mathes, neun Jahre für Johann Böhmer und zwölf Jahre für Karl Bendig).
2 Kölner Gerichts-Zeitung Nr. 131 vom 10. Oktober 1886.
3 Kölner Gerichts-Zeitung Nr. 2 vom 13. Januar 1894.
4 Kölner Gerichts-Zeitung Nr. 51 vom 15. Dezember 1894.
5 Kölner Gerichts-Zeitung Nr. 40 vom 1. Oktober 1898.

6 Kölner Gerichts-Zeitung und Rheinische Criminalzeitung Nr. 49 vom 5. Dezember 1903.

7 Kölner Gerichts-Zeitung Nr. 50 vom 15. Dezember 1900.

8 Der Publicist Nr. 94 vom 6. November 1963 (Beispiele: Heinrich Schaafstall aus Heppendorf, Christian Saedler und Peter Groll aus Köln sowie Peter Schlangen aus Nippes), siehe auch: Der Publicist Nr. 10 vom 23. April 1863 und Nr. 14 vom 31. Januar 1864; zu weiteren Fällen von Notzucht vgl.: Kölnische Zeitung Nr. 271 vom 30. September 1885 (zehn Jahre Zuchthaus für Jakob Maretsch aus Nippes, der sich für einen Polizisten ausgegeben hatte); Kölner Gerichts-Zeitung und Rheinische Criminalzeitung Nr. 11 und Nr. 12 vom 14. und 21. März 1914 (Freispruch für Otto Klein nach Vorwurf des »Kindeslustmords« an Christine Klein in Mülheim).

Raubmordversuche am Appellhofplatz, auf dem Neumarkt und in der Drususgasse

1 Kölner Gerichts-Zeitung Nr. 374 vom 7. Juni 1891 sowie Nr. 391 vom 4. Oktober 1891 (zur Bezeichnung »Blech« für Gefängnis s. beispielsweise: Kölner Gerichts-Zeitung Nr. 173 vom 31. Juli 1887 und Nr. 316 vom 27. April 1890 sowie Kölnische Zeitung Nr. 117 vom 28. April 1866); zu einem Fall von Meineidsverdacht vgl.: Kölner Gerichts-Zeitung Nr. 219 vom 17. Juni 1888; zu einem Fall von Meineid vgl.: Kölner Gerichts-Zeitung und Rheinische Criminalzeitung Nr. 11 vom 18. März 1905.

2 Kölner Gerichts-Zeitung Nr. 390 vom 27. September 1891; vgl. auch: Trier'sche Zeitung Nr. 243 vom 31. August 1847 (Festnahme des Raubmörders Karthäuser in Köln, der bei Rodenkirchen einen Bauern getötet, ausgeraubt und in den Rhein geworfen hatte).

3 Kölner Gerichts-Zeitung und Rheinische Criminalzeitung Nr. 51 vom 21. Dezember 1907, Nr. 4 vom 25. Januar 1908 und Nr. 26 vom 27. Juni 1908.

Brandstiftung auf dem Alter Markt

1 Kölner Gerichts-Zeitung Nr. 8 vom 20. Februar 1897.

2 Ebd.; zu weiteren Fällen von Brandstiftung vgl.: Kölnische Zeitung Nr. 114 vom 25. April 1857 bis Nr. 116 vom 27. April 1857 (Freispruch für Werner Herr); Kölnische Zeitung Nr. 1 und Nr. 5 vom 1. und 5. Januar 1860 (Matthias Deutz/Theaterbrand); Aachener Zeitung Nr. 318 vom 17. November 1861 (Anton Schneider, genannt Kamp, Brandstiftung in Besserungsanstalt Steinfeld); Kölnische Zeitung Nr. 205 vom 26. Juli 1865 (Wilhelm Eupen aus Brühl); Kölnische Zeitung vom 16. März 1877 (Eheleute Rau); zu den Kölner Theaterbränden vgl.: Bönisch, Georg: Tatort Köln, Köln 1977, S. 56–58 und Kölner Gerichts-Zeitung Nr. 8 vom 22. Februar 1902.

Hinrichtungen in Köln um die Jahrhundertwende

1 Kölner Gerichts-Zeitung Nr. 498 und Nr. 508 vom 14. Oktober und 23. Dezember 1893; Kölnische Volkszeitung vom 18., 19. und 20. Dezember 1893.

2 Kölner Gerichts-Zeitung Nr. 12 vom 24. März 1894; Kölnische Zeitung Nr. 227 vom 17. März 1894; Kölnische Volkszeitung vom 17. März 1894; LHA Ko Best. 403 Nr. 6814; GStA Berlin, Rep. 89/18580; unveröffentlicht: Friedrich Reidel Scharf-richter, 96. Hinrichtung.

3 Kölner Gerichts-Zeitung Nr. 39 vom 22. September 1894; Kölnische Zeitung Nr. 751 vom 15. September 1894; Kölnische Volkszeitung vom 15. September 1894; Norddeutsche Allgemeine Zeitung vom 18. September 1894; GStA Berlin, Rep. 89/18580; unveröffentlicht: Friedrich Reidel Scharfrichter, 105. Hinrichtung.

4 Kölner Gerichts-Zeitung Nr. 503 vom 18. November 1893 sowie Nr. 3 und Nr. 4 vom 20. und 27. Januar 1894; Kölnische Zeitung Nr. 58 vom 22. Januar 1894; Kölnische Volkszeitung vom 12. Januar 1894.

5 Kölner Gerichts-Zeitung Nr. 17 vom 24. April 1894; Rheinische Zeitung vom 24. März 1894; Kölnische Volkszeitung vom 20. April 1894.

6 Kölner Gerichts-Zeitung Nr. 14 vom 4. April 1896, Nr. 19 vom 9. Mai 1896 und Nr. 34 vom 22. August 1896; Rheinische Zeitung vom 5. Mai sowie vom 20. und 21. August 1896; Kölnische Zeitung Nr. 752 vom 20. August 1896; Kölner Tageblatt vom 20. August 1896; GStA Berlin, Rep. 89/18580; unveröffentlicht: Friedrich Reidel Scharfrichter, 164. Hinrichtung (vgl. auch: Hinrichtung Nr. 152 und 153: Bäcker und Konditorgehilfe Heinrich Schmitz, fünfundzwanzig Jahre alt, aus Köln wurde am 17. Juni 1896 zusammen mit seinem Komplizen Georg Falk aus Sachsen in Güstrow wegen Raubmordes hingerichtet).

7 Kölner Gerichts-Zeitung Nr. 17 vom 28. April 1900 und Nr. 35 vom 1. September 1900; Kölnische Zeitung vom 25. April und 18. August 1900; Rheinisch-Westfäli-sche Zeitung, Rheinische Zeitung und Kölner Tageblatt jeweils vom 18. August 1900; Landesarchiv NRW – Abteilung Rheinland, Rep. 145 Nr. 327; GStA Berlin, Rep. 89/18580.

8 Kölner Gerichts-Zeitung und Rheinische Criminalzeitung Nr. 46 vom 18. November 1905 und Nr. 18 vom 5. Mai 1906; Rheinische Zeitung vom 15. November 1905; Kölnische Zeitung und Rheinische Zeitung jeweils vom 28. April 1906; Landesarchiv NRW – Abteilung Rheinland, Rep. 145 Nr. 327; GStA Berlin, Rep. 89/18580; Degen, Richard (Hrsg.): Das Tagebuch des Scharfrichters Lorenz Schwietz aus Breslau, Breslau, o. J., S. 44.

9 Kölner Gerichts-Zeitung und Rheinische Criminalzeitung Nr. 4 und Nr. 5 vom 22. und 29. Januar 1910 sowie Nr. 28 und Nr. 29 vom 9. und 16. Juli 1910; Kölnische Zeitung, Berliner Tageblatt, Kölner Tageblatt und Rheinische Zeitung jeweils vom 7. Juli 1910; Landesarchiv NRW – Abteilung Rheinland, Rep. 145 Nr. 328; GStA Berlin, Rep. 89/18580; Recherche Christian Schrepper (Wechsel Schwietz/ Gröpler).

10 Kölner Gerichts-Zeitung und Rheinische Criminalzeitung Nr. 28 vom 13. Juli 1912 sowie Nr. 45 vom 9. November 1912; Kölnische Zeitung, Rheinische Zeitung, Berliner Tageblatt und Rheinisch-Westfälische Zeitung jeweils vom 5. November 1912; Rheinische Zeitung vom 10. und 11. Juli 1912; Landesarchiv NRW – Abteilung Rheinland, Rep. 145 Nr. 161; GStA Berlin, Rep. 89/18580.

»Knabenmord« im Kölner Stadtwald, 1908

1 Kölner Gerichts-Zeitung und Rheinische Criminalzeitung Nr. 26 vom 27. Juni 1908 sowie Nr. 46 und Nr. 47 vom 14. und 21. November 1908.

Hinrichtungen 1914–1917

1 Siehe beispielsweise: Kölner Gerichts-Zeitung und Rheinische Criminalzeitung Nr. 8 vom 24. Februar 1906, Nr. 46 und Nr. 47 vom 14. und 21. November 1908, Nr. 4 vom 25. Januar 1913 und Nr. 19 vom 9. Mai 1914.

2 Zur Kunigunde vgl.: Kölner Gerichts-Zeitung Nr. 145 vom 16. Januar 1887, Nr. 325 vom 29. Juni 1890, Nr. 342 vom 26. Oktober 1890, Nr. 392 vom 11. Oktober 1891 und Kölner Gerichts-Zeitung und Rheinische Criminalzeitung Nr. 20 vom 16. Mai 1914; Automobil: Kölner Gerichts-Zeitung und Rheinische Criminalzeitung Nr. 11 vom 14. März 1914.

3 Kölner Gerichts-Zeitung und Rheinische Criminalzeitung Nr. 44, Nr. 45 und Nr. 46 vom 1., 8. und 11. November 1913.

4 Kölner Gerichts-Zeitung und Rheinische Criminalzeitung Nr. 20 vom 16. Mai 1914; Kölnische Zeitung Nr. 549 vom 12. Mai 1914; Landesarchiv NRW – Abteilung Rheinland, Rep. 145 Nr. 162; GStA Berlin, Rep. 89/18582, Nr. 9; Norddeutsche Allgemeine Zeitung vom 13. Mai 1914; Rheinische Zeitung, Berliner Tageblatt und Rheinisch-Westfälische Zeitung jeweils vom 12. Mai 1914.

5 Kölner Gerichts-Zeitung und Rheinische Criminalzeitung Nr. 19 und Nr. 20 vom 9. und 16. Mai 1914 (Rangette wurde in die Strafanstalt Rheinbach überführt); Rheinische Zeitung vom 2., 4. und 6. Mai 1914.

6 Kölnische Zeitung Nr. 1110 vom 8. Oktober 1914; Düsseldorfer General-Anzeiger vom 26. November 1913 (zu Fassbender); Rheinische Zeitung vom 9. Oktober 1914 (keine roten Plakate); Landesarchiv NRW – Abteilung Rheinland, Rep. 145 Nr. 164 und Rep. 27 Nr. 42; GStA Berlin, Rep. 89/18582, Nr. 13 und 14.

7 Düsseldorfer General-Anzeiger vom 23. Juni 1914; Kölnische Zeitung Nr. 180 vom 19. Februar 1915; Kölner Tageblatt und Berliner Tageblatt jeweils vom 19. Februar 1915; der Remscheider General-Anzeiger vom 5. Februar 1915 meldete irrtümlich die bereits erfolgte Hinrichtung; Landesarchiv NRW – Abteilung Rheinland, Rep. 27 Nr. 42; GStA Berlin, Rep. 89/18582, Nr. 16.

8 Berliner Tageblatt vom 13. Mai 1915; Landesarchiv NRW – Abteilung Rheinland, Rep. 145 Nr. 165; GStA Berlin, Rep. 89/18582, Nr. 17.

9 Gladbacher Zeitung, Kölnische Zeitung und Berliner Tageblatt jeweils vom 4. September 1915; Landesarchiv NRW – Abteilung Rheinland, Rep. 27 Nr. 42; GStA Berlin, Rep. 89/18582, Nr. 21.

10 Berliner Tageblatt vom 7. Oktober 1915; Kölnische Zeitung Nr. 1021 vom 7. Oktober 1915; Landesarchiv NRW – Abteilung Rheinland, Rep. 145 Nr. 166; GStA Berlin, Rep. 89/18582, Nr. 23.

11 Kölner Tageblatt vom 11. Juni 1915; Landesarchiv NRW – Abteilung Rheinland, Rep. 145 Nr. 169.

12 Kölner Tageblatt vom 17. Juli 1915; Landesarchiv NRW – Abteilung Rheinland, Rep. 145 Nr. 166; GStA Berlin, Rep. 89/18582, Nr. 19 (Bestätigung des Todesurteils durch den Kaiser am 7. Juli 1915).

13 Kölner Tageblatt vom 21. Juli 1916; Landesarchiv NRW – Abteilung Rheinland, Rep. 145 Nr. 171; GStA Berlin, Rep. 89/18583, Nr. 36 (Bestätigung des Todesurteils am 11. Juli 1916; Hinrichtung auf Wahner Heide).

14 Kölner Tageblatt und Stadt-Anzeiger Köln vom 10. Februar 1917; Kölner Lokal-Anzeiger vom 11. Februar 1917; Landesarchiv NRW – Abteilung Rheinland, Rep. 145 Nr. 173; GStA Berlin, Rep. 89/18583, Nr. 43.

15 Kölner Tageblatt vom 27. Februar 1917; Landesarchiv NRW – Abteilung Rheinland, Rep. 145 Nr. 174.

Zum Autor

Udo Bürger, Autor, geboren am 8. Juli 1958 in Bonn, wohnhaft in Remagen-Unkelbach. Studium der Germanistik, Philosophie und Kunstgeschichte in Bonn und Innsbruck, Abschluss Magister.

Bisherige Veröffentlichungen:

Chronik Niederzissen. Geschichtliches der Brohltal-Gemeinde in Wort und Bild, Niederzissen 1992

Zum Erziehungswesen der Juden im Kreis Ahrweiler und zu den Synagogenverhältnissen allgemein, in: Sachor. Beiträge zur jüdischen Geschichte und zur Gedenkstättenarbeit in Rheinland-Pfalz, Heft Nr. 12 – 2/96

Henker, Schinder & Ganoven. Unbekannte Kriminalfälle aus der Eifel des 18. Jahrhunderts, Aachen 1997

Mitarbeit an dem Buch »Zeugnisse jüdischen Lebens im Kreis Ahrweiler«, Ahrweiler 1998

Mitarbeit an dem Buch »Die Hölle schien losgelassen zu sein. Aus der Katastrophengeschichte des Eifeler Raumes«, Aachen 1999

Mitarbeit an einer Chronik des Ortes Unkelbach, Meckenheim 1999

Henker, Schinder & Ganoven, Teil II. Neuigkeiten zur Kriminalgeschichte der Eifel des 18. und 19. Jahrhunderts, Aachen 1999

Die Guillotine im Schatten des Domes. Zur Kriminalgeschichte Kölns in der Franzosenzeit (1794–1814), Aachen 2001

Schurken, Schande & Schafott. Zur Kriminalgeschichte in Aachen und Umland von 1794 bis 1900, Aachen 2004

Mord aus »Melancholie«. Eifeler Kriminalfälle von 1675 bis 1898, Aachen 2006

Zur Zeit Mitarbeit an einer Chronik über Burgbrohl und Recherche zu einem Buch über Kriminalfälle im Rheinland im 19. Jahrhundert.

Bildnachweis

Aachener Zeitung: Nr. 42, 11. Februar 1858: S. 118

Ausführliche Criminal-Prozedur gegen die Giftmörderin Josephine Bliesing, Wwe. Brückmann. Verhandelt vor dem Assisenhofe zu Köln vom 30. April bis 7. Mai 1858, Köln 1858: S. 116

Bender, Franz: Illustrierte Geschichte der Stadt Köln, Köln 1912: S. 85

Bleuel, Hans Peter: Ferdinand Lassalle oder der Kampf wider die verdammte Bedürfnislosigkeit, München 1979: S. 54, 56, 58 (beide), 62 und 67

Bürger, Udo: Die Guillotine im Schatten des Domes. Zur Kriminalgeschichte Kölns in der Franzosenzeit (1794–1814), Aachen 2001: S. 26 und 44

Burghardt: Zusammenstellung der gegen den Mörder Johann Fasbender, aus Alfter, statt gefundenen Prozeduren nebst den Nachrichten über sein früheres Leben und sein Benehmen während der Haft, insbesondere nach der Publikation des Urtheils, bis zu seiner Hinrichtung und einem lithographirten Bildnisse des Mörders, Köln 1831: S. 37

Criminal-Procedur gegen die des Mordes der Louise Harmgart und beziehungsweise der Hülfeleistung dabei angeklagten Brüder Anton und Johann Thelmann, verhandelt vor dem Königl. Assisenhofe zu Köln vom 18. bis 23. Juli 1864, Köln, o. J. (1864): S. 132

Criminal-Procedur gegen Wwe. Josephine Brückmann, geb. Bliesing. Angeklagt: ihren Gatten Michael Joseph Brückmann, und ihre Tochter Pauline Brückmann, durch Gift getödtet zu haben. Verhandelt vor dem Königlichen Assisenhofe zu Köln vom 30. April bis zum 8. Mai 1858, Köln, o. J. (1858): S. 119

Criminal-Prozedur wegen des an der Ehefrau Margar. Rausch geb. Flink in der Nacht vom 7. Juli 1854 begangenen Raubmordes, gegen Valentin Rausch, Friedrich Rausch und Lucas Waldenburg. Verhandelt vor dem Königl. Assisenhofe zu Köln am 6., 7., 8. und 9. Nov. 1854. Nach den öffentlichen Verhandlungen und dem stenographischen Berichte der Köln. Zeitung. Mit den Portraits der drei Verbrecher, Köln 1854: S. 91

Geheimes Staatsarchiv Berlin, Rep. 84a, Nr. 16749: S. 40

Geschichte einer unerhörten Mordthat, verübt durch Adolph Moll, Schuhmacher und Einwohner zu Beuel, ein Dorf im Kreise Bonn, Regierungs-Bezirk Köln, o. O., o. J. (1823): S. 33 und 34

Grefe, Uta: Köln in frühen Photographien 1847–1914, München 1988: S. 84, 94, 123, 127, 143, 156, 169, 180, 235 und 246

Hamburgisches Staatsarchiv (Recherche Dieter Paprotka, Berlin): S. 28

Hirschfeld (Hrsg.): Kriminal-Prozedur gegen Anton und Johann Thelmann. Anklage wegen Mordes und Theilnahme an demselben. Verhandelt vor dem Königl. Assisenhofe zu Köln, Köln 1864: S. 131

Illustrierte Zeitung (Leipzig): Bd. 11, Juli–Dezember 1848: S. 71; Bd. 5, Juli–Dezember 1845: S. 96 und 199; Bd. 6, Januar–Juni 1846: S. 202; Bd. 2, Januar–Juni 1844: S. 207, 208 und 211

Kling-Mathey, Christiane: Gräfin Hatzfeldt 1805 bis 1881. Eine Biographie, Bonn 1989: S. 65

Kölner Gerichts-Zeitung (und Rheinische Criminalzeitung): Nr. 174, 7. August 1887: S. 49; Nr. 15, 11. April 1908: S. 78; Nr. 240, 11. November 1888: S. 98; Nr. 217, 3. Juni 1888: S. 99; Nr. 8, 24. Februar 1906: S. 102; Nr. 16, 22. April 1899: S. 111; Nr. 51, 22. Dezember 1900: S. 113; Nr. 41, 14. Oktober 1899: S. 176; Nr. 51, 19. Dezember 1896: S. 182; Nr. 189, 20. November 1887: S. 185; Nr. 170, 10. Juli 1887: S. 189; Nr. 3, 21. Januar 1905: S. 196; Nr. 159, 24. April 1887: S. 204; Nr. 4, 25. Januar 1913: S. 213; Nr. 268, 3. Februar 1889 – Ausgabe Werther: S. 217; Nr. 64, 5. Juli 1885: S. 222; Nr. 40, 25. Januar 1885: S. 224; Nr. 316, 27. April 1890: S. 228; Nr. 342, 26. Oktober 1890: S. 231; Nr. 508, 23. Dezember 1893: S. 252; Nr. 39, 22. September 1894: S. 253; Nr. 4, 27. Januar 1894: S. 254 und S. 55; Nr. 19, 9. Mai 1896: S. 256; Nr. 45, 9. November 1912: S. 259; Nr. 47, 21. November 1908: S. 262; Nr. 46, 11. November 1913, Extra-Ausgabe: S. 264 und S. 65; Nr. 8, 24. Februar 1906: S. 266; Nr. 19, 9. Mai 1914: S. 268

Kölnische Zeitung: Nr. 6, 11. Januar 1817: S.11; Nr. 137, 27. August 1822: S. 13; Nr. 13, 23. Januar 1821: S. 17; Nr. 189, 25. November 1820: S 22; Nr. 125, 6. August 1818: S. 50; 4. November 1817: S. 51; Nr. 4, 6. Januar 1825: S. 80; 28. November 1878: S. 120; 29. November 1878: S. 122; 24. März 1878: S. 157; Nr. 151, 22. September 1818: S. 191

Krohne/Uber: Die Strafanstalten und Gefängnisse in Preußen, 1. Teil, Berlin 1901, Blatt 20: S. 193

Landesarchiv NRW – Abteilung Rheinland, Gerichte Rep. 9 Nr. 596, Briefe vom 2.1.1845: S. 46

Leben und Thaten des berühmten Malers Bockino. Der Nachwelt zur Erinnerung gewidmet, Köln (Creteur), 1878: S. 149

Leson, Willy (Hrsg.): So lebten sie im alten Köln. Texte und Bilder von Zeitgenossen, Köln 1974: S. 145

Rademacher, C./Scheve, Th.: Bilder aus der Geschichte der Stadt Köln, Köln o. D. (1900): S. 167

Reuber, Ingrid Sibylle: Der Kölner Mordfall Fonk von 1816. Das Schwurgericht und das königliche Bestätigungsrecht auf dem Prüfstand (Rechtsgeschichtliche Schriften, Bd. 15, hrsg. von Dieter Strauch) Köln, Weimar, Wien 2002: S. 12 (beide)

Rheinisches Bildarchiv/Kölnisches Stadtmuseum: S. 20, 24, 31, 52, 69, 115, 137, 140, 152, 165, 166, 173 und 234

Schwering, Max Leo: Köln 1850–1920, München 1999: S. 138 und 250

Schwurgerichts-Verhandlung gegen den des Mordes der Familie Stokhausen angeklagten Tillmann Joseph Hans und Ehefrau Th. Cahn, geb. Stein. Verhandelt zu Köln vom 30. Juni bis 6. Juli 1885, Köln, o. D. (1885), S. 221

Stadt Köln (Hrsg.): Altkölnisches Bilderbuch. Eine nachdenkliche Wanderung durch Zeiten und Räume, Köln 1950: S. 16, 89, 105, 126, 135, 162, 186 und 240

Strauch, Dieter/Arntz, Hans-Joachim/Schmidt-Troje, Jürgen (Hrsg. und Bearb.): Der Appellhof zu Köln. Ein Monument deutscher Rechtsentwicklung, Bonn 2002: S. 19, 159 und 244

Vogts, Hans: Das Kölner Wohnhaus bis zur Mitte des 19. Jahrhunderts, Neuss 1966: S. 76, 146, 154 und 179

Unser Köln: Heft 3/4, 1952: S. 87; Heft 3/4, März/April 1949: S. 183; Heft 1/2, 1950: S. 200; Heft 1, 1953: S. 216; Heft 3, 1953: S. 220 und Heft 4, Juli 1953: S. 239

Nicolette Bohn
EIN MORD GENÜGT
emons:True Crime
Broschur, 192 Seiten
ISBN 978-3-89705-633-6

»Erschreckend aktuell.« Westdeutsche Zeitung

Authentische Kriminalfälle aus dem Ruhrgebiet

Was geschieht zwischen Opfern und Tätern? Wie entwickelt sich diese Beziehung bis zu dem Punkt, an dem es kein Zurück mehr gibt – dem Augenblick der Tat? In neun wahren Kriminalfällen aus dem Ruhrgebiet der sechziger und siebziger Jahren rollt Nicolette Bohn diese Entwicklung detailgetreu auf und zeigt in ihren Geschichten, dass es nicht nur den Täter und das Opfer gibt.

Helga Schimmer
DIE MACHT DES BÖSEN
emons:True Crime
Broschur, ca. 192 Seiten
ISBN 978-3-89705-621-3

»Nicht nur für Zeitzeugen von hohem Informationswert, denn alleine zu sehen, unter welch unwürdigen Arbeitsbedingungen die Polizei damals ermitteln mußte, ist erschütternd.« musenblaetter.de

Authentische Kriminalfälle aus Österreich

Wenn Menschen morden, geht es um Macht. Da wird des großen Geldes oder politischer Extreme wegen getötet, aufgestauter Hass entlädt sich im Amoklauf, erbarmungslos werden grausige Gelüste gestillt, Fehltritte mit Blutrache vergolten, Mitwisser und Gegner in die Luft gesprengt. Die Motive männlicher Gewaltverbrechen sind vielfältig, die Folgen verheerend – auch für die Täter selbst, die ihre perfiden Pläne oft mit dem eigenen Leben bezahlen.

Volker Mauersberger
KALTE WUT
Der Fall Ellen Rinsche
Gebunden, Schutzumschlag, 240 Seiten
ISBN 978-3-89705-626-8

Eine Frau, die an der Liebe zerbrach
Der bekannte Journalist Volker Mauersberger zeichnet anhand detaillierter Polizei- und Prozessakten einen Mordfall nach, der sich 1949 im Westfälischen ereignete und der tief hineinführt in die Kriegs- und Nachkriegsgeschichte. Mit genauem Blick schildert er ein beklemmendes Frauenschicksal, das sich so nur in der ganz eigenen Atmosphäre der ersten Stunden der Republik hat zutragen können. Behutsam werden alle Aspekte dieser schicksalhaften Verbindung zweier Menschen beleuchtet, an deren Ende ein Verbrechen steht, das in seiner Ausweglosigkeit erschüttert. Authentisch, beklemmend, packend.

www.emons-verlag.de